浙江省普通本科高校"十四五"重点教材
浙江省"十四五"教学改革项目资助(jg20220212)
杭州电子科技大学教材立项出版资助

统 计 学

（第二版）

叶仁道 刘 干 薛 洁 罗 堃 主编

西安电子科技大学出版社

内 容 简 介

　　本书系统地介绍了统计学的基本理论、方法和应用。全书共 12 章，主要内容包括导论、数据收集、统计数据整理与可视化、统计数据的分布特征描述、概率基础、参数估计、假设检验、列联分析、方差分析、相关与回归分析、时间数列分析、统计指数等。本书力求减少数学知识的使用，强调统计学概念与方法的阐释，并注意举例的多样性。

　　本书可作为高等学校经济、管理、人文、社科、工科、农学、医学等学科相关专业的统计学课程的教材，亦可作为统计工作者的参考书。

图书在版编目(CIP)数据

统计学 / 叶仁道等主编. --2 版. --西安：西安电子科技大学出版社，2023.8
ISBN 978 - 7 - 5606 - 6893 - 2

Ⅰ. ①统… Ⅱ. ①叶… Ⅲ. ①统计学 Ⅳ. ①C8

中国国家版本馆 CIP 数据核字(2023)第 117216 号

策　　划　马乐惠　陈　婷
责任编辑　陈　婷
出版发行　西安电子科技大学出版社(西安市太白南路 2 号)
电　　话　(029)88202421　88201467　　邮　　编　710071
网　　址　www.xduph.com　　　　　电子邮箱　xdupfxb001@163.com
经　　销　新华书店
印刷单位　陕西天意印务有限责任公司
版　　次　2023 年 8 月第 2 版　　2023 年 8 月第 1 次印刷
开　　本　787 毫米×1092 毫米　1/16　印张 17.5
字　　数　414 千字
印　　数　1～3000 册
定　　价　43.00 元
ISBN 978 - 7 - 5606 - 6893 - 2/C

XDUP 7195002 - 1

＊＊＊如有印装问题可调换＊＊＊

前　言

本书第一版自 2016 年出版至今，已重印多次，受到使用学校、任课教师和学生的广泛认可。这给了编者莫大的鼓励与支持，亦成为本书修订的原因。

在本书第一版出版后，作者经过多年教学实践与积累，并充分听取广大读者意见，完成了此次修订工作。具体修订包括：新增内容"统计学与其他领域的关系""统计调查与数据来源""统计数据可视化""超几何分布""辛钦大数定律""李雅普诺夫中心极限定理""总体方差的区间估计""总体方差的检验""几种常见指数简介""拓展阅读"等，更新内容"统计指标体系案例""统计调查的种类与方法""统计调查方案设计""方差分析概述""时间数列分解分析""指数的概念和分类"及调查问卷设计、例题与习题等。

本书修订工作具体分工如下：第 1、3、4、10 章由薛洁负责，第 2、9、11、12 章由刘干负责，第 5、8 章由叶仁道负责，第 6、7 章由罗堃（杭州师范大学）负责，部分章节习题、图形、表格、文字由时艳芳和李文倩同学协助完成，全书由叶仁道统稿。本书的修订参考了国内外一些优秀的统计学教材，得到了浙江省"十四五"教学改革项目（jg20220212）和杭州电子科技大学校级教材建设项目的资助，并被评为浙江省普通本科高校"十四五"重点教材。

本书每章最后均提供有与内容相关的阅读材料，读者可扫描二维码查看阅读。

由于编者水平所限，书中不当之处在所难免，恳请广大同行及读者批评指正。

编　者

2023 年 1 月

第 一 版 前 言

随着物联网、云计算、大数据时代的兴起，政府部门、大中型企业、金融机构和咨询机构面临着大量的数据处理工作，包括对海量数据进行采集、存储、分析、展示、解释、推断、预测等，这些都需要统计学的概念、理论、方法等专业知识作为支撑。

统计学作为一门收集、整理和分析数据的方法性科学，其目的是探索数据内在的数量规律性，以达到对客观事物的科学认识，进而为决策服务提供数据支撑。全书共12章，可分为两部分。第一部分为描述统计，包括导论、数据收集、统计数据整理与显示、统计数据的分布特征描述等；第二部分为推断统计，包括概率基础、参数估计、假设检验、列联分析、方差分析、相关与回归分析、时间数列分析、统计指数等。

本书的完稿凝聚了许多一线教师的心血。其中，第1、3、4、10章由薛洁编写，第2、9、11、12章由刘干编写，第5、7、8章由叶仁道编写，第6章由罗堃（杭州师范大学）编写，全书由叶仁道统稿。本书的编写工作得到了杭州电子科技大学教材建设项目的资助，并参考了一些国内外优秀的统计学教材，在此表示诚挚的谢意。

由于编者水平所限，书中不当之处在所难免，恳请广大同行及读者不吝赐教。

编　者

2016 年 5 月

目　录

第 1 章 导　　论

日常生活中，我们经常会接触到各种统计数据，比如国内各大航空公司航班延误情况、CPI 指数、70 个大中城市住宅销售价格指数、PMI 指数等。当然，还有一些结论，如身材高的父亲，其子女的身材也较高。这些结论是否正确？你相信这些结论吗？要想正确理解数据，并从中得到正确的结论，需要具备一定的统计学知识。本章是全书的导入篇，主要介绍统计学的发展和基本概念，为学习以后各章奠定基础。

1.1　什么是统计

伴随着物联网、云计算、大数据、数字经济时代的接踵而至，政府部门、大中型企业、金融机构和咨询机构等都面临着大量的数据处理工作，包括对海量、类型多样的数据进行采集、存储、分析、展示、解释、推断、预测等，这些工作正是统计学科的基本范畴，统计理论与方法已成为国家宏观管理与决策、企业内部管理与决策、科学研究等的重要理论工具和实用方法。那么，究竟什么是统计？统计的研究对象是什么？统计是如何开展研究的？统计中常用的研究方法有哪些？这是本节主要讲述的内容。

1.1.1　统计的含义

日常生活中，我们经常会听到关于"统计"二字不同的用法。例如，足球世界杯要"统计"各个参赛球队的积分，生产车间要"统计"每天的产品产量，银行要"统计"存款额、贷款额等。人们也常常从互联网、报纸杂志、电视新闻中获得我国居民消费价格指数、房地产价格指数、经济增长速度等统计数据。再例如我们问"某某同学您是学什么的？"学生回答说："我是学统计的"，等等。可以看出，在不同的场合，统计的含义是不同的。通常情况下，统计有三种含义：一是统计实践活动，二是统计数据，三是统计学。

统计实践活动，也称为统计工作，它是对社会现象客观存在的数量方面进行搜集、整理和分析的活动过程。如上述的统计比赛积分、统计产量和统计存款额等都是在从事一项统计实践活动。

统计数据，也称为统计资料，它是指在统计实践活动过程中取得的各项数据资料和其他相关资料的总称。如上述的比赛积分、产量、存款额、居民消费价格指数、房地产价格指数、经济增长速度等都是统计数据。

统计学是一门方法论科学，它是对大量的各类社会现象数量方面的调查研究。它是研究如何测定、搜集、整理和分析数据，最终为决策服务的方法论科学。我们正在学习的统计，就是统计学。例如，如何搜集所需的统计资料？对搜集到的统计资料应如何整理以反映其分布特征？用什么样的方法对统计资料进行深入分析以反映现象变化的规律性？此类问题都需要统计学知识来解决。

从上面的讨论中可以明显看出，在日常生活中，"统计"的三种含义之间存在着密切的联系。如图 1.1 所示，统计实践活动与统计数据是活动过程与成果的关系，而统计学与统计实践活动又是理论与实践的关系，理论源于实践，且高于实践，反过来又指导实践。

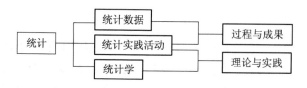

图 1.1　统计的三种含义及其关系

1.1.2　统计学的研究对象及其特点

一般来说，统计学研究的是客观世界总体的数量特征和数量关系，通过这些数量反映客观世界规律性的表现。一方面，统计学研究的是大量客观世界中总体的数量，反映该现象发展变化的规律性在具体时间、地点和条件下的数量表现，揭示事物的本质、联系、发展规律和发展趋势；另一方面，统计学研究的是现象的综合数量，也就是说，统计要集合大量单位的调查资料，汇总概括，得出反映客观现象总体的数量特征，说明其变化规律性。

综上所述，统计学研究对象的特点可以归纳为如下三点：

1. 数量性

数量性是统计学研究对象的基本特点。数据是统计的语言、核心，也是统计的原料。任何客观事物都是由质和量两个方面构成的，二者密切联系，共同决定着事物的性质。但是从认识的角度来看，质和量是可以区分的，可以在一定质的情况下，单独研究事物的数量方面，通过认识事物的量来认识事物的质。因此，事物的数量是我们认识客观现象的重要依据，通过分析统计数据，得到其统计规律性，就可以达到统计研究的目的。例如，要研究固定资产投资，就要对其总额、构成及其数量变化趋势等进行分析，这样才能准确地掌握固定资产投资的规律性；要分析居民消费价格指数，就要对城镇、农村居民的消费价格指数、构成及其增长速度等的变化趋势进行了解，从而准确地分析我国城镇、农村居民消费价格指数的规律性。

2. 总体性

统计学是以客观世界总体的数量为研究对象的。虽然统计研究是从调查个体入手，对个体的具体事实进行观察研究，但是最终的目的是认识总体的数量特征。例如，对职工工资进行统计分析，我们并不是要分析和研究单个职工的工资，而是要分析和研究一个地区、一个部门、一个企事业单位的总体工资情况及其规律性。统计研究要做的就是从个体的具体数量归纳出客观现象的总规模、总水平，由此得出客观现象的比例关系和总趋势。当然，这并不代表统计忽略对个体事物的深入研究，相反，对具有代表性的典型单位进行具体分析，了解现象的内在联系，将有助于更好地认识总体的规律性。

3. 变异性

统计学研究同类现象总体的数量特征，它的前提是总体各单位的数量特征或属性特征表现存在差异，而且这种差异不是由某种固定的原因事先给定的，而是由随机因素引起的，统计上称之为变异。例如，一个地区的人口有多有少，居民的文化程度和收入有高有低，居民的消费水平也存在着高低差异，基于此，才需要研究该地区的人口总数、居民的文化结构、平均收入、平均消费水平等统计指标。如果各个单位间不存在任何差异，那么就不需要做统计；如果各单位间的差异是按已知条件可以事先推出的，那么也不需要用统计方法。例如，一年内各日昼夜时间长短随着季节的变化而有规律地变化着，这属于大自然现象，与统计无关；而股票价格高低随时间不同，它是由多种复杂因素引起的，则是统计学的研究对象。

1.1.3　统计研究的基本过程与方法

1. 统计研究的基本过程

一般来说，利用统计认识客观世界总体数量规律的全过程包括统计设计、统计调查、统计整理、统计分析和统计资料的管理与开发应用，如图1.2所示。

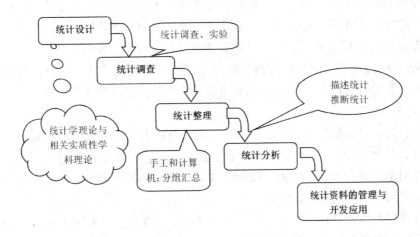

图 1.2　统计研究的基本过程

1）统计设计

统计设计是统计研究工作的起始，它是对统计活动进行全面安排的关键环节。一般地，接到一项统计研究课题后，应该先对该研究课题进行通盘考虑，合理安排统计活动中的各个方面和各个环节，并形成一套完整的统计设计方案。它类似于项目计划书，其内容包括统计工作的目标、研究对象、研究内容（通常以指标体系来反映）、数据的调查方案和整理方案，以及数据分析、提供与保管，还有工作期限和进度安排等方面，最终的统计研究工作将以此为依据来展开。例如，要了解民众对社区居家养老问题的看法，需要明确调查背景与目的、明确调查对象与范围、根据研究内容设计调查表、制定抽样方案、指出数据的搜集方法、整理方案和数据分析方法，并在人员和时间上有统一安排。当然，在进行统计设计的时候，仅具有一般的统计方法知识是远远不够的，还需要具备相关研究领域的学科理论知识。

2）统计调查

统计调查即统计数据的搜集环节。它是根据统计设计方案的要求，采用各种统计调查组织形式和调查方法，有计划、有组织地向客观实际搜集准确而充分的统计数据的过程。统计调查是统计认识活动由定性过渡到定量认识的阶段，统计研究过程中各种数据皆由此环节取得，这个阶段所搜集的资料是否客观、全面、系统、准确、及时，将直接影响到统计整理的好坏、统计分析结论的正误。所以，该环节是统计研究工作的基础，决定了统计研究工作完成的质量。习近平总书记曾在 2020 年秋季学期中央党校(国家行政学院)中青年干部培训班开班式上说过："调查研究是做好工作的基本功。一定要学会调查研究，在调查研究中提高工作本领。"常用的统计调查方式有统计报表制度、普查、抽样调查、重点调查和典型调查 5 种，调查方法有观察实验法、访问调查法两种，本书将在第 2 章对每一种调查方式、方法做详细介绍。

3) 统计整理

统计整理是对统计调查得到的数据进行分组汇总的过程。通过对资料的整理使资料系统化、条理化，把反映各个单位个体特征的资料转化为反映总体特征的资料，方便后续的资料统计分析。统计整理介于统计调查和统计分析之间，属于统计研究工作的第三阶段，在统计工作中具有承上启下的作用，既是统计调查阶段的延续，又是统计分析的基础和前提，是人们对社会经济现象从感性认识上升到理性认识的过渡阶段。统计整理的步骤主要包括：① 制定统计整理方案；② 对统计调查资料进行审核；③ 根据研究目的，选择分组标志，建立统计分组；④ 对分组后的资料进行汇总和计算，使得反映总体单位特征的资料转化为反映总体数量特征的资料；⑤ 通过各类统计表、图进行结果的可视化。

4) 统计分析

统计分析即统计资料的分析，它是对加工汇总的数据资料展开分析研究的过程。这里主要是通过各种统计分析方法，包括综合指标法、回归模型和假设检验等方法，从静态和动态两方面对数据进行分析，以揭示现象发展的规律性和发展趋势。这是统计工作最主要的环节，也是统计学研究的主要内容。

在统计整理与统计分析过程中，所运用的方法包括两大类：描述统计和推断统计，而描述统计学和推断统计学也常被称为统计学的两大分支。

(1) 描述统计。描述统计是指搜集由试验或调查所获得的资料，对搜集的数据进行登记、审核、整理、归类，在此基础上采用统计分组、计算综合指标的方法得到现象总体的数量特征，并以图表的形式表示经过归纳分析而得到的各种有用的统计信息，以达到认识总体内在数量规律性的目的。描述统计是统计研究过程的基础，为统计推断、统计预测与决策提供事实依据。

(2) 推断统计。推断统计是在对样本数据进行描述的基础上，利用一定的方法根据样本数据去估计或检验总体的数量特征。在实际统计研究过程中，往往是总体规模庞大，又受经费与人力的限制，我们总是无法得到总体数据，相比之下，部分单位的数据更易获取，但我们关心的是总体的数量特征及其规律性，如企业产品的合格率、城镇居民的消费水平等问题，所以需要运用统计推断的方法来解决。

如果引入描述统计学和推断统计学两大分支，那么统计学探索客观现象总体数量规律性的过程亦可以用图 1.3 来表示。统计研究始于对数据的搜集，终于利用整理过的数据反映客观现象总体的数量特征。在统计研究过程中，如果能直接搜集到反映客观现象的总体数据，那么利用描述统计学的方法即可达到认识总体内在数量规律性的目的；如果得到的只是样本数据，那么此时需要引入概率论的理论知识，如大数定律、中心极限定理等，运用推断统计学的方法，利用样本信息推断总体特征，最终达到认识总体内在数量规律的目的。现实中，我们所获取的大多数均为样本数据，所以，推断统计方法运用广泛且日益重要。

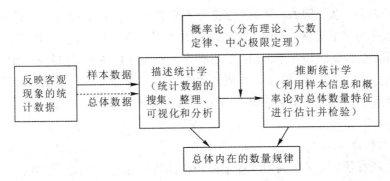

图 1.3　统计学探索客观现象数量规律性的过程

5) 统计资料的管理与开发应用

在经过统计整理和分析环节后，可以得到有条理的统计资料，但是统计资料的得到并不代表统计研究的终结。统计的目的在于认识客观世界总体的数量规律，仅有一次统计的资料，还远远不能很好地发现客观世界存在的数量规律。因此，需要将搜集整理的数据进行积累，建立各种统计数据库，并通过统计信息网络，以各种各样的灵活方式向领导部门以及社会提供资料，以实现统计信息化。如何更好地将统计资料和统计方法应用于各个研究领域，则是应用统计学研究的重要方面之一。

2. 统计的研究方法

统计学是一门方法论学科，它拥有自己的一套方法体系。在统计研究过程中，常用的统计方法有大量观察法、统计分组法、综合指标法、统计模型法和归纳推断法。

1) 大量观察法

所谓大量观察法，就是对所要研究的客观事物的全部或足够多的单位进行观察，以反映总体数量特征和数量规律的方法。大量观察法的数理依据是大数定律，该定律是关于随机事件和随机变量分布规律的描述，其基本含义会在本书第 5 章具体阐述，这里用一个简单的例子来说明，即掷硬币试验。在该试验中，每掷一次只有两种结果：正面朝上或反面朝上。试验次数越多，两面分别朝上的频率就越接近于 50%。通过大量观察，不仅可以掌握客观事物所必需的总体的各种总量，还可以通过个体离差的相互抵消，在一定范围内排除某些偶然因素的影响，从数量上反映总体的本质特征。

在我国统计实践活动中，广泛运用大量观察法组织各种统计调查，例如统计报表制度、普查、重点调查和抽样调查等。

2) 统计分组法

根据统计研究目的和所研究现象总体的特点，选取一定的标志，把所研究的现象总体划分为两个或两个以上组成部分（或组）的统计研究方法称为统计分组法。统计分组法贯穿于统计研究全过程。统计调查离不开分组，在统计整理的过程中，统计分组更是核心技术，而作为统计分析的基本工具——统计指标和指标体系的应用，同样需要统计分组作支撑。

现实中，我们所要研究的客观现象是复杂多样的。质与量要做到统一，探索客观事物的数量特征需要分析事物的质，那么，对研究事物总体分成性质不同的组是进行统计加工整理和深入分析的前提。例如，要研究服务业行业结构及其对国民经济的影响，就必须首先把服务业区分为交通运输、旅游、教育、餐饮、批发零售、住宿、科学研究、计算机服务、文教卫生娱乐、公共组织等若干部门，然后分别调查和分析各个部门的增加值、销售收入、固定资产、资金占用、利润、从业人员数及职工工资总额等方面的情况；要研究我国金融产品及其衍生品的发展情况，就应选择金融产品类别作为分组标志进行分组，基于此做详细的统计分析。

3）综合指标法

所谓综合指标法，就是指利用统计指标和指标体系对现象总体的数量特征和数量关系进行描述和分析的方法。统计研究对象的基本特点之一是数量性，而面对大量客观现象总体数量特征的研究离不开统计指标和指标体系。所以，综合指标法毫无疑问地成为统计研究的基本方法之一。在统计实践中，存在着数量指标、相对指标、平均指标等综合指标，分别从静态和动态上综合反映现象总体的规模、水平、结构、比例以及依存关系等数量特征和数量规律。

还有一点要说明的是，综合指标法和统计分组法是密切联系且相互依存的。如果没有相应的统计指标来反映现象的规模水平，统计分组就不能揭示现象总体的数量特征；而如果没有科学的统计分组，综合指标就无法清晰划分事物变化的数量界限。所以在研究现象的数量关系时，必须科学分组、合理设置统计指标，二者相辅相成且结合使用才可在统计研究过程中充分发挥它们的重要作用。

4）统计模型法

统计模型法是根据一定的学科理论和假定条件，采用数学方程模拟现实各类现象数量关系的一种研究方法。利用该方法能够对客观现象和过程中存在的数量关系进行描述，并利用模型对现象的变化进行数量上的评估和预测。统计模型法把客观存在的总体规模、内部结构、各因素的相互关系，通过一定的数学形式有机地结合起来，大大提高了统计的认识能力。

5）归纳推断法

在统计研究过程中，常常从总体中各单位的特征入手，通过推断得出总体的某种信息。这种从个别到一般，从演绎到归纳，从事实到概括的推理方法，称为归纳推断法。

归纳推断法既可用于对总体数量特征的估计，也可以用于对总体数量特征某些假设的检验。现实中，统计研究面临的多是样本信息，因而归纳推断法被广泛地应用于统计研究的许多领域，例如已知部分员工的平均工资额估计全部员工的平均工资额，建立回归模型需要对模型参数进行估计和检验，利用时间序列进行预测需要对原序列进行估计和检验。因此，归纳推断法是现代统计学最基本且相当重要的方法之一。

1.2　统计学的产生与发展

1.2.1　统计学的发展历程

统计作为一种社会实践活动已具有非常悠久的历史。原始社会，从结绳记事开始，就有了统计的萌芽；在奴隶社会的夏朝，有了人口和土地数字的记载，这是我国最早的统计资料；西周朝代建立了我国最早的统计报告制度。在国外，古希腊、罗马时代就有对人口和财产的调查，预示着统计实践活动在国外的萌芽。"统计"的英文为 Statistics，来自拉丁文 Status，其词根与国家（State）相同，意味着有了国家，就有了统计实践活动的存在。统计学的产生要晚许多，直到 17 世纪中叶各国政府成立统计部门，统计变成了一项专业工作后，才总结发展出了统计学。有了统计学的指导，人口、社会、经济统计才得以快速发展，总之，统计学的出现距今已有 300 多年的历史。统计学在发展过程中，产生了以下几个主要学派：

1. 政治算术学派

最早的统计学产生于 17 世纪中叶的英国，代表人物是威廉·配第（W. Petty，1623—1687 年）和约翰·格朗特（J. Graunt，1620—1674 年）。其中，威廉·配第的代表作《政治算术》（1676 年）被誉为是经济学和统计学史上的重要著作，"政治"是指政治经济学，"算术"就是统计方法。书中威廉·配第运用数字、重量和尺度等工具对英国、法国和荷兰三国的国情国力作了系统的数量对比分析，为统计学的形成和发展奠定了方法论基础。马克思曾经将威廉·配第这一政治经济学之父认为是统计学的创始人。而另一个代表人物约翰·格朗特则以 1604 年伦敦教会每周一次发表的"死亡公报"为研究资料，于 1662 年发表了《关于死亡公报的自然和政治观察》的著作。该书通过大量观察的方法发现了许多与人口相关的数量规律，如人口各年龄组的死亡率、性别比例等重要指标的数量规律，较科学地估算了人口总数；并第一次编制了"生命表"，对死亡率与人口寿命作了较为细致的分析。因此，他被认为是人口统计学的创始人。

2. 国势学派

国势学派又称记述学派，产生于 17 世纪的德国，其代表人物是海尔曼·康令（H. Conring，1606—1681 年）和戈特弗里德·阿亨华尔（G. Achenwall，1719—1772 年）。康令于 1660 年把国势学从法学、史学和地理学等学科中独立出来；阿亨华尔在哥廷根大学开设"国家学"课程，其主要著作是《近代欧洲各国国势学纲要》，在书中作者认为统计学是关于一国或多国的显著事项的学问，并运用了对比分析的方法研究了国家组织、领土、人口、资源财富和国情国力，比较了各国实力的强弱，以期为德国的君主政体服务。因为在外文中"国势"与"统计"词义相通，所以后来国势学被正式命名为"统计学"。而又因为国势学派只是对国情的文字记述，偏重事物性质的定性分析，并不注重数量的分析。所以，人们也把它叫作记述学派（旧学派或德国学派），并认为国势学派有统计学之名而无统计学之实。

3. 数理统计学派

18 世纪，概率理论日益成熟。19 世纪中叶，概率论被引进统计学从而形成数理学派，其创始人是比利时的阿道夫·凯特勒（A. Quetelet，1796—1874 年），他在其著作《社会物理学》中将古典概率论引入了统计学，使统计学进入了一个新的发展阶段。凯特勒认为概率论是适于政治及道德科学中以观察与计数为基础的方法，并运用该方法观察自然现象和社会现象的规律性，认为要促进科学的发展，就必须更多地应用数学。

数理统计学派在 20 世纪得到快速发展，推断统计学理论成为发展的主导。例如，1907年，英国人戈塞特（1876—1937 年）提出了小样本 t 统计量理论，也称为"学生" t 分布，丰富了抽样分布理论，为统计推断奠定了基础；英国的费希尔（R. A. Fisher，1890—1962 年）提出了极大似然估计量的概念，成为估计参数的重要方法，他还提出样本相关系数的分布、试验设计和方差分析等方法；英国科学家弗朗西斯·高尔顿（F. Galton，1822—1911 年）提出了相关与回归思想，并给出了计算相关系数的明确公式；英国统计学者 K. 皮尔逊提出了拟合优度检验，还对卡方统计量及其极限分布展开了研究；波兰学者奈曼（J. Neyman，1894—1981 年）创立了区间估计理论，并和 E. 皮尔逊发展了假设理论；美国学者瓦尔德提出了决策理论和序贯抽样方法；美国化学家弗兰克·威尔科克松（F. Wilcoxon）发展了一系列非参数统计方法，开辟了统计学的新领域；等等。

4. 社会统计学派

19 世纪后半叶社会统计学派产生，创始人是德国经济学家、统计学家克尼斯（K. G. A. Knies，1821—1898 年），主要代表人物有恩斯特·恩格尔（E. Engel，1841—1896 年）、格奥尔格·冯·梅尔（Georg von Mayr，1841—1925 年）等人。社会统计学派是基于政治算术学派与国势学派的观点、沿着凯特勒的"基本统计理论"的方向发展起来的，它在学科性质上认为统计学是一门社会科学，是与数理统计思想完全不同的、用来研究社会现象变动原因和规律性的实质性科学，是利用大量观察来研究总体的数量特征与规律的。这是社会统计学派的"实质性科学"的显著特点，从这点看出，社会统计学派的观点与现代统计学的研究对象方法已经非常类似了。

1.2.2　统计学的发展现状及其趋势

现如今，随着社会经济发展和科学技术的进步，统计学得到了快速的发展。

一方面，数理统计学是统计学的一个重要分支，自 20 世纪以来发展迅速。目前对于数理统计的研究主要集中在贝叶斯研究、生存分析和高维统计。其中：

（1）不论是美国统计学会 JASA 期刊还是英国皇家学会 JRSS 期刊等，几乎每期都有关于"贝叶斯统计"①的论文。

（2）生存分析则是将事件的结果和出现这一结果所经历的时间结合起来分析的一种统计分析方法，该方法广泛应用于生物医药的生存时间或疗效、工程故障时间、金融保险公司存在时间、寿命等领域，是统计学的一个重要课题。

（3）高维统计在金融、基因、光谱学分析中应用较多，特别是针对大规模数据集的采集、存储和处理，仅仅通过降维是远远不够的，而模型预测准确性、改进模型估计方法、特殊类型的高维数据检验等问题是当前研究的热点问题。

---

① 贝叶斯统计是指利用先验信息和后验信息来确定概率，基于此进行统计推断的理论和方法。

另一方面，20 世纪 90 年代起，随着互联网的发展，数据库中积攒了大量的数据，如何从海量数据中挖掘出有用的信息变得日益重要，此时数据挖掘（Data Mining）应运而生。统计学、数据库和人工智能是数据挖掘领域的三大支柱，许多成熟的统计学方法构成了数据挖掘的核心，如回归分析（简单回归、多元回归、Logistic 回归）、列联分析、判别分析（Bayes 判别、Fisher 判别）、对应分析、聚类分析等方法，一直被广泛应用于数据挖掘领域。

而与数据挖掘比较接近的名词是机器学习（Machine Learning），它是人工智能的核心，主要研究一些让计算机可以自动"学习"的算法，是一类从数据中自动分析获得规律，并利用规律对未知数据进行预测的算法。类似数据挖掘，机器学习算法中也涉及较多的统计学理论，且与之关系密切，因此，也常被称为统计学习（Statistical Learning）。

第三，随着科技的不断进步，在物联网、云计算、移动互联网等技术的推动下，数据发生了"大爆炸"。2011 年，麦肯锡全球研究院首次提出了大数据时代概念，"大数据"的概念油然而生并影响着传统统计学的理论与方法。牛津大学教授维克托·迈尔·舍恩伯格被誉为"大数据时代的预言家"，他和肯尼思·库克耶共同编写了《大数据时代》一书，书中明确指出在大数据时代，传统的数据分析思想应做三大转变：一是转变抽样思想，在大数据时代，样本就是总体，要分析与某事物相关的所有数据，而不是依靠少量数据样本；二是转变数据测量的思想，要乐于接受数据的纷繁芜杂，不再追求精确的数据；三是不再探求难以捉摸的因果关系，转而关注事物的相关关系。这里提到的抽样、样本、总体、因果关系和相关关系等术语，均是统计学的基本概念和核心内容。

第四，在现代统计学理论与方法研究快速发展的背景下，不得不提到与统计学前沿最为相关的统计大会。1853 年，第一届世界统计大会在比利时布鲁塞尔顺利举行，此后每两年举办一届，1995 年第 50 届世界统计大会在北京举行，2015 年第 60 届世界统计大会在巴西里约热内卢召开，大会主题是"数据变革中的可持续发展"。最近一届是 2021 年 7 月 10—16 日在荷兰海牙举行的第 63 届世界统计大会，由于受新冠肺炎疫情影响，该会议以线上形式进行，此次大会的主题是"Statistics and Data Science for a Better World"。与之类似，中国统计学年会也是每两年一届，每届一主题，参会人员主要是来自统计实务部门、高校和研究中心的统计学专家学者。同样受疫情影响，第八届中国统计学年会推迟至 2021 年 4 月在西南财经大学召开，年会主题是"新时代的统计学创新与发展"，重点聚焦于百年未有大变局中我国重大社会经济统计问题，探讨统计学学术创新和新时代统计人才培养。

此外，作为统计学基础课程的学习者，有必要知道与统计学相关的权威级奖项。众所周知，"诺贝尔"奖设立有许多领域的奖项，如文学奖、经济学奖、和平奖等，而在众多的诺贝尔奖项中并没有设立"诺贝尔"统计学奖，由于与统计学最相关的就是计量经济学，因此，在诺贝尔经济学获奖中，2/3 以上的研究成果均与统计和计量经济分析有关。那么，在统计学界是否存在类似的奖项呢？回答是肯定的，它也有自己的"诺贝尔"奖，即考普斯总统奖（COPSS President's Award，也被称为考普斯会长奖），该奖项设立于 1976 年，由美国统计学会、数理统计学会、美东及美西计量协会以及加拿大统计学会等五个统计学会会长组成的委员会提名颁奖，每年只颁奖给一位 40 岁以下的统计学最杰出的学者。截至 2019 年，全球荣获 COPSS 总统大奖的学者共有 39 位，其中华裔学者有 9 位，如表 1.1 所示，他们中多数人在本科阶段所学的专业要么是统计学，要么是数学或计算机，这也充分说明统计学与数学、计算机学科的紧密联系。

表 1.1　COPSS 总统奖获奖者一览表

时间	获奖人	获奖时工作单位	时间	获奖人	获奖时工作单位
1979 年	Peter J. Bickel	加州大学伯克利分校	2001 年	孟晓犁	芝加哥大学
1982 年	Stephen Fienberg	卡内基梅隆大学	2002 年	刘军	哈佛大学
1983 年	黎子良	斯坦福大学	2003 年	Andrew Gelman	哥伦比亚大学
1984 年	David V. Hinkley	加州大学圣芭芭拉分校	2004 年	Michael A. Newton	威斯康星大学
1985 年	James O. Berger	杜克大学	2005 年	Mark J. van der Laan	加州大学伯克利分校
1986 年	Ross L. Prentice	Fred Hutchinson 癌症研究中心	2006 年	林希虹	哈佛大学
1987 年	吴建福	威斯康星大学	2007 年	Jeffrey S. Rosenthal	多伦多大学
1988 年	Raymond J. Carroll	得克萨斯 A&M 大学	2008 年	蔡天文	宾夕法尼亚大学
1989 年	Peter Hall	澳大利亚国立大学	2009 年	Rafael Irizarry	约翰霍普金斯大学
1990 年	Peter McCullagh	芝加哥大学	2010 年	David Dunson	杜克大学
1991 年	Bernard Silverman	布里斯托大学	2011 年	Nilanjan Chatterjee	美国国家癌症研究所
1992 年	Nancy Reid	多伦多大学	2012 年	寇星昌	哈佛大学
1993 年	王永雄	哈佛大学	2013 年	Marc A. Suchard	加州大学洛杉矶分校
1994 年	David L. Donoho	斯坦福大学	2014 年	Martin J. Wainwright	加州大学伯克利分校
1995 年	Iain M. Johnstone	加州大学伯克利分校	2015 年	John D. Storey	普林斯顿大学
1996 年	Robert J. Tibshirani	多伦多大学	2016 年	Nicolai Meinshausen	苏黎世联邦理工学院
1997 年	Kathryn Roeder	卡内基梅隆大学	2017 年	Tyler J. VanderWeele	哈佛大学
1998 年	Pascal Massart	巴黎第十一大学	2018 年	Richard Samworth	剑桥大学
1999 年	Larry A. Wasserman	卡内基梅隆大学	2019 年	Wickham	奥克兰大学
2000 年	范剑青	北卡罗来纳大学教堂山分校	合计		39

资料来源：http://baike.baidu.com/item/考普斯会长奖/53282396?fr=aladdin。

1.2.3　统计学与其他领域的关系

国际知名统计学家劳（C. R. Rao）提到过"统计学基本上是寄生的，靠研究其他领域内的工作而生存"。如图 1.4 所示，只有当统计学与其他学科紧密结合，统计学才能发挥其强大的生命力，产生一系列专业领域的统计学，形成统计学学科体系。

本书将重点说明统计学与其关系最为紧密的数学、计量经济学、金融学、会计学、计算机科学、人工智能之间的联系和区别。

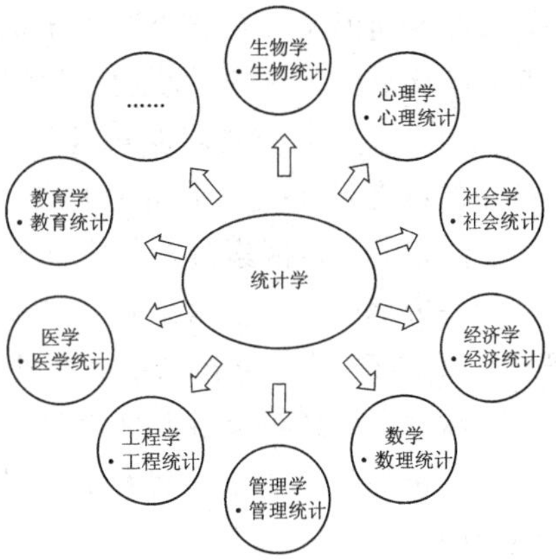

1. 统计学与数学

图 1.4　统计学学科体系

统计学与数学都是研究数量关系和数量规律，都是与数字打交道的学科。统计学方法中运用大量的数学方法，如概率论、数理统计、模糊数学、线性代数等。如果简单地将统计学认为是数学的一个分支，绝对是不科学的。虽然二者之间存在密切的联系，但是也有本质区别。

统计学和数学都是运用数学公式进行数字推算，但是统计学的数据是和客观现象相结合的，是有具体含义的；而数学中的数字是纯抽象的，不反映现象的质。统计学和数学都是研究数量规律的，统计学是从客观实际搜集数据、整理分析并进行实际预测决策的，而数学则是撇开具体对象，以最一般的研究探索数量的联系和空间的形式。

在研究方法上，统计学利用大量观察、调查或实验的方法，归纳个别现象，得出总体的数量规律和特征，统计学是归纳占主导地位并与演绎相结合的方法。而数学是采用逻辑推理和演绎论证的研究方法。

虽然统计学和数学各成体系，但是二者之间仍具有十分紧密的关系。不论是统计指标的设计与计算、统计分布的描述，还是参数估计和假设检验等，都离不开数学方法的应用，尤其是概率论、数理统计方法，在统计研究过程中起到非常重要的作用，为现代统计学奠定了基础。

2. 统计学与计量经济学

计量经济学是经济学、数学和统计学的结合，但又与这三门学科不同。计量经济学利用计量方法论述经济关系，其中统计方法给予重要的方法支撑，例如，计量经济学中的90％是回归[①]。统计学和计量经济学是相互独立的两门学科，统计学研究重点在于统计设计、统计调查、统计整理、统计分析等 4 个阶段；而计量经济学偏重于模型的确定、模型参数的估计、模型评估、对经济未来值的预测及其有效性评价。

从研究目的来看，统计学通过对变量的描述，目的是为了从数据中认识客观事物的数量特征和规律。计量经济学则是利用联立方程回归模型，研究多个经济变量间的相互作用关系或递推关系。

3. 统计学与金融学

从学科划分来看，统计学属于理学门类，金融学则是一门立足于经济现象之上的学

---

①　源自诺贝尔经济奖得主克莱因的说法。

科，二者不同但又相互渗透。一方面，随着金融行业的繁荣与发展，数字金融新兴领域的兴起，以及金融工具的不断创新发展，金融市场的复杂程度在不断加大，统计学在金融领域的应用日益受到重视，越来越多的统计方法被用于金融数据分析和金融市场研判。如正态分布曲线在量化交易策略中的应用，分位数回归在股票、期货的风险测量、IPO 定价行为、基金流量决定因素分析等方面的应用。

另一方面，金融数据具有高维高频的数据特征，需要借助于统计学方法发现其潜在有用的信息。近年来，神经网络、集成学习、文本分析等数据挖掘算法在金融市场中的应用也越来越多。如高频金融数据价量关系研究，基于集成学习算法的股票价格预测研究，基于文本分析的投资者情绪研究等。同时，作为统计学研究方向，金融统计是目前与未来比较热门的方向之一。

4. 统计学与会计学

一般来说，统计学和会计学都是具有典型计量特征的应用科学。只是，会计学的理论体系是以会计目标为起点，会计的目标是对会计主体的活动进行核算，提供会计主体活动的信息。而统计学的理论体系是在明确统计研究对象的基础上，建立统计调查体系，阐明数据整理、推断和显示的理论与方法，提供统计分析的理论与方法。说到应用范围，传统会计是不涉及宏观领域的，随着经济的不断发展，现代会计学不再局限于微观领域，其服务领域也逐渐偏向社会经济领域，相较之下，统计学所应用的领域则更为宽广。

近现代会计主要以货币尺度为计量尺度。如果认为社会经济的数量信息主要分会计信息和统计信息两大类的话，那么，会计主要提供货币尺度方面或价值指标的信息，统计则提供多种指标尺度方面的信息。但是统计所处理的货币方面的信息，又是由会计提供的；反过来，会计中穿插着的实物量指标等，又可以说是由统计提供的。除计量方法和记录方法的区别以外，与会计学相比，统计学最大的不同是其对象范围随着社会群体及其关心领域的扩大而扩大，且选择的计量尺度相当多样化。

当然，会计学与统计学也存在相似相通之处。由于统计对象的多样性和大量性，学科上有经济统计、社会统计、生物统计、金融统计、数理统计等分支，并且统计的方法更多地运用数理的方法。当统计对象不便或不需精确计量时，抽样、概率、模糊等数理方法得到了广泛应用，其中一些数理统计方法已广为会计所用。具体而言，这些数理统计的计量和预测方法，已广泛植入一般财务会计、管理会计、预测会计、决策会计以及审计中，例如图示法、回归分析、抽样审计等。

5. 统计学与计算机科学

计算机科学是统计学发展的重要手段。目前，在大数据、数字经济时代的背景下，统计学越发离不开计算机技术，需要借助各类计算机软件将统计方法中复杂难懂的计算过程屏障起来，利用软件的各类算法对大数据进行数据挖掘。随着教育体制改革的不断深入，我国统计学学科也正在与国际接轨，国外统计学的教学重点已经逐步从统计计算方法的讲解转为介绍统计分析策略、统计分析方法和统计软件的应用。所以我们也应该从过去的 Book Statistics 向 21 世纪的 Computer Statistics 发展，强化统计软件在统计学中的应用。目前使用较为普遍的统计软件主要有 SAS、SPSS、Stata、Excel 等，除了这些之外，还有 R、Python、IBM SPSS Modeler、马克威等编程语言和数据挖掘功能软件。在学习统计学理论知识的过程中，如果掌握了统计软件的应用，无异于"站在统计学专家的肩膀上，又借助了计算机专家的智慧"。

6. 统计学与人工智能

2018 年 8 月，诺贝尔经济学奖获得者托马斯·萨金特在世界科技创新论坛的演讲中表示："人工智能其实就是统计学，只不过用了一个很华丽的辞藻，其实就是统计学。"2019年 1 月，华为技术有限公司董事、CEO 任正非在接受央视《面对面》采访中提到人工智能时也说到"人工智能就是统计学"（见图 1.5）。由此可以看出，统计学与人工智能联系紧密。人工智能（Artificial Intelligent）是研究、开发用于模拟、延伸和扩展人的智能的理论、方法、技术及应用系统的一门新的技术科学。该领域的研究包括机器人、语言识别、图像识别、自然语言处理和专家系统等。人工智能领域在分类、预测、随机分布等方面深度融合与借鉴了统计学的一些经典理论，如统计学中的主成分分析法（PCA）在人脸识别技术中的应用。当然，除了统计学之外，人工智能的重要理论基础还包括认知科学、计算机科学、优化和博弈论、图灵机理论、信息论等理论①。

图 1.5 任正非接受《面对面》采访画面

1.2.4 学习统计学的重要性

你之前肯定听到过"统计学很难学""统计学就是数学""学习统计学有什么用"，对于统计推断知识"我就是听不懂"，等等。本书编者前期以所在高校经济管理类学生为调查对象，问卷调查了解学生对统计学的认识程度和统计教学过程的看法，调查结果显示非统计专业学生普遍感觉统计学难度较高，需具有较好的数学功底；学生对所学统计学知识灵活应用欠缺，将近 80% 的学生认为统计调查方法、问卷设计在日后会对其有所帮助，而大四阶段的学生更倾向于选择相关分析、回归分析方法。综上，随着所读年级的增加，高年级学生相比低年级学生能够越加意识到统计方法的重要性。

---

① 摘自《人工智能与统计学有何关联？》https://www.xianjichina.com/news/details_102908.html，2019 - 03 - 13。

（1）统计学可以帮助人们分析数据，从中获取有价值的信息。大量数据如果不去分析它，那也仅仅是一堆数据而已，没有什么用处。正是因为有用的信息恰恰藏在数据里面，所以可以利用统计简化繁杂的数据，用图表重新展示数据，进行比较分析，并建立数据模型进行预测，得出现象规律性，帮助人们获得利益并保护已获得的利益。

（2）统计学素质的培养在现代社会中日益重要。近几年，以互联网、云计算、大数据、物联网和人工智能为代表的数字技术发展迅猛，而以此为核心的数字经济已成为引领经济发展的强劲动力。国外著名职业人士社交网站 LinkedIn 对全球超过 3.3 亿用户的工作技能进行分析，公布了最受雇主欢迎和最炙手可热的 25 项技能，其中统计分析和数据挖掘技能位列榜首。而在高等教育中无论是偏重于理论研究的基础性专业，还是倾向于实际经营管理的应用性专业，现代统计学的知识结构都是十分必要的。正如英国学者威尔斯所说："统计的思维方法，就像读和写的能力一样，将来有一天会成为效率公民的必备能力。"因此，关于统计学素质的培养也越来越受到教育部门的高度重视。

（3）各行各业的迅速发展呼唤实用型统计人才。2017 年底，浙江省启动数字经济"一号工程"；2021 年，浙江省开始实施数字经济"一号工程"2.0 版。数字经济的竞争在一定程度上就是数字经济人才的竞争，未来各行各业对具备跨行业知识和数字技能的高水平人才的需求将不断提高。同时，浙江省是阿里巴巴电商巨头的诞生地，并拥有数以百万计的 IT 企业、民营企业和金融机构，发展过程中亟需大量的统计专业人才或可以从事采集、存储、建模、推断、预测等大数据分析工作的复合型人才。目前，与之相关的岗位主要有数据分析师、数据建模师、数据挖掘工程师、商业分析师和数据科学家等，从侧面说明社会对统计人才的需求量日益增加。

（4）统计学方法已被应用于多个领域，如企业制定发展战略、市场研究、电商数据挖掘分析、产品质量管理、财务分析、经济预测、人力资源管理等领域，都需要统计提供可靠的数据，利用统计方法对数据进行分析和预测，并为做决策服务。Robert Johnson 曾经说过："举出一个统计没有用途的领域名称比举出一个统计作为其组成部分的领域名称要困难得多。"说出哪个领域不用统计，这很困难，因为几乎找不到一个不用统计的领域；说出哪些领域应用统计，同样很难，因为几乎所有的领域都要应用统计。因此，需要大力培养统计人才，而作为专业入门课程的统计学，涵盖统计学理论的所有基础知识，不管是统计专业还是非统计专业，学习者均有必要通过这门课程掌握统计学的背景、理论基础和分析方法，为将来专业学习打下扎实的方法基础。

1.3　统计数据的类型

1.3.1　数据的计量尺度

统计数据是统计实践活动的成果，是统计研究客观现象的计量结果。对客观现象进行计量，首要任务是搞清楚数据的计量尺度问题。根据研究对象计量的不同精确程度，将计量尺度由低到高、由粗略到精确分为 4 个层次：定类尺度、定序尺度、定距尺度和定比尺度。

1. 定类尺度

定类尺度又称为列名尺度，它是最粗略、计量层次最低的尺度。它一般用于对客观事物进行平行的分类或分组，多用文字表述其属性，若用数字表示，该数字仅作为不同类或不同组的代码，度量各类之间的类别差，不能反映它们之间的顺序或量的大小。例如，按照性别将人口分为男、女两类，用"1"表示男性，"0"表示女性。定类尺度的主要数学特征是"＝"或"≠"，各类中虽然可以计算它的单位数，但不能表明第一类的一个单位可以相当于第二类的几个单位，等等。

使用定类尺度进行分类必须符合"穷尽"和"互斥"原则，即在所分的全部类别中必须保证每个个体或单位都能够归属于某一类别，并且只能归属于一个类别。定类尺度是对事物的一种最基本的测度，它是其他计量尺度的基础。

2. 定序尺度

定序尺度又称为顺序尺度，它是对事物之间等级差或顺序差的一种测度，是比定类尺度要高一级的计量尺度。该尺度不仅可以将事物分成不同的类别，而且可以反映这些类别的优劣或顺序。例如，产品质量等级的一等品、二等品、三等品和废品，一、二、三等奖奖励级别，排名前五的最佳球员，服装的大、中、小尺码，期末考试成绩的优、良、中、及格、不及格等分级都是顺序测度。显然，定序尺度对事物的计量比定类尺度精确一些，但也只是测度了类别之间的顺序，而未测量出类别之间的准确差值。定序尺度的主要数学特征是"＜"或"＞"，在变量数列分析中可以确定其中位数、分位数等指标的位置。

3. 定距尺度

定距尺度亦称为间隔尺度，它可以测度现象类别或次序之间的间距，是比定序尺度又高一级的计量尺度。该尺度不仅可以用数表示现象不同类别和顺序差，而且可以确切地用数值反映现象间的数量方面的差异。值得注意的一点是，定距尺度是指应用于那些没有绝对零点的变量的计量和测度的。如摄氏温度、考试分数、IQ 等，其数值不存在绝对零点，摄氏温度零度并不表示没有温度，考试成绩为零分并不等于没有知识，IQ 为零并不表示没有智商。定距尺度虽然是用数值表现，但是数值间只能进行加减运算，不能进行乘除运算，所以定距尺度的主要数学特征是"＋"或"－"。例如气温 30℃ 与 15℃ 比较，温度相差 15℃，但并不能说明 30℃ 比 15℃ 热一倍；学生的统计学考试成绩，90 分并不表示比 45 分掌握的统计学知识多一倍，两者相除不具有实际意义。

4. 定比尺度

定比尺度也称为比率尺度，在 4 个计量尺度中处于最高级别。定比尺度除了具有上述 3 种尺度的全部特性外，还具有一个特性，那就是定比尺度不仅能进行加减运算，而且可以进行乘除运算，即该尺度的主要数学特征是"×"或"/"。这就意味着绝对零点的存在，这也是该尺度与定距尺度的重要区别点。例如人的年龄、身高、体重，物体的长度、面积、容积，银行卡余额等，都存在绝对零点，即"0"表示没有。在现实生活中，大多数数量标志存在绝对零点，我们可以将两种相关的数进行对比得到相对数或平均数，反映现象的结构、速度、密度或均值等数量关系。因此，定比尺度的应用范围也最广。

上述 4 种计量尺度对客观事物的测度层次或水平是由低级到高级、由粗略到精确逐步递进的，它们所具有的特征总结如表 1.2 所示。高层次的计量尺度可以兼有低层次计量尺度的功能，如定比尺度包含定距尺度的功能，定距尺度包含定序尺度的功能，定序尺度又包含定类尺度的功能，但是低层次的计量尺度却不能兼有高层次计量尺度的功能。

表 1.2　4 种计量尺度数学特征总结

数学特征	计 量 尺 度			
	定类尺度	定序尺度	定距尺度	定比尺度
分类($=$，$\neq$)	√	√	√	√
排序($<$，$>$)		√	√	√
间距($+$，$-$)			√	√
比值($\times$，$/$)				√

1.3.2　数据的不同类型

按照上述 4 种计量尺度，可以将统计数据划分为定类数据(Nominal)、定序数据(Ordinal)、定距数据(Interval)和定比数据(Ratio)。其中，定类数据又称为分类数据，是指没有固有的大小或高低顺序、一般以字符表示的分类数据。如性别变量中的男、女取值。为便于统计处理，对于分类数据可以用数字代码来表示，如分别用 0、1 表示男性、女性。无论是取值为男女，还是数字 0、1，都不存在大小或高低顺序，只是一种名义上的指代。定序数据又称为顺序数据，是指具有内在的大小或高低顺序、一般以文字表述的非数字型数据。如职称有初级、中级和高级之分，当然为了统计处理的便利，也可以用数字 1、2、3 或字符 A、B、C 表示，这里的数字或字符间存在明显的顺序差异。而定距数据和定比数据均表现为数值，通常是指诸如身高、血压、收入等的连续型数据，也包括诸如人数、企业数等的离散型数据。定距数据有计量单位但没有绝对零点，只能做加减运算，如温度；定比数据有计量单位且有绝对零点，可以做加减乘除运算，如职工人数、身高等。由上述可知，前两类数据通常用非数字型数据来表示，其结果均表现为类别，故也称为定性数据；后两类数据可以用数值来表示，因此也称为定量数据。

按照数据的收集方法不同，可以将统计数据分为观测数据和实验数据。观测数据一般是通过调查或观察收集到的数据，这类数据是在没有对事物人为控制的条件下得到的，社会经济现象相关的统计数据几乎都是观测数据。实验数据是通过做实验控制实验对象收集到的数据，自然科学领域的大多数数据都是实验数据。

按照被描述的现象和时间段关系不同，可以将统计数据分为截面数据、时间序列数据和面板数据。所谓截面数据是指一批发生在同一时间不同截面上的调查数据，也称静态数据，这些数据由来自不同空间、同一时间的数据构成。例如 2021 年我国 31 个省份的国内生产总值、2022 年全国各高校招生数等。所谓时间序列数据则是由不同时间、同一空间的数据构成的，例如 2004—2021 年我国国内生产总值、2006—2021 年某企业总产出。但是实际统计研究过程中，我们不仅想要了解事物在不同时间上的表现，同时也想要分析该事物在不同空间上的表现，因此面板数据应运而生，也称为平行数据，即来自不同时间、不同空间的数据构成，例如 2004—2021 年我国 31 个省份的国内生产总值。

而在现如今的大数据时代，数据形态更加丰富，可以将其分为结构化数据、非结构化数据和半结构化数据。其中，结构化数据是可以使用关系型数据库表示和存储、表现为二维形式的数据，数据以行为单位，如企业 ERP、财务系统，医疗 HIS 数据库，教育一卡通等。非结构化数据则是没有固定结构的数据，如文本、图片、图像、视频/音频等。半结构化数据是介于结构化和非结构化之间的数据，它是结构化数据的一种形式，但是结构变化很大，包括邮件、HTML 文档、报表、资源库等，典型场景如邮件系统、WEB 集群、教学资源库、数据挖掘系统、档案系统等①。

1.4　统计学的基本概念

1.4.1　总体与样本

1. 总体和总体单位

统计总体，简称总体，就是根据一定目的确定的所要研究对象的全体，它是由客观存在的、具有某种共同性质的许多个别单位构成的整体。总体单位，简称单位，是组成总体的各个个体。我们可以把总体看成是集合，而单位则可以看成是集合中的各个元素。

例如，要研究工矿企业设备工作状况，则所有设备构成总体，而每一台设备就是一个单位。研究全国城镇居民的消费水平，则全国所有城镇居民就是总体，而每一名城镇居民就是一个单位。

统计总体具有同质性、大量性、差异性的特点。

（1）所谓同质性，是指构成总体的每个单位至少要具有一个共同的性质，如研究某高校大二学生的日常消费情况，那么构成总体的这些学生都是来自该校大二年级的同学，正是由于他们具有这一共同特性，才将他们聚在一起作为研究总体。

（2）所谓大量性，是指我们要研究的总体单位数量要足够多，统计上所说的足够多一般要求单位数量要至少大于等于 30。

（3）所谓差异性，则是指构成总体的各单位除了同质性一面还必须有差异性一面，总体单位间一定要存在不同点，这样才有研究的价值。例如，人的性别有男女之分，学历表现为初中、高中、本科或研究生等值。如果所有单位特性表现完全一致，那么通过一个单位就可以推断总体的特征，这样就不再满足统计研究对象所要求的变异性的特点。

统计总体可分为有限总体和无限总体，有限总体是由有限个单位构成的总体，即总体的范围是可以明确确定的。例如，要了解某企业员工的工作满意度情况，则该企业的所有员工就是有限总体。无限总体是由无限个单位组成的总体，比如，海里的鱼、天上的星星都可视为无限总体。区分无限总体和有限总体的意义在于对不同的总体应分别采用不同的调查方式。对于有限总体可以采用全面或非全面调查方式；对于无限总体则只能采用抽样调查方式。

---

① 关于大数据结构形态的相关内容，不是本教材关注的重点，故此处不做具体展开，有兴趣的读者可以参阅大数据相关教材。本章末以二维码形式提供了拓展阅读，介绍了大数据及其在日常生活中的应用，有兴趣的读者可以扫码阅读。

总体与单位是两个不同层次的概念，二者之间的关系会随着研究目的的不同而适时发生变化，所以它们的关系是相对的。例如，要研究某医院的医疗情况，该医院所有的科室构成总体，而该医院开设的每一个科室就是一个单位。如果要研究某地区医院的医疗情况，该地区所有医院构成总体，而该地区的每一家医院就是一个单位。

2. 样本

从总体中抽取的部分单位组成的集合称为样本，它是总体的子集。抽取样本的目的，就在于要用样本的数量特征来估计或推断总体的数量特征。实际调查过程中，我们遇到的要么是无限总体，要么是由大量单位构成的有限总体，如果要对所有单位进行观察，就要花费大量的人力、物力、财力和时间。因此，通常情况下，我们都是利用样本来推断总体特征的。

样本来自总体，那么样本中所包含的单位数量称为样本容量，而从同一个总体可以抽取的样本数量称为样本个数。当然，从总体中抽取样本必须要遵循随机原则，从而保证样本的代表性。例如，我们研究某厂生产的空调性能，随机抽取 100 台空调进行检验，则这100 台空调就是一个样本。总体是统计研究的对象，样本作为总体的子集，也是统计研究的对象，因此样本也满足总体的特征。

1.4.2 标志与指标

1. 标志

1) 标志的含义

标志是说明总体各单位所具有的属性或数量特征的名称。统计研究过程中，从不同方面来考察每个总体单位都具有各种各样的属性和数量特征，例如当职工作为总体单位时，年龄、性别、文化程度、工资等都是每个职工具有的属性或数量特征，这些都称之为职工总体单位的标志。标志在某个个体上的具体表现称为标志表现。例如，学生小王是男性、19 岁、浙江绍兴人，这些分别是性别、年龄和籍贯的一个具体表现。我们知道，总体是由单位构成的，单位则是标志的承担者，而统计研究工作是从观察、登记标志的表现入手，并为揭示总体的数量特征对标志表现进行综合，因此，标志是统计研究的基础。

2) 标志的分类

标志分为品质标志和数量标志。其中，品质标志说明单位属性方面的特征，例如学生的籍贯、设备的种类、手机的品牌等。数量标志说明单位数量方面的特征，例如学生的身高与年龄、职工工资、产品进出口额等。

品质标志的表现一般用文字或语言描述，例如手机品牌是品质标志，其标志具体表现为苹果、三星、华为、HTC、小米等；学生籍贯也是品质标志，标志表现可以有浙江湖州、江苏南京、湖南长沙、上海等。而数量标志的表现一般用数值来表示，例如学生年龄是数量标志，标志表现为具体的年龄数字，如学生小王 19 岁，那么标志表现为 19；职工工资为数量标志，标志具体表现为工资数额，如职工小李月工资为 4500 元，则标志表现为 4500。不论是品质标志还是数量标志，根据标志在总体各单位的具体表现是否相同，可以分为不变标志和可变标志。如果在一个总体的各单位表现都相同，我们称之为不变标志。例如，研究医生总体，其职业这一标志在各单位的表现就是相同的，都是医生，因此，职业就是不变标志。对于任何一个总体都需要具有至少一个不变标志，这样才能将各单位组合成一个总体，例如上述的医生总体中职业的标志是不变的，所以它们才聚合在一起构成医生总体。可以看出，不变标志是总体同质性的前提。如果标志在总体各单位的表现可能不同，我们称之为可变标志，可变标志的属性或数量特征的具体表现由一种状态变化为另一种状态，统计上称为变异，因此，可变标志也称为变异标志。例如，上述例子中医生职业相同但是工资可能不同，工资就称为变异标志，正是由于变异标志的存在，我们才需要对其调查，并分析医生工资水平的特点，如果每位医生的工资都相同，就没有必要做调查，不需要进行统计研究了。

3）变量

在统计中，大量的研究是针对可变的数量标志展开的，为了便于从数量上进行分析，于是进一步将可变数量标志抽象为变量，具体可以称为数量变量或定量变量。但是从广义来看，变量不仅包括定量变量，还包括定类变量，即可变的品质标志的抽象化，如性别、文化程度等。而变量的具体取值称为变量值，也称为标志值。如商品销售额可以是 40 万、50 万、70 万等，这些数字就是变量值；性别可以是"男、女"，则变量值就是"男"或"女"。当然由于定量变量和定类变量的性质不同，所以在统计处理的方法上有许多的区别。

根据变量值是否连续出现，变量可分为连续型变量和离散型变量。连续型变量是指变量的取值是连续不断的，需要使用度量工具取得，无法一一列举，即在一个区间内可以取任意实数值。例如，模特的身高体重、企业产值、店铺销售额、电子元件的使用寿命等都是连续型变量。离散型变量则是指变量的数值只能用计数的方法取得，其取值是整数值，并可以一一列举。例如，企业数、职工人数、机器台数、鸡蛋的个数等。

根据变量的取值确定与否，变量又可分为确定性变量和随机变量。确定性变量是指变量的取值受某种确定性因素的影响，使变量沿着一定的方向呈上升或下降的变动。其中，确定性因素是可解释和可控制的。随机变量则是变量的取值受许多微小的不确定因素（又称随机因素）的影响，因而可能出现多种可能的结果，表现出一定的波动性与随机性，但是通过大量观察或试验后，可以揭示出规律性。

2. 统计指标

1）统计指标的含义

统计指标是指反映统计总体数量特征的概念和具体数值。例如某年我国国内生产总值 1 143 669.7 亿元，其中第一产业增加值 83 085.5 亿元，第二产业增加值 450 904.5 亿元，第三产业增加值 609 679.7 亿元，人均国内生产总值 80 976 元，等等。每一项统计指标都是从规模或水平上反映我国国民经济发展的数量特征。统计指标是由指标名称和指标数值两个基本要素构成的，指标名称既是对所研究现象本质的抽象概括，又是对总体数量特征的质的规定。所以，确定统计指标必须有一定的理论依据，使之与社会经济或科学技术的范畴相吻合。同时，又必须对理论范畴和计算口径加以具体化，以便达到量化的目的，例如，在设置国内生产总值指标之前，需要明确界定生产范围，物质产品的生产属于生产，精神产品的生产是否属于生产？不同的生产观有不同的答案，也就会存在不同的统计指标。指标的数值反映所研究现象在具体时间、地点、条件下的规模和水平，不同时间、不同地点或不同条件下，指标的具体数值必然不同。所以，在观察指标数值时，必须了解其具体的时间状态、空间范围、计量单位、计量方法等界定，同时注意由于上述条件的变化而引起数值的可比性问题。总之，统计指标是统计研究对象的具体表现，也是统计对客观事物认识过程的起点。

2）统计指标的种类

统计指标按其说明总体内容的不同，可分为数量指标和质量指标。数量指标是说明总体数量大小和总体规模的统计指标，一般用绝对数表示，也称为绝对数指标或总量指标。例如，人口总数、企业总数、工资总额、商品销售额等。总量指标所反映的是总体的绝对数量，其数值的大小随着总体范围的变化而变化，它是认识总体现象的基础指标。如果按计量单位的不同，数量指标可以分为实物指标、价值指标和劳动指标。其中，① 实物指标是用实物单位计量的数量指标。实物单位是根据事物的属性和特点而采用的计量单位，包括自然单位、度量衡单位和标准实物单位，如人口总数、企业总数等。② 价值指标是以货币单位计量的数量指标，如生产总值、利润总额、工资总额等。③ 劳动指标是以劳动单位计量的数量指标，如出勤工日、实际工时、定额工时等。

质量指标是说明总体内部数量关系和总体单位水平的统计指标，通常用相对数和平均数的形式表现，也可以说质量指标分为相对指标和平均指标两种类型。例如，人口的年龄构成、性别比、平均日产量、平均工资等，前两者属于相对指标，后两者属于平均指标。质量指标是数量指标的派生指标，其数值的大小与范围的变化没有直接关系。

3）指标与标志的联系和区别

统计指标与标志之间存在密切的联系。标志反映总体单位的属性和数量特征，而指标则反映总体的数量特征。标志和指标的关系是个别和整体的关系。总体特征是由单位特征汇总而来的，所以没有标志就没有指标。由于总体和总体单位的关系会随着研究目的的不同而发生变化，因此指标与标志之间也存在着转化的关系。由于研究目的的不同，原来的统计总体如果变成了总体单位，则相应的统计指标也就变成了标志。反之亦然。而统计指标和标志之间重要的区别在于指标是说明总体特征的，而标志是说明总体单位特征的；标志有不能用数值表示的品质标志和能用数值表示的数量标志两种，而指标必须是用数值表示的。

1.4.3　统计指标体系

1. 统计指标体系的概念

客观现象是错综复杂的，现象间的联系也是多方面的，现实生活中的统计总体往往有许多数量特征，需要从多方面、多角度、多层次来描述，才能获得完整和全面的认识。仅仅依靠单个统计指标是无法做到的，因此，要反映总体的全貌，描述现象发展的全过程，则需要设立统计指标体系。统计指标体系是由一系列相互联系的统计指标所组成的有机整体，用以反映所研究现象总体各方面相互依存、相互制约的关系。

2. 统计指标体系的分类

为了对统计指标体系有进一步和全面的了解，本书将按统计指标体系包括的范围、内容及作用不同加以分类。

按反映内容的范围不同，指标体系可分为宏观指标体系和微观指标体系。宏观指标体系是指反映全国范围社会经济现象数量特征体系，如我国国民经济核算体系中建立的指标体系，反映全国工业状况的指标体系，等等。微观指标体系是指反映基层单位运行和经营管理情况的指标体系，反映一个科研单位基本情况的指标体系，等等。

按内容的不同，指标体系可分为国民经济统计指标体系、社会统计指标体系及科学技术统计指标体系三类，如表1.3所示。国民经济统计指标体系是反映整个社会生产、流通、分配、消费等社会再生产过程和条件的指标体系；社会统计指标体系是以人们物质文化生活为中心，反映社会生活环境、生活主体、物质生活、精神文化生活等状况的指标体系，可以细分为如人口统计的指标体系、居民收入和消费的指标体系，等等；科学技术统计指标体系是反映科学技术发展水平及变化等情况的指标体系，包括科学技术进步的投入、活动、产出等，如开展科学技术活动的人力、物力、财力，科研成果数量及质量等指标体系。

表 1.3　经济、社会、科技统计指标体系

总　体　系	子　体　系	门　　类
经济、社会、科技统计指标体系	国民经济统计指标体系	经济活动基本条件
		部门经济活动
		宏观经济运行
		社会经济效益及影响
	社会统计指标体系	社会生活环境
		社会生活主体
		社会物质生活
		政治与社会活动
		精神文化生活
	科技技术统计指标体系	社会经济环境
		科技投入
		科技活动
		科技产出
		科技进步的效应及影响

按作用的不同，指标体系可分为基本指标体系和专题指标体系两类。基本指标体系是指反映社会经济基本情况的主要指标所构成的指标体系，如我国国民经济核算基本框架形成的指标体系；专题指标体系是指反映某方面社会经济问题的指标体系，如循环经济指标体系、大学排名指标体系、物流产业统计指标体系、物联网产业统计指标体系等。为了让学生更深入地了解统计指标体系的构建过程，本章末尾拓展阅读部分以物联网产业为例，介绍了构建该产业统计指标体系的具体过程，有兴趣的同学可以阅读(扫码阅读)。

3. 统计指标体系案例

结合前述对统计指标体系的介绍，下面将给出几个关于统计指标体系的案例，以更好地说明统计指标体系的重要作用。

1) 特色小镇发展水平评价指标体系①

特色小镇一头连着城市，一头连着乡村，是推进以人为核心的新型城镇化、实现乡村振兴的一项重要举措，是我国经济进入新常态背景下提出的一项重大战略部署，也是新型城镇化发展的重要路径和抓手，是供给侧结构性改革的重要平台和有效路径。我国特色小镇的提出是一个先由地方政府主动探索，形成一定经验和成果之后，又全面推广到其他地方的全新社会治理思路，特色小镇将是未来很长一段时间内我国坚持的一项特色区域发展模式。因此，在全国范围内制定统一的特色小镇发展水平评价指标体系，对统一衡量特色小镇发展水平，指导特色小镇建设具有重要意义。

2020 年 10 月，中国城镇化促进会、中国标准化研究院等单位共同起草并编制《〈特色小镇发展水平评价指标体系〉国家标准》，该标准以浙江、广东、江苏、云南、山东等各地特色小镇典型实践经验为基础，围绕产业、功能、形态、机制等 4 个方面提出了 39 项发展质效指标，以评价特色小镇的发展水平，引导特色小镇高质量发展，具体见表 1.4。

表 1.4　特色小镇发展质效指标体系

一级指标	二级指标	三级指标
产业	规模结构	规模以上企业数(个)
		主导产业产值(万元)
		主导产业产值占比(%)
		绿色产业产值占比(%)
	要素集聚	主导产业投资额占比(%)
		主导产业产值国内(省内)同行业占比(%)
		中高级专业技术人员数(人)
		创新创业平台数量(个)
	创新能力	已入驻企业知识产权拥有量(项)
		创新创业团队数量(个)
		高新技术企业数占比(%)
		R&D 经费支出占 GDP 比例(%)
	产出效益	年缴纳税收总额(亿元)
		亩均产出(万元/亩)
		已吸纳就业人数(万人)
		主导产业产值增长率(%)

①　案例资料参考于《〈特色小镇发展水平评价指标体系〉国家标准》，中国标准化研究院，2020-10-15。

续表

一级指标	二级指标	三级指标
功能	社区营造	15 分钟社区生活圈覆盖率(%)
		职住平衡率(%)
	公共服务	公共文化服务设施建筑面积占比(%)
		公共卫生机构(站、点)数量(个)
		公共区域 WiFi 覆盖率(%)
	休闲旅游	公共体育休闲用地面积占比(%)
		特色景点数量(个)
		景区质量等级(级)
		年接待客商或游客人数(人)
形态	人居环境	绿地率(%)
		环境噪声达标区覆盖率(%)
		环境空气质量优良率(%)
	街区风貌	特色风貌建筑面积占比(%)
		街区尺度
		绿色建筑覆盖率(%)
		慢行系统覆盖率(%)
机制	市场运作	社会资本投资额占比(%)
		外商直接投资额占比(%)
		公共服务运营市场化率(%)
	政务效能	企业开办审批时间(天)
		数字化管理覆盖面积比例(%)
	企业主体	入驻企业政务服务满意度(%)
		入驻企业公共事务管理参与度(%)

2) 浙江省数字经济发展主要指标①

近年来,浙江省抢抓新时代数字经济发展的新机遇,深入贯彻落实习近平总书记对浙江工作的系列重要指示精神,忠实践行"八八战略",奋力打造"重要窗口",深入实施数字经济"一号工程"2.0 版,以数字化改革为引领,推动产业链、创新链、供应链深度融合,高水平推进国家数字经济创新发展试验区和"三区三中心"建设,着力构建以数字经济为核心的现代化经济体系。浙江省对 2020 年度的数字经济发展情况进行综合评估,构建了数字经济发展主要指标体系,包括 5 个一级指标、10 个二级指标和 31 个三级指标(如表 1.5 所示)。

① 案例资料来源《2021 浙江省数字经济发展综合评价报告》,浙江省经济和信息化厅,2021 - 12 - 22。

表 1.5　2020 年度浙江省数字经济发展主要指标

一级指标	二级指标	三级指标
基础设施	网络基础设施	城域网出口带宽(Gb/s)
		FTTH/O 宽带接入率(光纤宽带用户率)(%)
		固定宽带端口平均速率(Mb/s)
		每平方千米拥有移动电话基站数量(个)
	数字网络普及	固定互联网普及率(户/百人)
		5G 套餐用户数普及率(户/百人)
		付费数字电视普及率(含 IPTV)(户/百户)
数字产业化	创新能力	数字经济核心产业 R&D 经费相当于营业收入比例(%)
		人均拥有数字经济核心产业有效发明专利数(件/万人)
		数字经济核心产业制造业新产品产值率(%)
	质量效益	数字经济核心产业增加值占 GDP 的比例(%)
		数字经济核心产业劳动生产率(万元/人)
		数字经济核心产业制造业亩均税收(万元)
产业数字化	产业数字化投入	企业每百人中信息技术人员数量(人)
		数字经济投资占全部固定资产投资的比例(%)
		信息化投入占营业收入比例(%)
	产业数字化应用	企业使用信息化进行购销存管理普及率(%)
		企业使用信息化进行生产制造管理普及率(%)
		企业使用信息化进行物流配送管理普及率(%)
新业态新模式	电子商务	人均电子商务销售额(元)
		网络零售额相当于社会消费品零售总额比例(%)
		工业企业电子商务销售额占营业收入的比重(%)
	数字金融	移动支付活跃用户普及率(%)
		人均移动支付业务量(笔)
政府与社会数字化	数字民生	人均移动互联网接入流量(GB)
		高速公路入口 ETC 使用率(%)
		生均教育信息化经费投入(元)
		区域医院门诊智慧结算率(%)
	数字政府	人均数据共享接口调用量(次)
		依申请政务服务事项"一网通办"率(%)
		浙政钉应用水平(分)

指标解释如下：

（1）基础设施。基础设施包括网络基础设施和数字网络普及，通过加速布局 5G 网络、数据中心、工业互联网等新型基础设施，加快推进 5G 建设和应用，新型基础设施能力不断优化升级。

（2）数字产业化。数字产业化由创新能力和质量效益体现，通过坚持科技创新和产业创新双联动，突出标志性产业链建设，推进数字安防、集成电路、网络通信、智能计算等标志性产业链和数字产业集群建设。

（3）产业数字化。产业数字化包括产业数字化投入和产业数字化应用，通过深化新一代信息技术与制造业融合发展，充分发挥数字技术对经济发展的放大、叠加、倍增作用，聚焦"415"先进制造业集群和十大标志性产业链，全力推广新智造，优化工业互联网生态，赋能增效支撑有力。

（4）新业态新模式。新业态新模式包括电子商务和数字金融，通过加快推进 5G、人工智能、云计算、大数据、物联网等新技术的场景应用，促进跨境电商、直播电商、数字贸易、在线经济等新业态新模式快速增长。

（5）政府与社会数字化。政府与社会数字化包括数字民生和数字政府，通过运用数字化技术、数字化思维、数字化认知，系统性推进政府治理的体制机制、组织架构、方式流程、手段工具进行重塑，深入推进智慧医疗、智慧交通、智慧教育、政务服务等领域的应用，提升政府社会治理和民生服务数字化水平。

本 章 小 结

本章主要讨论统计学的基本问题，首先是统计的概念及其在生活中的 3 种含义，即统计实践活动、统计数据、统计学；其次是统计学的研究对象、统计研究的基本过程及其常用的研究方法；再次是统计数据的 4 种计量尺度和基本类型；最后是统计学涉及的基本概念，包括总体、样本、标志、变量、统计指标和指标体系等知识。

通过本章内容的学习，在理解统计概念的基础上，掌握统计学的两大分支即描述统计学和推断统计学二者所包含的具体内容及其关系，同时，要理解统计数据的四种计量尺度及其数据类型，并了解大数据背景下数据的新形态；重点掌握统计学的基本概念，包括总体、单位、标志、指标和指标体系，并且可以明确辨别它们之间的联系与区别，尤其对于指标体系，希望在日后的研究过程中，可以得到灵活运用。总之，本章是全书的导入篇，本章内容为本书奠定了理论和方法基础，也使读者对统计学有一个总体认识，便于学习后续各章内容。

思 考 与 练 习

1. 怎样理解统计实践活动、统计数据和统计学三者之间的关系？
2. 如何理解统计学的研究对象及其特点？
3. 什么是描述统计学和推断统计学？

4. 统计研究过程的主要环节是什么？

5. 大量观察的理论依据是什么？

6. 统计分组法和综合指标法的关系是什么？

7. 统计学是怎样产生和发展的？

8. 统计学和数学的区别和联系是什么？

9. 统计学与人工智能的关系是什么？

10. 统计数据的类型有哪些？

11. 大数据的数据形态具体包括哪些？

12. 统计指标和标志有何区别和联系？

13. 试举例说明品质标志、数量标志、数量指标、质量指标间的区别与联系。

14. 指出下列变量的计量尺度：

(1) 性别；(2) 水稻产量；(3) 体重；(4) 民族；(5) 收入；(6) 文化程度。

15. 指出下列变量中哪些是连续型变量，哪些是离散型变量。

(1) 企业个数；(2) 出勤率；(3) 员工数；(4) 商品销量；(5) 血压；(6) 机器台数；

(7) 录取率；(8) 身高。

16. 指出下列变量中哪些是数量指标，哪些是质量指标。

(1) 进出口总额；(2) 人口密度；(3) 固定资产投资额；(4) 净资产收益率；

(5) 生产总值；(6) 主营业务收入增长率；(7) 平均工资额。

17. 什么是统计指标体系？有哪些表现形式？试举例说明。

18. 根据你所熟悉的或感兴趣的研究项目，设计专题的统计指标体系。

拓展阅读 1　　　　拓展阅读 2

第 2 章　数据收集

调查研究是我们党的传家宝。党的十八大以来，以习近平同志为核心的党中央高度重视调查研究工作，习近平总书记强调指出，调查研究是谋事之基、成事之道，没有调查就没有发言权，没有调查就没有决策权；正确的决策离不开调查研究，正确的贯彻落实同样也离不开调查研究；要在全党大兴调查研究之风。习近平总书记这些重要指示，深刻阐明了调查研究的重要性，为全党大兴调查研究之风、做好各项工作提供了根本遵循。本章将探讨调查研究中数据收集的统计学理论和方法。

统计数据是进行统计分析的前提，没有统计数据，统计方法就失去了用武之地。当研究目的明确之后，就要进一步明确需要哪些数据、从哪里取得数据、向谁收集数据、如何收集数据、怎样具体实施，等等。收集准确可靠的统计数据是整个统计工作的基础阶段。本章主要介绍统计数据收集过程中的基本理论和方法。

2.1　统计调查与数据来源

统计数据收集是指按照统计研究的目的和任务，运用各种科学有效的方式方法，有针对地收集反映客观现实的统计数据的活动过程，通常也称为统计调查。

统计数据按照来源不同，分为第一手资料和第二手资料。第一手资料是通过科学的统计调查、观察或实验，直接向调查对象收集的反映调查单位情况的统计资料，一般称为原始数据。

第二手资料也称为次级资料，是指他人调查或实验取得的数据，主要包括各种定期出版的统计年鉴，如《中国统计年鉴》《中国科技统计年鉴》等。

本章主要介绍收集第一手资料的理论和方法。

2.2　统计调查的种类与方法

2.2.1　统计调查的种类

统计调查可以从不同的角度进行分类。

1. 按调查范围的不同，分为全面调查和非全面调查

全面调查是对调查对象中的所有个体逐一进行调查，其最典型的调查方法就是普查。全面调查具有全面性、周期长、费用高、动用调查人员多等特点。非全面调查是对调查对象中的部分个体进行调查，包括典型调查、重点调查、抽样调查等常用方法。非全面调查具有经济、快捷等特点，对于某些调查对象来说具有独特的优势，比如无限总体的研究、产品破坏性实验检测等。

2. 按调查登记时间是否连续，分为经常性调查和一次性调查

经常性调查也称连续性调查，是为了观察总体现象在一定时期内的数量变化，随着调查对象的发展变化，连续不断地进行数据收集的调查方法，一般适用于调查时期现象。例如，企业产品的生产数量、原材料的投入情况、能源的消耗情况等都必须在调查期内连续登记。一次性调查是间隔一个相当长的时间所做的调查，一般是为了对总体现象在一定时点上的数量状态进行研究，适用于时点现象。例如，人口数、生产设备拥有量、耕地面积等。这些指标的数值在短期内变化不大，不需要连续登记。

3. 按组织形式不同，分为统计报表和专门调查

统计报表是国家统计系统和各业务部门定期取得系统全面的基本资料而采用的调查方法。其目的在于掌握经常变动的、对本部门或国民经济有重大意义的指标的统计资料，一般利用现有的统计组织机构进行资料收集。专门调查是指为了某种特定目的或研究某种问题而专门组织的调查，通常需要依据调查任务的要求，单独成立机构和组织人员进行资料收集工作，如经济普查。

2.2.2　统计调查的常用方法

实际中，常用的统计调查方法有统计报表制度、普查、重点调查、典型调查和抽样调查等。下面将分别介绍这几种常用方法。

1. 统计报表制度

统计报表制度是搜集宏观数据的一种重要调查方法，在我国数十年的政府统计工作中已经形成了一套较为完备的统计报表制度，成为国家和地方政府部门统计数据的主要来源。统计报表制度是依照国家有关法规，以一定的原始记录为依据，按照统一的表式、统一的指标项目、统一的报送时间和报送程序，自下而上地逐级定期提供统计资料的一种调查方法。

统计报表制度的主要特点有：

（1）统计报表数据来源建立在基层单位的各种原始记录基础上，基层单位也可利用其数据对生产经营活动进行监管。

（2）统计报表是自下而上逐级上报和汇总的，各级主管部门能获得管辖范围内的报表数据，有利于了解本地区、本部门的经济和社会发展情况。

（3）统计报表属于经常性调查，调查项目相对稳定，有利于积累数据，并进行动态对比分析。

统计报表的类型较多，例如，按报送范围不同分为全面报表和非全面报表。前者要求调查对象中的每一个单位填报，后者只要求调查对象中的部分单位填报。目前大多数的统计报表都是全面报表，按报送时间不同可分为日报、月报、季报、年报，等等。

2. 普查

普查是为某一特定目的而专门组织的一次性全面调查，主要是用以收集某些采用其他调查方式难以获取的全面的数据资料。我国常见的普查有人口普查、农业普查、经济普查等。普查便于政府掌握有关国情、国力的基本情况，为国家制定有关政策提供依据。

普查作为一种特殊的数据收集方式，有以下主要特点：

（1）普查通常是一次性或周期性的。由于普查涉及面广、调查单位多，需要消耗大量的人力、物力、财力以及时间，故不宜经常进行。例如，我国人口普查是每十年1次，在尾数逢零的年份进行；经济普查每五年1次，在尾数逢3和8的年份进行。

（2）普查一般需要规定标准调查时间，以避免调查数据的重复或遗漏，保证调查结果的准确性。如我国第七次人口普查的标准时间规定为2020年11月1日零时。

（3）普查获得的数据比较准确，规范化程度较高，可以为其他调查提供依据。

（4）普查使用范围较窄，只能用于调查一些最基本及特定的现象，如我国的人口、三次产业等。

3. 重点调查

重点调查是指在总体中选择少数重点单位所进行的调查。所谓重点单位，是着眼于现象量的方面而言的，其单位个数在全部调查单位中只是一小部分，但它们的变量值在所研究的总体中却占有较高的比重。简单地说，重点单位是指在总体中具有举足轻重地位的那部分单位，通过对这些单位进行调查，就能从数量上了解总体的基本情况。因此，重点单位的确定，是组织重点调查的一个重要问题。另外，由于重点调查选择的调查单位较少，调查项目就允许多一些，所了解的情况也可以详细一点。

一般来说，当调查目的只要求掌握总体数据的基本情况，而总体中又存在重点单位的情况下才可以采用重点调查，否则就不能采用重点调查方法。

4. 典型调查

典型调查是一种专门组织的非全面调查，它是根据调查目的，在对研究总体进行初步分析的基础上，选择少数几个具有代表性的单位进行深入细致的调查。因此，典型调查要求所选择的代表性单位应具有所研究问题的本质属性或特征。例如，运用典型调查研究某行业的经济效益问题，那就在该行业中选择少数几个经济效益突出的单位进行深入调查研究，从中找出经济效益好的原因和经验，以利于在整个行业中普及推广。典型调查主要是一种定性调查研究，其着眼点不在数量特征方面，这是它与重点调查的区别点之一。

重点调查和典型调查都是有针对性地在总体中选择少数调查单位，其调查单位的选取都具有一定的主观性，不具备随机抽取调查单位的特点，因而其调查结果通常不能用于推断总体。

5. 抽样调查

抽样调查是按随机原则从总体中抽取一部分单位作为样本，根据样本数据来推断总体数量特征的一种非全面调查方法。在实际中，抽样调查是应用最为广泛的统计调查方法。

抽样调查具有以下主要特点：

（1）客观性。抽样调查的样本是按随机原则抽取的，排除了各种主观因素对样本单位的影响，最后得到的推断结果能客观地反映总体的数量特征。

（2）经济性。这是抽样调查的一个显著优点。由于调查的样本单位仅是总体中的一小部分，调查工作量小，可节省很多人力、物力、财力和时间。

（3）时效性。抽样调查与全面调查相比由于调查单位的数目少，从而整个调查工作的时间大大缩减，可以使研究者迅速、及时地获取所需要的数据，进而保证数据的时效性。特别是应对当今快速多变的市场环境，更需采用抽样调查。

（4）适应性。抽样调查方法适用于各种领域、各种问题的调查。从使用范围来看，抽样调查既可以用于全面调查方式能够调查的现象，也能适用于全面调查方式不能够调查的现象，特别是适合那些具有特殊情况的调查，如具有破坏性的产品质量检验、农作物试验、医药的临床试验、居民手存现金情况的调查，等等。

（5）准确性。这是指抽样调查的数据质量比全面调查的数据质量高。因为抽样调查的工作量小，可使抽样调查各环节的工作更为细致，调查中产生的误差更小。当然，用样本数据去推断总体时，不可避免会有统计推断误差，但这种误差的大小可以事先进行计算和控制，保证抽样推断结果达到预期的可靠程度。也就是说，抽样调查是根据事先确定的误差允许范围来进行的，因此由部分推断总体具有一定的概率保证。

2.2.3　抽样调查的常用方法

《中华人民共和国统计法》第十六条明确提出：搜集、整理统计资料，应当以周期性普查为基础，以经常性抽样调查为主体，综合运用全面调查、重点调查等方法，并充分利用行政记录等资料。由此奠定了抽样调查在我国统计调查体系中的主体地位。

根据抽取调查单位的具体方式不同，抽样调查有概率抽样和非概率抽样两大类。概率抽样是依据概率论的基本原理，从总体中抽取样本，能够避免抽样过程中的人为选择误差，保证样本对总体的代表性；而非概率抽样则是依据研究者的主观意愿、判断或是否方便等因素来抽取单位，难以保证样本的代表性。本节将介绍概率抽样的几种常用方法。

1. 简单随机抽样

简单随机抽样(Simple Random Sampling) 又称纯随机抽样，是概率抽样的最基本形式，是其他概率抽样方法的基础。它是按等概率原则直接从含有 N 个单位的总体中随机抽取 n 个单位组成样本($N>n$)。常用的办法是抽签：即把总体的每一个单位都编号，将这些号码写在一张张小纸条上，然后放入容器如纸盒、口袋中，搅拌均匀后，从中任意抽取，直到抽够预定的样本数目。这样，由抽中的号码所代表的单位组成的样本就是一个简单随机样本。

2. 系统抽样

系统抽样(Systematic Sampling)又称等距抽样，它是将总体单位进行编号排序后，计算出抽样间距，然后在规定的范围内抽取随机起点并按照抽样间距逐个抽取单位组成样本的概率抽样方法。系统抽样的主要优点是操作简便，如果有辅助信息，对总体内的单位进行有组织的排列，可以有效提高抽样估计的精度。

3. 分层抽样

分层抽样(Stratified Sampling)也称类型抽样，它是先将总体单位按某种特征划分为若干类型或层次，然后在每个类型或层次中独立、随机抽取一个子样本组成样本的抽样方法。分层抽样有许多优点，它保证了样本中包含有各种特征的抽样单位，样本的结构与总体的结构比较相近，从而可以有效地提高估计的精度；分层抽样在一定条件下为组织实施调查提供了方便，特别是当按行业或行政区划进行分层时；分层抽样既可以对总体参数进行估计，还可以对各层的目标量进行估计，这些优点使分层抽样在实践中得到了广泛的应用。

4. 整群抽样

整群抽样(Cluster Sampling)又称集团抽样,是将总体划分为若干个群(集团),然后从中随机抽取一些群(集团),并对抽中群(集团)内的所有单位进行调查的抽样方法。与简单随机抽样相比,整群抽样的特点在于:抽取样本时只需要群的抽样框,而不必要求具有所有单位的抽样框,这就大大简化了编制抽样框的工作量。其次,由于群通常是由那些地理位置邻近的或隶属于同一系统的单位所构成的,因此调查的地点相对集中,从而节省了调查费用,方便了调查的实施。整群抽样的主要弱点是估计的精度较差,因为同一群内的单位或多或少地有些相似,在样本量相同的条件下,整群抽样的抽样误差通常比较大。一般地,要得到与简单随机抽样相同的精度,采用整群抽样需要增大样本量。

5. 多阶段抽样

多阶段抽样(Multistage Sampling)是按照抽样单位的隶属关系或层次关系,把抽样过程分成几个阶段来进行。在统计调查中,当总体的规模特别大,或者总体分布的范围特别广时,一般采用多阶段抽样的方法来抽取样本:先从总体中随机抽取若干大群(组),然后再从这几个大群(组)内抽取几个小群(组),这样一层层抽下来,直至抽到最基本的单位为止。多阶段抽样具有整群抽样的优点,它保证了样本单位相对集中,从而节约了调查费用;不需要包含所有低阶段抽样单位的抽样框。在较大规模的抽样调查中,多阶段抽样是经常被采用的方法。

以上介绍了几种常见的概率抽样方式。概率抽样最主要的优点是,可以依据调查结果,计算抽样误差,从而得到对总体目标量进行推断的可靠程度。还可以按照给定的精确度要求,计算必要的样本容量。所有这些都为统计估计结果的评估提供了有力的依据,所以,统计研究中的样本主要是概率样本,即采用概率抽样方式得到的样本。

2.2.4 收集数据的方法

不论采用上述哪一种方法进行调查,在取得数据时,都有一些具体的数据收集方法。数据的收集方法归纳起来可分为询问调查和观察调查两大类。

1. 询问调查

询问调查是调查者与被调查者直接接触或间接接触以获得数据的一种方法,具体包括访问调查、邮寄调查、电话调查、电脑辅助电话调查(CATI)以及近几年越来越普及的网络调查等。

1) 访问调查

访问调查又称派员调查,它是调查者与被调查者通过面对面地交谈以收集数据的方法。访问调查的方式有标准式访问和非标准式访问两种。标准式访问又称结构式访问,它是按照调查人员事先设计好的、有固定格式的标准化问卷或表格,有顺序地依次提问,并由受访者作出回答。其优点是能够对调查过程加以控制,从而获得比较可靠的调查结果。非标准式访问又称非结构式访问,它事先不制作统一的问卷或表格,没有统一的提问顺序,只是给一个题目或提纲,由调查人员和受访者自由交谈,以获得所需的资料。在市场调查和社会调查中常采用访问调查的方式收集数据。

2）邮寄调查

邮寄调查是通过邮寄或宣传媒体等方式将调查表或调查问卷送至被调查者手中，由被调查者填写，然后将调查表寄回或投放到指定收集点的方法。邮寄调查是一种标准化调查，其特点是：调查人员和被调查者没有直接的语言交流，信息的传递完全依赖于问卷或调查表。邮寄调查的问卷或调查表发放方式有邮寄、宣传媒介传送、专门场所分发 3 种。市场调查机构进行的问卷调查，经常使用邮寄调查。

3）电话调查

电话调查是调查人员利用电话同受访者进行语言交流，从而获得数据的方法。电话调查具有时效快、费用低等特点。随着电话的普及，电话调查的应用也越来越广泛。电话调查可以按照事先设计好的问卷进行，也可以针对某一专门问题进行电话采访。用于电话调查的问题要明确、问题数量不宜过多。

4）电脑辅助电话调查

随着通信技术的发展，特别是电脑的应用，整个调查的过程，包括问卷的设计和显示、样本设计、具体的调查、数据处理等都可以由电脑来控制和完成。电脑辅助电话调查是在电话调查时，调查的问卷、答案都由计算机显示，整个调查的过程包括电话拨号、调查记录、数据处理等也都借助于计算机来完成。

5）网络调查

随着计算机技术和互联网的迅速发展，又多了一种新的收集数据的方式，这就是网络调查法，是指研究者利用互联网向特定对象发送调查问卷，同时也通过互联网将被调查者填答完成的问卷信息收回的调查方法。网络调查的最大优点是方便快捷，节省费用。一方面，它节省了打印、复印、寄送纸质问卷的时间和费用，节省了挑选、培训调查员的时间以及支付调查员报酬等费用，还节省了数据录入的时间和费用。同时，填答完成的问卷数据会自动处理成数据库文件，大大减少了人工数据录入的误差。

2. 观察调查

观察调查是指调查者通过直接的观察与实验以获得数据的调查方法，包括观察法和实验法两种调查方法。

1）观察法

观察法是指就调查单位的行动和意识，调查人员边观察边记录以收集信息的方法。观察法是一种可替代直接发问的方法。运用这种方法，训练有素的观察员或调查人员去重要地点(例如超市、繁华地段的过街天桥等)，利用感觉器官或设置一定的仪器，观测和记录人们的行为和举动。观察法由于调查人员不是强行介入，受访者无需任何反应，因而常常能够在被调查者不觉察的情况下获取数据信息。在对有些现象的调查中常常使用观察法，例如，有关交通流量的调查等。

2）实验法

实验法是一种特殊的观察调查方法，它是在所设定的特殊试验场所、特殊状态下，对调查对象进行试验以取得所需数据的方法。根据场所的不同，实验法可分为在室内进行的室内实验法和在市场上或外部进行的市场试验法。室内实验法可用于广告认知的试验等，例如，在同一日的同一种报纸上，分别刊登 A、B 两种广告，其两种广告的版面大小和位置基本相同，然后将其散发给各位读者，以测定其对所登广告的反应。市场实验法可用于消费者需求调查等，例如，新产品的市场实验，企业对于一种新产品，让消费者免费使用，以得到消费者对新产品看法的资料。

2.3　统计调查方案设计

在统计调查工作正式开始之前，必须事先设计一个切实可行、周密细致的调查方案。一般地，统计调查方案应该包括如下几项内容：

1. 确定调查目的

在调查方案中，首先应说明本次调查的目的、意义和任务。调查目的就是调查研究所要达到的具体目标，它所回答的是"为什么调查"，要解决什么样的问题，具有什么样的社会经济意义和作用。具体来说，在确定调查目的时，应从以下几个方面来考虑：首先应说明调查研究课题是如何提出来的，这一课题要解决的具体社会经济问题是什么，要解决到什么程度，是对现象做一般性的描述还是要探讨现象之间的因果关系，等等；其次要说明调查研究的社会价值，具体包括本次调查研究的理论价值和应用价值以及对社会的具体作用等。调查目的必须十分明确，中心突出，这样才能有的放矢地确定调查什么，向谁调查，用什么方式方法调查等一系列问题。

2. 确定调查对象和调查单位

在明确调查目的之后，应着手解决"向谁调查"的问题，即根据调查研究课题确定调查对象和具体的调查单位。所谓调查对象，是指需要调查的现象总体，该总体是由许多性质相同的调查单位组成的。所谓调查单位，是指所要调查的具体单位，它是进行调查登记的标志的承担者或载体，是我们搜集资料、分析资料、进行描述和解释的基本单位。例如，调查目的是为了获取国有企业的资产负债分布状况，那么，所有的国有企业就是调查对象，而要调查的具体的每一个国有企业就是调查单位。

明确调查单位，还必须把它与报告单位区别。报告单位亦称填报单位，它是负责向上报告调查内容、提交统计数据的单位。报告单位一般是在行政上、经济上具有一定独立性的单位，而调查单位可以是个人、企事业单位，也可以是物。根据不同的调查目的，调查单位和报告单位，有时是一致的，有时则不一致。例如，进行经济普查，每个工业企业既是调查单位又是报告单位；进行工业企业职工基本状况调查，调查单位是工业企业的每一位职工，而报告单位是每个工业企业。

3. 确定调查项目

在调查目的、调查对象、调查单位确定以后，必须确定具体的调查项目。调查项目是所要调查的具体内容，它所要解决的是"向被调查者调查什么"。

调查项目是由调查对象的性质、调查目的和任务所决定的，包括调查单位所需登记的标志（品质标志和数量标志）及其他有关情况。例如，2020 年全国第七次人口普查，调查项目拟定了姓名、性别、年龄、民族、户口登记状况、受教育程度、行业、职业、迁移流动、社会保障、婚姻、生育、死亡、住房情况等项目。

4. 设计调查表或问卷

将各个调查项目按一定的顺序排列在一定的表格上，就构成了调查表。利用调查表，能够有条理地填写需要收集的数据，还便于调查后对数据进行汇总整理。

调查表一般有两种形式：一种是一览表，另一种是单一表。一览表是把许多调查单位填写在一张表上。在调查项目不多时，采取该类表式较为简便，便于合计和核对数据。单一表是每个调查单位填写一份，可容纳较多标志，便于整理分类，一般用于调查项目较多的场合。统计调查具体采用哪一种表，是由调查目的、调查任务而定的。

将各个调查项目按一定的顺序排列，所形成的书面文件称为问卷。它是最常用的一种用来表达调查项目的方式，也是收集统计调查数据的重要工具。问卷设计在调查研究过程中处于非常显要的位置，该问题将在本章的第四节中专门论述。

5. 确定调查时间和调查期限

调查时间是指调查资料所属的时点或时期。从资料的性质来看，有的资料反映现象在某一时点上的状态，统计调查必须规定统一的时点。对普查来说，这一时点为标准时间。我国第七次人口普查的标准时间定为 2020 年 11 月 1 日零时。有的资料反映现象在一段时期内发展过程的结果，统计调查则要明确资料所属时期的起讫（一月、一季、一年），所登记的资料指该时期第一天到最后一天的累积数字。例如，第五次全国经济普查，对于产量、产值、销售量、工资总额、利润税金等指标，皆为 2023 年 1 月 1 日到 12 月 31 日的全年数值。

调查期限是指调查工作进行的起讫时间（从开始到结束的时间），包括收集数据和报送数据的整个工作所需的时间。例如，我国第七次人口普查规定 2020 年 11 月 1 日零时为普查登记的标准时间，要求 2020 年 11 月 10 日以前完成普查登记，则调查时间为 2020 年 11 月 1 日零时，调查期限为 10 天。为了保证资料的及时性，必须尽可能缩短调查期限。

6. 制定调查的组织实施计划

调查的组织工作包括调查工作的领导机构和调查人员的确定；调查前的准备工作，如宣传教育、调查人员的培训、文件的编制印发等；调查数据的报送方法；调查经费的预算与开支方法；提供或公布调查成果的时间等。对于规模较大或缺少经验的调查还要进行试点调查，以便取得经验，完善调查方案。

在调查方案中有一个周密详尽的组织实施计划才能保证整个统计调查工作的顺利进行。

2.4　统计调查问卷设计

调查问卷设计是根据调查目的和要求，将所需调查的问题具体化，使研究者能顺利地获取所需的数据资料。从目前统计实践看，除了政府统计部门的专业统计机构之外，大量进行的是各类专门组织的中小规模的社会经济调查，这类调查大多采用问卷调查方式实施。科学的问卷设计技术是提高数据收集效率和保证数据质量的重要环节。

2.4.1　问卷结构

一份完整的调查问卷通常具有以下结构：

1. 问卷标题

问卷标题是概括说明调查的研究主题，使被调查者对所要回答的问题有一个大致了解。确定标题应简明扼要，易于引起回答者的兴趣。例如"汽车消费状况调查""我与住房——某市居民住房状况调查"等。而不要简单采用"问卷调查"这样的标题，这容易引起被访者因不必要的怀疑而拒答。

2．问卷说明

问卷说明常常以简短的问候信的形式出现，旨在向被调查者说明调查的目的、意义。对自填式问卷还有填表须知、交表时间、地点及其他事项说明等。问卷说明一般放在问卷开头，通过它可以使被调查者了解调查目的，消除顾虑，提高其配合程度，并按一定的要求填写问卷。问卷说明可采取两种方式：一是比较简洁、开门见山的方式；二是在问卷说明中进行一定的宣传，以引起被调查者对问卷的重视。

3．被访者基本情况

被访者基本情况是指被访者的一些主要特征，即背景资料，如在消费者调查中，消费者的性别、年龄、民族、家庭户口、婚姻情况、文化程度、职业、单位、收入、所在地区，等等。又如，对企业调查中的企业名称、地址、所有制性质、主管部门、职工人数、商品销售额等情况。通过这些项目，便于对调查资料进行统计分组、分析。在实际调查中，列入哪些项目，列入多少项目，应根据调查目的、调查要求而定，并非多多益善。

4．调查主题内容

调查的主题内容是研究者所要了解的基本内容，也是调查问卷最重要、最核心的部分。它主要是以提问的形式提供给被访者，这部分内容设计的质量直接影响整个调查的价值。

5．编码

编码是将问卷中的调查项目变为代码数字的工作过程，大多数调查问卷均须加以编码，以便分类整理，易于进行计算机处理和统计分析。所以，在问卷设计时，应确定每一个调查项目的编号和为相应的编码做准备，与此同时，每份问卷还必须有编号，即问卷编号。

6．作业证明的记载

在调查问卷的最后部分，常需附上调查员的姓名、访问日期、时间等，以明确调查人员完成任务的性质。如有必要，还可写上被访者的姓名、单位或家庭住址、电话等，以便于审核和进一步追踪调查，上述即为作业证明记载。但对于一些涉及被访者隐私的问卷，上述内容则不宜列入。随着我国调查实践逐步与国际接轨，上述记录应得到被访者同意后方可进行。

2.4.2　问卷设计步骤

为使问卷具有科学性、规范性和可行性，一般可以按照以下步骤设计问卷：

1．确定调查目的

调查过程经常是在有关各方做决策时感到所需信息不足而发起的，因此调查之前应该将有关各方的想法收集起来，以明确究竟需要些什么数据。目标应当尽可能精确、清楚，如果这一步做得好，下面的步骤会更顺利、更有效。

2．确定数据收集方法

收集数据可以有多种方法，主要有访问调查、电话调查、网络调查等。每一种方法对问卷设计都有影响。比如在街头进行拦截访问比入户访问有更多的限制,因为街头拦截访问有着时间上的限制;电话调查经常需要丰富的词汇来描述一种概念以肯定应答者理解了正在讨论的问题。对比而言,在访谈调查中访问员可以给被访者出示图片以解释或证明概念。

3. 确定问题回答形式

问卷中主要有三种形式的问题:开放式问题、封闭式问题、量表应答式问题。其中开放式问题是被访者可以自由地用自己的语言来回答和解释有关想法的问题类型,调研人员没有对被访者的回答做出任何限制;封闭式问题是让被访者从一系列选项中做出选择的问题类型;量表应答式问题则是以量表形式设置的问题。一般地,应该以封闭式问题和量表应答式问题为主,开放式问题为辅。

4. 决定问题的措辞

问题的措辞对于收集准确的数据是非常重要的,调查问卷必须用词清楚,避免使用诱导性的用语,同时还要考虑被访者回答问题的能力及其回答问题的意愿。

5. 确定问卷的编排

问卷不能随意编排,各个部分的位置安排都应该具有一定的逻辑性。有经验的调查人员很清楚问卷制作是获得访谈双方良好联系的关键。联系越紧密,调查者越可能得到完整准确的信息。同时,被访者的答案可能思考得越仔细,回答得越仔细。

6. 评估问卷

一旦问卷草稿设计好后,问卷设计人员应再回过来做一些批评性评估。如果每一个问题都是深思熟虑的结果,这一阶段似乎是多余的。但是,考虑到问卷所起的关键作用,这一步还是必不可少的。在问卷评估过程中,主要考虑以下问题:问题是否必要、问卷是否太长、是否收集了调查目标所需的信息、邮寄及自填问卷的外观设计是否合适、开放式问题是否留足空间、问卷说明是否用了明显字体,等等。

7. 获得各方面的认可

问卷设计进行到这一步,问卷的初稿已经完成。问卷初稿应当分发到有关各方。实际上,每个有关人员在设计过程中可能会多次加进新的信息、要求或关注。不管他们什么时候提出新要求,经常的修改是必需的。即使在问卷设计过程中已经多次加入各方意见,初稿获得各方面的认可仍然是重要的。问卷的认可也再次确认了决策所需要的信息以及这些信息将如何获得。

8. 预先测试和修订

当问卷获得有关各方的最终认可后,还必须进行预先测试。在未进行预先测试前,不应当进行正式的询问调查。通过访问寻找问卷中存在的错误解释、不连贯的地方、不正确的跳跃模型等,为封闭式问题寻找额外的选项以及被访者的一般反应。预先测试也应当以最终访问的相同形式进行。如果访问是入户调查,预先测试也应当采取入户的方式。在预先测试完成后,任何需要改变的地方应当切实修改。在进行实地调研前应当再一次获得各方的认同,如果预先测试导致问卷产生较大的改动,应进行第二次测试。

9．准备最后的问卷

问卷经过测试及修订之后，还需要进行检查和校对，然后才能最终定稿。某些情况下，问卷还可能需要进行特殊的折叠和装订。

10．实施

问卷填写完后，为获得所需数据信息提供了基础。问卷可以根据不同的数据收集方法并配合一系列的形式和过程以确保数据可正确地、高效地、以合理的费用收集。这些过程包括管理者说明、访问员说明、过滤性问题、记录纸和可视辅助材料等。

2.4.3　设计问卷应注意的问题

设计问卷并不是一件非常困难的任务，只要表达出想了解什么，并写出能得到所需信息的问题即可。虽然设计问卷很简单，但是设计一份好的问卷却不容易。在设计问卷时应该注意以下要点：

1．避免被访者可能不明白的缩写、俗语或生僻的用语

比如，你对 CPI 怎么看？不是每个人都知道 CPI 代表消费者价格指数。如果问题针对统计学家或经济学学者，那么缩写 CPI 是可以使用的；但如果这一问题以一般公众为目标被调查者，调查人员就可能会遇到麻烦。

2．问题要具体

含糊的提问只能得到含糊的答案。例如，"您的家庭收入是多少？"当被访者给出此问题的数字答案时，其答案可能会是各式各样的，如 2022 年的税前收入，2022 年的税后收入，2023 年的税前收入，2023 年的税后收入。

3．一个问题的要求不要太多

当问题的要求过多时，人们是难以回答的，他们或者拒绝或者乱猜。例如，2022 年您读了多少本书？需给出一个范围：1. 无；2. 1～10 本；3. 11～25 本；4. 26～50 本；5. 多于 50 本。

4．确保问题易于回答

要求过高的问题也会导致拒答或猜想。例如，"请您以购买新车时考虑因素的重要性将以下 20 项进行排序。"这让被调查者的工作量相当大，不要让被调查者为 20 项排序，应让他们按重要性挑选出前 5 项。

5．不要过多假设，这是一个相当普遍的错误

问题撰写者默认了人们的一些知识、态度和行为。例如，"您对总统关于枪支控制的立场倾向于同意还是反对？"这一问题假设了被调查者知道总统对枪支控制有一个立场，并知道立场是什么。

6．注意双重问题和相反观点的问题

将多个问题结合起来或运用相反观点的问题会导致模棱两可的问题和答案。例如，"您赞同在私人住宅而不在公共场所吸食大麻合法化吗？"如果此问题精确描述被调查者的立场，那么很容易解释"是"这种回答。但是回答为"不"可能意味着被调查者赞同在公共场所吸大麻而不赞同在私人场所吸，或两者都反对，或两者都赞同。

7. 问题不要带有倾向性

带有倾向性的问题会引导人们以某一方式回答，但这种方式不能准确反映其立场。使问题存在倾向性的方式有：一种方式是暗示应答者本应参与某一行为。例如，"今年看电影《狮子王》的人比看其他电影的人多。您看过这部电影吗？"为了不显示出"不同"，有些被调查者即使没有看过也会说是的。问题应该是"您曾看过电影《狮子王》吗？"

另一种使问题具有倾向性的方式是使选择答案不均衡。例如，"近期我国每年在援助外国方面花费 XX 万美元。您认为这个数字应：1增加；2保持不变；3稍减一点；4减少一点；5大量减少"。这套答案鼓励应调查者选择"减少"选项，因为其中有 3 项"减少"，而只有一项是增加。

8. 预先测试

事先测试是正式调查之前的试调查，所有的修改和编辑都不能保证成功。事先测试是保证问卷研究项目成功而费用最低的方式。事先测试的基本目的是保证问卷问题清晰、容易理解，从而得到清晰、容易理解的回答。

设计问卷的目的是为了更好地收集信息，因此在问卷设计过程中，首先要把握调查的目的和要求，同时力求取得被调查者的充分合作，保证提供准确有效的信息。

本 章 小 结

本章首先介绍了统计调查的五种常用方法：统计报表、普查、重点调查、典型调查和抽样调查，对常用的抽样调查方法进行了介绍，接下来介绍了收集资料的两种主要方法：询问调查、观察调查；其次介绍了统计调查方案的设计及其主要内容；最后介绍了统计调查问卷及其设计的有关问题。

通过本章的学习，首先应理解和掌握普查、抽样调查、重点调查等调查方式的概念及特点以及询问调查、观察调查等收集数据的方法，要了解每一种方法的优势与不足，在实践中合理选择和应用；其次要学会统计调查方案的设计，这是收集原始数据首先要做的一项工作，是进行统计调查的指导性文件；最后要学会统计调查问卷的设计，这是能否达到调查目的的关键环节。

思 考 与 练 习

1. 什么是统计调查？它在整个统计研究过程中占有什么地位？
2. 原始资料与次级资料各指什么？
3. 统计调查从不同角度可以划分为哪些种类？
4. 什么是普查？普查有哪些主要特点？我国进行了哪些方面的普查？
5. 简述统计报表制度的主要特点。
6. 什么是重点调查？它适用于什么场合？
7. 重点调查、典型调查与抽样调查的联系与区别是什么？

8. 抽样调查主要包括哪些种类？

9. 简述抽样调查相对于普查具有哪些特点。

10. 统计数据的具体收集方法有哪些？

11. 为什么要设计统计调查方案？一个完整的统计调查方案应该包括哪些主要内容？

12. 调查单位和填报单位有什么关系？试举例说明。

13. 调查问卷由哪几个部分组成？

14. 某制造商要了解其新产品的广告效果，已知新产品广告是在一家省级电视台晚上黄金时段播出，试问：

（1）调查对象是什么？

（2）其调查项目应如何设计？

（3）样本如何选择？

（4）具体收集数据的方法是什么？

15. 对本校在校大学生的消费情况进行一次问卷调查，要求：

（1）设计调查方案；

（2）设计含有不少于 20 个问题的调查问卷；

（3）哪一种调查方式和调查方法较为适宜，为什么？

拓展阅读

第3章　统计数据整理与可视化

　　基于统计调查得到的资料是杂乱无章的，若要找寻数据中隐藏的特征与规律，则需要先对原始数据进行整理，因此，统计数据整理是统计调查的后续环节，也是统计分析的基础，本章将首先阐述如何对原始数据进行整理。基于整理后的数据来描述一个现象，可以用不同的方法，如用数据描述吸烟有害健康的研究结果，我们可以用文字来描述，也可以用表格来描述，还可以用图形来描述。相比之下，用统计表格和图形描述的方式比较清晰明了，因此，本章的另一个主要内容就是介绍统计数据可视化技术，包括传统的统计表类型与样式，以及借助于图形化手段对数据进行显示的统计图。

3.1　统计数据整理

3.1.1　统计数据整理的概念

　　统计数据整理是将统计调查得到的各类原始资料条理化、系统化，使之符合统计分析和推断的要求。通过统计整理可以简化数据，从而更有效地显示和提供所包含的统计信息。

　　统计数据整理从广义上来讲包含两种类型：一种是对统计调查搜集到的原始资料进行分类汇总，称为汇总性整理；另一种是对已有的综合统计资料进行再整理。本节主要说明的是汇总性整理。

3.1.2　统计数据整理的内容与程序

1. 统计数据整理的内容

　　(1) 根据研究目的设计统计整理方案。统计整理方案的设计主要包括两方面：一是对于总体的处理方法，即如何进行统计分组；二是确定用哪些指标说明总体。

　　(2) 汇总。根据设计好的整理方案，对各个调查项目的资料进行汇总，并计算各项指标。

　　(3) 采用统计表或统计图的形式，可视化统计数据整理的结果。

2. 统计数据整理的程序

　　通常情况下，统计数据整理依照以下程序进行(见图3.1)：

　　(1) 制定统计整理方案。该方案需要对资料整理工作的各个方面各步骤做出具体的安排与规定。

　　(2) 审核统计资料。进行整理之前，需要对原始数据认真审核，检查原始数据的完整性和准确性。鉴于审核环节的重要性，具体审核的方法和内容将在本节后续内容中重点介绍。

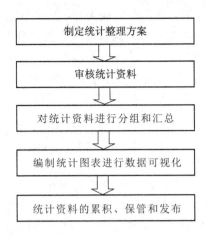

图 3.1　数据整理的程序

（3）统计资料的分组和汇总。对于全部的原始数据，根据其性质和特点，选择至少一个分组标志，对其进行分组归类，通过计算机或手工方式将原始数据的各种标志值进行汇总、计量，综合编成各项统计指标。该环节是统计数据整理的核心。

（4）编制统计图表进行数据可视化。根据现象之间的内在联系和统计分析的要求，将总体有关数量关系编制在一张表上，就形成了统计表，统计表使统计资料的表现更加明白、清晰。而统计图是表现统计资料的另一种更直观、更形象的手段。有关统计表和统计图的详细内容将在 3.4 节中给予介绍。

（5）统计资料的积累、保管和发布。对整理过的统计数据资料做好后续维护工作，包括积累、保管，并进行实时的数据资料发布，为未来统计研究工作提供资料支持。

3.1.3　统计资料的审核与处理

为了确保统计工作的质量，在汇总整理统计调查资料前，首先要做好原始资料的审核和检查工作。因为资料一经汇总，原始资料中的差错就会被掩盖起来，将会影响到整个统计工作的质量，故在整理之前必须对调查资料作严格审查。

在实践过程中，审核原始数据的做法主要有两种：一种是在调查过程中边调查边审核，称之为实地审核；另一种是先将调查资料全部收回，然后集中时间对数据进行审核，称之为系统审核或集中审核。两种做法各有优、缺点，其中，实地审核的优点是审核及时，且效果较好；其不足是调查工作的组织和安排要特别仔细，要求调查员具有丰富的经验，个人处理各种情况的能力要比较强。而系统审核的优点是调查工作便于统一安排和管理，审核工作也可以统一在研究者的指导下进行，审核的标准比较一致，检查的质量也相对好一些；不足之处是整个调查工作的周期则会相对拉长，少数个案的核实工作有时因时间相隔较长而无法落实。

不论是采用哪种做法对统计资料进行审核，都要从以下 3 个方面入手：

（1）及时性。审核资料的及时性，检查资料是否符合调查方案规定的时间以及资料是否按规定的时间报送等。任何单位的资料不能及时取得，都将会影响整个统计工作的进程，对于某些时效性较强的问题，如果统计数据过于滞后，就失去了研究的意义。

（2）完整性。审核资料的完整性，一是检查调查表是否都已收齐；二是要检查调查表或问卷中所填写的项目有无遗漏，是否存在缺失等。从统计上说，缺失的数据可能会产生有偏估计，而现实中搜集到的数据极有可能包含缺失值，因此如何处理缺失值就显得尤为重要。常用的方法有删除法、填补法或直接进入模型等。其中，删除法是最简单直接的处理方式，但极少采用。而填补法是需要重点掌握的，实际中可以根据数据类型的不同，分别采用众数、中位数或均值进行填补；或者采用同类均值进行填补，又或者基于变量间关系选择回归拟合法估计缺失值从而实现填补，再或者基于贝叶斯估计的思想，利用多重填补法选择最为合适的填补值①。每个填补方法各有优缺点，实际操作中，需结合数据情况进行选择。

（3）正确性。审核资料是否正确是审核资料的重点。审核办法主要有以下两种：一是逻辑检查法。即检查调查资料各项目之间的关系是否合乎逻辑，有无不合理或相互矛盾的现象。例如，人口调查中 18 岁以下的居民不应有婚姻情况，人口数量不应小于家庭户数，未婚男女不应有孩子；工业调查中，工业总产值应大于工业净产值，全年产值应大于每个季度的产值，等等。二是计算检查法。即检查资料的统计口径和范围、计算方法和计量单位是否符合要求；统计数字有无差错；有关指标间的平衡关系是否得到保持等。例如，审核中要注意各单项之和是否等于小计，小计之和是否等于合计，各横行纵栏的合计有无错误等。发现错误后，要针对不同情况及时纠正和处理。对弄虚作假、虚报瞒报、伪造篡改统计资料的，要按《统计法》严肃处理。统计资料审核工作的质量好坏决定了统计汇总与分析的质量好坏，因此一定要重视审核环节的实施。

3.2　统　计　分　组

3.2.1　统计分组的概念与原则

1. 统计分组的概念

统计分组是指根据统计研究任务的要求和客观现象总体的内在特点，把现象总体按某一标志（或几个标志）划分为若干性质不同但又有联系的组。统计分组的对象是总体，总体的变异性是统计分组的客观依据。统计分组法是基本的统计研究方法之一，统计工作从始至终都离不开统计分组的应用，统计调查离不开分组，统计整理又以统计分组为基本技术，而在统计分析中综合指标的应用也需要统计分组作支撑。可以说，统计分组是整个统计研究过程中的关键步骤，它直接关系到统计分析的质量。

统计分组兼有分与合两方面的含义，对于现象总体而言，是"分"，即将总体区分为性质相异的若干部分；对于单位而言，则是"合"，即将性质相同的许多个体合成一个小组。对于分组标志而言，是"分"，即按分组标志将总体按不同的标志表现分为若干组；对于其他标志而言，是"合"，即在一个组内的各单位即使其他标志表现不同也只能结合在一组。统计分组的目的是保持各组内统计资料的一致性和组间资料的差异性，即"组内差异小，组间差异大"，分组标志选取不同，得到的结论也就不同，所以分组标志的选择将是统计分

---

① 这部分内容超出了本书的范围，有兴趣的读者可以查阅相关文献进行自主学习。

组的关键所在。缺乏科学依据的分组不但无法显示现象的根本特征，甚至会把不同性质的事物混淆在一起，歪曲客观事物的实际情况。

2. 统计分组的原则

科学的统计分组必须遵循两个原则：穷尽原则和互斥原则。

（1）必须符合"穷尽原则"，就是使总体中的每一个单位都应有组可归，或者说各分组的空间足以容纳总体的所有单位。例如，依据喜欢的电视节目对市民进行分组，分为新闻节目、体育节目、电视剧、教育节目四组，这样就不满足穷尽性，因为现实中有人喜欢综艺节目，有人喜欢少儿节目，有人喜欢电影等，而上述分组中并没有这些内容，使得部分市民无组可归。

（2）必须遵守"互斥原则"，即总体任一单位都只能归属于一组，而不能同时或可能归属于几个组。例如，某商场将服装分为男装、女装、童装 3 类，这不满足互斥原则，因为童装也可以分为男、女装，所以如果更改为先按成年和儿童划分，再细分为男、女组，这样就满足互斥性了。

3.2.2　统计分组的种类

统计分组可以按照不同的标志进行分类，亦可以选择一个或多个标志进行分组，由此，统计分组主要有以下几种类型：

1. 品质分组和数量分组

我们知道，标志分为品质标志和数量标志，所以根据选择的分组标志类型不同，统计分组可以分为品质分组和数量分组。品质分组即是按品质标志进行的分组。一般对于以定类尺度或定序尺度计量的，采用品质分组。例如，企业按经济类型分组、学生按专业分组、从业人员按从事行业分组等。数量分组是按数量标志进行的分组，也称为变量分组。一般对于以定距尺度或定比尺度计量的，采用数量分组。例如，企业按净利润分组、城镇居民按可支配收入分组等。

2. 简单分组和复合分组

根据分组标志数量的多少，统计分组可以分为简单分组和复合分组。简单分组是对研究现象按一个标志进行分组，从某一个方面反映事物的分布状况和结构。有许多简单分组从不同角度说明同一个总体，就构成一个平行的分组体系。例如，分别按性别、年龄、月收入对杭州市市民进行分组，这些简单分组排列起来，就是平行分组体系，如表 3.1 所示。

表 3.1　平行分组体系

按性别分组	按年龄分组	按月收入分组
男	18 岁以下	3000 元以下
	18～35 岁	3000～6000 元
女	36～60 岁	6000～9000 元
	60 岁以上	9000 元以上

复合分组是用两个或两个以上标志进行分组，即先按一个标志分组，基于此再按第二个标志分小组，以此类推。例如，对金融机构本外币存贷款，先按存、贷分组；对存款再按对象分组，分为企业和居民；对居民存款再按币种分组，最终形成如下复合分组体系：

金融机构本外币存贷款

各项存款金额

企业存款

居民存款

人民币

美元

……

各项贷款金额

短期贷款

中长期贷款

3.2.3　统计分组的方法

要进行科学分组，必须选择适当的分组标志。分组标志选择的正确与否，关系到能否正确反映总体特征、完成统计研究的目的与任务。选择不科学的分组标志，不但无法显示现象的本质特征，而且会把不同性质的事物混淆在一起，从而歪曲了客观现象的实际情况。此外，进行分组时，各组界限划分是否清晰也将决定于统计分组的好坏。

根据上述对统计分组的种类讨论、分组标志选取的性质不同，可以分为品质分组和数量分组，这两种分组的具体分组方法是不同的。

1. 品质分组

品质分组相对简单些，有些品质分组待分组标志确定后，组的名称和组数也随之确定，如学生按学科性质分文理科组、人口按性别分男女组。而有些品质分组还要取决于统计分析对分组层次的不同要求，例如我国把社会经济各部门划分为第一产业、第二产业和第三产业，第一产业还可再细分为农、林、牧、渔业等，我们也把这种类别繁多的分组称为分类。类似这样的品质分组在确定其分组界限时，有些在理论上容易区分，但在实际生活中却难以辨别。例如，人口按城乡分组，居民一般分为城市和农村两组，但因目前还存在有些既具备城市形态又具备农村形态的地区，分组时就需慎重考虑。其他如部门分类、职业分类也都存在同样问题。因此，在实际工作中，为了便利和统一，联合国及各个国家都制定有适合一般情况的标准分类目录，如我国就有《国民经济行业分类》（GB/T 4754—2017）、《高新技术产业（服务业）分类（2018）》等。如果是要研究一新兴行业如物联网产业的具体分类，就需要紧密结合我国已有的《国民经济行业分类》目录，将物联网产业统计分类与已有行业分类目录进行对应，有兴趣的同学可以详见本章最后的拓展阅读部分。

2. 数量分组

与品质分组相比较，数量分组要复杂许多，具体操作中要注意两个问题：首先，分组时各组数量界限的确定能够反映事物质的差别；其次，根据研究总体的数量特征，采用适当的分组形式，确定组距、组限。依据变量的不同类型，数量分组可以采取两种不同的分组形式，即单项式分组和组距式分组。

　　由前述知道，变量有离散型和连续型之分，变量的取值称为变量值。若按数量标志分组，单项式分组则是用一个变量值作为一组。例如家庭按人口数分组，可以分为 1 人、2 人、3 人、4 人、5 人及以上等 5 组。单项式分组一般适用于离散型变量且值变动范围不大的场合。

　　组距式分组则是把变量值分为几个区间，各变量值按其大小确定所归并的区间，区间的距离为组距，相邻两组的界限为组限。例如，居民按人均居住面积分组，分为 10 m² 以下，10～20 m²，20～30 m²，30～40 m²，40 m² 以上等。组距式分组一般适用于连续型变量或变动范围较大的离散型变量。

　　而在组距式分组形式中，根据组限是否重叠，以及组距是否相等等特点，还可以采取以下几种不同的分组形式。

　　(1) 连续组距式分组和间断组距式分组。在组距式分组中，凡是组限相连 (或重叠的)，即同一数值作为相邻两组的上、下限，称为连续组距式分组，如上述以人均居住面积分组的例子中，20 m² 既是 10～20 m² 的上限，也是 20～30 m² 的下限。这就是连续组距式分组。相对应地，如果组限不相连，称为间断组距式分组。例如学校按班级学生人数分组，可分为 15 人及以下，16～25 人，26～35 人，36～45 人，46 人及以上等组。

　　这里需要说明两点：一是由于连续型变量取值是不间断的，所以只能采用连续组距式分组，而离散型变量不受限制，既可以采用间断组距式分组，也可采用连续组距式分组。例如，上述按班级学生人数分组，也可分为 15 人及以下，15～25 人，25～35 人等组。二是对于连续组距式分组，通常一个数值作为相邻两组共同的界限，违背了统计分组的"互斥原则"，所以我国统计制度规定，凡是这种情况发生，即总体某一个单位的变量值是相邻两组的界限，则这一个单位应归入作为下限值的那一组内，即"上组限不在内"原则。如某居民的居住面积恰好为 20 m²，则该居民应该归入 20～30 m² 这一组内，不应归入 10～20 m² 这一组内。

　　(2) 等距分组和异距分组。组距式分组中，根据各组组距是否相等，还可以分为等距分组和异距分组。所谓等距分组是各组组距相等，凡是标志值变动比较均匀的情况，都可采用等距分组，这样便于计算，也便于绘制统计图。而异距分组是各组组距不相等，适用场合具体有：标志值分布很不均匀；标志值相等的量具有不同意义；标志值按一定比例变化等情况。

　　接下来，将围绕组距式分组相关指标的含义及其确定方法进行具体介绍。

　　(1) 组数。组数多少直接关系到组距的大小，且与数据分布形态有关。组数多，组距就小，数据的分布就会相对分散；组数少，组距就大，数据的分布就会相对集中。美国学者斯特吉斯 (H. A. Sturges) 提出确定组数的经验公式，称为斯特吉斯经验公式：

$$n = 1 + 3.3 \lg N \tag{3.1}$$

其中，n 为组数，N 为总体单位数。

　　根据斯特吉斯经验公式，可以得出如表 3.2 所示的组数参考标准。

表 3.2　统计分组组数参考表

N	15～24	25～44	45～89	90～179	180～359
n	5	6	7	8	9

当然，公式与表中的数据仅供参考，实际分组时组数多少还需要根据研究资料的性质而定，以能够显示数据的分布特征和规律为目的。多数情况下，需要凭经验或者反复试分组才可最终确定组数。

（2）组距。一个组的最小值称为下限，用 L 表示；最大值称为上限，用 U 表示。组距是上下限之间的距离，可根据全部数据的最大值和最小值以及组数来确定，公式为

$$d = \frac{R}{n} = \frac{x_{\max} - x_{\min}}{1 + 3.3 \lg N} \tag{3.2}$$

其中，n 和 N 与式(3.1)一致；d 为组距；R 为全距，即最大值 $x_{\max}$ 与最小值 $x_{\min}$ 之差。

由于有连续组距式分组和间断组距式分组，其中，连续组距式分组的组距计算公式为

$$组距 = 本组上限 - 本组下限 \tag{3.3}$$

间断组距式分组的组距计算公式如下：

$$组距 = 本组上限 - 本组下限 + 1 \tag{3.4}$$

或

$$组距 = 本组上限 - 前组上限 \tag{3.5}$$

或

$$组距 = 本组下限 - 前组下限 \tag{3.6}$$

（3）组中值。即上、下限之间的中点数值，计算公式为

$$组中值 = \frac{本组上限 + 本组下限}{2} \tag{3.7}$$

组中值是非常有用的指标之一，因为在计算平均指标或其他统计分析时，常用组中值代表各组标志值的平均水平，因此，分组时应尽可能地使组内各单位标志值分布均匀。

（4）开口组的组距和组中值。在编制组距式分组时，经常会见到"××以上"或"××以下"，这种形式称为开口组，具体有缺下限的开口组和缺上限的开口组两种形式。开口组的组距是以相邻组的组距为本组的组距。所以，两种形式的组中值计算公式为

$$缺下限的开口组组中值 = 上限 - \frac{邻组组距}{2} \tag{3.8}$$

$$缺上限的开口组组中值 = 下限 + \frac{邻组组距}{2} \tag{3.9}$$

例如，居民按月收入分组，得到 2000 元以下，2000~4000 元，4000~6000 元，6000 元以上 4 组，那么相邻组组距为 2000 元，而 2000 元以下这组是缺下限的开口组，则该组组中值 = 2000 - 2000/2 = 1000 元；同理，6000 元以上是缺上限的开口组，该组组中值 = 6000 + 2000/2 = 7000 元。

3.3　频　数　分　布

3.3.1　频数分布的概念

在统计分组的基础上，把总体的所有单位按某一标志进行归并排列，形成总体中各个单位在各组间的分布，称为频数分布，又称为次数分布。作为统计数据整理的一种重要形式，频数分布通过对零乱的、分散的原始资料进行有序的整理，形成一系列反映总体各组之间单位分布状况的数列，即分布数列。根据分组标志特征的不同，分布数列可分为按品

质标志分组所形成的品质分布数列和按数量标志分组所形成的变量分布数列，前者简称为品质数列，后者简称为变量数列。

分布数列包括两个要素：一是总体按其标志所分的组；二是各组所分布的单位数，即频数也称为次数，用 f 表示。

3.3.2 分布数列的编制

前述所知，分布数列可分为品质数列和变量数列两种，对于不同类型的分布数列，编制方法不同。

1. 品质数列的编制

品质数列就是品质标志所形成的分布数列。例如，按性别、专业、职业分组形成的分布数列。下面用一个例子介绍该类数列编制的方法。

【例 3 - 1】 某笔记本电脑制造商在某高校开展了一项学生最受欢迎的笔记本电脑品牌的调查，随机调查了 30 名拥有笔记本电脑的学生，调查结果见表 3.3。

表 3.3 30 名学生拥有笔记本电脑品牌的数据

序号	电脑品牌	序号	电脑品牌	序号	电脑品牌
1	苹果	11	苹果	21	华硕
2	苹果	12	联想	22	联想
3	联想	13	苹果	23	戴尔
4	联想	14	联想	24	苹果
5	苹果	15	联想	25	华硕
6	华硕	16	苹果	26	苹果
7	联想	17	戴尔	27	联想
8	苹果	18	戴尔	28	戴尔
9	戴尔	19	联想	29	联想
10	联想	20	华硕	30	联想

品牌是品质标志，欲构造品质数列，需要先按电脑品牌分组。在调查的 30 名学生中，使用笔记本电脑的品牌共有 4 个，分组的数目即为 4。然后统计购买每一品牌的频数，苹果电脑有 9 人购买，联想有 12 人，戴尔有 5 人，华硕有 4 人，汇总数据后形成了表 3.4 的品质数列。

表 3.4 30 名学生拥有笔记本电脑品牌的频数分布

按品牌分组	购买人数/人	频率/（%）
联想	12	40.0
苹果	9	30.0
戴尔	5	16.7
华硕	4	13.3
合计	30	100.0

与原始数据相比较，分布数列提供的信息更为直观、简洁，并且清晰地反映了学生对笔记本电脑品牌的选择情况。

2. 变量数列的编制

变量数列的编制要复杂一些，具体编制步骤如下：

第一，对原始数据按大小顺序排列。

第二，根据斯特吉斯经验公式(3.1)确定组数，并根据实际资料进行调整。

第三，确定组距。首先计算全距，即最大值与最小值的差。基于此和确定的组数，利用式(3.2)计算组距。注意根据原始数据分布是否均匀判定是采用等距数列还是异距数列，一般情况下多采用等距数列。在实际中，若计算组距非整数时，组距大小通常四舍五入到某个简便的数，比如 5 或 10 的倍数，以便于数列的编制。

第四，确定组限。由前述可知，一个组的上、下限分别是该组的最大值和最小值。一般说来，组限必须涵盖所有的变量值，即第一组的下限应小于或等于原始数据的最小值，而最末组的上限要大于或等于原始数据的最大值。

第五，计算各组频数。依据分出的组别，分别计数属于每个组的单位数，得到频数，或利用各组频数与总体单位数之比得到每组的频率，用 $f/\sum f$ 表示。

最后，根据分析需要计算组中值。选择式(3.7)至式(3.9)计算每组的组中值，以备后续统计分析的需要，该步骤在实际编制过程中可选。

现举例说明变量数列的编制过程。

【例 3 - 2】 某班 40 名学生的身高(单位：cm)分别为

170.3	165.2	158.7	175.4	178.6	162.5	172.1	181.5	155.4	167.8
166.8	167.4	183.8	175.0	152.3	172.9	161.9	169.7	171.4	165.5
161.1	171.7	156.7	182.3	169.4	163.8	173.0	168.6	177.3	166.5
165.6	176.2	168.9	154.8	170.5	166.7	174.5	168.0	159.2	180.7

解 由于"身高"为连续型变量，需采用连续组距式分组，同时学生身高变动较均匀，故可用等距分组来编制变量数列。首先对原始数据进行排序，如表 3.5 所示。

表 3.5 排序后的学生身高数据

152.3	154.8	155.4	156.7	158.7	159.2	161.1	161.9	162.5	163.8
165.2	165.5	165.6	166.5	166.7	166.8	167.4	167.8	168.0	168.6
168.9	169.4	169.7	170.3	170.5	171.4	171.7	172.1	172.9	173.0
174.5	175.0	175.4	176.2	177.3	178.6	180.7	181.5	182.3	183.8

根据斯特吉斯经验公式计算出组数为 6，且该数据集的全距为 31.5。由于原始数据分布较均匀，可采用等距数列，基于全距和确定的组数计算得到组距 5.3。为了便于计算，最终确定组数为 6，组距为 6，则建立变量数列如表 3.6 所示。

表 3.6　40 名学生的身高频数分布

身高/cm	学生人数/人	频率/(%)
156.0 以下	3	7.5
156.0～162.0	5	12.5
162.0～168.0	10	25.0
168.0～174.0	12	30.0
174.0～180.0	6	15.0
180.0 及以上	4	10.0
合计	40	100.0

对于变量数列的编制中还有几个相关概念需要说明。

频率具有两个特点：

(1) 任何频率都是介于 0 和 1 之间的一个分数，即

$$0 \leqslant \frac{f}{\sum f} \leqslant 1$$

(2) 各组频率之和等于 1，即

$$\sum \frac{f}{\sum f} = 1$$

对于异距分组，由于各组次数的多少还受到组距不同的影响，因此，各组的频数可能会随着组距的扩大而增加，随着组距的缩小而减少。为了消除异距分组所造成的这种影响，需计算频数密度（或称次数密度）。频数密度的计算公式如下：

$$频数密度 = \frac{频数}{组距} \tag{3.10}$$

$$频率密度 = \frac{频率}{组距} \tag{3.11}$$

各组频数密度与各组组距乘积之和等于总体单位数，各组频率密度与各组组距乘积之和等于 1。

3.3.3　累计频数和累计频率

1. 累计频数和累计频率的概念

为了统计分析的需要，有时需要观察某一数值以下或以上的频数或频率之和，此时就需要计算各组的累计频数或累计频率。按照累计方式不同，累计可分为向上累计和向下累计。

向上累计频数（或频率）分布，其方法是：先列出各组的上限，然后由标志值低的组频数（或频率）向标志值高的组频数（或频率）依次累计。当我们关心的是标志值比较小的现象的分布数列情况时，通过计算向上累计，以得出这些标志值以下所有单位所占的比重。

向下累计频数（或频率）分布，其方法是：先列出各组的下限，然后由标志值高的组频数（或频率）向标志值低的组频数（或频率）依次累计。当我们关心的是标志值比较大的现象的分布数列情况时，通过计算向下累计，以得出这些标志值以上所有单位所占的比重。

2. 累计频数和累计频率的特点

累计频数(频率)分布具有如下两个特点:

(1) 第一组的累计频数(频率)等于第一组本身的频数(频率);

(2) 最后一组累计频数(频率)等于总体单位数(1 或 100%)。

【例 3-3】　仍以例 3-2 中 40 名学生的身高数据为例,分别进行向上和向下累计。

解　向上和向下累计频数(频率)如表 3.7 所示。

表 3.7　40 名学生的身高数据累计表

向上累计					向下累计				
身高上限	频数	累计频数	频率/(%)	累计频率/(%)	身高下限	频数	累计频数	频率/(%)	累计频率/(%)
156.0	3	3	7.5	7.5	150.0	3	40	7.5	100.0
162.0	5	8	12.5	20.0	156.0	5	37	12.5	92.5
168.0	10	18	25.0	45.0	162.0	10	32	25.0	80.0
174.0	12	30	30.0	75.0	168.0	12	22	30.0	55.0
180.0	6	36	15.0	90.0	174.0	6	10	15.0	25.0
186.0	4	40	10.0	100.0	180.0	4	4	10.0	10.0
合计	40	—	100	—	合计	40	—	100	—

由表 3.7 可知,该班级身高在 156.0 cm 以下的学生有 3 人,占比 7.5%;168.0 cm 以下的学生共有 18 人,占比 45.0%;而 180.0 cm 以上的学生仅有 4 人,占比 10%。

综上,无论是品质数列还是变量数列,都能够清晰地描绘数据变动的特征,使枯燥的数据变得生动,从而加大了数据的信息含量。

3.4　统计数据可视化

数据可视化是关于数据视觉表现形式的科学技术研究,是统计调查数据发布、传播的重要载体,能够更直观、有效地展示统计调查数据开发成果。常说的数据可视化主要指的是借助图形化手段,直观地传达数据集的关键方面和特征,而作为政府统计部门常用的可视化方法之一,统计表也是不可忽略的。故本节内容将首先介绍统计表的类型与样式,其次介绍数据可视化常用表达形式,即统计图。

3.4.1　统计表

1. 统计表的定义和结构

由统计调查获取的原始资料,经过统计整理,得到说明客观现象及其发展过程的数据,把这些数据按一定的顺序排列在表格上,就形成了统计表。政府统计部门常用统计表来反映统计资料,通过对统计指标加以合理叙述的形式,使统计资料条理化,简明清晰,便于检查数字的完整性和准确性。统计表是由纵、横垂直交叉的直线所组成的,用来表现统计数据的表格。广义上统计表包含统计工作过程中的所有表格,狭义上统计表仅是指分析表和容纳统计资料的表格,即本小节所要讲到的统计表。

一方面,从形式上来看,统计表由总标题、横行标题、纵栏标题和指标数值四部分组成。其中,总标题是表的名称,应放在表的正上方,说明的是统计表的主要内容;横行标题是横行的名称,一般位于表格第一列,主要说明所研究问题的类别名称、分组标志和时间等信息;纵栏标题一般位于表格第一行,说明具体的指标(或变量);指标数值则是处在横行和纵栏的交叉处,是具体的数字,说明总体及其组成部分的数量特征,是统计表的核心部分。另一方面,从内容上来看,统计表由主词栏和宾词栏构成。其中,主词栏是说明总体的,它可以是各个总体单位的名称、总体各个分组的名称,形式上表现为横行标题,一般位于表的左方;宾词栏是说明总体的指标名称和数值的,形式上表现为纵栏标题和指标数值,一般位于表的右方。必要时,主、宾词可以变换位置或合并排列。具体表式如表 3.8 所示。此外,统计表还可以根据需要附加一些信息,如补充资料、注解、资料来源、填表单位、填表人等。

表 3.8　××年我国国内生产总值及其构成

按产业分组	国内生产总值/亿元	比重/(%)
第一产业	83 085.5	7.3
第二产业	450 904.5	39.4
第三产业	609 679.7	53.3
合计	1 143 669.7	100.0

2. 统计表的种类

(1) 按统计表的作用分类,分为调查表、汇总表和分析表。

调查表是在统计中用于搜集和登记原始统计资料的表格,例如人口普查调查表、经济普查调查表、员工基本信息调查表等;汇总表(或整理表)是在统计资料整理过程中使用的,例如前述的统计分组表;分析表则是在统计分析过程中对整理后的统计资料进行定量分析得到的,例如利用统计软件输出的分析结果表。

(2) 根据主词是否分组和分组的程度,分为简单表、分组表和复合表。

简单表即主词未经任何分组的统计表,也称为一览表。具体表现为主词栏罗列各指标的名称,如表 3.9 所示。

表 3.9　××年我国主要国民经济指标

指　标	单　位	数　量
国内生产总值	亿元	1 013 567.0
全社会固定资产投资	亿元	527 270.0
居民消费价格指数	上年＝100	102.5
城镇单位就业人员平均工资	元	97 379.0

分组表是指主词只按一个标志进行分组形成的统计表，也称简单分组表，表 3.8 就是按产业进行分组的国内生产总值及其构成表。

复合表则是指主词按两个或两个以上标志进行分组的统计表，也称为复合分组表，如表 3.10 所示。表中的国内生产总值分别按产业和国民经济行业分组。在复合分组表中设计横行标题时，应在第一次分组的各组组别下空一到二个字填写第二次分组的组别，此时第一次分组的组别就成为第二次分组的各组小计。若需再进行第三、四次分组，均可以此类推。

表 3.10　××年我国各产业增加值

按产业和行业分组	国内生产总值/亿元	比重/(%)
国内生产总值		
第一产业		
第二产业		
工业		
建筑业		
第三产业		
批发零售		
住宿餐饮		
…		
合计		

（3）按宾词设计分类，可分为宾词简单排列、分组平行排列和分组层叠排列等三种。

宾词简单排列，即宾词不进行任何分组，按一定顺序排列在统计表上，如表 3.9 所示。

宾词分组平行排列是指宾词栏中各分组标志彼此分开，平行排列，如表 3.11 所示。

表 3.11　20××—20××年我国人口分布情况

年　份	按性别分类		按受教育程度分类				
	男	女	未上过学	小学	初中	高中	大专及以上
20××							
20××							
20××							

宾词分组层叠排列是指统计指标同时有层次地按两个或两个以上标志分组，各种分组层叠在一起，宾词的栏数等于各种分组的组数连乘积，如表 3.12 所示。

表 3.12　20××—20××年我国就业人员分布情况

年　份	三 次 产 业								
	第一产业			第二产业			第三产业		
	合计	城镇	乡村	合计	城镇	乡村	合计	城镇	乡村
20××									
20××									
20××									

在利用主、宾词分组时，要注意二者间的区别。主词分组使总体分成许多组成部分；而宾词分组不增加统计总体的组成部分，它是为描述主词的数量特征考虑的。

3. 统计表的设计

现如今计算机的应用对统计表的形式要求越来越弱化，但是"科学、实用、简练、美观"仍是设计统计表的基本要求。在设计统计表时的具体注意事项如下：

（1）标题设计。统计表的总标题，横行、纵栏标题应简明扼要，以少而准的文字表述统计资料的内容、资料所属的空间和时间范围。

（2）指标数值。表中数字应该填写整齐，对准位数。表中数据一般是右对齐，有小数点时应以小数点对齐，小数点位数保持一致。当数字因为小可忽略不计时，可写上"0"；当缺某项数字资料时，可用符号"…"表示；不应有数字时用符号"—"表示，一张填好的统计表不应有空白单元格。

（3）合计栏的设置。统计表各纵列若需合计时，一般应将合计列在最后一行，各横行若需要合计时，可将合计列在最前一栏或最后一栏。

（4）计量单位。统计表必须注明数字资料的计量单位。当整张表只有一种计量单位时，可以把它写在表头的右上方。如果表中各格的指标数值计量单位不同，可在横行标题后添一列计量单位，或计量单位附在每个纵栏标题的后面，即指标名称的后面。

（5）线条的绘制。统计表一般采用三线表样式，表的上下端应以粗线绘制，一般为1.5磅线粗，表内纵横线以细线绘制，一般粗细为0.5磅。表格的左右两端采用"开口式"，即左右两边不封口，不画线。

（6）注解或资料来源。为保证统计资料的科学性与严肃性，在统计表下，应注明资料来源，以便查考。必要时，在统计表下应加注解或说明。

3.4.2　统　计　图

统计图是根据统计数字，用点、线、面积、体积等绘制的各种图形。它具有直观、形象、生动、具体等特点。统计图可以使复杂的统计数字简单化、通俗化、形象化，使人一目了然，便于理解和比较。依据前述，我们知道数据可以分为定性数据和定量数据，其中，对于定性数据，可采用条形图、饼图和环形图、玫瑰图表示；对于定量数据，已分组资料常用直方图、折线图、曲线图等表示，未分组资料可采用茎叶图、箱线图和小提琴图表示。此外，大数据背景下存在更多的文本数据，对于此类数据常用词云图进行展示。下面将结合数据的不同类型，依次介绍统计分析中常见的一些可视化图形。

1．定性数据可视化

1）条形图

条形图是用宽度相同的条形的高度或长短来表示数据的频数或频率的图形(见图 3.2)，有简单条形图、并列条形图和堆叠条形图等形式。绘制条形图时，数据放在纵轴，称为水平条形图；数据若放在横轴，则称为垂直条形图或柱形图。

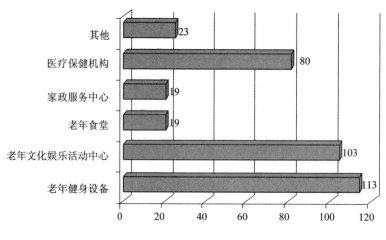

图 3.2　简单条形图

2）饼图和环形图

饼图是用圆形及扇形面积来表示数值大小的图形，主要用来表示总体中各部分的比例关系。如图 3.3 所示，该图是依据研究总体的文化程度进行分组得出的饼图，可以看出每种学历层次人员所占的比重。

如果需要对比多个总体，则可以采用圆形图的另一种形式，即环形图，该图形就是将圆心掏空，以每一个环代表一个总体的结构，如图 3.4 所示。

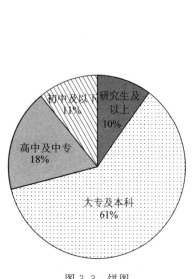

图 3.3　饼图

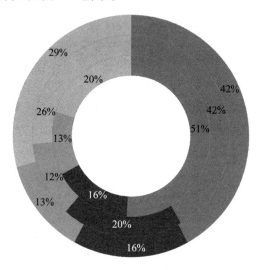

图 3.4　某年北京、上海、浙江生产总值收入法构成环形图

3）玫瑰图

玫瑰图全称南丁格尔玫瑰图，又名鸡冠花图、极坐标区域图。它是由统计学家和医学改革家佛罗伦萨·南丁格尔（Florence Nightingale）在克里米亚战争期间为了反映士兵的季节性死亡率而创造的，如图 3.5 所示。

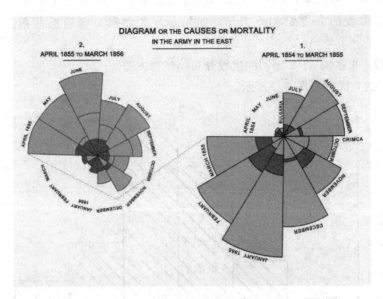

图 3.5　南丁格尔于 1858 年发表的玫瑰图

注：图片引自 CSDN 网站文章"［数据可视化］南丁格尔玫瑰图"一文，并为了保证清晰度做了微调。

玫瑰图的外形很像饼图，但是本质上是在极坐标下绘制的柱状图或堆叠柱状图，如图 3.6 所示。该图形是使用圆弧的半径长短表示数据的大小（数量的多少），而饼图是以扇形的弧度来表示数据的。由于半径和面积之间是平方的关系，所以视觉上，玫瑰图会将数据的比例夸大。因此，该图形常用来对比不同分类的大小，且各分类值差异不是太大。

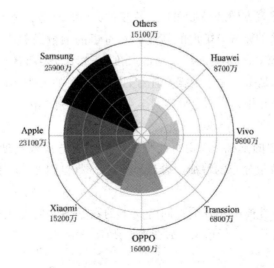

图 3.6　2022 年全球部分智能手机出货量玫瑰图

数据来源：根据 Omdia《智能手机初步出货量报告》相关数据绘制。

2. 定量数据可视化

1) 直方图

直方图是用直方形的宽度和高度来表示次数分布的图形。即用矩形面积表示各组的频数分布或频率分布。其中，横轴表示各组组限，纵轴表示频数或频率，然后依据各组组距的宽度和次数的高度绘制直方形。如果是异距数列，则需按照频数密度绘制直方图。

【例 3－4】 根据例 3－2 编制的次数分布绘制直方图。

解 绘制的直方图如图 3.7 所示。

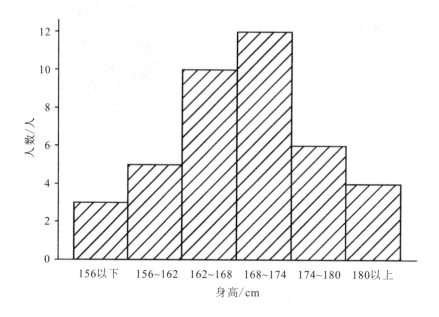

图 3.7　直方图

这里还要注意区分直方图和条形图，二者形式类似，却是完全不同的统计图。一是直方图是用面积表示频数的差异，矩形的高度表示每组的频数或频率，宽度则用组距表示，其高度与宽度均有意义；条形图是用条形的长度(横置时)表示各组的频数多少，其宽度(即类别)是固定的。二是由于分组数据有连续性，直方图的各矩形间没有间隔，是连续排列的；而条形图则是分开排列。三是直方图多用于变量数列，条形图主要用于品质数列。

2) 折线图

折线图是在直方图的基础上，用折线将各组组中值与次数高度坐标点连接而成，以折线上升或下降表示数量分布的特征。基于上述直方图(见图 3.7)，用折线连接，如图 3.8所示。

现实中，折线图还常被用来表示不同时间下的数据随时间变化的形态与趋势。此时，横轴表示时间，纵轴是某一指标取值，如图 3.9 所示。

3) 曲线图

当变量数列的组数无限增多时，折线便近似地表现为一条平滑曲线。曲线图是在折线图的基础上，将折线替换为平滑的曲线表示，如图 3.10 所示。

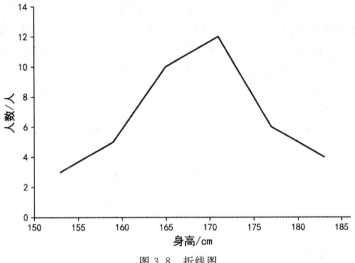

图 3.8　折线图

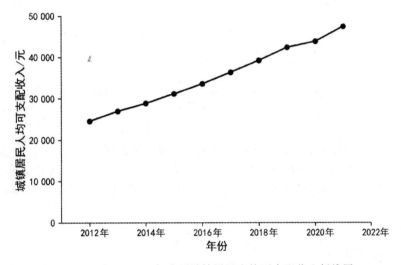

图 3.9　2012—2021 年我国城镇居民人均可支配收入折线图

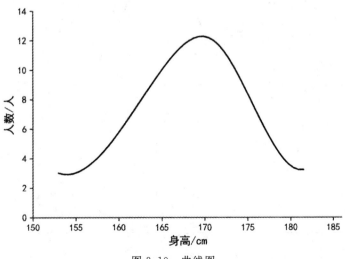

图 3.10　曲线图

曲线图也是应用广泛的统计图之一，除了普通的曲线图之外，对于累计频数或累计频率分布也可以运用曲线图将其描绘为累计频数分布图或累计频率分布图。绘制这类图时要注意，不论是向上累计还是向下累计，以分组变量为横轴，累计频数或频率为纵轴，将各组组距的上限(下限)与其对应的向上(向下)累计频数或频率构成坐标点，用曲线连接，即得到向上或向下累计曲线。现实中这类图形有重要作用，如基尼系数、洛伦茨曲线均是以此为基础发展得来的。

【例 3 - 5】　根据例 3 - 3 计算而得的向上累计和向下累计频数，绘制向上累计和向下累计曲线图，如图 3.11 所示。

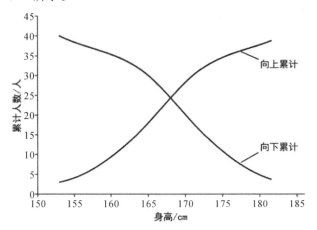

图 3.11　向上、向下累计频数图

曲线图还可以用来描述客观现象的数量分布特征。概括来说，主要有以下几种类型：

(1) 钟形分布。该分布的特征是"两头小，中间大"，即靠近中间的变量值分布的次数多，靠近两边的变量值分布的次数少，其曲线图宛如一口古钟，如图 3.12 所示。

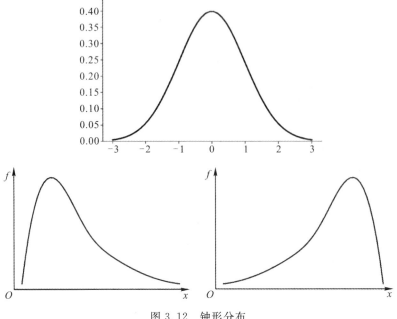

图 3.12　钟形分布

（2）U 形分布。该分布的形状与钟形分布恰好相反，即靠近中间的变量值分布次数少，靠近两端的变量值分布次数多，形成"两头大，中间小"的 U 形分布，如图 3.13 所示。

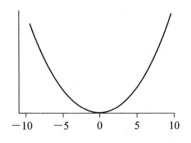

图 3.13　U 形分布

（3）J 形分布。该分布有两种类型，一种是次数随着变量的增大而增多，称为正 J 形分布，如图 3.14(a)所示；另一种呈反 J 形分布，即次数随着变量增大而减少，如图 3.14(b)所示。

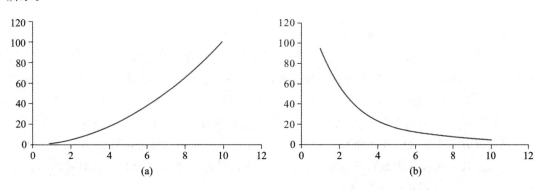

图 3.14　J 形分布

4）茎叶图

前述统计图主要应用于分组资料，而对于未分组资料，常用茎叶图、箱线图和小提琴图等来直观表示资料的特征和规律性。本部分先来介绍茎叶图。

茎叶图又称"枝叶图"，它的思路是将数组中的数按位数进行比较，将数的大小基本不变或变化不大的位作为一个主干（茎），将变化大的位的数作为分枝（叶），列在主干的后面，这样就可以清楚地看到每个主干后面有几个数，每个数具体是多少。

【例 3-6】　已知某市区 30 台 ATM 机一天内的使用次数资料，如表 3.13 所示，据此绘制茎叶图。

表 3.13　30 台 ATM 机使用次数　　　　　　（单位：次）

34	47	58	50	36	45	65	66	72	60
43	52	55	60	73	76	75	78	65	66
74	77	70	85	82	90	74	63	74	92

在 30 台 ATM 机使用次数中，最小值是 34 次，最大值是 92 次，因此，茎最高位数从 3

开始，一直到 9 依序排列，叶是余下的低位数。例如 36 次，茎是 3，叶是 6。对原始数据排序，按此方法绘制茎叶图，如图 3.15 所示。

茎	叶
3	4 6
4	3 5 7
5	0 2 5 8
6	0 0 3 5 5 6 6
7	0 2 3 4 4 4 5 6 7 8
8	2 5
9	0 2

图 3.15　30 台 ATM 机使用次数茎叶图

由图 3.15 可以看出，所有的原始资料全部保留，可以很清晰地看出原始数据的特征，例如在 30 台 ATM 机使用次数中，有两台 ATM 机使用次数低于 40 次，4 台 ATM 机使用次数在 80 次以上，使用 60～70 次的 ATM 机有 7 台，70～80 次的 ATM 机有 10 台。

茎叶图是一个与直方图相类似的特殊工具，但又与直方图不同，茎叶图保留原始资料的资讯，直方图则失去了原始资料的信息。将茎叶图茎和叶逆时针方向旋转 90°，实际上就是一个直方图，可以从中统计出次数，计算出各数据段的频率或百分比，从而可以看出分布是否与正态分布或单峰偏态分布逼近。

5）箱线图和小提琴图

（1）箱线图。箱线图（Box-plot）又称为盒须图、盒式图或箱形图，是一种用来显示一组数据资料分散情况的统计图，又因为其形状像箱子一样而得名。箱线图由 5 个关键点构成，分别是一组数据的最大值、最小值、中位数、上四分位数和下四分位数，用于反映原始数据分布特征，还可进行多组数据分布特征的比较。箱线图的绘制步骤是：先找出一组数据的 5 个关键数值，即最大值、最小值、中位数和上、下四分位数，然后连接上、下四分位数画出箱子，接下来将最大值和最小值与箱子连接，中位数处于箱子的中间位置。

【例 3 - 7】　对某地市居民居住情况展开调查，其中 20 名被调查对象的年龄分布如表 3.14 所示，依据该资料绘制箱线图。

表 3.14　20 名被调查对象的年龄分布　　　　（单位：岁）

57	29	23	36	32
23	48	39	25	65
18	51	50	22	28
21	43	41	35	54

依据上述数据资料，绘制箱线图，如图 3.16 所示。

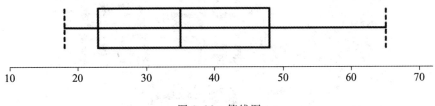

图 3.16　箱线图

（2）小提琴图。小提琴图常用来绘制连续型数据，它将箱线图与核密度图①结合在一起，以显示数据分布的大致形状，如图 3.17 所示。在小提琴图中，可以解读到与箱线图中相同的信息，如小提琴图中的小白点为中位数，小提琴中心的黑色条表示四分位数范围。同时，它比箱线图提供了更多的信息，可以看到数据的整体分布，因此，可作为箱线图的替代图形。

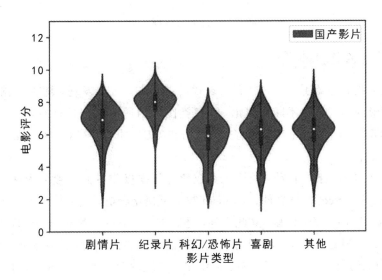

图 3.17　国产电影评分小提琴图

3. 文本数据可视化

现如今，在大数据时代背景下，数据的形态更为丰富，80％以上表现为非结构化数据，而文本数据是其中最为常见的类型之一。对文本数据的可视化则是采用图形、表格进行结果的呈现，常用且易上手的是对文本数据绘制词云图。所谓词云图是对网络文本中出现频率较高的"关键词"给以视觉上的突出，关键词出现越多，显示的字体越大且越突出，说明这个关键词也就越重要。例如，基于链家平台展示的杭州市二手房源周边配套设施文本信息绘制词云图，如图 3.18 所示，可以看出，医院、银行、农贸市场的词频位列配套设施的前 3 名。

---

① 核密度图是用来描述核密度估计的一种图形，类似概率密度曲线，可以看出数据分布的大致形状，本质上是对直方图的一种抽象。本教材对此将不做具体讲解，有兴趣的读者可以阅读相关资料。

图 3.18　配套设施词云图

3.4.3　可视化的注意事项

综上所述，我们介绍了一些常用的、现代的统计图，可以发现，随着数据类型的日益丰富，统计图形的样式也在不断地演化，而每类图形的适用场合是有差异的，并且一个好的统计图应该满足四个标准：准确、有效、简洁和美观。由此，在对数据进行可视化时，需要注意以下几点：

一是绘图工具的选择。目前，绘图工具或软件根据操作界面一般分为两种：一类是在界面完成操作，如 Excel 办公软件、Tableau 数据可视化分析软件；另一类是需要编写代码完成，如 R、Python、Matlab 等。除此之外，还有 Echarts、D3 等基于 JavaScript 的开源数据可视化图表库。随着绘图工具的推陈出新，我们在绘制图形时，应有针对性地选择适合的绘图工具，如条形图、饼图、直方图、折线图等传统图形，常用 Excel 即可绘制；而玫瑰图、小提琴图、词云图等推荐使用编程软件或可视化图库进行绘制，本节是运用 Python 中的数据可视化包 Matplotlib 和 Seaborn 进行绘制的，有兴趣的读者可以尝试选用其他工具进行绘制。

二是根据数据类型选择准确、有效的统计图形。准确是统计图最基本的要求，应该选择正确的统计图描述不同类型的数据。如定性变量职业、学历等，可以采用条形图、饼图等；定量变量收入、身高等，可选择直方图等。当然，随着可视化技术的发展，每个图形的适用场景也不是绝对的，比如柱形图也可以用来展示定量数据，详见本章的拓展阅读 2；玫瑰图也可以用来展示定量数据，如人民日报对新冠肺炎全球疫情数据的可视化。而一幅精心设计的图表可以有效地把数据呈现出来，并支撑自己的观点，同时也会让人更容易看懂和理解数据，但使用不当会造成别人对数据的误解。

三是统计图形应尽可能地简洁合理。绘制统计图形应避免一切不必要的修饰，过于花哨或过度修饰往往会让人更注意图形本身，从而忽略了图形想要表达的信息。

四是统计图形应具备完整且规范的格式信息。一幅完整的统计图形一般包括图形主体、标题、坐标轴注释等要素。其中,图形主体用于表达数据的信息与特征;标题用于表达图形的内容,一般包括数据所属的时间、地点、内容,以及图形编号,标题不宜过长,一般放在图的下方;坐标轴注释需要标出坐标轴代表的变量名称,有时需要标注计量单位,以便于对方的阅读和理解。此外,图形的比例大致为 4∶3 的一个矩形,否则会给人造成错误的理解。

·····●●●●●●●● 本 章 小 结 ●●●●●●●●·····

本章首先介绍统计数据整理与可视化的原理、步骤与方法,主要包括统计整理的概念、内容与程序;其次介绍原始资料的审核方法,包括采用实地审核或系统审核的方法核对数据是否满足及时性、完整性和准确性;然后介绍统计分组的原则,统计分组的种类与方法,编制分布数列的具体步骤和注意事项;最后介绍根据数据间的关系,编制不同类型的统计表或绘制统计图,实现统计数据的可视化。

通过本章的学习,要了解数据整理的内容和程序,重点掌握统计分组的构建原则与步骤,并会建立统计分组。同时,要理解频数分布的基本概念与编制方法,基于分析的需要,选择相应的统计图或统计表说明数据的特征与规律,为接下来的统计分析打好基础。因此,本章内容介于统计调查与统计分析之间,具有承上启下的作用。

·····●●●●●●●● 思 考 与 练 习 ●●●●●●●●·····

1. 什么是统计数据整理?
2. 简述统计数据整理的步骤。
3. 数据审核的方法有哪些?
4. 什么是统计分组?它可以分为哪些类型?
5. 举例说明统计分组应遵循的原则。
6. 简述编制变量数列的一般步骤。
7. 在编制数列时,何时应采用组距式分组,何时采用单项式分组?
8. 何谓等距分组?何谓异距分组?说明它们各自的适用场合。
9. 请解释频数、频率、频数密度和频率密度的含义,以及它们之间的联系。
10. 什么是"上组限不在内原则"?
11. 如何求解开口组的组中值?
12. 制作统计表时应注意哪几个问题?
13. 直方图和条形图有何区别?
14. 什么是玫瑰图,它的适用场景是什么?举例说明。
15. 对于定量数据,常用哪些图形进行可视化?
16. 小提琴图和箱线图的联系与区别是什么?
17. 已知某年第四季度某管理局下属 40 个企业产值计划完成百分比资料如表 3.15 所示。

表 3.15　企业产值计划完成百分比资料

97	123	119	112	113	117	105	107	120	107
125	142	103	115	119	88	115	158	146	126
108	110	137	136	108	127	118	87	114	105
117	124	129	138	100	103	92	95	127	104

（1）据此编制分布数列（提示：产值计划完成百分比是连续变量）；

（2）计算向上向下累计频数（率）；

（3）画出次数分布曲线图。

18. 某百货公司连续 40 天的商品销售额（单位：万元）如表 3.16 所示。

表 3.16　商品销售额

41	25	29	47	38	34	30	38	43	40
36	37	34	37	30	45	36	26	38	44
28	37	42	45	37	44	39	43	36	44
36	46	35	46	49	37	42	32	33	35

要求：

（1）试根据上述资料进行适当的分组，编制频数分布表；

（2）绘制直方图。

19. 表 3.17 是一个班 50 个学生的统计学考试成绩：

表 3.17　统计学考试成绩

88	56	91	79	69	90	88	71	82	79
98	85	34	74	48	100	75	95	60	92
83	64	65	69	99	64	45	76	63	69
68	74	94	81	67	81	84	53	91	24
84	62	81	83	69	84	29	66	75	94

（1）对这 50 名学生的统计学考试成绩进行分组并将其整理成频数分布表，绘制直方图。

（2）用茎叶图将原始数据表现出来。

20. 某厂商为了确定生产的灯泡的寿命（单位：小时），在一批灯泡中随机抽取 100 个进行测试，统计结果如表 3.18 所示。

表 3.18　灯泡寿命统计结果

699	756	691	779	690	690	788	701	782	679
832	835	734	774	748	700	775	795	860	792
733	634	665	679	799	764	845	776	863	769
712	734	794	841	767	781	784	753	791	724
667	632	871	843	689	784	729	766	775	794
632	663	743	732	853	811	661	842	832	800
680	876	653	810	735	753	689	686	755	803
732	766	727	698	804	723	732	742	793	789
843	822	822	704	759	805	753	734	697	733
794	704	810	679	826	679	820	803	721	793

（1）对 100 个灯泡的寿命进行分组并整理成频数分布表。

（2）根据分组数据绘制直方图，说明数据分布的特点。

（3）制作茎叶图，并与直方图做比较。

拓展阅读 1　　　　拓展阅读 2

第4章　统计数据的分布特征描述

对原始数据进行统计整理后可得到许多有效的数据，利用图表可以对数据分布的形状和特征有一个大致的了解，但是要从数据中全面把握数据的数量规律和分布特征，还需要找到反映总体数量特征的代表值，这是描述统计的核心。我们要想描述职工总体的数量特征，会说女职工占职工总数的比重为多少；职工平均工资为多少；职工工资的标准差为多少，以上各种说法分别对应于本章接下来将要介绍的数据对比分析、集中趋势和离散趋势的测量等内容。

4.1　数据对比分析

4.1.1　概念及其表现形式

数据对比分析是利用相对指标反映研究问题数量特征及数量关系的一种统计方法。相对指标采用两个数值对比的形式反映现象间的数量关系，主要表现为无名数或复名数。实际应用中，相对指标可以解释事物的内在联系和发展变化过程，例如男性人数与女性人数之比，得到性比例说明一地方的人口性别是否协调；利用60岁以上老年人口数占人口总数的比例分析一国家或地方是否处于人口老龄化社会，等等，相对指标在分析各类社会问题时用途广泛。

一般情况下，相对指标的分子和分母的指标所使用的单位是相同的，所以对比后单位消除使比率变成无名数，表现形式有倍数、成数、百分数或千分数等。例如某校计算机专业男生人数150人，女生人数50人，则该校计算机专业男生人数是女生数的3倍(系数为3)；今年的出口额比去年增加1成即是增加1/10，这就是成数；除了这些，还有我们经常会看到媒体报道如本月房子成交量比上月增长10%，2022年×月×日沪指跌幅达8.49%，20××年我国人口出生率6.77‰，等等，这些就是百分数和千分数。

还有一种复名数，即分子和分母的计量单位不同，则对比后的结果是用分子和分母的单位共同构成相对指标的计量单位，如人口密度用人/平方千米为单位等。

4.1.2　相对指标的种类

由于研究任务和目的的不同，相对指标有许多不同的类型，包括结构相对指标、比例相对指标、计划完成程度、动态相对指标、比较相对指标和强度相对指标6种。

1. 结构相对指标

同一总体中，基于统计分组，用各组数值对总体数值的比值，反映数据的内在结构特征，一般用百分数表示。如人口中的年龄构成、城乡构成，国内生产总值的产业结构、恩格

尔系数、合格率、市场占有率等都属于结构相对指标。其计算公式为

$$结构相对指标 = \frac{总体各组数值}{总体数值} \times 100\% \tag{4.1}$$

2. 比例相对指标

同一总体中，总体内一组数值与另一组数值间的对比，反映事物各部分之间的数量联系程度，一般用系数表示。如人口性别比等。其计算公式为

$$比例相对指标 = \frac{总体中某一组数值}{总体中另一组数值} \tag{4.2}$$

3. 计划完成程度

同一总体中，某一时期的实际完成数与同期的计划数进行对比，反映计划的执行情况，一般用百分数表示，以 100% 为衡量标准。其计算公式为

$$计划完成程度 = \frac{实际完成数}{同期计划数} \times 100\% \tag{4.3}$$

4. 动态相对指标

同一总体中，报告期数值与基期数值对比，反映现象发展的方向与速度，一般用百分数表示。在实际工作中通常把用来作为比较标准的时期称为"基期"，把被比较的时期称为"报告期"。其计算公式为

$$动态相对指标 = \frac{报告期数值}{基期数值} \times 100\% \tag{4.4}$$

5. 比较相对指标

同类现象两个总体的不同数量表现的比较，一般用百分数或系数、倍数表示。如两个国家 GDP 的比值、两个省份进出口额的比值、两个企业经济效益指标的比值等均属于比较相对指标，可以用来比较不同国家、不同地区、不同单位的经济实力、贸易水平和工作优劣，通过比较可以揭示同类现象发展的不均衡程度，对于找差距、挖掘潜力具有重大意义。其计算公式为

$$比较相对指标 = \frac{某总体一指标数值}{另一总体同一指标数值} \tag{4.5}$$

6. 强度相对指标

强度相对指标是由两个性质不同但又有联系的属同一范围内总量指标数值对比得到，说明现象发展的强度、密度和普遍程度。例如人口密度、人均粮食产量、人均绿地面积等。计算公式为：

$$强度相对指标 = \frac{某总体某一指标数值}{另一有联系而性质不同的指标数值} \tag{4.6}$$

强度相对指标的计量单位一般用复名数表示，如人/平方千米，千克/人等，但也有用无名数表示的，如人口自然增长率用千分数表示等。此外，还要注意一个问题，如果将强度相对指标的分子和分母的位置互换，则形成不同的强度相对指标。其中，一种是正指标，即指标数值越大越好，另一种是逆指标，即指标数值越小越好。在实际分析问题中，我们会经常遇到正、逆指标的问题，则分析前需对其进行预处理。

4.2　数据集中趋势的测量

4.2.1　集中趋势测量的含义和作用

集中趋势是指一组统计数据所具有的一般水平，反映了这组数据中心值的水平和位置所在，通常用平均指标描述。集中趋势是数据描述性分析的重要内容，经过统计整理得到分布数列只是统计分析的前提，若要了解数据的集中程度、代表水平等信息，则需要进行集中趋势的测量。一般来说，常用的集中趋势测量指标有两类，一类是数值平均数，即根据总体各单位所有标志值计算而得到的平均指标，包括算术平均数、调和平均数、几何平均数等；另一类是位置平均数，是将各单位标志值进行排序，然后取某一位置所对应的能够反映一般水平的代表值，包括众数、中位数、分位数等。

测度集中趋势的作用具体表现在：

（1）反映总体各单位变量分布的集中趋势和一般水平。通常情况下，由于客观现象中总体单位标志值很小或很大的单位数都比较少，而越靠近平均数的标志值的单位数逐渐增多，即标志值围绕平均数周围的单位数在总体单位数中占有最大的比重，呈现出总体各单位向平均数集中的趋势，所以，平均指标是测量变量集中趋势的指标。

（2）比较同类现象在同一时间不同单位的发展水平。若要比较不同单位同类现象在同一时间的发展水平，建议不要用总量指标直接对比，因为总量指标会受到规模大小不同的影响，所以可比性较差。如果改用平均指标进行比较，就可以较客观地说明问题，所以平均指标在说明生产水平、经济效益等方面以及投资项目评估、核算产品成本等许多场合都被广泛应用。

（3）比较同类现象在不同时期的变动趋势或规律。客观现象的个别单位或标志总量易受偶然因素和现象规模的影响。如果改用平均指标来分析，既可以消除偶然因素的作用，又能够避免受现象规模的影响，比较确切地反映总体现象变化的基本趋势。例如职工工资总额易受职工人数多少的影响，如果改用历年职工平均工资进行比较分析，则可以反映工资的变动趋势。

4.2.2　数值平均数

1. 算术平均数

算术平均数的基本公式为

$$算术平均数 = \frac{总体标志总量}{总体单位总量} \tag{4.7}$$

这里有一点要强调的是，算术平均数的分子与分母是相适应的。即总体标志总量必须是总体各单位标志值的总和，标志值和单位之间是一一对应的关系。例如，全国人均粮食消费量指标，是全国粮食消费总量与全国人口数的比率，因为每个人都有粮食消费量这个标志，所以人均粮食消费量是个平均指标。但是人均粮食产量指标就不是平均指标，因为粮食产量并不是每个人都具有的标志，所以我们将人均粮食产量称为强度相对指标。

根据掌握资料不同，算术平均数有简单算术平均数和加权算术平均数两种形式。

1）简单算术平均数

若已知未分组资料，则利用总体单位标志值的简单加总与总体单位数之比求得，我们称为简单算术平均数。总体和样本算术平均数公式分别如下：

$$\bar{X} = \frac{X_1 + X_2 + \cdots + X_N}{N} = \frac{\sum X}{N} \tag{4.8}$$

$$\bar{x} = \frac{x_1 + x_2 + \cdots + x_n}{n} = \frac{\sum x}{n} \tag{4.9}$$

式中，公式（4.8）是总体平均数，$\bar{X}$ 为总体平均数，X_i 为总体各单位标志值，N 为总体单位数；公式（4.9）是样本平均数，$\bar{x}$ 为样本平均数，x_i 为样本各单位标志值，n 为样本单位数。

【例 4 - 1】　某生产小组 5 个人，日产量为 25、28、30、40、47，则平均工人日产量为

$$\bar{X} = \frac{\sum X}{N} = \frac{25 + 28 + 30 + 40 + 47}{5} = \frac{170}{5} = 34 \ （件）$$

2）加权算术平均数

加权算术平均数主要用于已编制分布数列的分组资料。计算平均数之前，必须先将各组标志值乘以相应的次数，求得各组的标志总量，然后再除以总次数。总体和样本加权算术平均数的计算公式分布为

$$\bar{X} = \frac{X_1 f_1 + X_2 f_2 + \cdots + X_N f_N}{f_1 + f_2 + \cdots + f_N} = \frac{\sum Xf}{\sum f} \tag{4.10}$$

$$\bar{x} = \frac{x_1 f_1 + x_2 f_2 + \cdots + x_n f_n}{f_1 + f_2 + \cdots + f_n} = \frac{\sum xf}{\sum f} \tag{4.11}$$

式中，f 是各组的频数。

【例 4 - 2】　某企业 6 月份奖金如表 4.1 所示。

表 4.1　某企业职工 6 月份奖金（频数加权）

月奖金/元	职工人数（f）/人	组中值（X）	Xf
100～150	6	125	750
150～200	10	175	1750
200～250	12	225	2700
250～300	35	275	9625
300～350	15	325	4875
350～400	8	375	3000
合计	86	—	22 700

则该企业员工 6 月份的平均奖金为

$$\bar{X} = \frac{\sum Xf}{\sum f} = \frac{22\ 700}{86} = 263.95 \ （元）$$

因为该例子已知的是组距式分布数列，所以要先求出各组的组中值作为每组数据的代表，再用组中值乘以对应组的频数，得出标志总量后再利用上述公式计算平均数。此时，利用组中值是存在假定的，假定各组数据在组内是均匀分布的，结果具有近似性。

计算加权算术平均数时，要注意两个问题：

(1) 权数的意义和作用。之所以把各组的次数称为权数，是因为除了各组标志值，各组次数的大小对平均数也存在权衡轻重的作用。次数越大，该标志值记入平均数的份额就越大，对平均数的影响也越大；反之，次数越小，该标志值记入平均数的份额也越小，对平均数的影响也越小。

当各组次数均相等时，这样次数对应的标志值对平均数的影响不存在孰轻孰重的问题，即次数不存在对平均数所谓的权衡作用了。这种形式是加权算术平均数的特例，此时，加权算术平均数就等于简单算术平均数。即当 $f_1 = f_2 = f_3 = \cdots = f_N$ 时，加权算术平均数的公式就变为

$$\bar{X} = \frac{\sum\limits_{i=1}^{N} X_i \cdot f_i}{\sum\limits_{i=1}^{N} f_i} = \frac{f \sum\limits_{i=1}^{N} X}{Nf} = \frac{\sum\limits_{i=1}^{N} X}{N} \tag{4.12}$$

除了可以用频数作为权数以外，还可以用频率作为权数进行计算，公式如下：

$$\bar{X} = \frac{\sum Xf}{\sum f} = \sum X \frac{f}{\sum f} \tag{4.13}$$

式中，$\dfrac{f}{\sum f}$ 为各组频率。

【例 4-3】　依据表 4.2 的资料，采用频率为权数的方法计算：

$$\bar{X} = \frac{\sum Xf}{\sum f} = \sum X \frac{f}{\sum f} = 263.945 \approx 263.95$$

计算结果与前一个公式的计算结果相同。

表 4.2　某企业职工 6 月份奖金(频率加权)

月奖金/元	职工人数(f)/人	组中值(X)	比例($f/\sum f$)	$Xf/\sum f$
100～150	6	125	6.98	8.7250
150～200	10	175	11.63	20.3525
200～250	12	225	13.95	31.3875
250～300	35	275	40.70	111.9250
300～350	15	325	17.44	56.6800
350～400	8	375	9.30	34.8750
合计	86	—	100	263.9450

（2）权数的选择。计算加权算术平均数有时会遇到权数的选择问题，要保证权数与标志值的乘积是标志值总和。

【例 4 - 4】　某车间各班组劳动生产率资料如表 4.3 所示，计算该车间平均劳动生产率。

表 4.3　某车间劳动生产率计算表

劳动生产率/(件·人$^{-1}$)	班组数	工人数(f)	组中值(X)	Xf
56～60	2	150	58	8700
60～64	10	200	62	12 400
64～68	5	100	66	6600
68 以上	3	50	70	3500
合计	20	500	—	31 200

本例中标志值是劳动生产率，与班组数相乘没有任何意义，而与工人数相乘是各组的总产量，所以应该选择工人数为权数，得：

$$\bar{X} = \frac{\sum Xf}{\sum f} = \frac{31\ 200}{500} = 62.4\ (件 / 人)$$

3）算术平均数的数学性质

（1）各个变量值与平均数离差之和等于零。

简单算术平均数：

$$\sum (X - \bar{X}) = 0 \tag{4.14}$$

证明　$\sum (X - \bar{X}) = \sum X - N\bar{X} = \sum X - N \dfrac{\sum X}{N} = \sum X - \sum X = 0$

加权算术平均数：

$$\sum (X - \bar{X})f = 0 \tag{4.15}$$

证明　$\sum (X - \bar{X})f = \sum Xf - \sum \bar{X}f = \sum Xf - \bar{X}\sum f = \sum Xf - \dfrac{\sum Xf}{\sum f}\sum f = 0$

（2）各个变量值与平均数的离差平方之和为最小值。

简单平均数：

$$\sum (X - \bar{X})^2 = \min \tag{4.16}$$

加权平均数：

$$\sum (X - \bar{X})^2 f = \min \tag{4.17}$$

设 X_0 为任意值，$X_0 \neq \bar{X}$ 时，有

$$\sum (X_i - X_0)^2 = \sum (X_i - \bar{X} + \bar{X} - X_0)^2$$
$$= \sum [(X_i - \bar{X}) + (\bar{X} - X_0)]^2$$
$$= \sum [(X_i - \bar{X})^2 + 2(X_i - \bar{X})(\bar{X} - X_0) + (\bar{X} - X_0)^2]$$
$$= \sum (X_i - \bar{X})^2 + \sum (\bar{X} - X_0)^2$$

因为

$$\sum (X - X_0)^2 - \sum (X - \bar{X})^2 = \sum (\bar{X} - X_0)^2 > 0$$

所以

$$\sum (X - \bar{X})^2 = \min$$

平均数的这一数学性质是度量离散程度、进行误差分析和最小二乘估计等统计方法的基础。

4）是非标志的平均数

所谓是非标志，是指总体中某些单位在该标志上具有某种性质，而另一类单位不具有这种性质。例如产品质量分为合格品与不合格品，在统计中常常把这些标志在性质上的差别过渡到数量上的变异，然后计算其平均数。我们通常用 1 表示具有某种属性的标志值，用 0 表示不具有某种属性的标志值。

在一批产品中，将合格品认为具有"是"的属性，那么不合格品就具有"非"的属性。设合格率为 P，不合格率为 Q，以 1 作为"是"（合格品）的单位的标志值，以 0 作为"非"（不合格品）的单位的标志值，这样就把以文字表示的品质标志转化为数量标志。按加权算术平均数公式计算，得到：

$$\bar{X} = \frac{\sum Xf}{\sum f} = \frac{1 \times P + 0 \times Q}{P + Q} = P \qquad (4.18)$$

P 也称为总体中具有某种属性的单位成数，所以成数是一种特殊的平均数，是是非标志的平均数。

2. 调和平均数

调和平均数也称倒数平均数，即标志值倒数的算术平均数的倒数。与算术平均数一样，由于给定的资料条件不同，有简单调和平均数和加权调和平均数两种。

1）简单调和平均数

简单调和平均数是各个标志值 X 倒数的简单算术平均数的倒数。以 H 表示调和平均数，计算公式如下：

$$H = \frac{N}{\frac{1}{X_1} + \frac{1}{X_2} + \cdots + \frac{1}{X_N}} = \frac{N}{\sum \frac{1}{X}} \qquad (4.19)$$

【例 4 - 5】　今天市场青菜价上午每斤 4 元，下午 2.5 元，张某上午和下午各买了 1 元钱的青菜，问张某买青菜的平均价格是多少？

解　该题应该用简单调和平均数计算：

$$H = \frac{N}{\sum \frac{1}{X}} = \frac{2}{\frac{1}{4} + \frac{1}{2.5}} = 3.077 \text{ 元}$$

简单调和平均数适用于当各标志值对应的标志总量为 1 个单位(或相等)的场合。而当各标志值对应的标志总量不为 1 个单位(或不相等)时，则要用加权调和平均数。

2) 加权调和平均数

加权调和平均数是各单位标志值 X 倒数的加权算术平均数的倒数，计算公式如下：

$$H = \frac{m_1 + m_2 + \cdots + m_N}{\dfrac{m_1}{X_1} + \dfrac{m_2}{X_2} + \cdots + \dfrac{m_N}{X_N}} = \frac{\sum m}{\sum \dfrac{m}{X}} \qquad (4.20)$$

式中，m 代表各项权数，即为各组标志值的总和。

【例 4-6】　企业本月分三批购进某种原材料，每批购进的价格及总金额如表 4.4 所示。

表 4.4　某原材料购进价格计算表

购进批次	价格 $X/(元 \cdot t^{-1})$	总金额 $m/元$	购买量$(m/X)/t$
1	200	16 000	80
2	190	19 000	100
3	205	28 700	140
合计	—	63 700	320

计算该种原材料的平均购进价格。

解　欲求平均购进价格，首先要知道平均购进价格是由总金额除以购买量得到，根据题目已知条件，每批次的价格和金额已知，但是购买量未知，所以需要利用每批总金额除以每批价格，得到每批的购买量，由此看出，需要用加权调和平均数方法计算：

$$H = \frac{\sum m}{\sum \dfrac{m}{X}} = \frac{63\ 700}{320} = 199.06\ 元$$

不难看出，调和平均数实际上是算术平均数的变形，即

$$H = \frac{\sum m}{\sum \dfrac{m}{X}} = \frac{\sum Xf}{\sum \dfrac{Xf}{X}} = \frac{\sum Xf}{\sum f} \qquad (4.21)$$

但是，算术平均数和调和平均数的适用场合是不同的，总结如下：

(1) 当分母的资料需要推算时，需采用调和平均数的形式计算；

(2) 当分子的资料需要推算时，需采用算术平均数的形式计算。

3. 几何平均数

几何平均数是 n 项标志值连乘积的 n 次方根。几何平均数一般应用于计算具有等比趋势数列的平均数，因为这时标志值总量等于各标志值的连乘积。在客观现象中，许多现象变化的总比率或总速度常常是各项比率或各项速度的连乘积，所以要用几何平均数计算平均比率或平均发展速度。同样，根据已知资料的不同，可以分为简单几何平均数和加权几何平均数。

1) 简单几何平均数

简单几何平均数就是 n 个标志值 X_i 连乘积的 n 次方根。其计算公式为

$$G = \sqrt[N]{X_1 \times X_2 \times \cdots \times X_N} = \sqrt[N]{\prod X} \tag{4.22}$$

式中，G 表示几何平均数；$\prod$ 为连乘积符号。

【例 4 - 7】 某产品生产需经三道工序，已知第一道工序产品合格率为 90%，第二道工序产品合格率为 95%，第三道工序的产品合格率为 98%，求平均产品合格率。

解 由于产品是由三道工序加工制成的，第二道工序加工的是第一道工序加工的合格品，第三道工序加工的又是第二道工序加工的合格品，所以整道工序的产品合格率是三道产品合格率的连乘积。故采用简单几何平均数计算：

$$G = \sqrt[N]{\prod X} = \sqrt[3]{90\% \times 95\% \times 98\%} = 94.28\%$$

2) 加权几何平均数

加权几何平均数的计算公式为

$$G = \sqrt[f_1+f_2+\cdots+f_k]{X_1^{f_1} \times X_2^{f_2} \times \cdots \times X_N^{f_k}} = \sqrt[\Sigma f]{\prod X^f} \tag{4.23}$$

【例 4 - 8】 某项 10 年期的投资，开始 5 年的年利率为 5%，中间 2 年的年利率为 8%，最后 3 年的年利率为 10%，试计算平均年利率。

解 由加权几何平均数公式得平均年本利率：

$$G = \sqrt[\Sigma f]{\prod X^f} = \sqrt[5+2+3]{(1+5\%)^5 \times (1+8\%)^2 \times (1+10\%)^3} = 107.07\%$$

则平均年利率为 $107.07\% - 100\% = 7.07\%$。

关于几何平均数要注意的一点是：如果数列中有一个变量值为 0，则无法计算几何平均数；如果数列中有一个变量值为负值，若 N 为奇数可以使用几何平均数计算，若 N 为偶数，则无法使用几何平均数。

4.2.3 位置平均数

位置平均数是从另一个角度测量统计数据的集中趋势，是根据总体中处于特殊位置的个别单位或部分单位的标志值来确定代表值，常用的位置平均数有众数、中位数和分位数等。

1. 众数

众数是英国统计学家皮尔逊首先提出来的。所谓众数，是分布数列中出现次数最多的标志值。从分布的角度来看，众数是具有明显集中趋势的数值；从分布曲线来看，众数是曲线最高峰所对应的标志值。由于该标志值出现的次数最多，故在总体中占有重要地位，因此，可以利用众数来表示现象的一般水平。例如，为了掌握市场上服装款式的流行趋势，不一定需要全面了解服装的款式，只要调查其卖出最多的服装款式是什么即可。

一组数据可能只有一个众数，也可能存在多个众数或不存在众数。为了准确得到众数，我们可以借助于编制分布数列。

（1）对于单项式分布数列，只要找出出现次数最高的标志值即可。

【例 4 – 9】 某企业工人加工产品的分配资料如表 4.5 所示。

表 4.5 某企业工人加工产品数

加工产品数 X/件	10	11	12	13	14	15	16	合计
工人数 f/人	5	7	10	15	13	6	4	60

解 由题中可知，有 15 位工人加工产品数达到 13 件，人数最多，对应的次数最高，即众数为 13 件。

（2）对于组距式分布数列，则要复杂一些。首先要确定众数所在的组，然后通过公式计算推算众数值。因为每组均有下限和上限，所以可以通过下限公式和上限公式分别计算，二者结果是相等的。

下限公式：

$$M_o = L_{M_o} + \frac{\Delta_1}{\Delta_1 + \Delta_2} \times d_{M_o} \tag{4.24}$$

上限公式：

$$M_o = U_{M_o} - \frac{\Delta_2}{\Delta_1 + \Delta_2} \times d_{M_o} \tag{4.25}$$

式中，M_o 为众数；L_{M_o} 和 U_{M_o} 分别是众数组的下限和上限；d_{M_o} 为众数组组距；

$\Delta_1 = f_{M_o} - f_{M_o-1}$ 为众数组与前一组次数之差；

$\Delta_2 = f_{M_o} - f_{M_o+1}$ 为众数组与后一组次数之差。

【例 4 – 10】 已知某企业职工工资分组资料如表 4.6 所示，求众数。

表 4.6 某企业职工工资

工资水平/元	职工人数/人
5000～6000	10
6000～7000	20
7000～8000	120
8000～9000	80
9000～10 000	25
合计	255

解 很明显，众数所在组为 7000～8000 元这一组。

按下限公式计算：

$$M_o = L_{M_o} + \frac{\Delta_1}{\Delta_1 + \Delta_2} \times d_{M_o} = 7000 + \frac{120-20}{(120-20)+(120-80)} \times 1000 = 7714.29 \text{ 元}$$

按上限公式计算：

$$M_o = U_{M_o} - \frac{\Delta_2}{\Delta_1 + \Delta_2} \times d_{M_o} = 8000 - \frac{120-80}{(120-20)+(120-80)} \times 1000 = 7714.29 \text{ 元}$$

2. 中位数

中位数是一组数据排序后处于中间位置上的变量值。由中位数的概念可知，在总体中，标志值小于或大于中位数的单位各占一半。由于中位数可以避免数列中极端值的影响，因此当数据存在极端值，可以考虑使用中位数来代表总体标志值的一般水平。

（1）对于未分组资料确定中位数，首先要将总体单位标志值按大小顺序排列，然后确定中位数的位置，处于中位数位置的标志值就是中位数。

若数列是奇数数列，中位数位置是$\frac{N+1}{2}$，则处于中间位置的标志值就是中位数。

若数列是偶数数列，则中位数是处于中间位置的两个单位标志值的算术平均数。

（2）对于分组资料确定中位数，则要区分单项式和组距式分布数列，然后运用中位数的50%原理，找出中位数的位置$\sum f/2$。

① 单项式分布数列，将资料的标志值排序，确定中位数位置，然后运用向上累计频数找出中位数所在的组，最后确定中位数。

【例 4-11】 依据例 4-9 资料计算中位数。

解 由于$\frac{\sum f}{2}=30$，表示中位数位置是第30位，接着计算其向上累计频数，得表4.7。

表 4.7 某企业工人加工产品数

加工产品数 X/件	10	11	12	13	14	15	16	合计
工人数 f/人	5	7	10	15	13	6	4	60
向上累计	5	12	22	37	50	56	60	—

从向上累计频数看出，中位数是13件产品。

② 组距式分布数列，首先求出中位数的位置，然后由于组距式数列，中位数组对应的变量值不是唯一确定的，需要利用下限或上限公式计算得到。

下限公式：

$$M_e = L_{M_e} + \frac{\frac{\sum f}{2} - S_{M_e-1}}{f_{M_e}} \times d_{M_e} \tag{4.26}$$

上限公式：

$$M_e = U_{M_e} - \frac{\frac{\sum f}{2} - S_{M_e+1}}{f_{M_e}} \times d_{M_e} \tag{4.27}$$

其中，M_e是中位数；L_{M_e}和U_{M_e}分别为中位数组的下限和上限；d_{M_e}为中位数组的组距；f_{M_e}为中位数组的次数；S_{M_e-1}和S_{M_e+1}分别是向上（向下）累计至中位数所在组前（后）一组的次数。

【例 4-12】 依据例 4-10 资料计算其中位数，累计频数如表4.8所示。

表 4.8　某企业职工工资累计频数

工资水平/元	职工人数/人	向上累计频数	向下累计频数
5000～6000	10	10	255
6000～7000	20	30	245
7000～8000	120	150	225
8000～9000	80	230	105
9000～10 000	25	255	25
合计	255	—	—

解　由中位数位置公式和累计频数，得中位数组是 7000～8000 元这一组。

按下限公式计算：

$$M_e = L_{M_e} + \frac{\dfrac{\sum f}{2} - S_{M_e-1}}{f_{M_e}} \times d_{M_e} = 7000 + \frac{\dfrac{255}{2} - 30}{120} \times 1000 = 7812.59 \text{ 元}$$

按上限公式计算：

$$M_e = U_{M_e} - \frac{\dfrac{\sum f}{2} - S_{M_e+1}}{f_{M_e}} \times d_{M_e} = 8000 - \frac{\dfrac{255}{2} - 105}{120} \times 1000 = 7812.59 \text{ 元}$$

3. 分位数

由前述可知，中位数是从中间点将全部数据等分为两部分。与中位数类似的还有四分位数、十分位数和百分位数等。它们分别是用 3 个分割点、9 个分割点和 99 个分割点将数据四等分、十等分和一百等分后各分位点上的值。本部分将重点介绍四分位数和百分位数。

1）四分位数

四分位数是一组数据排序后处于 25％和 75％位置上的值，即用 3 个点 Q_1、Q_2 和 Q_3 将全部数据等分为四部分，其中每部分包含 25％的数据。显然，中间的四分位数就是中位数。因此，通常所说的四分位数是指处在 25％位置上的数值（下四分位数或第一分位数）和处在 75％位置上的数值（上四分位数或第三分位数），利用第 3 章介绍的箱线图可以非常清楚地展示出四分位数。

与中位数的计算方法类似，根据未分组数据计算四分位数时，首先对数据排序，然后确定四分位数所在的位置。设下四分位数为 Q_1，中间的四分位数为 Q_2，上四分位数为 Q_3，则 Q_1 的位置为 $\dfrac{n+1}{4}$；Q_2 的位置为 $\dfrac{2(n+1)}{4}$；Q_3 的位置为 $\dfrac{3(n+1)}{4}$。

【例 4-13】　假设有 7 人组成的旅游小团队年龄分别为 17、19、22、24、25、28、34，据此计算年龄的四分位数分别为

Q_1 的位置是 $\dfrac{n+1}{4} = \dfrac{7+1}{4} = 2$；$Q_2$ 的位置是 $\dfrac{2(n+1)}{4} = \dfrac{2(7+1)}{4} = 4$；$Q_3$ 的位置是

$$\frac{3(n+1)}{4} = \frac{3(7+1)}{4} = 6。$$

所以，下四分位数对应的是第 2 位的标志值，即 19 岁；中间的四分位数即中位数对应的是第 4 位的标志值，即 24 岁；上四分位数对应的是第 6 位的标志值，即 28 岁。

同理，在单项式分布数列中，只要确定了四分位数的位置，就可以求得相应的四分位数。而在组距式分布数列中，类似中位数，四分位数的计算可采用如下公式：

下限公式：

$$Q_1 = L_1 + \frac{\dfrac{\sum f}{4} - S_{Q_1-1}}{f_{Q_1}} \times d_{Q_1} \qquad\qquad (4.28)$$

$$Q_3 = L_3 + \frac{\dfrac{3\sum f}{4} - S_{Q_3-1}}{f_{Q_3}} \times d_{Q_3} \qquad\qquad (4.29)$$

上限公式：

$$Q_1 = U_1 - \frac{\dfrac{3\sum f}{4} - S_{Q_1+1}}{f_{Q_1}} \times d_{Q_1} \qquad\qquad (4.30)$$

$$Q_3 = U_3 - \frac{\dfrac{\sum f}{4} - S_{Q_3+1}}{f_{Q_3}} \times d_{Q_3} \qquad\qquad (4.31)$$

其中，L_1 和 L_3 分别为下四分位数和上四分位数所在组的下限；U_1 和 U_3 分别为下四分位数和上四分位数所在组的上限；d_{Q_1} 和 d_{Q_3} 分别为下四分位数和上四分位数所在组的组距；f_{Q_1} 和 f_{Q_3} 分别为下四分位数和上四分位数所在组的次数；S_{Q_1-1} 和 S_{Q_3-1} 分别是向上累计至下(上)四分位数所在组前一组的次数；S_{Q_1+1} 和 S_{Q_3+1} 分别是向下累计至下(上)四分位数所在组后一组的次数。

2) 百分位数

所谓百分位数是用 99 个点将排列好的数据一百等分，处在各分位点上的数值就是百分位数。其中每个部分包含了 1% 的数据。百分位数通常用于教育和健康相关领域，以表明一个人与群体中其他人的比较。百分位数也可用于识别异常高或异常低的值。例如，儿童的生长测量通常以百分位数表示。第 95 个百分位及以上的测量值异常高，而第 5 个百分位及以下的测量值异常低。与四分位数类似，百分位数的计算步骤如下：

(1) 首先，将 n 个数据按一定顺序(升序或降序)排列。

(2) 确定所求百分位数的位置。假设求第 p 个百分位数，则位置 i 为 $\dfrac{(n+1)p}{100}$。

(3) 确定百分位数。如果计算的位置 i 为整数，则直接在排列的数据列中找到第 i 个变量值即为所求。若 i 不为整数，则取位置 i 前面的变量值加上按比例分摊的位置 i 两侧变量值的差值。

4. 众数、中位数、算术平均数的关系

众数、中位数、算术平均数的计算方法不同，适用场合也不同。众数和中位数不受极端值的影响，而算术平均数要考虑所有数据，易受极端值的影响。但三者都是反映总体一般水平的平均指标，彼此间存在着一定的数量关系。在对称的正态分布条件下，算术平均数、中位数和众数三者相等，即 $\bar{X}=M_e=M_o$，如图 4.1 所示。在非对称正态分布的情况下，众数、中位数和平均数三者的差别取决于偏斜的程度，偏斜的程度越大，它们之间的差别越大；偏斜的程度越小，它们之间的差别越小。当分布数列呈左偏（负偏）时，算术平均数受极小值的影响，有 $\bar{X}<M_e<M_o$，如图 4.2 所示。当分布数列呈右偏（正偏）时，算术平均数受极大值的影响，就有 $M_o<M_e<\bar{X}$，如图 4.3 所示。

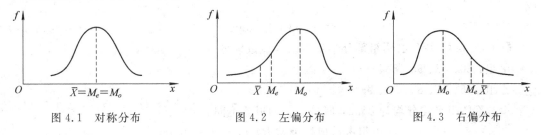

图 4.1　对称分布　　　　　　图 4.2　左偏分布　　　　　　图 4.3　右偏分布

　　从三者间的关系可以发现，不论如何偏斜，中位数总是介于众数和平均数之间。经验表明，在适度偏斜的情况下，算术平均数与众数间的距离约为算术平均数与中位数间的距离的 3 倍，即：

$$\bar{X}-M_o\approx3(\bar{X}-M_e) \tag{4.32}$$

　　依据此关系，已知其中两个数值，即可近似得出第三个数值，判断偏态方向。

4.3　数据离散趋势的测量

4.3.1　离散趋势测量的意义

　　我们利用平均指标反映总体内部的集中趋势与代表水平，可是数列的数据间尚存在许多的差异性，此时需要通过测量离散程度来反映总体各个单位之间的差异，从而反映平均指标对各个单位标志值代表性的高低。测量离散趋势的变异指标是反映总体各单位标志值差异程度的综合指标，变异指标值越大，表明总体各单位标志的变异程度越大。常用的变异指标包括极差、分位差、平均差、方差、标准差、变异系数等。

　　变异指标的重要作用集中在以下几个方面：

　　第一，衡量平均指标的代表性。平均指标作为总体数量标志的代表值，其代表性高低取决于总体各单位标志值的变异程度。一般来说，当总体各单位标志值的变异程度越大，平均指标的代表性就越小；总体各单位标志值变异程度越小，平均指标的代表性就越大。

　　第二，说明现象变动的均衡性或稳定性。变异指标可以表明各生产环节或经济活动的均衡性，因此可作为企业产品质量控制和评价经济管理工作的依据。

　　第三，研究总体单位标志值的分布偏离正态的情况。标志值分布越集中，频数分布的形态就越尖峭；标志值分布越分散，频数分布的形态就越平坦。这可以通过变异指标如标准差来测度。

　　第四，作为抽样推断等统计分析的重要指标之一。在统计分析环节中，参数估计、假设检验、回归分析等方法中，都要用到变异指标。本书将在后续章节依次展开讨论。

4.3.2 极差、四分位差与平均差

1. 极差

极差也称为全距,即总体或样本各单位最大值与最小值之差,用来表示标志值的变动范围,通常用 R 表示。

$$R = \max(X_i) - \min(X_i) \tag{4.33}$$

或

$$R = \max(x_i) - \min(x_i) \tag{4.34}$$

【例 4-14】 甲、乙两组部分学生英语考试成绩分别为

甲组:80、83、85、88、90

乙组:75、81、85、90、95

甲、乙两组平均分均为 85.2,但是二者的极差不同。

$$\text{甲组考试成绩极差 } R = 90 - 80 = 10 \text{ 分}$$
$$\text{乙组考试成绩极差 } R = 95 - 75 = 20 \text{ 分}$$

说明乙组考试成绩变动范围较大,甲组平均成绩代表性高。

如果数列是组距式分布数列,则极差的近似值为最高组上限与最低组下限之差。

极差是用来测量数据离散趋势的最为简单的方法,但由于没有充分利用数据的全部信息,同时易受极端值的影响,所以往往不能全面准确地反映数据的分散程度。极差只适宜在数据分布均匀时采用。

2. 四分位差

四分位差又称为四分位距,它是将总体各单位标志值按大小顺序排列后,利用上四分位数(即位于 75% 位次)的标志值与下四分位数(即位于 25% 位次)的标志值之差计算得到:

$$Q_d = Q_3 - Q_1 \tag{4.35}$$

式中,Q_3 表示上四分位数;Q_1 表示下四分位数。

【例 4-15】 根据例 4-13,计算年龄的四分位差。

由例 4-13 可知,下四分位数对应的是第 2 位的标志值,即 19 岁;上四分位数对应的是第 6 位的标志值,即 28 岁,则四分位差为

$$Q_d = Q_3 - Q_1 = 28 - 19 = 9 \text{ 岁}$$

这说明该旅游小团队有 50% 的人年龄集中在 19~28 岁之间,最大差异为 9 岁。

3. 平均差

平均差是指各变量值与算术平均数的离差绝对值的算术平均数,也称为平均绝对离差,通常用 M.D 表示。其计算公式如下:

(1) 对于未分组资料:

$$\text{M.D} = \frac{\sum |X - \bar{X}|}{N} \tag{4.36}$$

或

$$\text{M.D} = \frac{\sum |x - \bar{x}|}{n} \tag{4.37}$$

【例 4 - 16】　由例 4 - 14 资料，计算其平均差。

表 4.9　各组考试成绩平均差计算

甲组($\bar{x}=85.2$)			乙组($\bar{x}=85.2$)		
分数 x	离差($x-\bar{x}$)	绝对离差($\lvert x-\bar{x}\rvert$)	分数 x	离差($x-\bar{x}$)	绝对离差($\lvert x-\bar{x}\rvert$)
80	-5.2	5.2	75	-10.2	10.2
83	-2.2	2.2	81	-4.2	4.2
85	-0.2	0.2	85	-0.2	0.2
88	2.8	2.8	90	4.8	4.8
90	4.8	4.8	95	9.8	9.8
合计	0	15.2	合计	0	29.2

由于已知资料为样本数据，所以采用样本平均差计算公式，得

甲组学生考试成绩平均差为 $\mathrm{M.D} = \dfrac{\sum \lvert x-\bar{x}\rvert}{n} = \dfrac{15.2}{5} = 3.04$ 分

乙组学生考试成绩平均差为 $\mathrm{M.D} = \dfrac{\sum \lvert x-\bar{x}\rvert}{n} = \dfrac{29.2}{5} = 5.84$ 分

因此，乙组学生考试成绩的平均离差程度比甲组大。

（2）对于分组资料：

$$\mathrm{M.D} = \frac{\sum \lvert X-\bar{X}\rvert f}{\sum f} \tag{4.38}$$

或

$$\mathrm{M.D} = \frac{\sum \lvert x-\bar{x}\rvert f}{\sum f} \tag{4.39}$$

【例 4 - 17】　已知某公司部分员工月工资的分组资料如表 4.10 所示，计算员工的月工资平均差（已知月平均工资为 2500 元）。

表 4.10　某公司部分员工月工资平均差计算表

月工资/元	员工人数 f	月工资组中值 x	$x-\bar{x}$	$\lvert x-\bar{x}\rvert$	$\lvert x-\bar{x}\rvert f$
1000～1500	4	1250	-1250	1250	5000
1500～2000	8	1750	-750	750	6000
2000～2500	12	2250	-250	250	3000
2500～3000	15	2750	250	250	3750
3000～3500	7	3250	750	750	5250
3500～4000	4	3750	1250	1250	5000
合计	50	—	—	—	28 000

则根据公式(4.39)计算得

$$M.D = \frac{\sum |x - \bar{x}| f}{\sum f} = \frac{28\,000}{50} = 560$$

平均差反映标志值对平均数离差的代表性,易于理解,但在统计学更多运用的是方差和标准差。

4.3.3　方差与标准差

为了克服平均差的缺陷,考虑把离差的绝对值换成离差平方,再计算离差的均值,即为方差或标准差。方差与标准差利用了算术平均数 $\sum (X - \bar{X})^2 = \min$ 的数学性质,因此是测定标志变异程度最灵敏的指标。

1. 方差和标准差

方差是各变量值与平均数离差平方的平均数,标准差则是方差开方的结果,也称为均方差。根据资料不同,计算方法不同。

(1) 已知未分组资料计算方差和标准差,计算公式为

总体方差:

$$\sigma^2 = \frac{\sum (X - \bar{X})^2}{N} \tag{4.40}$$

总体标准差:

$$\sigma = \sqrt{\frac{\sum (X - \bar{X})^2}{N}} \tag{4.41}$$

式中,σ^2 和 σ 分别表示总体方差和标准差,$\bar{X}$ 为总体均值。

样本方差:

$$S^2 = \frac{\sum (x - \bar{x})^2}{n - 1} \tag{4.42}$$

样本标准差:

$$S = \sqrt{\frac{\sum (x - \bar{x})^2}{n - 1}} \tag{4.43}$$

式中,S^2 和 S 分别表示样本方差和标准差,$\bar{x}$ 是样本均值。

在计算总体和样本方差、标准差时,二者分母存在差异,总体方差的分母是总体单位数,样本方差的分母是样本单位数减1,这在统计学中称为少一个自由度。从实际应用来说,样本方差用于估计总体方差,S^2 的分母减1才能保证是 σ^2 的无偏估计量,对这一问题的深入理解将在第6章参数估计给予详细介绍。

【**例 4 - 18**】 仍以例 4 - 14 资料,计算样本方差、标准差。

解 依据已知数据得方差计算表 4.11。

表 4.11　各组考试成绩方差计算

甲组($\bar{x}=85.2$)			乙组($\bar{x}=85.2$)		
分数 x	$(x-\bar{x})$	$(x-\bar{x})^2$	分数 x	$(x-\bar{x})$	$(x-\bar{x})^2$
80	−5.2	27.04	75	−10.2	104.04
83	−2.2	4.84	81	−4.2	17.64
85	−0.2	0.04	85	−0.2	0.04
88	2.8	7.84	90	4.8	23.04
90	4.8	23.04	95	9.8	96.04
合计	0	62.8	合计	0	240.8

甲组学生考试成绩方差 $S^2 = \dfrac{\sum(x-\bar{x})^2}{n-1} = \dfrac{62.8}{4} = 15.7$

甲组学生考试成绩标准差 $S = \sqrt{\dfrac{\sum(x-\bar{x})^2}{n-1}} = \sqrt{\dfrac{62.8}{4}} = 3.96$

乙组学生考试成绩方差 $S^2 = \dfrac{\sum(x-\bar{x})^2}{n-1} = \dfrac{240.8}{4} = 60.2$

乙组学生考试成绩标准差 $S = \sqrt{\dfrac{\sum(x-\bar{x})^2}{n-1}} = \sqrt{\dfrac{240.8}{4}} = 7.76$

由于甲、乙两组学生的平均考试成绩相等，那么比较方差和标准差，甲组学生成绩的方差与标准差均小于乙组的，说明甲组学生平均考试成绩的代表性要好一些。

（2）已知分组资料计算方差和标准差，计算公式为

总体方差：

$$\sigma^2 = \frac{\sum(X-\bar{X})^2 f}{\sum f} \tag{4.44}$$

总体标准差：

$$\sigma = \sqrt{\frac{\sum(X-\bar{X})^2 f}{\sum f}} \tag{4.45}$$

同理，

样本方差：

$$S^2 = \frac{\sum(x-\bar{x})^2 f}{\sum f - 1} \tag{4.46}$$

样本标准差：

$$S = \sqrt{\frac{\sum (x - \bar{x})^2 f}{\sum f - 1}} \tag{4.47}$$

【例 4 - 19】 以例 4 - 17 的资料，计算样本方差、标准差。

解 依据已知数据得方差计算如表 4.12 所示。

表 4.12　某公司员工月工资方差计算表

月工资/元	员工人数 f	月工资组中值 x	$x - \bar{x}$	$(x - \bar{x})^2$	$(x - \bar{x})^2 f$
1000~1500	4	1250	−1250	1 562 500	6 250 000
1500~2000	8	1750	−750	562 500	4 500 000
2000~2500	12	2250	−250	62 500	750 000
2500~3000	15	2750	250	62 500	937 500
3000~3500	7	3250	750	562 500	3 937 500
3500~4000	4	3750	1250	1 562 500	6 250 000
合计	50	—	—	—	22 625 000

该公司员工月工资的方差 $S^2 = \dfrac{\sum (x - \bar{x})^2 f}{\sum f - 1} = \dfrac{22\ 625\ 000}{50 - 1} = 461\ 734.7$

该公司员工月工资的标准差 $S = \sqrt{\dfrac{\sum (x - \bar{x})^2 f}{\sum f - 1}} = \sqrt{\dfrac{22\ 625\ 000}{50 - 1}} = 679.51$

2. 是非标志的方差和标准差

上一节介绍了是非标志平均数的计算，本节将进一步介绍是非标志的方差及标准差的计算方法。我们仍以 1 表示总体中具有某种性质的单位标志值，0 表示总体中不具有某种性质的单位标志值。以总体为例，计算过程如下：

首先由公式(4.18)已知是非标志的均值 $\bar{X} = P$，将其代入公式(4.44)，总体是非标志的方差为

$$\sigma^2 = \frac{\sum (X - \bar{X})^2 f}{\sum f} = (1 - P)^2 \times P + (0 - P)^2 \times Q = P \times (1 - P) \tag{4.48}$$

是非标志的标准差为

$$\sigma = \sqrt{P \times (1 - P)} \tag{4.49}$$

从上述计算可知，无论是总体还是样本，其是非标志的均值是具有某种标志的单位数所占的比重，而标准差则是具有某种标志的单位数所占比重和不具有某种标志的单位数所占比重乘积的平方根。

3. 标准差的经典应用

1）经验法则

经验法则是在正态分布的基础上建立的，也称为正态法则。它是根据标准差所提供的信息，对位于平均数两侧变量值出现的可能性给出 3 个具体的数值，只要记住这 3 个值，人们就可以在免除烦琐数学计算的情况下，得到极有价值的信息。

具体来说，当一组数据呈正态分布时，经验法则表明：大约有 68％的变量值落在平均数±1 倍标准差的范围内；约有 95％的变量值落在平均数±2 倍标准差的范围内；约有 99.7％的变量值落在平均数±3 倍标准差的范围内，如图 4.4 所示。该法则既适宜总体数据，也适宜样本数据。

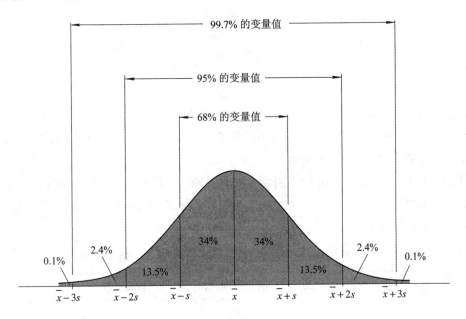

图 4.4 经验法则

【例 4 - 20】 假设 18～25 岁男性总体体重服从正态分布，体重的均值是 60 千克，标准差 5 千克，运用经验法则可得到哪些结论？

解 根据经验法则，可得出的结论是：

（1）有 68％的 18～25 岁男性体重是 55～65 千克（60±5）。其中由对称分布可知，18～25 岁年轻男性中 16％的体重低于 55 千克（50％～34％）。

（2）有 95％的 18～25 岁的年轻男性体重是 50～70 千克（60±10），共有 5％的 18～25 岁年轻男性的体重在 50～70 千克之外。18～25 岁的年轻男性中最瘦的占 2.5％，体重不到 50 千克。

（3）有 99.7％几乎是 18～25 岁男性的全部，其体重的范围是 45～75 千克（60±15）。

一组数据中低于或高于平均数 3 倍标准差之外的数据是很少的，也就是说，平均数±3 倍标准差的范围内几乎包含了全部数据，而在 3 倍标准差之外的数据，我们把它们称为离群点，例如，上述例子中若某位 18 岁男性体重为 40 千克，那么该体重在 3 倍标准差之外，就是离群点。

2）标准分

标准分是变量值与其平均数的离差除以标准差后的值，也称为 Z 分数，该分数也是正态分布化简为标准正态分布的方法，该部分将在第 5 章进行详细讲解。

标准分描述了一个变量值与均值离差等同于多少倍标准差，运用标准分可以确定某一变量值的相对位置，例如早些年我国高考推行考生标准分制度，就是基于标准分的思想进行转换计算得到每位考生单科标准分和总分标准分，这样有助于考生了解自己总成绩和各科成绩所处的位置。此外，在对多个具有不同量纲的变量进行处理时，常需要对各变量进行标准化处理。标准分可用于总体数据，也可用于样本数据。其计算公式为

总体数据：

$$Z = \frac{X - \bar{X}}{\sigma} \tag{4.50}$$

样本数据：

$$Z = \frac{x - \bar{x}}{S} \tag{4.51}$$

标准分具有平均数为 0、标准差为 1 的性质。实际上，标准分只是对原始数据进行了线性变换，并未改变一个数据在该组数据中的位置，也未改变已知数列的分布，仅仅是将该组数据的平均数变为 0，标准差变为 1。

【例 4-21】 根据例 4-14 中甲组学生考试成绩，计算甲组每位学生成绩的标准分数。

解 由题目计算得到：$\bar{x} = 85.2$，$S = 3.96$，利用公式(4.51)计算得到甲组每位同学成绩的标准分数，如表 4.13 所示。

表 4.13 甲组每位学生成绩的标准分数

学生编号	考试成绩/分	标准分数
1	80	−1.313
2	83	−0.556
3	85	−0.051
4	88	0.707
5	90	1.212

由表可知，分数最低学生的考试成绩与平均分相比低 1.313 个标准差；而分数最高学生的考试成绩比平均分高 1.212 个标准差。

4.3.4 变异系数

各种变异指标，包括极差、四分位差、标准差，都是反映总体各单位变量值变异的绝对指标。这些变异指标的大小不仅取决于总体的变异程度，而且还与变量值绝对水平的高低有关，变量值绝对水平高，变异程度的测量值就大；变量值绝对水平低，变异程度的测量值就小；此外，变异指标的大小还和计量单位有关，计量单位不同的变量值，其变异指

标的测量值就不同，所以具有不同水平或不同计量单位的变量值，不宜直接用变异指标，而应该采用变量值变异的相对指标，即变异系数来比较它们之间的变异程度。

变异系数也称离散系数，是各变异指标与其算术平均数的比值。例如，将极差与其平均数对比，得到极差系数；将平均差与其平均数对比，得到平均差系数；将标准差与其平均数对比，得到标准差系数。最常用的变异系数是标准差系数：

$$V_\sigma = \frac{\sigma}{\overline{X}} \times 100\% \tag{4.52}$$

变异系数是测量数据离散趋势的相对指标，主要用于比较不同总体或样本数据的变异程度，变异系数大，说明数据的变异程度也大；变异系数小，说明数据的变异程度也小。

【例 4 - 22】 甲、乙企业职工的年均收入分别为 20 000 元和 50 000 元，收入的标准差分别为 3 000 和 5 000 元，哪家企业职工的收入差距小一些？

解 不同企业的年均收入不同，不能直接比较标准差，只能比较标准差系数。

甲企业标准差系数：$V_{\sigma甲} = \dfrac{\sigma_甲}{\overline{X}_甲} = \dfrac{3\ 000}{20\ 000} \times 100\% = 15\%$

乙企业标准差系数：$V_{\sigma乙} = \dfrac{\sigma_乙}{\overline{X}_乙} = \dfrac{5\ 000}{50\ 000} \times 100\% = 10\%$

如果单纯看甲、乙企业的标准差，乙企业标准差大于甲企业标准差，但是二者的年均收入不同，这时就需要分析甲、乙企业的标准差系数，乙企业标准差系数小于甲企业标准差系数，因此，正确的结论是乙企业职工收入差距小于甲企业。

4.4 分布的偏度和峰度

集中趋势和离散趋势是描述数据分布的两个重要特征，但要全面了解数据分布的特点，还要知道分布的形状是否对称、偏斜的程度以及扁平程度，所以有必要了解偏度和峰度两项指标，它们是以正态分布为比较标准，从另一角度描述分布变异状况的重要指标。

4.4.1 矩

矩也称为动差，是源自物理学的一个概念。

给定某个数 $A \geqslant 0$，以它为中心衡量各个变量值对 A 的离差，所得离差的 k 次方的平均数，称为变量关于 A 点的 k 阶矩（动差），以 M_k 表示：

$$M_k = \frac{\sum (X - A)^k}{N} \tag{4.53}$$

当 $A = 0$ 时，称为原点矩（原点动差），表示总体中各变量值对原点离差的情况，以 μ_k 表示：

$$\mu_k = \frac{\sum (X - 0)^k}{N} = \frac{\sum X^k}{N} \tag{4.54}$$

显然，0 阶原点矩恒等于 1：

$$\mu_0 = \frac{\sum X^0}{N} = 1 \qquad (4.55)$$

一阶原点矩就是算术平均数：

$$\mu_1 = \frac{\sum X}{N} = \bar{X} \qquad (4.56)$$

二阶原点矩就是变量值平方的平均数：

$$\mu_2 = \frac{\sum X^2}{N} = \overline{X^2} \qquad (4.57)$$

当 $A = \bar{X}$ 时，称为 k 阶中心矩（k 阶中心动差），表示各变量值对算术平均数离差的情况，我们用 ν_k 表示：

$$\nu_k = \frac{\sum (X - \bar{X})^k}{N} \qquad (4.58)$$

可以看出，零阶中心矩等于 1：

$$\nu_0 = \frac{\sum (X - \bar{X})^0}{N} = 1 \qquad (4.59)$$

一阶中心矩等于 0：

$$\nu_1 = \frac{\sum (X - \bar{X})}{N} = 0 \qquad (4.60)$$

二阶中心矩是方差：

$$\nu_2 = \frac{\sum (X - \bar{X})^2}{N} = \sigma^2 \qquad (4.61)$$

若展开中心矩中的 $(X - \bar{X})^k$ 项，可以求得中心矩与原点矩的关系，则有：

$$\nu_2 = \mu_2 - \mu_1^2 \qquad (4.62)$$

$$\nu_3 = \mu_3 - 3\mu_2\mu_1 + 2\mu_1^3 \qquad (4.63)$$

$$\nu_4 = \mu_4 - 4\mu_3\mu_1 + 6\mu_2\mu_1^2 - 3\mu_1^4 \qquad (4.64)$$

利用这些关系可以由原点矩推算出中心矩，从而简化了计算过程。

4.4.2　偏度系数

偏度系数是度量频数分布不对称程度或偏斜程度的指标。该指标是利用 k 阶中心矩中变量值对平均数正负离差相互抵消的原理。若频数分布是完全对称的，则正负离差相互抵消，分布没有偏斜；若频数分布是左右偏斜的，那么负离差（正离差）将大于正离差（负离差），这样就不会完全抵消，并且偏斜程度越大，中心矩的数值也越大。

前述一阶中心矩和二阶中心矩或偶数中心矩都不能用来衡量分布的偏斜程度，因为一阶中心矩不论什么分布都等于 0；二阶中心矩或偶数中心矩中所有负离差平方后都为正数，无法反映正负离差的情况。所以，应该选择三阶及以上奇数中心矩作为计算偏度系数的依据。为了简便，我们选择以变量的三阶中心矩为计算依据，但是考虑到三阶中心矩易受单位大小和量纲的影响，所以最终确定将三阶中心矩除以标准差的三次方作为衡量分布的偏斜程度，即偏度系数，用 α 表示：

$$\alpha = \frac{\nu_3}{\sigma^3} = \frac{\nu_3}{\nu_2^{3/2}} \tag{4.65}$$

其中，由不同的 α 值，表示分布不同的偏斜程度。

当 $\alpha = 0$ 时，频数分布围绕平均数左右两边完全对称，表明频数分布为正态，如图 4.5 中的 A 线；

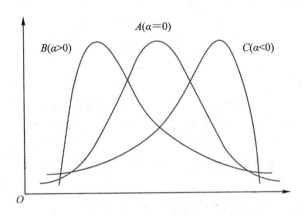

图 4.5　不同偏度的分布曲线图

当 $\alpha \neq 0$ 时，频数分布不对称，分布有偏斜，α 的绝对值越大表示分布的偏斜程度越大，反之亦反；

当 $\alpha > 0$ 时，大于平均数的标志值分布较分散，分布曲线向右边拖长尾巴，称为右偏（或正偏），如图 4.5 中的 B 线；

当 $\alpha < 0$ 时，小于平均数的标志值分布较分散，分布曲线向左边拖长尾巴，称为左偏（或负偏），如图 4.5 中的 C 线。

4.4.3　峰度系数

峰度系数是测量频数分布中靠近平均数的变量值的集中程度，它也是衡量分布曲线尖峭程度的指标。该指标是由变量的四阶中心矩除以标准差的四次方，再将结果减 3 计算得到的，用 β 表示。

$$\beta = \frac{\nu_4}{\sigma^4} - 3 = \frac{\nu_4}{\nu_2^2} - 3 \tag{4.66}$$

峰度系数的原理是当邻近平均数的标志值更加集中于平均数时，为了使标志总量不减少，需要增加邻近平均数标志值的次数，使中间部分的分布更加陡峭，四阶中心矩变大，所以选用四阶中心矩是衡量分布陡峭程度的指标。同理，为了消除标志值和量纲对其的影响，将四阶中心矩除以标准差的四次方，变成相对指标来描述分布的陡峭程度。至于为何要减去 3 的原因是峰度系数是以正态分布为比较标准的，因为正态分布的 $\frac{\nu_4}{\sigma^4} = 3$，这样可以保证正态分布的峰度系数为 0，基于上述原因，设计得到我们常用的峰度系数。

同样，β 值不同，分布的尖峭程度也不同。

当 $\beta = 0$ 时，表明分布的峰度是正态分布的峰度，如图 4.6 中的 A 线；

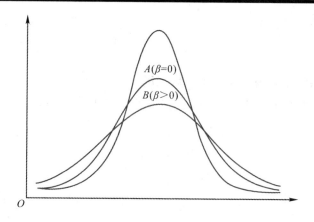

图 4.6　不同峰度的分布曲线图

当 $\beta>0$ 时，表明分布在平均数邻近的标志值比正态分布更集中，分布曲线是尖态峰，如图 4.6 中的 B 线；

当 $\beta<0$ 时，表明分布在平均数邻近的标志值比正态分布更分散，分布曲线是平坦峰，如图 4.6 中的 C 线；

当 β 趋于 -1.2 时，表明分布曲线趋于水平，近似均匀分布；

当 $\beta<-1.2$ 时，表明分布曲线呈 U 形分布。

本 章 小 结

在整理统计数据的基础上，本章主要通过简单的指标计算描述统计数据的分布特征，内容涉及利用相对指标对数据进行对比分析；利用平均数描述数据的集中趋势，包括算术平均数、调和平均数、几何平均数、众数、中位数和分位数；利用变异指标描述数据的离散趋势，如极差、平均差、方差和标准差等；以及通过偏度和峰度系数判断统计数据分布与正态分布相比的偏斜或陡峭程度。

通过本章的学习，学生可以明确辨别 6 种相对指标的异同；熟练掌握数据集中趋势测量指标的计算方法、适用场合，理解均值、众数和中位数三者间的联系与区别，以及三者在不同数据分布中的大小关系；重点理解方差、标准差和标准差系数的计算原理；了解反映总体分布形状变异状况的偏度和峰度系数；同时，能够利用经验法则和标准分布来分析实际问题。

思 考 与 练 习

1. 在结构相对指标、比例相对指标、计划完成程度、动态相对指标、比较相对指标和强度相对指标中，哪些是描述性指标，哪些是分析性指标，为什么？

2. 什么是统计分布的集中趋势？测定统计分布的集中趋势主要有哪几个指标？它们各有什么特点？如何根据数据的类型以及分布特点正确选择集中趋势的测度指标？

3. 测定集中趋势的作用主要表现在哪里？

4. 数值平均数包括哪些，位置平均数又包括哪些？

5．什么是权数？权数的实质是什么？

6．几何平均数的适用范围是什么？

7．在不同数据分布情况下，众数、中位数、算术平均数三者之间存在怎样的数量关系？

8．什么是统计分布的离散系数？测定统计分布的离散趋势主要有哪几个变异指标？它们各有什么特点？

9．为什么要计算标准差系数？

10．标准差有哪些具体的应用，Z 分数的计算与意义是什么？

11．是非标志的平均数和标准差分别是什么？

12．平均指标(集中趋势测度值)与变异指标(离散程度测度值)之间有什么关系？

13．什么是偏度和峰度？如何测定偏度和峰度？

14．已知甲、乙两农贸市场某种农产品的三种品种的价格、成交量和成交额的资料如表 4.14 所示。

表 4.14　农产品的三种品种的价格、成交量和成交额

品种	价格/(元·千克$^{-1}$)	甲市场成交额/元	乙市场成交量/千克
甲	1.2	12	20
乙	1.4	28	10
丙	1.5	15	10
合计	—	55	40

试比较该农产品哪一市场的平均价格高，并说明其原因。

15．300 户农户的年纯收入分组资料如表 4.15 所示。

表 4.15　农户年纯收入

年纯收入/百元	户数
23～25	30
25～27	110
27～29	90
29～31	40
31～33	20
33～35	10

试求农户年纯收入的算术平均数、中位数、众数和标准差。

16．某轮胎厂对甲、乙两车间生产的轮胎进行测试，结果是：

(1) 甲车间生产的最多数轮胎耐用里程是 35 000 千米，有一半的轮胎耐用里程在 32 000 千米以下，试估计该车间轮胎的平均耐用里程多少千米？耐用里程分布属什么类型？

（2）乙车间生产的轮胎平均耐用里程比甲车间多 2500 千米，但中位数相同，试估计乙车间轮胎耐用里程的众数为多少？耐用里程分布属于什么类型？

17．一产品生产线平均每天的产量为 2 600 件，标准差为 50 件。如果某天的产量落在平均产量的±2 倍标准差的范围之外，认为该生产线失去控制，则：

（1）产量落在怎样的区间内，认为生产线是正常的？

（2）产量落在 2550～2700 内的比例是多少？

（3）产量高于 2650 件的比例是多少？低于 2450 件的比例又是多少？

（4）若某一天的产量为 2750 件，试判断该生产线是否失去控制，为什么？

18．已知某企业招收员工做能力测试，平均分数为 130 分，标准差为 20 分。某一面试者的测试得分为 150 分，问标准分是多少？比该面试者分数高的人数的比例是多少？

19．表 4.16 为 130 位同学统计学成绩分组资料，求学生成绩分布的偏度系数和峰度系数。

表 4.16 130 位同学统计学成绩

考试成绩/分	学生数
50～55	2
55～60	4
60～65	10
65～70	14
70～75	20
75～80	28
80～85	26
85～90	16
90～95	7
95～100	3

拓展阅读

第5章　概率基础

现实生活中充满了不确定性。例如，购买股票时，获得比银行存款利率更高的收益率的可能性；一项工程按期完工的可能性；一个城市未来一天降雨的概率；等等，概率论正是研究这种不确定性问题的有效工具。概率论起源于 17 世纪欧洲赌博输赢预测研究，后经比利时统计学家凯特勒（Quetelet）引入统计，并成为统计学的数理基础。本章将介绍概率论的基本概念、基本性质、运算法则和概率分布，并探讨大数定律和中心极限定理，为后续统计推断方法学习奠定基础。

5.1　基　本　概　念

5.1.1　随机试验与随机事件

1. 随机试验

对某种现象的一次观察、测量或进行一次科学实验，统称为一个试验。如果这个试验在相同的条件下可以重复进行，且每次试验的结果是事前不可预知的，则称此试验为随机试验，也简称为试验，记为 E。下文中所提到的试验都是指随机试验。下面举一些试验的例子。

E_1：掷一枚骰子，观察所掷的点数；

E_2：从一批电子产品中随机抽取一件，检查其是否合格；

E_3：观察某工厂某个季度内安全事故发生的次数；

E_4：从一批某种型号的 Led 灯泡中随机抽取一只，测试其寿命；

E_5：对某只 Led 灯泡做实验，观察其寿命是否超过 80 000 小时；

E_6：已知某学校学生身高在 a 和 b 之间，测量其身高。

对于随机试验，尽管在每次试验之前不能预知其试验的结果，但试验的所有可能结果所组成的集合却是已知的。我们称试验的所有可能结果组成的集合为样本空间，记为 Ω。而样本空间的元素，也就是随机试验的单个结果称为样本点。

在前面所举的 6 个试验中，若以 Ω_i 表示试验 E_i 的样本空间（$i=1, 2, \cdots, 6$），则

$\Omega_1=\{1, 2, 3, 4, 5, 6\}$；

$\Omega_2=\{$合格品，不合格品$\}$；

$\Omega_3=\{0, 1, 2, \cdots\}$；

$\Omega_4=\{t, t\geqslant0\}$；

$\Omega_5=\{$寿命不超过 80 000 小时，寿命超过 80 000 小时$\}$；

$\Omega_6=\{h, a\leqslant h\leqslant b\}$。

这里要注意,在 E_3 中,虽然每个工厂每个季度内发生安全事故的次数是有限的,不会非常大,但一般而言,人们从理论上很难确定安全事故次数的上限。于是,为方便起见,本文把上限定义为∞。这种处理方法经常被采用。

2. 随机事件

一般而言,我们把样本空间中的任意子集称为一个随机事件,简称为事件,常用字母 A、B、C、…来表示。因此,随机事件就是试验的若干个结果组成的集合。特别地,如果一个随机事件仅含一个试验结果,则称此事件为基本事件。

【例 5-1】 掷一枚骰子,用 $A_1=\{1\}$,$A_2=\{2\}$,…,$A_6=\{6\}$ 分别表示所掷的结果为"一点"至"六点",B 表示"偶数点",C 表示"奇数点",D 表示"四点或四点以上"。若试验目的是观察所掷点数,试写出 B、C、D 及样本空间,并指出上述事件中哪些是基本事件。

解 $B=\{2,4,6\}$,$C=\{1,3,5\}$,$D=\{4,5,6\}$,样本空间 $\Omega=\{1,2,3,4,5,6\}$,A_1,A_2,…,A_6 为基本事件。

因为样本空间 Ω 包含了所有的样本点,且是自身的子集,在每次试验中总是发生的,所以我们称 Ω 为必然事件。而空集 $\varnothing$ 不包括任何样本点,它也是样本空集的子集,且在每次试验中总不发生,所以称 $\varnothing$ 为不可能事件。

下面我们来介绍事件之间的关系和运算。

(1)包含关系:$A \subset B$ 表示事件 A 发生则事件 B 发生。

(2)相等关系:$A=B$ 表示 $A \subset B$ 且 $B \subset A$。

(3)互不相容:$AB=\varnothing$ 表示 A 和 B 不可能同时发生。

(4)逆:A 和 B 有且只有一个发生,即不是 A 发生就是 B 发生,则称 B 是 A 的逆事件。

(5)交:$AB=A \bigcap B=\{A$ 和 B 都发生$\}$。一般而言,上述公式可以推广为 $\bigcup\limits_{i=1}^{\infty} A_i=\{A_1$,$A_2$,…都发生$\}$。

(6)并:$A \bigcup B=\{A$ 和 B 至少发生一个$\}$,也可记为 $A+B$。同理,此公式亦可推广为 $\bigcup\limits_{i=1}^{\infty} A_i=\{A_1$,$A_2$,… 至少发生一个$\}$。

(7)差:$A-B=\{A$ 发生且 B 不发生$\}$。

5.1.2 事件的概率

对于一个事件(除必然事件和不可能事件外)来说,它在一次试验中可能发生亦可能不发生。所以,出于对客观事物的认识与理解,我们常常需要知道某些事件在一次试验中发生的可能性大小,以揭示出这些事件内在的规律性。例如,知道了某食品在每段事件内变质的可能性大小,就可以合理地制定该食品的保质期;知道了河流在造坝地段最大洪峰达到某一高度的可能性大小,就可以合理地确定造坝的高度等。为刻画事件在一次试验中发生的可能性大小,我们引入了概率这一数字特征。

自 16 世纪提出概率概念至今,研究人员从不同角度对事件发生可能性的大小进行度量,形成了三种不同的概率定义,分别是古典概率、统计概率和主观概率。下面分别对这三种概率定义进行介绍。

1. 古典概率

如果某一试验的基本事件是有限的，且每个基本事件出现的可能性相同，则某一事件 A 发生的概率为该事件所包含的基本事件个数 (m) 与样本空间中所包含的基本事件总数 (n) 的比值，即

$$P(A) = \frac{\text{事件 } A \text{ 所包含的基本事件数}}{\text{样本空间所包含的基本事件总数}} = \frac{m}{n} \qquad (5.1)$$

例如，事件 A 表示骰子点数为奇数，则事件 A 包含的基本事件为骰子点数为 1、3、5 这三种情况，而基本事件总数为 6（骰子点数共有 6 种情况），则事件 A 的概率为 1/2。又如，从一副 52 张牌的扑克中随机抽取一张，这张牌是红牌的概率为 1/2。

若样本空间的基本事件是无限的或者不等可能性，则不符合古典概率的条件，所以古典概率定义是不适用的，因而古典概率定义的应用具有较强的局限性。此时，我们可以考虑采用对频率的统计定义，即相对频数的方法。

2. 统计概率

在相同条件下重复进行 n 次试验中，事件 A 发生了 m 次，则比值 m/n 称为事件 A 发生的频率。随着 n 的增大，该频率围绕某一常数 p 上下波动，且这种波动的幅度一般会随着试验次数的增加而减小，则定义 p 为事件 A 发生的概率，即

$$P(A) = p \approx \frac{m}{n} \qquad (5.2)$$

例如，事件 A 为掷一枚硬币正面朝上，若进行大量的试验，会发现有一半的次数是正面朝上的，所以事件 A 的概率为 1/2。又如，某商场卖出 10 000 件电子产品，其中需要返修的产品为 45 件，则可近似地认为，该商品返修的概率为 0.45%。

在概率的统计定义中，概率是计算大量重复试验中该事件出现次数的比率。但有些试验是不可重复的。例如，你投资开设一家冷饮店，那么要预测这家冷饮店生存 3 年的概率，就不可能重复地将这家冷饮店开设很多家。不过，通常可以用已经生存 3 年的类似冷饮店所占的比率，作为这个概率的近似值，这亦是利用过去相关历史数据对未来所做的推断。

3. 主观概率

古典概率和统计概率都属于客观概率，其计算取决于对客观条件的理论分析或基于大量重复试验的事实，不以个人意志为转移。然而，在现实生活中，有些事件既不能通过等可能事件个数来计算，也不能根据大量重复试验的频率来估计。例如，对于某国国内生产总值（GDP）的预测，某公司员工跳槽的概率等。显而易见，此时古典概率和统计概率是失效的，故而其定义具有较大的局限性。

于是，有学者提出了主观概率的定义，亦可称为个人判断概率。它是根据相关信息对某件事发生的可能性进行的一种估计和判断。事实上，在决策中，决策者是无法基于全部信息给出百分百准确的判断，而大多数决策都是在具有不确定性情况下做出的。而概率论可以使决策者基于有限资料分析这些偶然性，从而减少风险。一般而言，概率是对尚未出现事件发生可能性的估计，所以一切概率的表述基本上都是主观的，这也称为贝叶斯统计的理论基础。

5.2　概率性质与运算法则

5.2.1　概率性质

为掌握某一事件概率的计算方法，首先需要给出概率的性质。下面基于概率公理化定义，给出概率的三个基本性质。

(1) 非负性。对任意随机事件 A，则有 $0 \leqslant P(A) \leqslant 1$。

(2) 规范性。对于必然事件 Ω 和不可能事件 $\varnothing$，则有 $P(\Omega)=1$，$P(\varnothing)=0$。

(3) 可加性。若事件 A 和 B 互斥，则有 $P(A \bigcup B)=P(A)+P(B)$。进一步，这个性质可以推广到多个两两互斥的随机事件 A_1，A_2，$\cdots$，A_n，则有

$$P(A_1 \bigcup A_2 \bigcup \cdots \bigcup A_n)=P(A_1)+P(A_2)+\cdots+P(A_n)$$

5.2.2　运算法则

1. 加法法则

1) 不相容事件的加法原则

两个互斥事件之和的概率，等于两个事件概率之和。设 A 和 B 为两个互斥事件，则有

$$P(A \bigcup B)=P(A)+P(B) \tag{5.3}$$

【例 5 - 2】　在美国某地区 100 人样本的调查中，我们发现有 60 人来自公立大学，30 人来自私立大学，10 人来自高科技企业。试计算一个人来自公立或私立大学的概率。

解　设来自公立大学为事件 A，来自私立大学为事件 B，则据题意有 $P(A)=60\%$，$P(B)=30\%$。由不相容事件的加法原则公式(5.3)，可得

$$P(A \bigcup B)=P(A)+P(B)=60\%+30\%=90\%$$

所以，一个人来自公立或私立大学的概率为 90%。

2) 任意事件的加法原则

对于任意两个随机事件，它们和(并)的概率等于两个事件概率之和减去两事件同时发生的概率，即

$$P(A \bigcup B)=P(A)+P(B)-P(A \bigcap B) \tag{5.4}$$

【例 5 - 3】　某大学在青年教师满意度调查中发现，对现状不满意的员工中有 45% 是因为工作压力大而产生的不满意，35% 是对收入不满意，另有 25% 对工作压力与收入全都不满意，试计算因为工作压力或收入原因所产生的不满意的概率。

解　设工作压力产生的不满意为事件 A，收入产生的不满意为事件 B，则据题意有 $P(A)=45\%$，$P(B)=35\%$，$P(AB)=25\%$。由任意事件的加法原则公式(5.4)，可得

$$P(A \bigcup B)=P(A)+P(B)-P(A \bigcap B)=45\%+35\%-25\%=55\%$$

2. 条件概率

在实际问题中，除了要考虑事件 A 的概率 $P(A)$ 外，有时还要考虑在"事件 B 已经发生"的条件下，事件 A 发生的概率。一般而言，后者的概率与前者的概率不同，为了区别起

见，我们常把后者的概率称为条件概率，记为 $P(A|B)$，读作在事件 B 发生的条件下，事件 A 发生的条件概率。下面我们给出条件概率 $P(A|B)$ 的定义。

设 A 和 B 是两个事件，且 $P(B)>0$，则称

$$P(A|B)=\frac{P(AB)}{P(B)} \tag{5.5}$$

为在事件 B 发生的条件下，事件 A 发生的条件概率。条件概率 $P(A|B)$ 满足概率定义中的三条性质，即

(1) 对每个事件 A，具有 $P(A|B)\geqslant0$；

(2) $P(\Omega|B)=1$；

(3) 若 A_1，A_2，…是两两互斥事件，则有

$$P(A_1\bigcup A_2\bigcup\cdots|B)=P(A_1|B)+P(A_2|B)+\cdots$$

【例 5-4】　某房地产公司从两个供货商处购买相同的某种建材，质量状况如表 5.1 所示。

表 5.1　甲、乙供货商提供某种建材资料

类别	正品数量	次品数量	合计
供货商甲	80	4	84
供货商乙	100	6	106
合计	180	10	190

从这 190 个建材中任取一个进行检查，试求：

(1) 取出一个为正品的概率；

(2) 取出一个为供货商甲提供的建材的概率；

(3) 取出一个为供货商甲提供的正品的概率；

(4) 取出一个为供货商甲提供的建材，且是正品的概率。

解　设 $A=$ "取出的一个建材为正品"，$B=$ "取出的一个为供货商甲提供的建材"，则所求的概率分别为

(1) 取出一个为正品的概率：

$$P(A)=\frac{180}{190}=0.9473$$

(2) 取出一个为供货商甲提供的建材的概率：

$$P(B)=\frac{84}{190}=0.4421$$

(3) "取出一个为供货商甲提供的正品"等价于事件 A 与事件 B 同时发生，即 AB。于是，所求概率为

$$P(AB)=\frac{80}{190}=0.4211$$

(4) "取出一个为供货商甲提供的建材，且是正品的概率"等价于在事件 B 发生的条件

下事件 A 发生的概率，即 $P(A|B)$。于是，

$$P(A|B)=\frac{P(AB)}{P(B)}=\frac{0.4211}{0.4421}=0.9525$$

3. 乘法法则

若 A 和 B 是两个事件，由条件概率定义的式(5.5)可知，当 $P(B)>0$ 时，则有

$$P(AB)=P(B)P(A|B) \tag{5.6}$$

同理，当 $P(A)>0$ 时，则有

$$P(AB)=P(A)P(B|A) \tag{5.7}$$

通常称式(5.6)和式(5.7)为概率的乘法公式。

【例 5 - 5】 设一批灯泡共有 100 件，其中 6 只为次品，现采用不重复抽样抽取 2 只灯泡，求抽取第 1 只是次品，第 2 只也是次品的概率是多少。

解 设 A 为"第 1 只为次品"，B 为"第 2 只也是次品"。因为所生产的 100 只灯泡中次品数为 6 件，则 $P(A)=3/50$。由于抽取的第一只灯泡是次品，剩下的 99 件产品中还有 5 件是次品，所以 $P(B|A)=5/99$。根据公式(5.7)，则第 1 只是次品，第 2 只也是次品的概率为

$$P(AB)=P(B|A)P(A)=\frac{5}{99}\times\frac{3}{50}=0.003$$

4. 独立事件

设 A 和 B 是两个事件，若 $P(B)>0$，则可定义条件概率 $P(A|B)$。它表示在事件 B 发生的条件下，事件 A 发生的概率；而 $P(A)$ 表示不管事件 B 发生与否，事件 A 发生的概率。若 $P(A|B)=P(A)$，则表明事件 B 的发生并不影响事件 A 发生的概率，这时称事件 A 与 B 相互独立，并且乘法公式(5.6)变成了

$$P(AB)=P(A|B)P(B)=P(A)P(B)$$

所以，我们可以用上述公式来刻画事件的独立性，并给出独立性的定义。

设 A 和 B 是两个事件，若

$$P(AB)=P(A)P(B) \tag{5.8}$$

成立，则称事件 A 和 B 相互独立。

用式(5.8)定义两个事件的独立性，在数学上至少有两个优点：一是不需要条件概率的概念；二是该形式关于事件 A 和 B 具有对称性，因而体现了"相互独立"的实质。在实际应用中，两个事件是否相互独立，常常不是根据式(5.8)来判断，而是根据这两个事件的发生是否相互影响来判断的。例如，甲、乙两人向同一目标射击，彼此互不相干，则甲、乙各自是否击中目标这类事件是相互独立的。又如，对某一事物进行多次测量时，不同次测量误差都可以认为是相互独立的。

【例 5 - 6】 在某大学城中，有 60% 的学生购买统计学教材，有 85% 的学生拥有笔记本电脑。假定这两个事件是独立的。现从中随机抽出一位学生，试求所抽学生既购买统计学教材又拥有笔记本电脑的概率。

解 令 A 为"该学生购买统计学教材"，B 为"该学生拥有笔记本电脑"。据题意有 $P(A)=0.6$，$P(B)=0.85$。由于事件 A 和事件 B 相互独立，所以，由式(5.8)可得

$$P(AB)=P(A)P(B)=0.6\times0.85=0.51$$

即所抽学生既购买统计学教材又拥有笔记本电脑的概率为 0.51。

5. 全概率公式

对于某些较为复杂的事件，直接计算其概率具有一定的困难。在这种情况下，我们可以将复杂事件分解成互不相容的一些简单事件，通过计算这些简单事件的概率，并运用全概率公式来解决复杂事件的概率计算问题。

设 n 个事件 A_1，A_2，$\cdots$，A_n 两两互斥，并有 $A_1+A_2+\cdots+A_n=\Omega$，这说明 n 个事件两两互斥没有交集，并且组成了整个样本空间，满足这两个条件的事件组称为一个完备事件组。

若 $P(A_i)>0$，$i=1,2,\cdots,n$，则全概率公式为

$$P(B) = \sum_{i=1}^{n} P(A_i)P(B\mid A_i) \tag{5.9}$$

【例 5 - 7】　某工厂有甲、乙、丙三台机器生产螺丝钉，它们的产量各占总产量的 35%，40%，25%。各台机器生产的螺丝钉的次品率分别为 4%、3%、1%。试求螺丝钉的次品率。

解　设 A_1 为"螺丝钉系甲台机器生产"；A_2 为"螺丝钉系乙台机器生产"；A_3 为"螺丝钉系丙台机器生产"；B 为"螺丝钉恰为次品"。显然，$A_1+A_2+A_3=\Omega$，且 A_1、A_2、A_3 互不相容。据题意有

$P(A_1)=35\%$，$P(A_2)=40\%$，$P(A_3)=25\%$，$P(B|A_1)=4\%$，$P(B|A_2)=3\%$，
$P(B|A_3)=1\%$

基于全概率公式(5.9)，可得

$$P(B) = \sum_{i=1}^{n} P(A_i)P(B\mid A_i) = 35\%\times4\%+40\%\times3\%+25\%\times1\% = 2.85\%$$

6. 贝叶斯公式

贝叶斯公式首先由英国统计学家贝叶斯(T. Bayes)提出，在 1736 年才正式发表。该公式与全概率公式要解决的问题刚好相反，它是在条件概率的基础上去试图获取事件发生的原因或者事件是在什么条件下发生的。因此，贝叶斯公式是立足于结果来推导原因，故而该公式也被称为逆概率公式。

设 n 个事件 A_1，A_2，$\cdots$，A_n 两两互斥，并有 $A_1+A_2+\cdots+A_n=\Omega$。若 $P(A_i)>0$，$i=1,2,\cdots,n$，则对任意事件 B 有

$$P(A_i\mid B) = \frac{P(A_i)P(B\mid A_i)}{\sum_{i=1}^{n} P(A_i)P(B\mid A_i)}，\quad i=1,2,\cdots,n \tag{5.10}$$

【例 5 - 8】　在例 5 - 7 中，任意抽取一个螺丝钉，经检验后知道它是次品，试问此件次品是由机器甲、乙、丙生产的概率分别是多少？

解　由贝叶斯公式可得

$$P(A_1\mid B) = \frac{P(A_1)P(B\mid A_1)}{\sum_{i=1}^{3} P(A_i)P(B\mid A_i)}$$

$$= \frac{35\%\times4\%}{35\%\times4\%+40\%\times3\%+25\%\times1\%} = 49.12\%$$

$$P(A_2 \mid B) = \frac{P(A_2)P(B \mid A_2)}{\sum_{i=1}^{3} P(A_i)P(B \mid A_i)}$$

$$= \frac{40\% \times 3\%}{35\% \times 4\% + 40\% \times 3\% + 25\% \times 1\%} = 42.11\%$$

$$P(A_3 \mid B) = \frac{P(A_3)P(B \mid A_3)}{\sum_{i=1}^{3} P(A_i)P(B \mid A_i)}$$

$$= \frac{25\% \times 1\%}{35\% \times 4\% + 40\% \times 3\% + 25\% \times 1\%} = 8.77\%$$

于是，这件次品由机器甲、乙、丙生产的概率分别是 49.12%，42.11%，8.77%。

5.3 离散型随机变量及其分布

5.3.1 随机变量的定义

为方便地研究随机试验的各种结果及各种结果发生的概率，我们常把随机试验的结果与实数对应起来，即把随机试验结果数量化，引入随机变量的概念。下面首先给出随机变量的概念。

设 E 是随机试验，Ω 是样本空间。如果对每个 $\omega \in \Omega$，总有一个实数 $X(\omega)$ 与之相对应，则称 Ω 上的实值函数 $X(\omega)$ 为 E 的一个随机变量，简记 $X(\omega)$ 为 X。

从定义可知，随机变量是一个定义在样本空间 Ω 上的函数，其取值于实数空间。它与通常函数的差异之处在于，它的自变量是随机试验的结果。由于随机试验结果的出现具有随机性，即在一次试验之前，我们无法预先知道究竟会出现哪一个结果。因此，随机变量的取值也具有一定的随机性，而这样的例子普遍存在于现实生活中。例如，掷骰子出现的点数、到达火车站售票窗口的人数、一批机器出现故障的台数、灯泡的使用寿命等，都是随机变量。

按照随机变量的特性，我们可以把随机变量分为离散型随机变量和连续型随机变量。如果随机变量 X 的所有取值都可以逐个列举出来，则称其为离散型随机变量。例如，在一批产品中取到次品的个数、单位时间内某交换台收到的呼叫次数等。如果随机变量 X 的所有可能取值不可以逐个列举出来，而是取数轴上某一区间内的任意一点，则称其为连续型随机变量。例如，一批电子元器件的寿命、某一批零部件的测量误差等。

5.3.2 离散型随机变量

设离散型随机变量 X 所有可能取值为 $x_1, x_2, \cdots$，且其对应的概率为

$$P(X=x_i)=p_i, \; i=1, 2, \cdots \tag{5.11}$$

则称上式为离散型随机变量 X 概率分布或分布律。概率分布亦可以用如下表格形式给出。

X	x_1	x_2	$\cdots$	x_i	$\cdots$
p_i	p_1	p_2	$\cdots$	p_i	$\cdots$

这里 p_i 满足：$p_i \geqslant 0$，$i=1,2,\cdots$；$\sum\limits_{i=1}^{+\infty} p_i = 1$。所以，概率分布体现了随机变量取各个可能值的分布情况。

在实际问题中，获取一个随机变量的概率分布并非易事。而且，在很多场合下我们并不需要知道随机变量的概率分布，只需掌握其主要分布特征。例如，要了解某地区的小麦生产水平情况，我们没有必要去了解该地区每一块麦田产量的分布，而只需掌握该地区小麦生产的平均产量。

为此，我们需要掌握随机变量的常见数字特征，如期望、方差或标准差。而对于离散型随机变量，期望和方差的计算公式如下：

$$E(X) = \sum_{i=1}^{+\infty} x_i p_i,\ D(X) = E(X^2) - (E(X))^2 = \sum_{i=1}^{+\infty} x_i^2 p_i - \left(\sum_{i=1}^{+\infty} x_i p_i \right)^2$$

5.3.3　几种常见离散型分布

在理论和应用上，所遇到的离散型随机变量的分布有很多，但其中最重要的是两点分布、二项分布、泊松分布和超几何分布。下面将对这四种分布进行讨论。

1. 两点分布

如果随机变量 X 只可能取 0 或 1 两个值，且其概率分布为

$$P(X=1) = p,\ P(X=0) = q \tag{5.12}$$

其中，$0 < p < 1$，$q = 1 - p$，则称 X 服从参数为 p 的两点分布或 $(0-1)$ 分布，记为 $X \sim B(1, p)$。此外，$E(X) = p$，$D(X) = p(1-p)$。

对于任何一个只有两种可能结果的随机试验，我们都可以定义一个服从两点分布的随机变量来描述随机试验的结果。例如，对射手射击是否"中靶"，掷硬币是否"带币值的一面朝上"，检查产品是否"合格"，明天是否"下雨"，种子是否"发芽"等试验，均可用服从两点分布的随机变量来描述。

【例 5-9】　100 件大衣中，有 98 件是正品，2 件是次品，现从中随机抽取一件，若规定取到正品时，令 $X=1$，否则，令 $X=0$，则有

$$P(X=1) = \frac{98}{100} = 0.98,\quad P(X=0) = \frac{2}{100} = 0.02$$

于是，X 服从参数为 0.98 的两点分布，即 X：$B(1, 0.98)$。进一步，有

$$E(X) = p = 0.98,\quad D(X) = p(1-p) = 0.0196$$

在实际问题中，有时一个随机试验可能有多个结果。例如，产品质量检查中，产品可以分为一级品、二级品、三级品和不合格品。然而，如果把前三种统称为合格品，则试验结果就只有合格品和不合格品两种。于是，我们仍可以用两点分布来描述随机试验。又如，研究者记录了某城市每月交通事故发生的次数，则它可能取的值为 0，1，2，$\cdots$，这是无穷多个结果。但是，如果把观察结果分为"发生交通事故"和"不发生交通事故"这两种情况，那么我们就可用两点分布来研究每月发生交通事故的可能性。

2. 二项分布

若将两点分布试验独立重复 n 次，n 为一固定数值，则称该试验为 n 重伯努利（Bernouli）

试验，简称伯努利试验。一般而言，伯努利试验具有如下四个基本性质：

(1) 重复试验的次数 n 固定不变；

(2) 每次试验只有"成功"和"失败"两种对立结果；

(3) 每次试验"成功"的概率（p）都相等；

(4) 试验之间互相独立。

于是，在这 n 次试验中，出现"成功"的次数的概率分布就是二项分布。具体定义可以表述为：

设 X 为出现"成功"的次数，则有

$$P(X=x)=C_n^x p^x q^{n-x}, \quad x=0, 1, 2, \cdots, n \tag{5.13}$$

记为 $X \sim B(n, p)$。当 $n=1$ 时，$X \sim B(1, p)$。由此可见，两点分布是二项分布的一个特例。此外，$E(X)=np$，$D(X)=np(1-p)$。

【例 5-10】 某出租汽车公司共有出租车 400 辆，设每天每辆出租车出现故障的概率为 0.02，试求一天内没有出租车出现故障的概率。

解 将观察一辆出租车一天内是否出现故障看成一次试验。因为每辆出租车是否出现故障与其他出租车是否出现故障无关，于是观察 400 辆出租车是否出现故障就是做 400 次伯努利试验。设 X 是每天内出现故障的出租车数，则 $X \sim B(400, 0.02)$，$P(X=0)=0.98^{400} \approx 0.000\,309$，即一天内没有出租车出现故障的概率近似为万分之三。

3. 泊松分布

如果随机变量 X 的概率分布为

$$P(X=x)=\frac{\lambda^x}{x!}e^\lambda, \quad x=0, 1, 2, \cdots \tag{5.14}$$

这里 $\lambda>0$ 为常数，则称随机变量 X 服从参数为 λ 的泊松分布，记为 $X \sim P(\lambda)$。此外，$E(X)=D(X)=\lambda$。

在许多实际问题中，我们所关心的量都近似地服从泊松分布。例如，某医院每天前来就诊的病人数；某地区一段时间间隔内发生火灾的次数；一段时间间隔内某放射性物质放射出的粒子数；一段时间间隔内某容器内部的细菌数；某地区一年内发生暴雨的次数等，都近似地服从泊松分布。

【例 5-11】 某医院每天前来就诊的病人数 X 服从参数 $\lambda=0.8$ 的泊松分布，试求该医院一天内前来就诊的病人数为 3 人或 3 人以上的概率。

解 由泊松分布性质，有

$$P(X \geqslant 3)=1-P(X<3)=1-P(X=0)-P(X=1)-P(X=2)$$

$$=1-e^{-0.8}\left(\frac{0.8^0}{0!}+\frac{0.8^1}{1!}+\frac{0.8^2}{2!}\right) \approx 0.0474$$

则该医院一天内前来就诊的病人数为 3 人或 3 人以上的概率是 0.0474。

4. 超几何分布

如果随机变量 X 的概率分布为

$$P(X=k)=\frac{C_M^k C_{N-M}^{n-k}}{C_N^n}$$

这里 $M \leqslant N$，$n \leqslant N$，$\max\{0, M+n-N\} \leqslant k \leqslant \min\{M, n\}$，且 N，M，n，k 均为非负整数，则称随机变量 X 服从参数为 N，M，n 的超几何分布，记为 $X \sim H(M, N, n)$。此外，随机变量 X 的均值和方差分别为

$$E(X) = \frac{nM}{N}, \quad D(X) = \frac{nM(N-n)(N-M)}{N^2(N-1)}$$

超几何分布源于产品检验。设有外观相同的产品 N 件，其中 M 件为合格品，其余为不合格品。如果从这 N 件产品中无放回地随机抽取 n 件，记 X 为抽取产品中合格品的件数，则 $X \sim H(M, N, n)$。

【例 5-12】　某证券公司计划从 20 名研究生中随机选择 10 名作为培养对象，假定这 20 名研究生中有 5 名在业务能力方面是拔尖的，试求所选择的 10 人中包含全部 5 名拔尖人才的概率是多少。

解　根据超几何分布定义，有

$$P(X=5) = \frac{C_M^k C_{N-M}^{n-k}}{C_N^n} = \frac{C_5^5 C_{15}^5}{C_{20}^{10}} = \frac{\left(\dfrac{5!}{5!\,0!}\right)\left(\dfrac{15!}{5!\,10!}\right)}{\left(\dfrac{20!}{10!\,10!}\right)} = \frac{21}{1292} = 0.0163$$

则该公司所选择的 10 人中包含全部 5 名拔尖人才的概率是 0.0163。

5.4　连续型随机变量及其分布

5.4.1　密度函数与分布函数

由于连续型随机变量可以取数轴上某一区间内的任意一点，所以我们不能像对离散型随机变量那样，基于分布律的方式刻画其分布，而应该采用数学函数的形式来对其进行描述。

设函数 $f(x)$ 满足以下两个条件：

(1) $f(x) \geqslant 0$；

(2) $\displaystyle\int_{-\infty}^{+\infty} f(x) = 1$。

则称 $f(x)$ 为连续型随机变量 X 的概率密度函数。进一步，X 的分布函数可以定义为

$$F(x) = \int_{-\infty}^{x} f(t)\mathrm{d}t, \quad -\infty < x < +\infty \tag{5.15}$$

基于式(5.15)，可以很容易计算出随机变量 X 发生的概率，例如，X 在某个区间 $[a, b]$ 内的取值概率可以表示为

$$P(a \leqslant X \leqslant b) = \int_a^b f(x)\mathrm{d}x = F(b) - F(a) \tag{5.16}$$

其几何图形可以由图 5.1 给出。显然，随机变量 X 在某一点取值的概率为零。连续型随机变量的概率密度函数是其分布函数的导数，即

$$f(x) = F'(x)$$

此外，连续型随机变量的期望和方差可以定义为

$$E(X) = \int_{-\infty}^{+\infty} xf(x)\mathrm{d}x, \quad D(X) = \int_{-\infty}^{+\infty} (x - E(X))^2 f(x)\mathrm{d}x$$

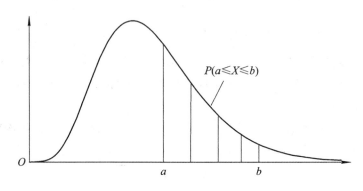

图 5.1 连续型随机变量 X 的概率分布

5.4.2 几种常见连续型分布

1. 正态分布

正态分布是描述连续型随机变量最重要的分布，它由数学家高斯(Gauss)在描述误差相对频数分布的模型时提出的，所以也称为高斯分布。此外，由于正态分布的概率密度曲线的形状很像钟楼上的钟，所以正态分布也叫钟形分布。

设随机变量 X 服从正态分布，其概率密度函数为

$$f(x) = \frac{1}{\sqrt{2\pi}\sigma}\exp\left\{-\frac{(x-\mu)^2}{2\sigma^2}\right\}, \quad -\infty < x < +\infty \tag{5.17}$$

记为 $X \sim N(\mu, \sigma^2)$。其概率密度函数曲线如图 5.2 所示。容易证明，$E(X) = \mu$，$D(X) = \sigma^2$。

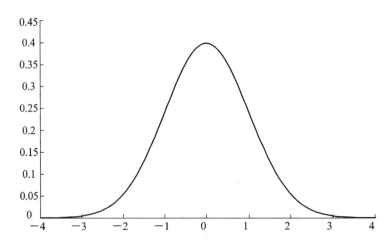

图 5.2 正态分布概率密度曲线

由图 5.2 可见，概率密度函数曲线具有如下特征：

(1) 每一对 μ 和 σ 都可以形成一条曲线，这意味着正态曲线可以视为一簇曲线，它们

由 μ 和 σ 唯一决定。

（2）曲线为钟形且对称。期望 μ 表示变量取值的中间点和对称点。方差 σ^2 刻画变量的离散程度，即 σ^2 越小，曲线越尖；σ^2 越大，曲线越扁平。

（3）在正态分布中，变量的均值（期望）、中位数和众数是相等的。

（4）概率密度值在 μ 点处取最大值，越往两边值越小，直至无限趋近于零，且与横轴永不相交。

（5）曲线与横轴所围面积为 1，且曲线从对称点往左或往右的面积都是 0.5。

在计算正态分布的概率时，标准化是一个重要的技巧，它可以帮助我们简化计算过程。具体为：设 $X \sim N(\mu, \sigma^2)$，则令

$$Z = \frac{X - \mu}{\sigma} \tag{5.18}$$

则易证 $Z \sim N(0, 1)$，我们称 Z 为标准正态随机变量，其密度函数为

$$f(z) = \frac{1}{\sqrt{2\pi}} \exp\left\{-\frac{z^2}{2}\right\}, \quad -\infty < z < +\infty \tag{5.19}$$

$$f(z) = \frac{1}{\sqrt{2\pi}} \exp\left\{-\frac{z^2}{2}\right\}, \quad -\infty < z < +\infty \tag{5.20}$$

【例 5 - 13】 根据市场调查数据，某地区钟点工每小时的酬薪服从均值为 16.5 元、标准差为 3.5 元的正态分布，若随机抽取一名钟点工，试求其收入满足下列条件的概率。

（1）每小时薪酬在 16.5～20 元；

（2）每小时薪酬高于 20 元；

（3）每小时薪酬低于 15 元。

解 由题意，有 $\mu = 16.5$，$\sigma = 3.5$。基于正态分布标准化公式（5.18）和正态分布表，可得

（1）每小时薪酬在 16.5～20 元的概率为

$$P(16.5 \leqslant X \leqslant 20) = P\left(\frac{16.5 - 16.5}{3.5} \leqslant \frac{X - 16.5}{3.5} \leqslant \frac{20 - 16.5}{3.5}\right) = P(0 \leqslant Z \leqslant 1) = 0.3413$$

（2）每小时薪酬大于 20 元的概率为

$$P(X > 20) = P\left(\frac{X - 16.5}{3.5} > \frac{20 - 16.5}{3.5}\right) = P(Z > 1) = 0.5 - 0.3413 = 0.1587$$

（3）每小时薪酬低于 15 元的概率为

$$P(X < 15) = P\left(\frac{X - 16.5}{3.5} < \frac{15 - 16.5}{3.5}\right) = P(Z < -0.43) = 0.5 - 0.1664 = 0.3336$$

2. χ^2 分布

χ^2 分布是由海尔墨特（F. R. Hermert）和皮尔逊（K. Pearson）分别于 1875 年和 1900 年提出来的。这种分布广泛应用于拟合优度检验和显著性检验中。下面给出其定义。

设随机变量 $X_1, X_2, \cdots, X_n$ 相互独立，且均服从标准正态分布 $N(0, 1)$，则它们的平方和服从自由度为 n 的 χ^2 分布，记为

$$\chi^2 = \sum_{i=1}^{n} X_i^2 \sim \chi^2(n) \tag{5.21}$$

χ^2 分布与其分布自由度有关，所以是一族分布而不是一个单独分布。其中，自由度可以理解为独立变量的个数，亦可以从数学意义上解释为二次型的秩。下面根据自由度 $n=10$，20，40，分别给出其概率密度曲线，具体如图 5.3 所示。

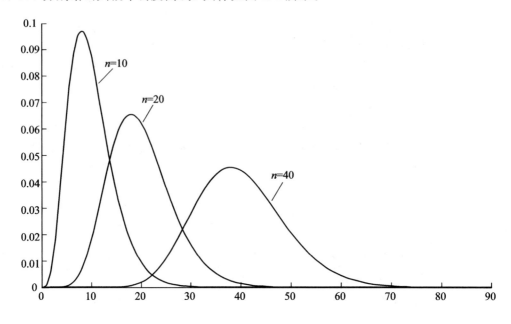

图 5.3　χ^2 分布概率密度曲线

由图 5.3 可见，随着自由度 n 的增大，χ^2 分布概率密度曲线趋于对称。事实上，当 $n\rightarrow+\infty$，χ^2 分布的极限分布就是正态分布。此外，χ^2 分布具有如下重要性质：

(1) $E(\chi^2(n))=n$，$D(\chi^2(n))=2n$；

(2) 若 $\chi_1^2\sim\chi^2(n_1)$，$\chi_2^2\sim\chi^2(n_2)$，且两者相互独立，则有

$$\chi_1^2+\chi_2^2\sim\chi^2(n_1+n_2)$$

3. t 分布

t 分布是高塞特(W. S. Gosset)于 1908 年在一篇以"Student"为笔名的文章中首次提出的，然而由于这一重要结果并未马上被外界所认可。直到 1923 年，费歇尔(R. A. Fisher)给出了严格的数学推导，并编制了 t 分布表之后，这一分布才被学术界所承认。下面我们给出其定义。

设随机变量 $X\sim N(0,1)$，$Y\sim\chi^2(n)$，且 X 和 Y 相互独立，则

$$t=\frac{X}{\sqrt{Y/n}} \tag{5.22}$$

服从自由度为 n 的 t 分布，记为 $t\sim t(n)$。下面根据自由度 $n=2,8,40$，分别给出其概率密度曲线，具体如图 5.4 所示。

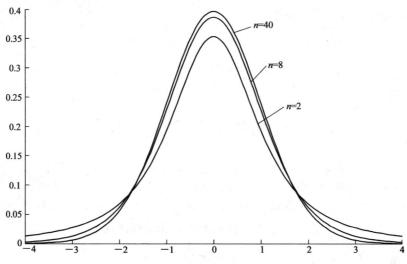

图 5.4 t 分布概率密度曲线

由图 5.4 可见,随着自由度 n 的增大,t 分布就近似于正态分布。事实上,当 $n=30$ 时,就很难看出 t 分布和正态分布的差别;当 $n=50$ 时,两者几乎完全相同。此外,t 分布具有如下重要性质。

(1) 当 $n \geqslant 2$ 时,$E(t)=0$;

(2) 当 $n \geqslant 3$ 时,$D(t)=\dfrac{n}{n-2}$。

4. F 分布

F 分布是由统计学家费歇尔(R. A. Fisher)于 1924 年首次提出的,这种分布广泛地应用于方差分析和回归分析的显著性检验问题中。下面我们给出其定义。

设随机变量 $X \sim \chi^2(m)$,$Y \sim \chi^2(n)$,且 X 和 Y 相互独立,则

$$F = \frac{X/m}{Y/n} \tag{5.23}$$

服从分子自由度为 m,分母自由度为 n 的 F 分布,记为 $F \sim F(m, n)$。下面分别给出不同自由度情况下 F 分布概率密度曲线,具体如图 5.5 所示。

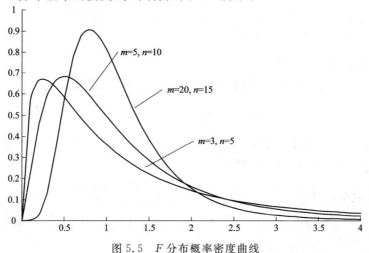

图 5.5 F 分布概率密度曲线

此外，F 分布具有如下重要性质：

(1) 当 $n > 2$ 时，$E(F) = \dfrac{n}{n-2}$；

(2) 当 $n > 4$ 时，$D(F) = \dfrac{2n^2(m+n+2)}{m(n-2)(n-4)}$。

5.5　大数定律与中心极限定理

随机现象的统计规律性是在相同条件下进行大量重复试验时呈现出来的。例如，在概率的统计定义中，谈到一个事件发生的频率具有稳定性，即频率趋于事件的概率。这里是指试验的次数无限增大时，在某种收敛意义下逼近某一定数，这就是伯努利大数定律。本章通过介绍大数定律和中心极限定理来揭示上述统计规律的理论基础。

5.5.1　大数定律

大数定律是关于大量随机变量的平均结果具有稳定性的一系列定律的总称。下面介绍两种常用的大数定律。

1. 独立同分布大数定律

设 $X_1, X_2, \cdots, X_n$ 独立同分布，且存在有限的期望 μ 和方差 σ^2。对任意小的正数 ε，则有

$$\lim_{n \to \infty} P\left\{ \left| \frac{1}{n} \sum_{i=1}^{n} X_i - \mu \right| < \varepsilon \right\} = 1 \tag{5.24}$$

这表明，当 n 充分大时，独立同分布的随机变量序列的平均数接近其期望，即平均数具有稳定性。这为用样本平均数估计总体平均数提供了理论依据。

2. 伯努利大数定律

设 m 是 n 次独立随机试验中事件 A 发生的次数，p 是事件 A 在每次试验中发生的概率，对任意小的正数 ε，则有

$$\lim_{n \to \infty} P\left\{ \left| \frac{m}{n} - p \right| < \varepsilon \right\} = 1 \tag{5.25}$$

这表明，当 n 充分大时，事件 A 发生的频率接近事件 A 发生的概率，即频率具有稳定性。这为用频率估计概率提供了理论依据。

3. 辛钦大数定律

设 $X_1, X_2, \cdots, X_n$ 相互独立，服从同一分布且存在有限的期望 μ。对任意小的正数 ε，则有

$$\lim_{n \to \infty} P\left\{ \left| \frac{1}{n} \sum_{i=1}^{n} X_i - \mu \right| < \varepsilon \right\} = 1 \tag{5.26}$$

这表明，与独立同分布大数定律相比，辛钦大数定律没有要求方差存在。进一步，伯努利大数定律是辛钦大数定律的特殊情形。

5.5.2　中心极限定理

中心极限定理是关于大量随机变量之和的极限分布为正态分布的一系列定理的总称。下面介绍两种常用的中心极限定理。

1. 独立同分布中心极限定理

设 X_1，X_2，$\cdots$，X_n 独立同分布，且存在有限的期望 μ 和方差 σ^2。当 $n \to \infty$ 时，则 $\sum\limits_{i=1}^{n} X_i$ 近似服从于均值为 $n\mu$、方差为 $n\sigma^2$ 的正态分布，即

$$\sum_{i=1}^{n} X_i \overset{d}{\sim} N(n\mu, n\sigma^2) \tag{5.27}$$

进一步，$\dfrac{1}{n} \sum\limits_{i=1}^{n} X_i \overset{d}{\sim} N(\mu, \sigma^2/n)$。这表明，不论总体服从何种分布，只有它的期望和方差存在，那么这个总体的样本总和或平均数近似服从于正态分布。

2. 李雅普诺夫中心极限定理

设 X_1，X_2，$\cdots$，X_n 相互独立，它们的期望和方差分别为

$$E(X_i) = \mu_i, \ D(X_i) = \sigma_i^2 > 0, \ i = 1, 2, \cdots, n$$

记

$$B_n^2 = \sum_{i=1}^{n} \sigma_i^2$$

如果存在正数 δ，使得当 $n \to \infty$ 时，有

$$\frac{1}{B_n^{2+\delta}} \sum_{i=1}^{n} E\{|X_i - \mu_i|^{2+\delta}\} \to 0$$

则 $\sum\limits_{i=1}^{n} X_i$ 近似服从于均值为 $\sum\limits_{i=1}^{n} \mu_i$，方差为 B_n^2 的正态分布，即

$$\sum_{i=1}^{n} X_i \overset{d}{\sim} N\left(\sum_{i=1}^{n} \mu_i, B_n^2\right) \tag{5.28}$$

这表明，不论总体服从何种分布，只要满足定理的条件，那么这个总体的样本总和近似服从于正态分布。

3. 德莫佛-拉普拉斯中心极限定理

设 X 为 n 次独立试验中事件 A 发生的次数，p 是事件 A 在每次试验中发生的概率，则 $X \sim B(n, p)$。当 $n \to \infty$ 时，X 近似服从于均值为 np、方差为 npq 的正态分布，即

$$X \overset{d}{\sim} N(np, npq) \tag{5.29}$$

其中 $q = 1 - p$。该定理为近似计算二项分布概率提供了一种简便的计算方法。

◆◆◆◆◆◆ 本 章 小 结 ◆◆◆◆◆◆

本章首先介绍了随机试验、随机事件、古典概率、统计概率、主观概率等概率论中的基本概念。其次，给出了非负性、规范性和可加性等三个概率性质，并讨论了概率运算法则，例如，加法原则、乘法原则、条件概率、全概率公式、贝叶斯公式等。再次，分别针对离散型随机变量和连续型随机变量，探讨其分布函数及常见分布，例如，两点分布、二项分布、泊松分布、正态分布、χ^2 分布、t 分布、F 分布等。最后，给出了大数定律和中心极限定理。

通过本章内容学习，首先要理解概率论中的基本概念与运算法则，进而掌握两点分布、二项分布、泊松分布、超几何分布、正态分布、χ^2 分布、t 分布、F 分布等常见概率分布。最后，深刻理解与掌握大数定律和中心极限定理在实际问题中的应用。众所周知，概率论是抽样分布、参数估计和假设检验的理论基础，所以通过学习本章内容可为后续章节内容的学习奠定基础。

········· 思 考 与 练 习 ·········

1. 什么是随机试验和随机事件？

2. 什么是互不相容事件与对立事件，它们有什么区别？

3. 什么是古典概率、经验概率、主观概率？

4. 用公式写出概率的加法定理和乘法定理。

5. 什么是随机变量和概率分布？

6. 两点分布和二项分布的适用条件有何区别？

7. 什么是概率密度函数和分布函数？

8. 简述正态分布、χ^2 分布、t 分布和 F 分布之间的区别和联系。

9. 简述中心极限定理的内容。

10. 设盒中有 6 个白球和 8 个红球，现按不放回抽样，依次把球一个个取出来，求第 5 次取的球是红球的概率。

11. 某选手参加射击比赛，共有 2 次机会。第 1 次射中的概率为 p，若第 1 次射中、第 2 次也射中的概率为 p；若第 1 次未射中、第 2 次射中的概率为 $\dfrac{p}{2}$。

（1）假设他至少射中 1 次就能获胜，求他获胜的概率；

（2）若已知他第 2 次已经射中，求他第 1 次射中的概率。

12. 某工厂有两台机器加工生产，其正常工作的概率分别为 0.85 和 0.9，求：

（1）这两台机器都能正常工作的概率；

（2）至少有一台能正常工作的概率；

（3）恰有一台能正常工作的概率。

13. 设有来自三所高校的 35 名、40 名、50 名学生的问卷，其中女生填写的问卷分别有 15 份、20 份、30 份。随机地抽取一所高校的问卷，从中先后抽出两份。若已知后抽到的一份是男生，求先抽到的一份是女生的概率。

14. 某选手参加投篮比赛，设每一次投中的概率为 0.4。当投中次数不少于 4 次时，即可获得精美奖品。

（1）进行 6 次独立抽奖，求可获得精美奖品的概率；

（2）进行 8 次独立抽奖，求可获得精美奖品的概率。

15. 设有 15 件产品中有 3 件是次品，从中任取 1 件，若是次品，则不放回重新任取一件，直到取到正品为止。求已取出的次品数 X 的概率分布、数学期望和方差。

16. 设 20 个产品中有 5 个不合格品，若从中随机取出 8 个，试求其中不合格品数 X 的概率分布。

17. 某工厂生产一批袋装大米的质量(kg)服从参数为 $\mu=10$，$\sigma=0.05$ 的概率分布，规定质量在范围 (10 ± 0.1)kg 内为标准的出厂规格，求该批大米符合出厂规格的概率。

18. 某工厂有一批玩具，一等品率占 15%，先重复抽取 100 件，求一等品不多于 20 件和不少于 10 件的概率(用正态分布作近似计算)。

19. 某工厂生产的日光灯寿命 X(以小时计算)服从期望值 $\mu=1600$ 的正态分布，若要求 $P\{1200<X<2000\}\geqslant0.08$，允许标准差 σ 最大值取多少？

20. 设某本书校准时出现错误次数 $X\sim N(180,300)$，求：

(1) 出现错误次数不超过 200 的概率；

(2) 出现错误次数在 $150\sim200$ 之间的概率。

21. 某保险公司的老年人寿保险共有 5000 人参加，每人每年交 500 元。若老人在该年内死亡，公司付给家属 20 000 元。设老年人死亡率为 0.015，试求保险公司在一年的这项保险中亏本的概率。

22. 设 X_n 为独立同分布的随机变量序列，其共同的分布函数为

$$F(X)=\frac{1}{2}+\frac{1}{\pi}\arctan\frac{x}{a},\quad-\infty<x<+\infty$$

试问：辛钦大数定律对此随机变量序列是否适用？

23. 一份考卷由 99 个题目组成，并按由易到难顺序排列。某学生答对第 1 题的概率为 0.99，答对第 2 题的概率为 0.98。一般地，他答对第 i 题的概率为 $1-i/100$，$i=1,2,\cdots$，99。假如该学生回答各题目是相互独立的，并且要正确回答其中 60 个以上(包括 60 个)题目才算通过考试。试计算该学生通过考试的可能性有多大？

拓展阅读

第6章　参 数 估 计

众所周知，根据所采用的研究方法不同，统计可以分为描述统计和推断统计。描述统计侧重于如何进行数据收集、整理、汇总、显示、概括、分析等方面，具体见第2～4章；而推断统计则侧重于如何利用样本数据对总体的数量特征做出具有一定可靠程度的估计与判断，其主要内容包括参数估计和假设检验。本章介绍参数估计，即由样本统计量估计总体分布中的未知参数。下一章介绍假设检验。

6.1　抽 样 分 布

样本是从总体中按随机方式抽取的，所以样本是随机的，进而根据样本得到的统计量也是随机的。样本统计量所形成的概率分布，即为抽样分布。由于样本是随机变量，事先并不能确定出现哪个结果，因此研究统计量的概率分布是十分必要的。抽样分布反映样本的分布特征，是统计推断的重要依据。在统计推断中，应用最为广泛的抽样分布为：正态分布、χ^2分布、t分布、F分布，常被称为统计四大分布。

6.1.1　抽样的基本概念

抽样的基本概念包括：总体与样本、样本容量与样本个数、总体参数与样本统计量、重复抽样与不重复抽样。

1. 总体与样本

总体是根据一定研究目的确定的所要研究对象的全体，是由客观存在的、具有某种共同性质的大量个别单位构成的整体。组成总体的个别事物称为总体单位，这些个别单位之所以可以构成总体，是因为它们具有某些共同的性质，统计上称为同质性，这是总体的一个重要特点。总体的另一特点是大量性，是由许许多多具有同质性的总体单位构成的。总体所包含的总体单位的个数称为总体的大小，通常用 N 来表示。总体可分为有限总体和无限总体，变量取值是有限的，称为有限总体；变量取值是无限的，称为无限总体。例如，某企业一季度生产的产品数量就是一种有限总体；某城市海滩上沙子数量就是一种无限总体。

样本是按照随机原则从总体中抽取出来以代表总体的部分单位的集合。与总体的唯一、确定不同，样本是不唯一、不确定的，亦是随机可变的，可以有很多个。通常将总体称为母体，将样本称为子样。为了确保子样的客观性与代表性，样本的抽取必须排除主观因素的影响，遵从随机的原则。

2. 样本容量与样本个数

样本容量与样本个数是两个相互联系而又完全不同的概念。样本中所包含的总体单位的个数称为样本容量，一般用 n 表示。在推断统计中，样本容量的大小非常重要。样本容量越大，抽样调查的成本就越高，但抽样调查的误差就越小。反之，样本容量越小，将导致抽样调查的误差越大，甚至失去抽样推断的价值。在众多参考书中，一般将样本容量不少于 30 个的样本称为大样本，不及 30 个的称为小样本。样本大小不同，则抽样推断方法也有所差异。

样本个数亦称为样本可能数目，是指从一个总体中可能抽取到的样本的数目。从一个总体究竟可能抽取多少个样本，与样本容量和抽样方法都有关系。样本个数的计算可以参见下文"重复抽样与不重复抽样"。

3. 总体参数与样本统计量

总体参数是根据总体各单位的标志值或标志属性计算以反映总体数量特征的综合指标，是抽样推断的对象。总体参数的数值是唯一、确定的，但通常是未知的。一个总体可以有多个参数，从不同方面刻画总体的综合数量特征。常见的总体参数有总体平均数、总体方差、总体标准差、总体成数（也成总体比率）等。其中，总体平均数是刻画总体分布的集中趋势，总体方差和标准差是刻画总体分布的离散程度。以 X 表示所研究的总体变量，X_1，X_2，…，X_N 表示总体各单位的变量值，则有：

总体平均数

$$\bar{X} = \frac{\sum\limits_{i=1}^{N} X_i}{N} \tag{6.1}$$

总体方差

$$\sigma^2 = \frac{\sum\limits_{i=1}^{N} (X_i - \bar{X})^2}{N} \tag{6.2}$$

总体标准差

$$\sigma = \sqrt{\frac{\sum\limits_{i=1}^{N} (X_i - \bar{X})^2}{N}} \tag{6.3}$$

总体成数是指总体中具有某种属性的单位数在总体中所占的比例，反映总体的结构特征。设具有某种属性的总体单位数为 N_1，则有：

总体成数

$$P = \frac{N_1}{N} \tag{6.4}$$

总体成数的方差

$$\sigma^2 = P(1-P) \tag{6.5}$$

总体成数的标准差

$$\sigma = \sqrt{P(1-P)} \tag{6.6}$$

样本统计量是根据样本各单位的标志值或标志属性计算而得的综合指标，是样本的一个函数，用以推断总体参数。其计算方法是确定的，但取值会随样本的不同而异，因此样本统计量是一个随机变量。与总体参数相对应，常见的样本统计量有：

样本平均数

$$\bar{x} = \frac{\sum x}{n} \tag{6.7}$$

样本方差

$$s^2 = \frac{\sum (x - \bar{x})^2}{n - 1} \tag{6.8}$$

样本标准差

$$s = \sqrt{\frac{\sum (x - \bar{x})^2}{n - 1}} \tag{6.9}$$

样本成数

$$p = \frac{n_1}{n} \tag{6.10}$$

样本成数标准差

$$s = \sqrt{p(1 - p)} \tag{6.11}$$

4. 重复抽样和不重复抽样

根据抽样方法不同，抽样可分为重复抽样(或称为重置抽样)和不重复抽样(或称为不重置抽样)两种方式。

重复抽样是指从总体 N 个单位中随机抽取一个单位，记录其标志值之后，将其放回总体继续参加下一轮单位的抽取，直到抽够样本容量 n 为止。因此，重复抽样的样本是由 n 次相互独立的连续试验构成的，每次试验是在完全相同的条件下进行的，每个单位在多次试验中被选中的概率是相同的。在重复抽样条件下，样本可能的个数是 N^n。

不重复抽样是指从总体 N 个单位中随机抽取一个单位，记录其标志值之后，不再将其放回总体，不参加下一轮抽样。因此，不重复抽样的样本也由 n 次连续抽取的结果构成，但由于每次抽取不重复，实质上相当于从总体中同时抽取 n 个样本单位。连续 n 次抽选的结果也不是相互独立的，每次抽取的结果都会影响下一次抽取，每个单位在多次试验中被选中的概率是不等的。在不重复抽样条件下，若考虑抽取的顺序，样本的可能个数为 $\dfrac{N!}{(N-n)!}$；若不考虑抽取的顺序，样本的可能个数为 $\dfrac{N!}{(N-n)!\,n!}$。

6.1.2 抽样分布

1. 重复抽样分布

1) 样本平均数分布

设 $x_i(i=1, 2, \cdots, n)$ 是从总体中抽取的一个样本。由于是重复抽样，每个 x_i 都是与总体同分布的随机变量，且相互独立。设总体平均数为 $\bar{X}$，方差为 σ^2，则

$$E(x_i) = \bar{X}, \ \sigma^2(x_i) = \sigma^2 \quad (i = 1, 2, \cdots, n) \tag{6.12}$$

样本平均数的期望值、方差分别为

$$E(\bar{x}) = E\left(\frac{x_1 + x_2 + \cdots + x_n}{n}\right) = \frac{1}{n}\left[E(x_1) + E(x_2) + \cdots + E(x_n)\right] = \bar{X} \tag{6.13}$$

$$\sigma^2(\bar{x})=\sigma^2\left(\frac{x_1+x_2+\cdots+x_n}{n}\right)=\frac{1}{n^2}[\sigma^2(x_1)+\sigma^2(x_2)+\cdots+\sigma^2(x_n)]=\frac{\sigma^2}{n} \quad (6.14)$$

即样本平均数分布的中心与总体分布的中心完全相同，而样本平均数的方差是总体方差的 $\frac{1}{n}$。由于样本平均数能集中分布于总体平均数附近，故而我们可以用样本平均数来估计总体平均数。但由于总体平均数是一个未知常数，而样本平均数是一个随机变量，我们还需要考虑这个随机变量的离散程度。用样本平均数的标准差反映样本平均数与总体平均数的平均误差程度，称之为样本平均数的抽样平均误差，即

$$\mu_{\bar{x}}=\sigma(\bar{x})=\frac{\sigma}{\sqrt{n}} \quad (6.15)$$

抽样平均误差是总体标准差的 $\frac{1}{\sqrt{n}}$，比总体标准差小得多。

【例 6-1】 某电商企业有 300 人，平均工龄为 8 年，标准差为 2 年。以重复抽样方法随机抽取 50 人组成样本，试计算样本平均工龄的抽样平均误差。

解 据题意可知，$\sigma=2$，$n=50$，根据上述公式可得

$$\mu_{\bar{x}}=\sigma(\bar{x})=\frac{\sigma}{\sqrt{n}}=\frac{2}{\sqrt{50}}=0.2828（年）$$

故样本平均工龄的抽样平均误差为 0.2828 年。

2）样本成数分布

总体成数 P 是指具有某种属性的单位在总体中所占的比重，实际上是两点分布的平均数。设总体单位总数为 N，其中具有某种属性的单位数是 N_1。设 X 是服从两点分布的随机变量，即当总体单位有该属性时，X 取值为 1，否则取值为 0，则有

$$P=\frac{N_1}{N}=\bar{X} \quad (6.16)$$

设从总体 X 中随机抽取 n 个样本单位，其中具有某种属性的单位数是 n_1，则样本成数为 $p=\frac{n_1}{n}$，也是一个特殊的平均数。根据样本平均数分布的性质，则有：

$$E(p)=E(\bar{x})=\bar{X}=P \quad (6.17)$$

$$\mu_p=\sigma(p)=\frac{\sigma(X)}{\sqrt{n}}=\frac{\sqrt{P(1-P)}}{\sqrt{n}}=\sqrt{\frac{P(1-P)}{n}} \quad (6.18)$$

【例 6-2】 已知某批汽车零部件共有 10 000 件，其一级品率为 80%，现使用重复抽样方法从中抽取 100 件，试计算样本一级品率的抽样平均误差。

解 据题意可知，$P=0.8$，$n=100$，根据上述公式可得

$$\mu_p=\sigma(p)=\sqrt{\frac{P(1-P)}{n}}=\sqrt{\frac{0.8\times0.2}{100}}=4\%$$

故样本一级品率的抽样平均误差为 4%。

2. 不重复抽样分布

1）样本平均数分布

在不重复抽样条件下，样本平均数分布的中心还是总体的中心，即式(6.13)仍成立。

不重复抽样的平均误差为

$$\mu_{\bar{x}} = \sqrt{\frac{\sigma^2}{n} \cdot \frac{N-n}{N-1}} \qquad (6.19)$$

相比于式(6.15)，不重复抽样的平均误差多了一个系数 $\sqrt{\frac{N-n}{N-1}}$，称为不重复抽样的

修正因子。在 N 很大的情况下，修正因子 $\sqrt{\frac{N-n}{N-1}} \approx \sqrt{1-\frac{n}{N}}$。由于修正因子的取值在 0 与

1 之间，因此不重复抽样的平均误差要比重复抽样条件下小。不过，当 N 远大于 n 时，修正因子近似于 1，这时修正因子对平均误差几乎没有影响，可以忽略抽样方式所带来的差异，即按重复抽样方式来处理。

【例 6-3】 在例 6-1 中，以不重复抽样方法随机抽取 50 人组成样本，试计算样本平均工龄的抽样平均误差。

解 据题意可知，$N=300$，$\sigma=2$，$n=50$，根据上述公式可得

$$\mu_{\bar{x}} = \sigma(\bar{x}) = \sqrt{\frac{\sigma^2}{n}\left(1-\frac{n}{N}\right)} = \sqrt{\frac{2^2}{50}\left(1-\frac{50}{300}\right)} = 0.2582 \text{（年）}$$

故样本平均工龄的抽样平均误差为 0.2582 年。

2）样本成数分布

由于样本成数是两点分布下的平均数，所以在不重复抽样条件下有：

$$E(p) = P \qquad (6.20)$$

$$\mu_p = \sigma(p) = \sqrt{\frac{P(1-P)}{n} \cdot \left(1-\frac{n}{N}\right)} \qquad (6.21)$$

【例 6-4】 在例 6-2 中，以不重复抽样方法从中抽取 100 件，试计算样本一级品率的抽样平均误差。

解 据题意可知，$N=10\,000$，$P=0.8$，$n=100$，根据上述公式可得

$$\mu_p = \sigma(p) = \sqrt{\frac{P(1-P)}{n}\left(1-\frac{n}{N}\right)} = \sqrt{\frac{0.8 \times 0.2}{100}\left(1-\frac{10}{10\,000}\right)} = 3.98\%$$

故样本一级品率的抽样平均误差为 3.98%。

6.2 点估计及评价标准

参数估计就是以样本统计量来估计总体参数，例如，用样本平均数估计总体平均数，用样本成数估计总体成数，等等。在参数估计中，用来估计总体参数 θ 的样本统计量 $\hat{\theta}$，称为估计量。例如，样本平均数、样本成数、样本方差等。用来估计总体参数时计算出来的估计量的具体数值，称为估计值。例如，要估计一个班级考试的平均分数，现从中抽取一个随机样本，经过计算得到样本平均分数为 80 分，那么这个 80 分就是估计值。参数估计的方法有点估计和区间估计。

6.2.1 点估计

点估计就是直接以样本统计量作为总体参数的估计量，又称为定值估计。例如，以样本平均数、样本成数、样本方差作为相应总体参数的估计量，即：

$$\hat{\bar{X}} = \bar{x}$$

$$\hat{P} = p$$

(6.22)

$$\hat{\sigma}^2 = s^2 = \frac{\sum (x - \bar{x})^2}{n - 1}$$

【例 6 - 5】 设某种型号电子元器件寿命 X：$N(\bar{X}, 120)$，其中 $\bar{X}$ 是未知的，现随机抽取 4 只灯泡，测得寿命（以小时（h）计）为 1505，1452，1364，1651，试估计该种型号电子元器件的平均寿命 $\bar{X}$。

解 因为 $\bar{X}$ 是某种型号电子元器件的平均寿命，$\bar{x}$ 为样本平均寿命，所以根据平均数点估计公式可得

$$\hat{\bar{X}} = \bar{x} = \frac{1}{4}(1505 + 1452 + 1364 + 1651) = 1493 \ (h)$$

故 $\bar{X}$ 的估计值为 1493 h。

众所周知，点估计能够提供总体参数的具体估计值，作为行动决策的数量依据，这是点估计的优点。然而，点估计亦有不足之处，它不能提供估计量的误差信息。因此，作为估计量的选择标准，我们有必要研究点估计的优良性。

6.2.2 估计量的评价标准

1. 无偏性

设 $\hat{\theta}$ 是估计总体参数 θ 的样本统计量，若 $\hat{\theta}$ 满足下列条件：

$$E(\hat{\theta}) = \theta$$

(6.23)

则称 $\hat{\theta}$ 是 θ 的无偏估计。可以用绝对距离 $|E(\hat{\theta}) - \theta|$ 表示估计量的准确度，当 $|E(\hat{\theta}) - \theta| = 0$ 时，$\hat{\theta}$ 是 θ 的一个完全准确、无偏的估计量。无偏性要求，构造的统计量 $\hat{\theta}$ 不存在系统误差。虽然每个可能样本的估计值不一定恰好等于未知总体参数，但如果多次抽样，应该要求各个估计值的平均数等于总体参数，即从平均意义而言，这种估计是没有偏差的。

事实上，由于 $E(\bar{x}) = \bar{X}$，所以样本平均数是总体平均数的一个无偏估计。类似地，样本成数亦是总体成数的一个无偏估计。

2. 有效性

设 $\hat{\theta}_1$、$\hat{\theta}_2$ 均为总体参数 θ 的无偏估计，若

$$\sigma^2(\hat{\theta}_1) < \sigma^2(\hat{\theta}_2)$$

(6.24)

则估计量 $\hat{\theta}_1$ 比 $\hat{\theta}_2$ 更有效。若 $\hat{\theta}_1$ 在所有无偏估计量中方差最小，则称之为最小方差无偏估计量。实际上，无偏估计量的方差越小，根据这个估计量所给出的估计值接近于总体参数的机会越大。

3. 一致性

设 $\hat{\theta}$ 是估计总体参数 θ 的样本统计量，ε 为一任意小正数，若

$$\lim_{n\to\infty} P\{|\hat{\theta}-\theta|<\varepsilon\}=1 \tag{6.25}$$

则称 $\hat{\theta}$ 是 θ 的一致估计。若估计量 $\hat{\theta}$ 满足一致性，则当样本容量 n 不断增大时，$\hat{\theta}$ 是能够越来越接近于 θ。可以理解为：随着样本容量 n 的增大，样本所包含的信息量也越来越多，得到的估计也就越来越准确。

在实际问题中，我们不一定总能找到完全符合上述三条标准的估计量，但总是希望所采用的估计量尽可能地接近这些标准。同时满足上述三条标准的估计量称为一致最小方差无偏估计量。可以证明，样本平均数和样本成数分别是总体平均数和总体成数的一致最小方差无偏估计量。

6.3　区间估计

区间估计是指在一定置信水平下用样本统计量估计总体参数区间范围的方法。设 $\hat{\theta}_1$ 和 $\hat{\theta}_2$ 是总体参数 θ 的两个估计量 $(\hat{\theta}_1<\hat{\theta}_2)$，对于给定的 $\alpha(0<\alpha<1)$，有

$$P(\hat{\theta}_1\leqslant\theta\leqslant\hat{\theta}_2)=1-\alpha \tag{6.26}$$

则称 $(\hat{\theta}_1,\hat{\theta}_2)$ 为 θ 的置信区间，其中 α 为显著性水平，通常取 1％、5％和 10％。$1-\alpha$ 为置信度，亦称为置信水平或置信概率，反映了区间估计的可靠程度。假如 $1-\alpha=95\%$，则可以理解为：在进行 100 次抽样过程中，可以得到 100 个置信区间，其中有 95 个区间包含总体参数 θ 的真实值。

实际上，置信区间越小，说明估计的精确性越高；置信度越大，说明估计的可靠性越大。一般而言，在样本容量一定的前提下，精确度与置信度往往是相互矛盾的，即若置信度增加，则区间必然增大，降低了精确度；若精确度提高，则区间缩小，置信度必然减小。要同时提高估计的置信度和精确度，就要增加样本容量。

下面讨论总体均值和总体成数的区间估计问题。

6.3.1　总体均值的区间估计

1. 方差已知时总体均值的区间估计

若总体服从正态分布，则样本均值 $\bar{x}\sim N(\bar{X},\mu_{\bar{x}}^2)$；若总体不服从正态分布，但当样本容量 n 足够大时，则 $\bar{x}\sim N(\bar{X},\mu_{\bar{x}}^2)$。进一步可得

$$z=\frac{\bar{x}-\bar{X}}{\mu_{\bar{x}}}\sim N(0,1) \tag{6.27}$$

给定显著性水平 α，查标准正态分布表可得到临界值 $z_{\frac{\alpha}{2}}$，且满足

$$P(-z_{\frac{\alpha}{2}}\leqslant z\leqslant z_{\frac{\alpha}{2}})=1-\alpha \tag{6.28}$$

则在置信水平 $1-\alpha$ 下总体均值的区间估计为

$$\bar{x} \pm z_{\frac{\alpha}{2}} \mu_{\bar{x}} \tag{6.29}$$

反过来，设总体均值的抽样允许误差为 Δ，即 $|\bar{x}-\bar{X}| \leqslant \Delta$，且区间估计 $\bar{x}-\Delta \leqslant \bar{X} \leqslant$ $\bar{x}+\Delta$ 的置信水平为 $1-\alpha$，则有

$$P(\bar{x}-\Delta \leqslant \bar{X} \leqslant \bar{x}+\Delta) = P(|\bar{x}-\bar{X}| \leqslant \Delta) = P\left(\left|\frac{\bar{x}-\bar{X}}{\mu_{\bar{x}}}\right| \leqslant \frac{\Delta}{\mu_{\bar{x}}}\right) = P\left(|z| \leqslant \frac{\Delta}{\mu_{\bar{x}}}\right) = 1-\alpha \tag{6.30}$$

临界值 $z_{\frac{\alpha}{2}}$ 与置信水平 $1-\alpha$ 一一对应。给定一个置信水平 $1-\alpha$，可以通过查标准正态分布表确定临界值 $z_{\frac{\alpha}{2}}$。若置信水平提高，即区间估计的可靠程度增大，则 α 就要减小，即临界值 $z_{\frac{\alpha}{2}}$ 增大。反之，若置信水平减小，则临界值也要减小。临界值 $z_{\frac{\alpha}{2}}$ 称为概率度，用符号 z 表示，以间接地衡量区间估计的概率大小。

易见，抽样允许误差 Δ、抽样平均误差 $\mu_{\bar{x}}$ 和概率度 z 三者存在如下关系：

$$z = \frac{\Delta}{\mu_{\bar{x}}}, \ \Delta = z \cdot \mu_{\bar{x}} \tag{6.31}$$

给定置信水平 $1-\alpha$，在重复抽样条件下总体均值的置信区间为

$$\bar{x} \pm z_{\frac{\alpha}{2}} \frac{\sigma}{\sqrt{n}} \tag{6.32}$$

在不重复抽样条件下总体均值的置信区间为

$$\bar{x} \pm z_{\frac{\alpha}{2}} \frac{\sigma}{\sqrt{n}} \sqrt{1-\frac{n}{N}} \tag{6.33}$$

【例 6-6】 某种型号轴承直径 $X \sim N(\bar{X}, 0.05^2)$。采用重复抽样方式从中随机抽取 6 个轴承，测得直径分别为 $14.8, 15.3, 15.1, 15, 14.7, 15.1$（cm）。试以 95% 的置信水平估计该批轴承直径的均值。

解 由于总体 $X \sim N(\bar{X}, 0.05^2)$，则样本平均数 $\bar{x} \sim N\left(\bar{X}, \frac{0.05^2}{6}\right)$。

首先，计算样本平均数：

$$\bar{x} = \frac{\sum x}{n} = \frac{14.8+15.3+15.1+15.14.7+15.1}{6} = 15 \ (\text{cm})$$

其次，根据 $F(z) = 1-\alpha = 95\%$，可得 $z = 1.96$；

再次，计算可得抽样允许误差为

$$\Delta_{\bar{x}} = z\mu_{\bar{x}} = 1.96 \times 0.02 = 0.04 \ (\text{cm})$$

最后，置信区间可以表示为

$$\bar{x} \pm \Delta = 15 \pm 0.04 \ (\text{cm})$$

故在 95% 的置信水平下，该批轴承直径均值的置信区间为 $(14.96, 15.04)$。

2. 方差未知时总体均值的区间估计

若总体服从正态分布但总体方差未知，则可用样本标准差 s 代替总体标准差 σ 构造统计量，即得

$$t=\frac{\bar{x}-\bar{X}}{s/\sqrt{n}}\sim t(n-1) \tag{6.34}$$

给定置信水平 $1-\alpha$，在重复抽样条件下总体均值的置信区间为

$$\bar{x}\pm t_{\alpha/2,\,n-1}\frac{s}{\sqrt{n}} \tag{6.35}$$

类似地，在不重复抽样条件下总体均值的置信区间为

$$\bar{x}\pm t_{\alpha/2,\,n-1}\frac{s}{\sqrt{n}}\sqrt{1-\frac{n}{N}} \tag{6.36}$$

查 t 分布表可得到临界值 $t_{\alpha/2,\,n-1}$。在大样本情况下，t 分布近似于标准正态分布。所以，此时也可以用标准正态分布临界值 $z_{\frac{\alpha}{2}}$ 代替 $t_{\alpha/2,\,n-1}$。

【例 6-7】 已知某工厂生产工艺品的工人有 10 000 人，工人产量 X 服从正态分布。现采用不重复抽样方式从中随机抽取 1000 人调查当日产量，得知人均样本产量为 32 件，样本标准差为 4.5 件。试以 95.45% 的置信水平估计全部工人的平均日产量。

解 由题意可知，$\bar{x}=32$（件），$s=4.5$（件）。因为总体服从正态分布且方差未知，所以可用样本标准差 s 代替总体标准差 σ 进行区间估计。

首先，计算抽样平均误差：

$$\mu_{\bar{x}}=\sigma(\bar{x})=\frac{s}{\sqrt{n}}\sqrt{1-\frac{n}{N}}=\frac{4.5}{\sqrt{1000}}\sqrt{1-\frac{1000}{10\,000}}=0.135\text{（件）}$$

其次，根据 $F(z)=1-\alpha=95.45\%$，可得 $z=2$；

再次，计算可得抽样允许误差为

$$\Delta_{\bar{x}}=z\mu_{\bar{x}}=2\times0.43=0.27\text{（件）}$$

最后，置信区间可以表示为

$$\bar{x}\pm\Delta=32\pm0.27\text{（件）}$$

故在 95.45% 的置信水平下，该工厂全部工人平均日产量的置信区间为（31.73，32.27）。

6.3.2 总体成数的区间估计

设总体成数为 P，样本成数为 p。当样本容量 n 足够大时，$p\sim N(P,\mu_p^2)$，进一步则有

$$z=\frac{p-P}{\mu_p}\overset{d}{\sim}N(0,1) \tag{6.37}$$

给定置信水平 $1-\alpha$，总体成数的置信区间为

$$p\pm z_{\frac{\alpha}{2}}\mu_p \tag{6.38}$$

其中，样本成数的抽样平均误差 μ_p 在重复抽样条件下为

$$\mu_p=\sqrt{\frac{P(1-P)}{n}} \tag{6.39}$$

在不重复抽样条件下为

$$\mu_p=\sqrt{\frac{P(1-P)}{n}}\sqrt{1-\frac{n}{N}} \tag{6.40}$$

由于总体成数 P 未知，为计算可行性起见，式(6.39)和式(6.40)中的 P 可以用样本成

数 p 来代替。

【例 6 - 8】　在一项新广告活动的跟踪调查中，以重复抽样方式随机抽取 800 人，其中有 480 人能记起广告词。试以 95% 的置信水平估计能记起广告词的人占总体比率的置信区间。

解　由于 $n=800$（人），$n_1=480$（人），则样本成数和抽样平均误差分别为

$$p=\frac{n_1}{n}=\frac{480}{800}=60\%,\ \mu_p=\sigma(p)=\sqrt{\frac{p(1-p)}{n}}=\sqrt{\frac{0.6\times0.4}{800}}=0.0173$$

其次，根据 $F(z)=1-\alpha=95\%$，可得 $z=1.96$；

再次，计算可得抽样允许误差为

$$\Delta_p=z\mu_p=1.96\times0.0173=3.39\%$$

最后，置信区间可以表示为

$$p\pm\Delta_p=60\%\pm3.39\%$$

故在 95% 的置信水平下，能记起广告词的人占总体比率的置信区间为（56.61%，63.39%）。

6.3.3　总体方差的区间估计

设正态总体方差为 σ^2，样本方差为 s^2，则有

$$\frac{(n-1)s^2}{\sigma^2}\sim\chi^2_{n-1} \tag{6.41}$$

给定置信水平 $1-\alpha$，设 χ^2 分布的上分位点分别为 $\chi^2_{\alpha/2}(n-1)$ 和 $\chi^2_{1-\alpha/2}(n-1)$，则总体方差 σ^2 的一个置信水平为 $1-\alpha$ 的置信区间为

$$\left(\frac{(n-1)s^2}{\chi^2_{\alpha/2}(n-1)},\ \frac{(n-1)s^2}{\chi^2_{1-\alpha/2}(n-1)}\right) \tag{6.42}$$

【例 6 - 9】　为了估计一件物体质量的方差，将其称了 10 次，得到质量（单位：千克）如下：

$$10.1,\ 10,\ 9.8,\ 10.5,\ 9.7,\ 10.1,\ 9.9,\ 10.2,\ 10.3,\ 9.9$$

假设所称出的物体质量都服从正态分布，试求物体质量方差 σ^2 的置信水平为 95% 的置信区间。

解　由题意可知，$\chi^2_{\alpha/2}(n-1)=\chi^2_{0.025}(9)=19.023$，$\chi^2_{1-\alpha/2}(n-1)=\chi^2_{0.975}(9)=2.7$，$s^2=0.0583$，$n-1=9$。将上述计算结果代入式（6.42），可得 σ^2 的置信水平为 95% 的置信区间为（0.028，0.194）。

6.4　样本容量的确定

在实际抽样调查中，样本容量的选取显得尤为重要。因为样本容量过大，必然会增加人力、财力、物力等方面的支出，造成不必要的浪费。而样本容量过少，又会导致抽样误差增大，达不到抽样所要求的准确程度。所以，我们有必要研究样本容量的影响因素问题。

易见，抽样允许误差、概率度、抽样平均误差三者之间存在以下关系：

$$\Delta = z\mu \tag{6.43}$$

抽样平均误差 μ 保持不变时，抽样允许误差 Δ 增大，概率度 z 也要增大；反之亦然。因此，在 μ 不变的情况下，抽样估计的精度与可靠性之间存在不可调和的矛盾。要提高精度需以牺牲可靠度为代价，要提高可靠度又要以牺牲估计精度为代价。但是，一旦降低抽样平均误差 μ(比如通过增加样本容量 n 来实现)，就可同时提高估计的精度与可靠度，所以式(6.43)进一步从数学角度论证了样本容量确定的重要性。

6.4.1　估计总体均值时样本容量的确定

在总体方差已知、重复抽样的条件下，有

$$\Delta = z_{\frac{\alpha}{2}} \frac{\sigma}{\sqrt{n_0}} \tag{6.44}$$

给定抽样允许误差和概率度，至少应抽取的样本容量为

$$n_0 = \frac{z_{\frac{\alpha}{2}}^2 \sigma^2}{\Delta^2} \tag{6.45}$$

在总体方差已知、不重复抽样的条件下，有

$$\Delta = z_{\frac{\alpha}{2}} \frac{\sigma}{\sqrt{n_1}} \sqrt{1 - \frac{n_1}{N}} \tag{6.46}$$

给定抽样允许误差、概率度，至少应抽取的样本容量为

$$n_1 = \frac{N z_{\frac{\alpha}{2}}^2 \sigma^2}{N\Delta^2 + z_{\frac{\alpha}{2}}^2 \sigma^2} \tag{6.47}$$

上式分子、分母同时除以 $N\Delta^2$，则可以得到

$$n_1 = \frac{\dfrac{z_{\frac{\alpha}{2}}^2 \sigma^2}{\Delta^2}}{1 + \dfrac{z_{\frac{\alpha}{2}}^2 \sigma^2}{N\Delta^2}} = \frac{n_0}{1 + \dfrac{n_0}{N}} \tag{6.48}$$

由此可见，不重复抽样的样本容量可以通过计算重复抽样的样本容量得到。在其他条件不变的情况下，不重复抽样的样本容量要小于重复抽样的样本容量。

6.4.2　估计总体成数时样本容量的确定

类似地，在重复抽样的条件下，应抽取的样本容量为

$$n_0 = \frac{z_{\frac{\alpha}{2}}^2 P(1-P)}{\Delta_p^2} \tag{6.49}$$

在不重复抽样的条件下，应抽取的样本容量为

$$n_1 = \frac{N z_{\frac{\alpha}{2}}^2 P(1-P)}{N\Delta_p^2 + z_{\frac{\alpha}{2}}^2 P(1-P)} = \frac{n_0}{1 + \dfrac{n_0}{N}} \tag{6.50}$$

使用上述公式确定样本容量时，应注意下列事项：

首先，由于所计算的结果是满足给定的精度和可靠度需要的最小样本容量，因此其计算结果应向上进位，而不能采用四舍五入法。实际中，通常抽取更多单位以满足需要。

其次，由于总体方差和总体成数通常是未知的，可采用试抽样的方差和成数代替，亦可采用历史同类调查的方差与成数数据代替。若有多个方差数据，应取其最大者；而对于成数，若完全缺乏资料，可取最保守数值，即取成数方差的最大值 0.25 代替。

最后，当所研究问题中涉及多个变量，而各个变量对精度和可靠度的需求往往不同，故所需必要样本容量亦不同，此时应取其中最大的样本容量值以满足所有变量的要求。

【例 6-10】 某食品厂要检验本月生产的 1000 袋产品的质量。根据上月资料，这种产品每袋质量的标准差为 25 g。要求在 95.45% 的置信水平下，平均每袋质量的误差范围不超过 5 g，试求至少应抽取多少袋产品？

解 据题意可知，$N=1000$，$\sigma=25$，$\Delta=5$。由于 $F(z)=1-\alpha=95.45\%$，所以 $z=2$。

若采用重复抽样，则至少应抽取的样本容量为

$$n_0=\frac{z^2\sigma^2}{\Delta^2}=\frac{2^2\times25^2}{5^2}=100（袋）$$

若采用不重复抽样，则至少应抽取的样本容量为

$$n_1=\frac{n_0}{1+\dfrac{n_0}{N}}=\frac{100}{1+\dfrac{100}{1000}}=90.9=91（袋）$$

【例 6-11】 某企业对一批产品进行质量检验。这批产品的总数为 5000 件，过去几次同类调查所得产品合格率为 93%，95%，96%，为使合格率允许误差不超过 3%，试求在 99.73% 的置信水平下应抽取多少件产品？

解 据题意可知，$N=5000$，$\Delta_p=3\%$。取最大方差值，即取 $P=93\%$。由于 $F(z)=1-\alpha=99.73\%$，所以 $z=3$。

若采用重复抽样，则至少应抽取的样本容量为

$$n_0=\frac{z^2P(1-P)}{\Delta_p^2}=\frac{3^2\times93\%(1-93\%)}{0.03^2}=651（件）$$

若采用不重复抽样，则至少应抽取的样本容量为

$$n_1=\frac{n_0}{1+\dfrac{n_0}{N}}=\frac{651}{1+\dfrac{651}{5000}}=576.004=577（件）$$

【例 6-12】 对某型号电池进行电流强度检验。根据以往正常生产的经验数据可知，电流强度的标准差 $\sigma=0.4$ A，合格率 $P=90\%$。采用重复抽样方法，要求在 99.73% 的置信水平下，抽样平均电流的误差范围不超过 0.08 A，抽样合格率误差范围不超过 5%，试求必要的样本容量。

解 据题意可知，$\sigma=0.4$，$P=90\%$，$\Delta=0.08$，$\Delta_p=5\%$。由于 $F(z)=1-\alpha=99.73\%$，所以 $z=3$。

抽样平均电流的必要样本容量为

$$n_{01}=\frac{z^2\sigma^2}{\Delta^2}=\frac{3^2\times0.4^2}{0.08^2}=225（个）$$

抽样合格率的必要样本容量为

$$n_{02}=\frac{z^2P(1-P)}{\Delta_p^2}=\frac{3^2\times90\%(1-90\%)}{0.05^2}=324（个）$$

取以上计算结果中数值较大者，即 $n_0=324$。所以，应抽取 324 个电池作样本。

本 章 小 结

本章首先介绍了总体与样本、样本容量与样本个数、总体参数与样本统计量、重复抽样与不重复抽样等抽样分布概念，进而讨论了样本平均数和样本成数的抽样分布。其次，给出了点估计方法及其评价标准，包括无偏性、有效性、一致性等。再次，针对方差已知和方差未知的情况，探讨了总体均值和总体成数的区间估计问题。最后，在估计总体均值和总体成数时，分别给出了样本容量的计算公式。

通过本章的学习，首先要理解抽样分布中总体与样本等基本概念，在此基础上，掌握样本平均数和样本成数的抽样平均误差计算公式。其次，掌握总体参数的点估计和区间估计方法，并比较这两种方法各自的优势与劣势。最后，在估计总体均值和总体成数时，分别掌握重复抽样和不重复抽样条件下样本容量的计算公式，并比较其差异之处。

思 考 与 练 习

1. 什么是抽样分布？
2. 什么是抽样平均误差，它与抽样允许误差的区别是什么？
3. 什么是点估计，并说明点估计的优点与不足。
4. 什么是区间估计？
5. 评价估计量优良的标准有哪些？
6. 什么是置信水平和置信区间？它们的意义是什么？
7. 影响样本容量的因素有哪些？
8. 已知一个服从标准差为 5 的正态总体，现采用重复抽样从中抽取一个容量为 50 的样本，样本均值为 20，试求：
   (1) 抽样平均误差 $\sigma(\bar{x})$；
   (2) 在 95% 的置信区间水平下，抽样允许误差是多少？
9. 某公司有职工 1000 人，已知平均每个职工的年纯收入为 30 000 元，标准差为 2000 元。现采用不重复抽样方法随机抽取职工 160 人，试求：
   (1) 平均每个职工年纯收入的抽样标准误差；
   (2) 置信水平为 95.45% 的平均每个职工年纯收入的置信区间。
10. 某电子器件使用寿命在 300 h 以下为不合格品。现从 1000 个电子器件中随机抽取 50 个对其寿命进行调查。调查结果如表 6.1 所示。

表 6.1　50 个电子器件使用寿命

使用寿命/h	产品个数/个
300 以下	3
300～400	9
400～500	30
500 以上	8
合计	50

试求：

（1）分别按重复抽样和不重复抽样计算该产品平均寿命的抽样平均误差；

（2）分别按重复抽样和不重复抽样计算该产品合格率的抽样平均误差；

（3）根据重复抽样计算的抽样平均误差，以 95％的置信水平对该产品平均使用寿命和合格率进行区间估计。

11．为了解某小区居民的用电情况，随机抽样调查了 150 户居民，结果测得月平均用电量为 100 度，标准差为 20 度。试求该小区居民月平均用电量的置信水平为 95.45％的置信区间。

12．现从一批清漆中随机抽取 10 个样品，测得其干燥时间（单位：h）分别为 6.0，5.7，5.8，6.5，7.0，6.3，5.6，6.1，5.0，5.5。设清漆干燥时间服从正态分布，求总体均值 μ 的置信水平为 90％的置信区间：

（1）已知 $\sigma=0.6$(h)；

（2）若 σ 未知。

13．某家电公司欲了解该公司旗下某品牌电视机的使用情况，随机抽取了 300 户家庭，调查发现拥有该品牌电视机的家庭占 30％。试求在置信水平分别为 90％和 95％时，总体比例的置信区间。

14．某厂生产的零件质量服从正态分布，现从该厂生产的零件中抽取 9 个，测得其质量（单位：g）为 45.3，45.4，45.1，45.3，45.5，45.7，45.4，45.3，45.6。试求总体标准差 σ 的 0.95 置信区间。

15．某公司有职员 600 人，该公司想要实施一项新的政策，想了解职员是否赞成。采用重复抽样的方式抽取了 60 人，其中有 38 人赞成，22 人反对。试求：

（1）在置信水平为 95％时总体中赞成该项改革的人数比例的置信区间；

（2）如果公司预计赞成的比例能达到 80％，应抽取多少人进行调查？

16．从某公司生产的一批电子管中随机抽取 100 只，检验结果是 100 只电子管的平均使用寿命为 1200 h，标准差为 10 h。试求：

（1）在置信水平 95.45％下估计该批电子管的平均使用寿命；

（2）假定其他条件不变，如果将抽样允许误差减少为原来的一半，应抽取多少电子管进行检查？

17．某学校初一年级进行一次数学考试，为了解学生的考试情况，随机抽取部分学生进行调查，所得资料如表 6.2 所示。

表 6.2 某学校初一年级考试成绩

考试成绩/分	60 以下	60～70	70～80	80～90	90～100
学生人数	5	10	20	18	3

试求以 95％置信水平估计该校初一年级的数学平均成绩的范围及成绩在 80 分以上的学生所占的比例。

18．已知某厂生产的产品合格率为 95％，为保证抽样允许误差不超过 0.05，在置信水平为 95％时，应抽取多少产品进行检验？

19. 假定总体为 2000 个单位，被研究标志的方差不小于 250，抽样允许误差不超过 10。在置信水平为 99％时，试求：

(1) 采用重复抽样方式需要多少单位？

(2) 要求抽样允许误差减少 50％，需要多少单位？

20. 现对某食品厂的产品质量进行抽检，要求抽样允许误差不超过 0.5％，置信水平为 95.45％。已知过去进行的几次同样调查的不合格率分别为 0.5％，0.75％，0.8％，问此次抽样调查应抽取多少单位的产品？

21. 现调查一批电脑配件的合格率，根据过去调查资料可知，合格率分别有 95％、96％、98％三种情况。现要求抽样允许误差不超过 1％，置信水平为 95％，则需要抽取多少个配件？

拓展阅读

第 7 章 假 设 检 验

假设检验作为统计推断的重要内容，是利用样本的实际资料计算统计量的取值，并以此检验事先对总体某些数量特征所作的假设是否可信，从而为决策取舍依据的一种统计方法。具体而言，首先对总体的分布或其参数作出假设，再根据样本数据，利用小概率原理，判断假设的正确性。本章将详细介绍假设检验的过程与方法。

7.1 假设检验的基本问题

7.1.1 假设检验的概念

假设检验首先得有假设问题，即关于总体的某种猜测或判断。下面通过两个具体例子，说明如何提出假设检验问题。

【例 7-1】 某省 2010 年全省新生儿平均体重为 4.2 千克。2013 年随机抽取了 100 名新生儿，测得平均体重为 3.5 千克，我们是否可以认为该省 2013 年新生儿体重较 2010 年有所下降呢？

【例 7-2】 消费者协会接到消费者投诉称某品牌瓶装饮料存在容量不足的问题，于是从市场上随机抽取 60 盒该品牌瓶装饮料，测试发现平均含量为 490 毫升，小于包装上标明的 500 毫升，据此是否可判断厂商存在欺骗消费者的行为呢？

在实际问题中，大量现象类似于例 7-1 和例 7-2。例如，新产品是否较旧产品更耐用，新方法是否比原方法更节省，一组结果与另一组结果是否存在显著差异，等等。而假设检验方法能够很好地解决这类问题。比如说，在例 7-1 中，我们可以做出假设：2013 年新生儿总体的平均体重为 4.2 千克。但是，不能假设 2013 年新生儿平均体重为 3.5 千克，因为 3.5 千克是样本新生儿平均体重，不是总体。类似地，在例 7-2 中，我们可以提出假设：总体的平均容量为包装上标注的 500 毫升。设立了假设之后，运用统计推断的方法对假设的真伪进行检验并进而做出决策，即如果假设为真，就接受它，如果为伪就拒绝它。

众所周知，从逻辑上而言，肯定一件事物很难，而否定一件事物却相对容易。同样地，接受一个假设要比拒绝一个假设困难得多。因此，假设检验是一种利用小概率原理、以否定假设为目标的统计推断方法，而否定的依据就来自于随机样本所提供的信息。例如，在例 7-1 中，我们要肯定 2013 年新生儿总体的平均体重为 4.2 千克的假设，十分困难，但根据样本信息否定这个假设却容易很多。在例 7-2 中亦是如此。然而，否定假设的依据是否充分，证据是否足够，达到什么样的程度才能否定对总体的假设呢？这与假设检验的基本原理——小概率事件原理有关。

所谓小概率事件原理是指小概率事件在一次试验中实际上是不可能发生的。如果小概率事件发生了，人们又该怎么思考和怎么决策呢？例如，有个厂商声称其产品合格率很高，达到 99％，那么从一批产品（如 100 件）中随机抽取 1 件，这 1 件恰好是次品的概率为 1％，是个小概率事件。如果这个小概率事件发生了，我们就有理由否定该厂商的宣称，做出该厂商的宣称是假的这样一个判断。类似地，在例 7-2 中，事先假设某品牌瓶装饮料的平均容量如包装上标注的 500 毫升，再随机抽取若干件，若小概率事件发生，我们就可以否定总体平均容量为 500 毫升的假设。也就是说，当小概率事件发生时，否定事先作出的假设。

假设检验在逻辑思维方法上运用"反证法"，而在统计上依据的是小概率事件原理。当然，这种方法也可能会犯错误。比如说，100 件产品中有 1 件是次品，则会有 1％的概率被抽到，所以犯错误的概率就是 1％，这意味着我们在冒 1％的风险作出厂商宣称是假的这个推断。因此，在这个例子中，小概率的标准为 1％。在实际问题中，常见的小概率标准有 1％、5％、10％等，称之为显著性水平，用 α 来表示。

7.1.2　假设检验的步骤

1. 建立假设

假设包括两个部分：原假设与备择假设。针对某个假设检验问题，研究者希望收集证据予以否定的假设，称为原假设，又称为零假设，通常用 H_0 表示。备择假设与原假设对立，是在原假设被否定时另一种可能成立的结论，是研究者希望收集证据予以支持的假设，又称为研究假设，通常用 H_1 表示。

若备择假设没有特定的方向性，并含有符号"$\neq$"，这样的假设检验称为双侧检验，又称双尾检验、双边检验。若备择假设具有特定的方向性，并含有符号"$>$"或"$<$"，这样的假设检验称为单侧检验，又称单尾检验、单边检验。备择假设的方向为"$<$"的，称为左单侧检验。备择假设的方向为"$>$"，称为右单侧检验。

假设检验究竟是使用双侧检验还是单侧检验，单侧检验时是使用左单侧还是右单侧检验，取决于备择假设的性质。

例如，在例 7-1 中，$H_0 : \bar{X} = 4.2$，可能的 H_1 有三种：

（1）若调查人员希望知道的是，该省新生儿的平均体重是否为 2010 年的 4.2 千克，则可将备择假设确定为：$H_0 : \bar{X} \neq 4.2$，这是一个双侧检验。

（2）若调查人员希望知道的是，该省新生儿的平均体重是否少于 2010 年的 4.2 千克，则可将备择假设确定为：$H_0 : \bar{X} < 4.2$，这是一个左单侧检验。

（3）若调查人员希望知道的是，该省新生儿的平均体重是否大于 2010 年的 4.2 千克，则可将备择假设确定为：$H_0 : \bar{X} > 4.2$，这是一个右单侧检验。

2. 确定检验统计量

在建立原假设和备择假设之后，我们需要对样本信息进行压缩和提炼，形成某个统计量，以决定是"接受原假设，拒绝备择假设"还是"拒绝原假设，接受备择假设"。那么对于所构造的统计量，我们称之为检验统计量。在具体的问题中，选择什么统计量作为检验统计量，需要考虑的因素与参数估计中基本相同。比如，样本是大样本还是小样本，总体是否服从正态分布，总体方差是否已知，等等。在不同的情况下应选择不同的检验统计量。

3. 确定显著性水平 α

检验统计量确定之后，我们需要利用该统计量的分布以及由实际问题所确定的显著性水平，来进一步确定检验统计量接受或拒绝原假设的取值范围。其中，显著性水平指的是原假设为真时拒绝原假设的概率，即拒绝原假设所冒的风险，一般用 $\alpha(0<\alpha<1)$ 表示。一旦显著性水平 α 给定，则原假设的接受域与拒绝域的临界值唯一确定。对于同样的显著性水平 α，选择不同的检验统计量，得到的临界值是不同的；对于同样的显著性水平 α 和同样的检验统计量，双侧检验和单侧检验的临界值亦是不同的。

4. 计算检验统计量的值并做出统计决策

在显著性水平 α 给定的条件下，检验统计量的取值范围按概率大小可分为两部分：小概率区域与大概率区域。小概率区域是概率不超过 α 的区域，是原假设的拒绝区域；大概率区域是概率为 $1-\alpha$ 的区域，是原假设的接受区域，这两个区域的交界点即临界值。例如，取 $\alpha=0.05$，则意味着 H_0 为真时，检验统计量落在拒绝区域内的概率只有 5%，而落入接受区域内的概率为 95%。若检验统计量的值落入拒绝区域，则拒绝原假设，接受备择假设，故认为样本数据支持备择假设的结论；若检验统计量的值落入接受区域，则接受原假设，认为没有充分证据表明备择假设为真。

众所周知，拒绝区域是小概率区域，按小概率原理应该拒绝原假设，但小概率事件毕竟不是零概率事件，还是有可能发生的。而接受区域是大概率区域，但大概率事件也毕竟不是必然事件。因此，无论是做出接受原假设还是拒绝原假设的决定，都存在误判的可能性。

7.1.3　p-值检验

经典显著性检验方法是基于拒绝域，即先确定一个显著性水平 α，再查统计分布表确定临界值，进而比较临界值与检验统计量取值的大小，最后进行检验判断。然而，在计算机时代，我们也可以基于 p-值对原假设做出判断。所谓 p-值是指在原假设下，检验统计量取其观测值以及不利于原假设的值的概率。所谓 p-值检验是指将 p-值与显著性水平 α 进行比较，以决定是接受还是拒绝原假设。即当 p-值小于给定的显著性水平 α 时，则拒绝原假设；否则，接受原假设。

与经典的临界值检验法相比，p-值检验能够提供更多的信息量。这是因为 p-值反映了观测到的实际数据与原假设之间不一致的概率大小。如果 p-值越小，说明样本观测值出现的可能性越小，如果出现了，则根据小概率事件原理，越有理由拒绝原假设。当然，如果通过手工计算 p-值，则会显得较为复杂。所以，通常利用统计软件计算 p-值，例如，SPSS、MATLAB、R 等。为方便起见，把 p-值检验的步骤归纳如下：

（1）建立假设；

（2）确定检验统计量及其分布；

（3）将样本观测值代入，计算检验统计量的值；

（4）计算 p-值；

（5）比较 p-值与显著性水平 α 的大小，作出判断。

7.1.4　双侧检验与单侧检验

确定检验统计量并给定显著性水平，即可确定一个临界值，它将检验统计量的取值范围划分为拒绝区域与接受区域两个部分。拒绝区域是检验统计量取值的小概率区域，可以将小概率区域安排在检验统计量分布的两端，也可以安排在检验统计量分布的一侧，分别称之为双侧检验和单侧检验。单侧检验按照拒绝区域在左侧还是在右侧，又可分为左单侧检验和右单侧检验两种。当我们所关心的问题是要检验总体平均数或总体成数是否发生变化，而不问变化的方向是正还是负，是大还是小，应该用双侧检验。当我们所关心的问题是总体平均数或总体成数是否低于预先假设，应该采用左单侧检验。当我们所关心的问题是总体平均数或总体成数是否超过预先假设，应该采用右单侧检验。

下面用服从正态分布的检验统计量演示双侧检验、左单侧检验和右单侧检验，具体图形如图 7.1 至图 7.3 所示。

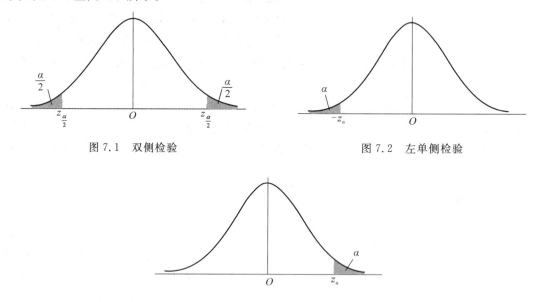

图 7.1　双侧检验　　　　　　　　　图 7.2　左单侧检验

图 7.3　右单侧检验

假设检验究竟是使用双侧检验还是单侧检验，单侧检验时是使用左单侧还是右单侧检验，取决于备择假设的性质。

7.1.5　两类错误

假设检验是通过比较检验统计量的样本数值，作出统计决策。由于检验统计量是一个随机变量，据此所作的判断不可能确保完全正确。一般来说，决策结果存在以下四种情形：

（1）原假设为真，判断结论是接受原假设，这是一种正确的判断。

（2）原假设为假，判断结论是拒绝原假设，这也是一种正确的判断。

（3）原假设为真，判断结论是拒绝原假设，这是一种"弃真错误"的判断，称为第一类错误，用 α 表示。

（4）原假设为假，判断结论是接受原假设，这是一种"取伪错误"的判断，称为第二类错误，用 β 表示。

这四种情形构成如下统计决策表，如表 7.1 所示。

表 7.1 统计决策表

类别	接受 H_0	拒绝 H_0
H_0 为真	判断正确	弃真错误（第一类错误 α）
H_0 为假	取伪错误（第二类错误 β）	判断正确

无论是第一类错误，还是第二类错误，都是检验结论失真的表现，都应尽可能避免，即便不能完全避免，也应对其发生的概率加以控制。第一类错误之所以产生，是在原假设为真的情况下，检验统计量不巧落入小概率区域，以致我们得出拒绝原假设的结论。显然，犯第一类错误的概率就等于显著性水平 α。我们可以通过控制 α 的大小，来控制犯第一类错误的可能性。为避免犯第一类错误，应把显著性水平控制得很小，一般取 1%、5% 和 10%。

但是，在样本一定的条件下，缩小 α 的同时，却扩大了犯第二类错误的可能。第二类错误是"以假为真"，犯第二类错误的概率记为 β。我们希望犯这两类错误的概率都尽可能小，但是在一定样本容量下，这对矛盾很难解决。要同时减少 α 和 β，就必须增加样本容量。然而，增加样本量势必会增大调查费用（或检验费用），所以，应当综合考虑两类错误、样本量和费用等因素。

一般来说，如果犯第一类错误的后果比犯第二类错误的后果严重，就应当设法减少犯第一类错误的概率，α 取值应当小一些；如果犯第二类错误的后果比犯第一类错误的后果严重，就应当设法减少第二类错误，α 取值可以大一些。

【例 7-3】 在对进口食品的检验问题上，相比于将合格产品错误地当做不合格产品来拒绝（弃真错误），如果把不合格的产品错误地当做合格产品来接收（取伪错误），我们所蒙受的经济损失将大得多。这种情况下就应当着重减少第二类错误，而将 α 设大一些。

【例 7-4】 按照美国法律，在证明被告有罪之前应假定其为无罪，即原假设 H_0：被告无罪，备择假设 H_1：被告有罪。陪审团可能犯的第一类错误是冤枉了好人，被告无罪但判为有罪；犯第二类错误是放过了坏人，被告有罪但判为无罪。为了减小冤枉好人的概率，应尽可能接受 H_0，判被告为无罪，这就有可能增大了放过坏人的概率；反过来，为了减小放过坏人的概率，应尽可能增大拒绝 H_0 的概率，但这又有可能增大了冤枉好人的概率。不过，α 和 β 的这种关系，只是在一定的证据情况下的两难选择。如果进一步收集证据，在充分的证据下，就有可能做到既不冤枉好人，也不放过坏人。而在证据不充分的条件下，陪审团控制两类错误概率的实践通常是：根据案件的性质决定应首先控制哪一类错误的概率，如果案件的危害性大，就应控制犯第二类错误的概率，免得放过坏人，使其继续作恶；反之，则应控制犯第一类错误的概率，放过坏人也就罢了，免得冤枉好人。

7.1.6 检验功效

假设检验的效果，与犯两类错误的概率都有关。一个有效的检验，首先要求犯第一类错误的概率 α 不能太大，否则易弃真；在犯第一类错误的概率得到控制的条件下，犯第二类错误的概率也要尽可能小，即不取伪的概率 $1-\beta$ 应尽可能大。$1-\beta$ 越大，意味着当原假设不真时,检验判断原假设不真的概率越大,检验的判别能力越好;$1-\beta$ 越小,意味着当原假设不真时,检验判断原假设不真的概率越小,检验的判别能力越差。因此,$1-\beta$ 被称为检验功效,是反映假设检验判别能力的重要标志。

影响检验功效的因素主要包括三个方面:

1. 显著性水平 α

显著性水平 α 是影响检验功效 $1-\beta$ 的重要因素。如前所述,在样本一定的条件下,犯第一类错误的概率与犯第二类错误的概率密切相关,α 的大小会影响 β、进而影响 $1-\beta$ 的大小。在其他条件不变的情形下,显著性水平 α 增大,β 随之减小,检验功效 $1-\beta$ 随之增强。

2. 样本容量

如前所述,要同时降低两类错误 α 与 β,就必须增大样本容量。此时,就可以提高检验功效。然而,在众多实践问题中,扩大样本容量往往是受限制的,所以要同时兼顾 α 与 β 较为困难。在这种情况下,如果 α 风险一般比 β 风险更为严重,我们首要考虑的是控制 α 风险。

3. 原假设与备择假设的差异程度

若原假设与备择假设之间的差异非常明显,这时取伪的可能性较小,即 β 减小,检验功效增强;反之,若原假设与备择假设之间差异较小,就难以通过检验将二者区分开来,从而影响检验功效。

7.2　总体均值的检验

7.2.1　方差已知时

众所周知,若总体方差 σ^2 已知,当样本来自正态总体,或者在大样本情形下,则总体均值的检验方法可以采用 z 检验,即构造检验统计量:

$$z=\frac{\bar{x}-\bar{X}_0}{\dfrac{\sigma}{\sqrt{n}}}\sim N(0,1) \tag{7.1}$$

给定显著性水平 α,则有如下三种结论:

(1) $H_0: \bar{X}=\bar{X}_0,\ H_1: \bar{X}\neq\bar{X}_0$。

当 $|z|\geqslant z_{\frac{\alpha}{2}}$ 时,拒绝 H_0;当 $|z|<z_{\frac{\alpha}{2}}$ 时,不能拒绝 H_0。

p-值检验:设 z_0 表示检验统计量的观测值,则 p-值 $=2P(z>|z_0|)$,若 p-值 $<\alpha$,则拒绝 H_0;反之,不能拒绝 H_0。

(2) $H_0: \bar{X}\leqslant\bar{X}_0,\ H_1: \bar{X}>\bar{X}_0$。

当 $z\geqslant z_\alpha$ 时,拒绝 H_0;当 $z<z_\alpha$ 时,不能拒绝 H_0。

进一步,计算 p-值 $=P(z>z_0)$,进行 p-值检验。

(3) $H_0: \bar{X}\geqslant\bar{X}_0,\ H_1: \bar{X}<\bar{X}_0$。

当 $z \leqslant -z_\alpha$ 时，拒绝 H_0；当 $z > -z_\alpha$ 时，不能拒绝 H_0。

进一步，计算 p-值 $= P(z < z_0)$，进行 p-值检验。

【例 7-5】 某橡胶厂生产汽车轮胎，根据历史资料统计结果，平均里程为 25 000 千米，标准差为 1900 千米。现在从新批量的轮胎中随机抽取 400 个作试验，求得样本平均里程 $\bar{x} = 25\,300$ 千米。试按 5% 的显著性水平判断新批量轮胎的平均耐用里程与通常的耐用里程有没有显著性差异。

解 因为问题只考虑新批量的轮胎平均耐用里程与通常的有无显著性差异，而不考虑是正差异还是负差异，所以是双侧检验问题，且属于大样本情形。

首先，建立假设：

$$H_0: \bar{X} = 25\,000, \quad H_1: \bar{X} \neq 25\,000$$

其次，显著性水平 α 对应的临界值为 $z_{0.025} = 1.96$；

最后，计算检验统计量：

$$z = \frac{\bar{x} - \bar{X}_0}{\sigma / \sqrt{n}} = \frac{25\,300 - 25\,000}{1900 / \sqrt{400}} = 3.16$$

因为 $z > z_{0.025} = 1.96$，所以在 5% 的显著性水平下拒绝 H_0，即认为新批量轮胎的平均耐用里程与通常的耐用里程有显著差异。

此外，经计算可得 p-值 $= 2P(z > 3.16) = 0.0016 < 0.05$，故在 5% 的显著性水平下拒绝 H_0。

【例 7-6】 某假日饭店有 500 间客房，正常时间每客房日租金为 100 美元，平均订房率为 70%。现在经理进行一项试验，采取优惠措施把房价降低 15%，经过 36 天，平均每天出租客房 380 间，标准差为 78 间。试以 5% 的显著性水平评估优惠措施是否有显著的效果。

解 该问题要求检验是否显著超过总体平均数，故属于右单侧检验问题。据题意可知，$\bar{X}_0 = 500 \times 70\% = 350$。

首先，建立假设：

$$H_0: \bar{X} \leqslant 350, \quad H_1: \bar{X} > 350$$

其次，显著性水平 α 对应的临界值为 $z_{0.05} = 1.645$；

最后，计算检验统计量：

$$z = \frac{\bar{x} - \bar{X}_0}{\sigma / \sqrt{n}} = \frac{380 - 350}{78 / \sqrt{36}} = 2.3$$

因为 $z > z_{0.05} = 1.645$，所以在 5% 的显著性水平下拒绝 H_0，即认为该假日饭店的优惠措施使订房率显著的提高。

此外，经计算可得 p-值 $= P(z > 2.3) = 0.0107 < 0.05$，故在 5% 的显著性水平下拒绝 H_0。

7.2.2 方差未知时

若总体方差未知 σ^2，当样本来自正态总体，则总体均值的检验方法可以采用 t 检验，即构造检验统计量：

$$t=\frac{\bar{x}-\bar{X}_0}{\frac{s}{\sqrt{n}}}\sim t(n-1) \tag{7.2}$$

其中，s 是样本标准差。

给定显著性水平 α，则有如下三种结论：

(1) $H_0: \bar{X}=\bar{X}_0$，$H_1: \bar{X}\neq\bar{X}_0$。

当 $|t|\geqslant t_{\frac{\alpha}{2}}$ 时，拒绝 H_0；否则，不能拒绝 H_0。

(2) $H_0: \bar{X}\leqslant\bar{X}_0$，$H_1: \bar{X}>\bar{X}_0$。

当 $t\geqslant t_\alpha$ 时，拒绝 H_0；否则，不能拒绝 H_0。

(3) $H_0: \bar{X}\geqslant\bar{X}_0$，$H_1: \bar{X}<\bar{X}_0$。

当 $t\leqslant-t_\alpha$ 时，拒绝 H_0；否则，不能拒绝 H_0。

此外，t 检验也可以进行 p-值检验，p-值的计算方法与上节相同。不同之处在于，t 检验的 p-值不是查标准正态分布表，而是查 t 分布表。不难发现，t 检验与 z 检验十分相似，只是在确定临界值时查的分布表不同。不过，在大样本情况下，t 统计量与标准正态统计量近似，所以可以用 z 检验代替 t 检验。

【例 7 - 7】 某罐头厂生产肉类罐头，按规定自动装罐的标准罐头净重为 500 克，现在从一班生产中抽取 10 瓶罐头实测罐重，其样本均值为 502.7 克，样本标准差为 8.64 克，给定显著性水平为 1%，试问装罐车间生产是否正常。

解 该问题要求检验罐头净重是否符合净重 500 克，故属于双侧检验问题，所以可以采用 t 检验方法。

首先，建立假设：

$$H_0: \bar{X}=500, \quad H_1: \bar{X}\neq500$$

其次，显著性水平 α 对应的临界值为 $t_{0.005}(9)=3.25$；

最后，计算检验统计量：

$$t=\frac{\bar{x}-\bar{X}_0}{s/\sqrt{n}}=\frac{502.7-500}{8.64/\sqrt{10}}=0.9882$$

因为 $t<t_{0.005}(9)=3.25$，所以在 1% 的显著性水平下不能拒绝 H_0，即认为装罐车间生产正常。

此外，经计算可得 p-值 $=2P(t>0.9882)=0.349>0.01$，故在 1% 的显著性水平下不能拒绝 H_0。

7.3 总体成数的检验

当样本量 n 和样本成数 p 满足条件 $n\geqslant30$，$np>5$，$n(1-p)>5$ 时，由中心极限定理可知，$p\overset{d}{\sim}N(P, P(1-P)/n)$。所以，在上述条件下，针对总体成数 P 可以构造如下检验统计量：

$$z=\frac{p-P_0}{\sqrt{\dfrac{P_0(1-P_0)}{n}}}\overset{d}{\sim}N(0,1) \tag{7.3}$$

给定显著性水平 α，则有如下三种结论：

(1) $H_0: P = P_0$，$H_1: P \neq P_0$。

当 $|z| \geqslant z_{\frac{\alpha}{2}}$ 时，拒绝 H_0；否则，不能拒绝 H_0。

(2) $H_0: P \leqslant P_0$，$H_1: P > P_0$。

当 $z \geqslant z_\alpha$ 时，拒绝 H_0；否则，不能拒绝 H_0。

(3) $H_0: P \geqslant P_0$，$H_1: P < P_0$。

当 $z \leqslant -z_\alpha$ 时，拒绝 H_0；否则，不能拒绝 H_0。

此外，针对上述假设检验问题，我们可以采用 p 值检验。p 值的计算方法类似于 7.2.1 小节，故略去。

【例 7-8】 化肥厂生产合成氨，按规定含氮量为 80%，现在每小时取 50 千克，共取 8 小时进行检验，测得平均浓度为 84%，试以 5% 的显著性水平检验合成氨质量是否有显著性差异。

解 因为问题是考虑合成氨中含氮量是否为 80%，所以属于双侧检验问题。另外，据题意可知，$P_0 = 0.8$，$p = 0.84$，$n = 50 \times 8 = 400$，$np = 336 > 5$，$n(1-p) = 64 > 5$。

首先，建立假设：
$$H_0: P = 0.8,\ H_1: P \neq 0.8$$

其次，显著性水平 α 对应的临界值为 $z_{0.025} = 1.96$；

最后，计算检验统计量：
$$z = \frac{p - P_0}{\sqrt{\dfrac{P_0(1-P_0)}{n}}} = \frac{0.84 - 0.8}{\sqrt{\dfrac{0.8 \times 0.2}{400}}} = 2$$

因为 $z > z_{0.025} = 1.96$，所以在 5% 的显著性水平下拒绝 H_0，即认为合成氨含氮量和标准含量有显著差异。

此外，经计算可得 $p = 2P(z > 2) = 0.0455 < 0.05$，故在 5% 的显著性水平下拒绝 H_0。

【例 7-9】 某公司负责人发现所开发票存在大量笔误。根据以往经验可断定，错误发票在这些发票中占 20% 以上。为慎重起见，负责人随机抽取 400 张发票，发现错误发票占 25%。试以 5% 的显著性水平检验公司负责人的判断是否正确。

解 因为问题是考虑错误发票在所有发票中占比是否超过 20%，所以属于右单侧检验问题。另外，据题意可知，$P_0 = 0.2$，$p = 0.25$，$n = 400$，$np = 100 > 5$，$n(1-p) = 300 > 5$。

首先，建立假设：
$$H_0: P \leqslant 0.2,\ H_1: P > 0.2$$

其次，显著性水平 α 对应的临界值为 $z_{0.05} = 1.645$；

最后，计算检验统计量：
$$z = \frac{p - P_0}{\sqrt{\dfrac{P_0(1-P_0)}{n}}} = \frac{0.25 - 0.2}{\sqrt{\dfrac{0.2 \times 0.8}{400}}} = 2.5$$

因为 $z > z_{0.025} = 1.645$，所以在 5% 的显著性水平下拒绝 H_0，即认为负责人判断正确。

此外，经计算可得 $p = P(z > 2.5) = 0.0062 < 0.05$，故在 5% 的显著性水平下拒绝 H_0。

7.4　总体方差的检验

设正态总体方差为 σ^2，样本方差为 s^2。如果样本来自正态总体，则总体方差的检验方法可以采用 χ^2 检验，即构造检验统计量

$$\chi^2 = \frac{(n-1)s^2}{\sigma_0^2} \sim \chi_{n-1}^2 \tag{7.4}$$

给定显著性水平 α，则有如下三种结论：

(1) $H_0: \sigma^2 = \sigma_0^2$，$H_1: \sigma^2 \neq \sigma_0^2$。

当 $\chi^2 \geqslant \chi_{\alpha/2}^2(n-1)$ 或 $\chi^2 \leqslant \chi_{1-\alpha/2}^2(n-1)$ 时，拒绝 H_0；否则，不能拒绝 H_0。

(2) $H_0: \sigma^2 \leqslant \sigma_0^2$，$H_1: \sigma^2 > \sigma_0^2$。

当 $\chi^2 \geqslant \chi_{\alpha}^2(n-1)$ 时，拒绝 H_0；否则，不能拒绝 H_0。

(3) $H_0: \sigma^2 \geqslant \sigma_0^2$，$H_1: \sigma^2 < \sigma_0^2$。

当 $\chi^2 \leqslant \chi_{1-\alpha}^2(n-1)$ 时，拒绝 H_0；否则，不能拒绝 H_0。

此外，针对上述假设检验问题，我们可以采用 p-值检验。p-值的计算方法类似于 7.2.1 小节，故略去。

【例 7-10】 某厂某种型号的电池，其寿命(以小时计)长期以来服从方差 $\sigma^2 = 5000$ 的正态分布。现有一批这种型号电池，从其生产情况来看，寿命的波动性有所改变。现随机取 26 只电池，测出其寿命的样本方差 $s^2 = 9200$。试问根据这一数据能否推断出这批电池的寿命较以往有显著变化($\alpha = 2\%$)。

解　因为问题是考虑这批电池的寿命的方差是否为 5000，所以属于双侧检验问题。

首先，建立假设：

$$H_0: \sigma^2 = 5000, \quad H_1: \sigma^2 \neq 5000$$

其次，显著性水平 α 对应的临界值为 $\chi_{0.01}^2(25) = 44.314$，$\chi_{0.99}^2(25) = 11.524$；

最后，计算检验统计量：

$$\chi^2 = \frac{(n-1)s^2}{\sigma_0^2} = 46$$

因为 $\chi^2 > 44.314$，所以在 2% 的显著性水平下拒绝 H_0，即认为这批电池寿命的波动性较以往有显著差异。

此外，经计算可得 $p = 2P(\chi_{25}^2 > 46) = 0.0128 < 0.02$，故在 2% 的显著性水平下拒绝 H_0。

【例 7-11】 某公司生产的发动机部件的直径服从正态分布。该公司称它的标准差 $\sigma_0 = 0.048$ 厘米，现随机抽取 5 个部件，测得它们的直径为 1.32，1.55，1.36，1.40，1.44(单位：厘米)。取显著性水平 $\alpha = 5\%$。试问我们能否认为 $\sigma^2 \leqslant 0.048^2$。

解　因为问题是考虑 $\sigma^2 \leqslant 0.048^2$，所以属于右单侧检验问题。

首先，建立假设：

$$H_0: \sigma^2 \leqslant 0.048^2, \quad H_1: \sigma^2 > 0.048^2$$

其次，显著性水平 α 对应的临界值为 $\chi_{0.05}^2(4) = 9.49$。

最后，计算检验统计量：

$$\chi^2 = \frac{(n-1)s^2}{\sigma_0^2} = 13.51$$

因为 $\chi^2 > 9.49$，所以在 5％的显著性水平下拒绝 H_0，即认为发动机原部件的直径标准差超过了 0.048。

此外，经计算可得 $p = P(\chi_4^2 > 13.51) = 0.009 < 0.05$，故在 5％的显著性水平下拒绝 H_0。

7.5　两个总体参数的检验

前面几节介绍了一个总体参数的检验方法及其应用，然而，在很多情况下，我们需要比较两个总体参数是否存在显著差异。例如，在相同年龄组中，高学历职工和低学历职工的收入是否存在显著差异；同一种教学方法，在不同年级或不同内容的课程中是否有不同的效果；同一种技术工艺，在不同的产品上操作是否有不同的效果，等等。对于这类问题，可以通过两个总体参数的检验寻求答案。

7.5.1　两个总体均值之差的检验

1. 两个总体方差已知

当两个总体均服从正态分布，或虽然总体不服从正态分布但样本容量均足够大，且两个总体的方差 σ_1^2、σ_2^2 已知时，有

$$z = \frac{(\bar{x}_1 - \bar{x}_2) - (\mu_1 - \mu_2)}{\sqrt{\dfrac{\sigma_1^2}{n_1} + \dfrac{\sigma_2^2}{n_2}}} \sim N(0, 1) \tag{7.5}$$

其中，μ_1、μ_2 分别为两个总体的均值。针对原假设 $H_0: \mu_1 = \mu_2$，则基于上式中 z 即可定义检验统计量：

$$z = \frac{\bar{x}_1 - \bar{x}_2}{\sqrt{\dfrac{\sigma_1^2}{n_1} + \dfrac{\sigma_2^2}{n_2}}} \tag{7.6}$$

【例 7 - 12】　假设某种羊毛的含脂率服从正态分布，且处理前后的方差均为 36。处理前采 10 个样，测得平均含脂率为 27.3，处理后采 8 个样，测得平均含脂率为 13.75，试问在 5％显著性水平下处理前后羊毛含脂率有无显著变化。

解　因为问题是考虑处理前后羊毛含脂率是否相同，所以属于双侧检验问题。

由于据题意可知，$\bar{x}_1 = 27.3$，$\bar{x}_2 = 13.75$；$n_1 = 10$，$n_2 = 8$，$\sigma_1^2 = \sigma_2^2 = 36$。

首先，建立假设：

$$H_0: \mu_1 = \mu_2, \qquad H_1: \mu_1 \neq \mu_2$$

其次，显著性水平 α 对应的临界值为 $z_{0.025} = 1.96$；

最后，计算检验统计量：

$$z = \frac{\bar{x}_1 - \bar{x}_2}{\sqrt{\dfrac{\sigma_1^2}{n_1} + \dfrac{\sigma_2^2}{n_2}}} = \frac{27.3 - 13.75}{\sqrt{\dfrac{36}{10} + \dfrac{36}{8}}} = 4.76$$

因为 $z > z_{0.025} = 1.96$，所以在 5% 的显著性水平下拒绝 H_0，即认为处理前后羊毛含脂率有显著变化。

此外，经计算可得 $p = 2P(z > 4.76) = 1.9359 \times 10^{-6} < 0.05$，故在 5% 的显著性水平下拒绝 H_0。

2. 两个总体方差未知

考虑原假设 $H_0：\mu_1 = \mu_2$，当 σ_1^2 和 σ_2^2 未知，且 $\sigma_1^2 = \sigma_2^2$ 时，构造检验统计量：

$$t = \frac{\bar{x}_1 - \bar{x}_2}{s_p \sqrt{\dfrac{1}{n_1} + \dfrac{1}{n_2}}} \Bigg|_{H_0} \sim t(n_1 + n_2 - 2) \tag{7.7}$$

其中，

$$s_p = \sqrt{\frac{(n_1 - 1)s_1^2 + (n_2 - 1)s_2^2}{n_1 + n_2 - 2}}$$

当 σ_1^2 和 σ_2^2 未知，$\sigma_1^2 \neq \sigma_2^2$ 时，构造检验统计量：

$$t = \frac{\bar{x}_1 - \bar{x}_2}{\sqrt{\dfrac{s_1^2}{n_1} + \dfrac{s_2^2}{n_2}}} \Bigg|_{H_0} \overset{d}{\sim} t(f) \tag{7.8}$$

其中 f 为自由度，其表达式为

$$f = \frac{\left(\dfrac{s_1^2}{n_1} + \dfrac{s_2^2}{n_2}\right)^2}{\dfrac{\left(\dfrac{s_1^2}{n_1}\right)^2}{n_1 - 1} + \dfrac{\left(\dfrac{s_2^2}{n_2}\right)^2}{n_2 - 1}}$$

【例 7–13】 某废水中的镉含量服从正态分布，现用标准方法与新方法同时测定该样本中镉含量，假设两种方法的方差相同。其中新方法测定 10 次，平均测定结果为 5.28 $\mu g/L$，标准差为 1.11 $\mu g/L$；标准方法测定 9 次，平均测定结果为 4.03 $\mu g/L$，标准差为 1.04 $\mu g/L$。试问在 5% 显著性水平下这两种测定结果有无显著差异。

解 因为问题是考虑这两种测定结果有无显著差异，所以属于双侧检验问题。

据题意可知，$\bar{x}_1 = 5.28$，$\bar{x}_2 = 4.03$；$s_1 = 1.11$，$s_2 = 1.04$；$n_1 = 10$，$n_2 = 9$。

首先，建立假设：

$$H_0：\mu_1 = \mu_2，\qquad H_1：\mu_1 \neq \mu_2$$

其次，显著性水平 α 对应的临界值为 $t_{0.025}(17) = 2.11$；

最后，计算两个样本合并后的标准差和检验统计量分别为

$$s_p = \sqrt{\frac{(n-1)s_1^2 + (n-2)s_2^2}{n_1 + n_2 - 2}} = \sqrt{\frac{9 \times 1.11^2 + 8 \times 1.04^2}{10 + 9 - 2}} = \sqrt{1.16} = 1.08$$

$$t = \frac{\bar{x}_1 - \bar{x}_2}{s_p \sqrt{\dfrac{1}{n_1} + \dfrac{1}{n_2}}} = \frac{5.28 - 4.03}{1.08\sqrt{\dfrac{1}{10} + \dfrac{1}{9}}} = 2.53$$

因为 $t > t_{0.025}(17) = 2.11$，所以在 5% 的显著性水平下拒绝 H_0，即认为两种测定结果有显著性差异。

此外，经计算可得 $p = 2P(t > 2.53) = 0.0216 < 0.05$，故在 5% 的显著性水平下拒绝 H_0。

7.5.2　两个总体成数之差的检验

1. 原假设 $H_0: P_1 - P_2 = 0$

在大样本条件下，构造检验统计量：

$$z = \frac{p_1 - p_2}{\sqrt{p(1-p)\left(\dfrac{1}{n_1} + \dfrac{1}{n_2}\right)}}\Bigg|_{H_0} \overset{d}{\sim} N(0, 1) \tag{7.9}$$

其中，p 是将两个样本合并后得到的成数估计量，即：

$$p = \frac{x_1 + x_2}{n_1 + n_2} = \frac{p_1 n_1 + p_2 n_2}{n_1 + n_2} \tag{7.10}$$

其中，x_1、x_2 是两个样本中具有某种特征的单位数。

2. 原假设 $H_0: P_1 - P_2 \neq 0$

即 $H_0: P_1 - P_2 = P_0 (P_0 \neq 0)$，此时，构造检验统计量：

$$z = \frac{(p_1 - p_2) - (P_1 - P_2)}{\sqrt{\dfrac{p_1(1-p_1)}{n_1} + \dfrac{p_2(1-p_2)}{n_2}}}\Bigg|_{H_0} = \frac{(p_1 - p_2) - P_0}{\sqrt{\dfrac{p_1(1-p_1)}{n_1} + \dfrac{p_2(1-p_2)}{n_2}}}\Bigg|_{H_0} \overset{d}{\sim} N(0, 1)$$

$$\tag{7.11}$$

【例 7-14】　为了研究地势对小麦锈病发病率的影响，调查了低洼地麦田小麦 378 株，其中锈病株 342 株，还调查了高坡地麦田小麦 396 株，其中锈病株 313 株。若取显著性水平为 1‰，比较两块麦田小麦锈病发病率是否有显著差异。

解　因为问题是考虑两块麦田小麦锈病发病率有无显著差异，所以属于双侧检验问题。据题意可得

$$p_1 = \frac{342}{378} = 0.905, \quad p_2 = \frac{313}{396} = 0.790, \quad n_1 = 378, \quad n_2 = 396,$$

$$p = \frac{n_1 p_1 + n_2 p_2}{n_1 + n_2} = \frac{342 + 313}{378 + 396} = 0.846$$

首先，建立假设：

$$H_0: P_1 = P_2, \quad H_1: P_1 \neq P_2$$

其次，显著性水平 α 对应的临界值为 $z_{0.005} = 2.58$；

最后，计算检验统计量：

$$z = \frac{p_1 - p_2}{\sqrt{p(1-p)\left(\dfrac{1}{n_1} + \dfrac{1}{n_2}\right)}} = \frac{0.905 - 0.790}{\sqrt{0.846 \times 0.154\left(\dfrac{1}{378} + \dfrac{1}{396}\right)}} = 4.423$$

因为 $z > z_{0.005} = 2.58$，所以在 1‰ 的显著性水平下拒绝 H_0，即认为两块麦田小麦锈病发病率有显著差异。

此外，经计算可得 $p = 2P(z > 4.423) = 9.734 \times 10^{-6} < 0.01$，故在 1‰ 的显著性水平下拒绝 H_0。

7.5.3　两个总体方差之比的检验

在众多实际应用中，我们需要比较两个总体方差是否相等，即两个总体方差之比是否等于 1。例如，比较两种投资方案的风险；两个生产过程的稳定性，等等。此外，在 7.5.1

小节中，当我们研究两个总体均值之差的检验方法时，会先假定两个总体方差相等，但实际上两个总体方差是否相等事先往往并不知道，因此，在进行两个总体均值之差的检验之前，我们需要进行两个总体方差是否相等的检验。

在原假设 $H_0: \sigma_1^2 = \sigma_2^2$ 下，构造检验统计量：

$$F = \frac{s_1^2}{s_2^2}\bigg|_{H_0} \sim F(n_1-1, n_2-1) \tag{7.12}$$

其中，s_1、s_2 分别为两个样本的标准差，n_1-1 为分子自由度，n_2-1 为分母自由度。

在双侧检验中，原假设的拒绝域在 F 分布的两侧，两个临界值分别为 $F_{\alpha/2}(n_1-1, n_2-1)$、$F_{1-\alpha/2}(n_1-1, n_2-1)$。

在单侧检验中，通常把两个样本方差中较大的那个放在式(7.12)的分子 s_1^2 位置，此时 F 统计量的值 >1，拒绝域在 F 分布的右侧，原假设为 $H_0: \sigma_1^2 \leqslant \sigma_2^2$，备择假设为 $H_1: \sigma_1^2 > \sigma_2^2$，临界值 $F_\alpha(n_1-1, n_2-1)$。

【例 7-15】 为了比较甲、乙两个地区居民人均月收入波动的差异，分别在两个地区调查 7 户和 8 户居民，其人均月收入数据为(假设两地收入都服从正态分布)：

表 7.2 各地区人均收入 （单位：元）

甲地区	1200	900	850	950	1200	800	1300	—
乙地区	1500	1650	1450	2100	1850	1650	1500	1400

试问甲地区的人均月收入的波动是否小于乙地区(显著性水平 $\alpha = 5\%$)。

解 因为问题是考虑甲地区的人均月收入的不均衡性是否大于乙地区，所以属于左单侧检验问题。据题意可得，$n_1=7$，$n_2=8$，$s_1=199.7$，$s_2=235.66$。

首先，建立假设：

$$H_0: \sigma_1^2 \geqslant \sigma_2^2, \qquad H_1: \sigma_1^2 < \sigma_2^2$$

其次，显著性水平 α 对应的临界值为 $F_{0.95}(6, 7)=3.87$；

最后，计算检验统计量为

$$F = \frac{s_1^2}{s_2^2} = \frac{199.7^2}{235.66^2} = 0.7181$$

因为 $F < F_{0.95}(6, 7) = 3.87$，所以在 5% 的显著性水平下不能拒绝 H_0，即不能认为甲地区的人均月收入波动较小。

此外，经计算可得 $p = 2P(F > 0.7181) = 0.7025 > 0.05$，故在 5% 的显著性水平下不能拒绝 H_0。

················· 本 章 小 结 ·················

本章首先介绍了假设检验的基本问题，包括假设检验的基本概念与步骤、p-值检验方法、双侧检验与单侧检验、两类错误、检验功效等。其次，分别针对总体方差已知和未知的情形，讨论了总体均值的检验方法，包括 z 检验和 t 检验。再次，探讨了总体成数的检验问题，并给出其 z 检验方法。最后，针对两个总体参数，分别讨论了三类假设检验问题，包括两个总体均值之差的检验、两个总体成数之差的检验、两个总体方差之比的检验等。

通过本章内容学习，首先要理解小概率事件、两类错误、检验功效等基本概念，掌握假设检验的步骤、双侧检验与单侧检验、临界值检验法与 p-值检验法。其次，针对总体均值与总体成数的假设检验问题，重点掌握 z 检验和 t 检验方法及其适用条件。最后，针对两个总体参数的三类假设检验问题，重点掌握 z 检验、t 检验、F 检验等检验方法。

·•·•·•·•·•·•·•· 思 考 与 练 习 ·•·•·•·•·•·•·•·

1. 什么是假设检验的两类错误？

2. 怎样确定假设检验的原假设与备择假设？

3. 什么是假设检验中的显著性水平？统计显著是什么意思？

4. 显著性水平与 p 值有何区别？

5. 解释假设检验中的 p 值。

6. 什么是功效函数？

7. $\alpha + \beta = 1$ 是否成立？为什么？

8. 简述假设检验的一般步骤。

9. 如何区别左单侧检验和右单侧检验？

10. 假设检验的基本原理是什么？

11. 已知某重点高中男生的身高服从正态分布，其身高的标准差为 8.2 cm，估计其平均身高为 172 cm。现从学校中随机抽取 80 名学生，测得男生身高并求得其均值 $\bar{x} = 173$ cm。试在显著性水平 $\alpha = 5\%$ 的条件下检验所估平均身高是否正确。

12. 从某地的稻田中随机抽取 16 亩，测得每块的实际亩产量(单位：kg)分别为：121、123、101、115、136、146、83、96、160、126、134、109、154、112、138、147。假设稻田亩产量服从正态分布，试问能否在显著性水平 $\alpha = 5\%$ 下认为该地稻田平均亩产为 120 kg？

13. 已知某炼铁厂的含碳量服从正态分布 $N(4.55, 0.108^2)$，现在测定了 9 炉铁水，其平均含碳量为 4.484。如果估计方差没有变化，在显著性水平 $\alpha = 5\%$ 的情况下，是否可以认为现在生产的铁水平均含碳量为 4.55？

14. 某种灯泡的寿命(单位：h)服从正态分布。现测得 16 只灯泡的寿命如下：

159　285　103　210　220　378　178　265
212　372　165　253　149　262　483　170

在显著性水平 $\alpha = 5\%$ 下，试问该种灯泡的平均寿命是否显著地大于 225 小时？

15. 一家生产汽车零配件的企业，希望新的一批产品与前几批的产品质量一样好，至少不比前几批的质量差，前几批产品不合格率大约为 15%。为此，该企业从新产品中抽取 200 件进行检测，结果发现其中有 28 件存在质量问题。在显著性水平 $\alpha = 5\%$ 下检验下列结论：

(1) 新产品的质量是否与前几批一样好？

(2) 新产品的质量是否比前几批的差？

16. 某种大量生产的袋装食品，按规定不得少于 250 g。今从一批该食品中任意抽取 50 袋，发现有 6 袋低于 250 g。若规定不符合标准的比例超过 5% 就不得出厂，问该批食品能否出厂(显著性水平 $\alpha = 5\%$)？

17. 某类钢板每块的质量 X 服从正态分布，其一项质量指标是钢板质量(单位：kg)的方差不得超过 0.016。现从某天生产的钢板中随机抽取 25 块，得其样本方差为 0.025，问该天生产的钢板质量的方差是否满足要求。

18. 某种导线的质量标准要求其电阻的标准差不得超过 0.005 Ω。今在一批导线中随机抽取样品 9 根，测得样本标准差为 $s=0.007$ Ω，设总体为正态分布。问在显著性水平 $a=0.05$ 下能否认为这批导线的标准差显著地偏大？

19. 某企业生产 A、B 两种橡胶轮胎，现要比较这两种轮胎的耐磨性。从 A、B 两种轮胎中各抽取 8 个，并各取 1 个组成一对。再随机抽取 8 架飞机，将 8 对轮胎随机配给 8 架飞机。飞行了一段时间的起落后，测得轮胎耐磨量数据(单位：mg)如下：

A：4900　5200　5500　6020　6340　7660　8650　4870

B：4930　4900　5140　5700　6110　6880　7930　5010

试问在显著性水平 $α=5\%$ 下，这两种轮胎的耐磨性能有无显著差异？

20. 在某次民主选举中，从 A 区和 B 区中分别选取 300 人和 200 人作调查，发现支持某位候选人的比例分别为 56% 和 48%，试在显著性水平 $α=5\%$ 下检验假设：

(1) 两个区对该候选人的支持率有差异；

(2) 该候选人在 A 区更受拥护？

21. 随机调查 339 名 50 岁以上的人，其中 205 名吸烟者中有 43 人患慢性支气管炎，134 名不吸烟者中有 13 人患慢性支气管炎。在显著性水平 $α=5\%$ 下，试问调查数据是否支持"吸烟者容易患慢性支气管炎"的观点？

22. 从两台同类型机床生产的两批产品中，抽取容量分别为 15 和 24 的小样本，测得产品长度均值分别为 $\bar{x}=31.2$，$\bar{y}=29.2$；样本方差分别为 $s_x^2=0.84$，$s_y^2=0.40$，单位为毫米。试问在显著性水平 $α=5\%$ 下两台机床的性能是否一样？

23. 甲、乙两厂生产同一种电阻，现从甲、乙两厂的产品中分别随机抽取 12 个和 10 个样品，测得它们的电阻值后，计算出样本方差分别为 $s_1^2=1.40$，$s_2^2=4.38$。假定电阻值服从正态分布，在显著性水平 $α=5\%$ 下，我们是否可以认为两厂生产的电阻阻值的方差相等？

拓展阅读

第 8 章 列 联 分 析

当前，分类数据已逐渐成为数据分析中重要的研究对象。例如，地位的高低是否与能力有关；不同学历者的公务员考试成绩是否不同；职工对工作的满意度是否与性别有关；青少年家庭状况与犯罪行为关系如何；原料的质量与产地是否有关；等等。显而易见，上述问题有一个共同点，即研究对象为两个分类变量及分类数据，研究问题为两个分类变量之间的关系。对于这些问题，传统的统计方法往往不能奏效。所以，本章基于列联表对分类数据进行统计描述和统计推断，称为列联分析或列联表分析。

8.1 列 联 表 概 述

8.1.1 分 类 数 据

统计数据按其取值类型可分为以下四种：计量数据、计数数据、名义数据和顺序数据。其中，计量数据和计数数据属于定量数据，观测值是数值型。例如，人的身高、体重；产品的长度、质量；股票的价格、市盈率；在校学生的人数；工厂的产值；市场的成交量；等等。

名义数据和顺序数据属于分类数据，其观测值表示事物的属性，如：人的性别、籍贯、婚姻状况、受教育程度；产品的颜色、形状、质量；顾客对产品或服务的满意度；动植物的品种；等等。这里可用数值表示这些属性，例如，用"1"表示"男"，"2"表示"女"。显然，这些数只是一个代码，不能进行四则运算，仅仅起到一个名义的作用。所以将这一类数据称为名义数据。

然而，某些事物的属性存在一定的顺序关系，例如，人的受教育程度由低到高可分为文盲、小学、初中、高中、大学、研究生等六类，分别用 0、1、2、3、4、5 来表示；顾客对服务的满意度分为"非常不满意""不满意""一般""满意""非常满意"等五类，分别用 0、1、2、3、4 来表示。类似于名义数据，这些数字也只是一个代码，不能进行四则运算，但可以起到一个标注顺序的作用。我们将这一类数据称为顺序数据。

类似于数据分类，我们可以将相应数据对应的变量定义为计量变量、计数变量、名义变量和顺序变量。前两者属于定量变量，后两者属于分类变量。

8.1.2 列 联 表

列联表(Contingency Table)是指两个或两个以上分类变量进行交叉分类的频数分布表。基于列联表，我们可以了解这些分类变量的联合频率分布，刻画这些变量之间的关系。下面通过三个例子来了解列联表的构造方式。

【例 8-1】 某企业职工收入可分为低、中、高三组，现从这三组不同收入的职工群体中随机抽取 425 名职工，了解其对工作的满意度情况，调查结果如表 8.1 所示。

表 8.1　职工满意度的调查结果

满意度	收　入			合计
	低	中	高	
低	100	30	10	140
中	60	80	15	155
高	40	40	50	130
合计	200	150	75	425

　　表 8.1 中的行是满意度变量,划分为低、中、高三类;列是收入变量,同样划分为低、中、高三类。由表 8.1 中的数据可知,这个企业职工的工作满意度和收入两个方面的信息。由于列联表中的每个变量都可以有两个或两个以上的类别,因此列联表会有多种形式。通常将行变量的划分类别记为 R,列变量的划分类别记为 C,则该列联表可记为 $R \times C$ 列联表。例如,表 8.1 是一个 3×3 列联表。

　　实际上,表 8.1 可视为一个最简单的观察值的分布。表中最右边显示了满意度变量的总数,如低满意度的共有 140 人、中满意度的共有 155 人、高满意度的共有 130 人,称为行边缘频数。表中最下边显示了收入变量的总数,如低、中、高收入职工中接受调查的人数分别为 200 人、150 人、75 人,称为列边缘频数。所以,可以把列联表中的观察值分布称为条件分布,每个具体的观察值就是条件频数。进一步,列联表可理解为在变量 X 条件下变量 Y 的分布,或是在变量 Y 条件下变量 X 的分布。

　　另一方面,条件频数反映了数据的分布,但不适合进行对比。例如,低收入职工对工作满意度高的有 40 人,高收入职工对工作满意度高的有 50 人,但不能据此就认为高收入职工对工作的满意度要比低收入职工更高,因为低收入职工接受调查的人数比高收入职工接受调查的人数多,它们对比的基数不同。为了能在相同的基数上比较,就要使列联表中的数据提供更多的信息,我们通常采用计算百分比的方式达到这一目的。例如,表 8.2 给出了包含百分比的列联表。

表 8.2　包含百分比的 3×3 列联表

满意度	收　入			合计
	低	中	高	
低	100	30	10	140
%	71.4	21.4	7.1	32.9
%	50	20	13.3	—
%	23.5	7.1	2.4	—
中	60	80	15	155
%	38.7	51.6	9.7	36.5

续表

满意度	收　入			合计
	低	中	高	
％	30	53.3	20	—
％	14.1	18.8	3.5	—
高	40	40	50	130
％	30.8	30.8	38.5	30.6
％	20	26.7	66.7	—
％	9.4	9.4	11.8	—
合计	200	150	75	425
％	47.1	35.3	17.6	100

表中主栏的每个单元中有四个数据，含义分别是条件频数、行百分数、列百分数和总百分数。例如：第一个单元（低收入职工对工作低满意度）中，100 为观察值频数；71.4 为行百分数，即 $100 \div 140 = 71.4\%$；50 为列百分数，即 $100 \div 200 = 50\%$；23.5 为总百分数，即 $100 \div 425 = 23.5\%$。最右边和最下边的合计栏中各有两行数据，第一行是边缘频数，第二行是边缘频数的百分数。例如：最右边的 $32.9\% = 140 \div 425$；最下边的 $47.1 = 200 \div 425$。

基于表 8.2，我们可以更为清晰地认识变量的联合分布的关系。例如，我们可以比较如下两个百分比。收入低但工作满意度高的百分比 20%，收入高且工作满意度高的百分比 66.7%，两者之差为 46.7%。收入低且工作满意度低的百分比 50%，收入高但工作满意度低的百分比 13.3%，两者之差为 36.7%。

【例 8 - 2】　调查某地心脏病患者发病情况与抽烟情况的关系，根据调查结果，可以构造列联表，如表 8.3 所示。

表 8.3　抽烟与心脏病的 2×2 列联表

是否抽烟	心 脏 病		合计
	发病	控制	
是	172	173	345
否	90	353	443
合计	262	526	788

【例 8 - 3】　调查某市公务员考试成绩与受教育程度的关系，根据调查结果，可以构造列联表，如表 8.4 所示。

表 8.4　公务员考试成绩与受教育程度的 2×2 列联表

考试成绩	受教育程度		合计
	大学以下	大学及以上	
低	100	200	300
%	33.3	66.7	24
%	40	50	—
%	8	16	—
高	150	800	950
%	15.8	84.2	76
%	60	80	—
%	12	64	—
合计	250	1000	1250
%	100	100	100

众所周知，表 8.3 和表 8.4 是 2×2 列联表，亦称为四格表。这里以表 8.3 为例，分析心脏病发病情况与抽烟情况之间的关系。在受调查的心脏病发病患者中，抽烟的占 65.6%，比不抽烟的比例高；在受调查的抽烟患者中，发病的、不发病的各占 50%；但在受调查的不抽烟患者中，发病的比例(20.3%)远远低于不发病的比例(79.7%)。那么，根据这个样本情况，是否可以认为在总体中心脏病发病情况与抽烟情况之间也存在关联呢？要回答这个问题，需要对四格表中两个分类变量进行检验。下面首先介绍四格表的检验方法。

8.2　列联表的检验

8.2.1　χ^2 检验概述

χ^2 检验广泛应用于两个分类变量之间的独立性检验和拟合优度检验问题。这种检验方法通过分析列联表中两个分类变量的理论频数与实际频数之间的接近程度，以判断这两个分类变量之间的关系。

χ^2 检验首先假设列联表中两个分类变量之间不存在相关性，进而构造检验统计量以判断这种假设是否成立。具体步骤如下：

(1) 建立原假设：

$$H_0：两个分类变量不相关$$

(2) 在原假设下计算列联表每个单元格的理论频数。

(3) 计算 χ^2 检验统计量：

$$\chi^2 = \sum \frac{(f_0 - f_e)^2}{f_e} \overset{d}{\sim} \chi^2(f) \tag{8.1}$$

其中，f_0 表示实际频数，f_e 表示理论频数，f 表示自由度 $(R-1)(C-1)$，R 和 C 分别表示列联表行数和列数。例如,对于一个四格表而言,χ^2 检验的自由度为 1。

(4)将 χ^2 检验统计量取值与临界值进行比较,从而做出决策。

本章 χ^2 检验的主要对象为 $R \times C$ 列联表。为方便起见,我们这里首先针对四格表,给出几种常见情形。设有 n_{1+} 个个体具有属性 A,其中 n_{11} 个个体具有属性 B,n_{12} 个个体没有属性 B;有 n_{2+} 个个体没有属性 A,其中 n_{21} 个个体具有属性 B、n_{22} 个个体没有属性 B。于是,这样就有了一张四格表,具体见表 8.5。

表 8.5　四格表及其边际部分

属性	属性		合计
	有 B	没有 B	
有 A	n_{11}	n_{12}	n_{1+}
没有 A	n_{21}	n_{22}	n_{2+}
合计/人	n_{+1}	n_{+2}	n

四格表的边际部分有 n_{1+}、n_{2+}、n_{+1}、n_{+2} 和 n 五个数,其中,$n_{1+}=n_{11}+n_{12}$,$n_{2+}=n_{21}+n_{22}$,$n_{+1}=n_{11}+n_{21}$,$n_{+2}=n_{12}+n_{22}$,$n=n_{11}+n_{12}+n_{21}+n_{22}$。它们可以是给定的,亦可以是随机的。按边际是否给定来分,则有以下四种情形。

(1)单侧给定,如 n_{1+} 和 n_{2+} 都给定,则 n_{11} 和 n_{21} 都服从二项分布。

(2)只有总的样本容量 n 给定,则 n_{11}、n_{12}、n_{21}、n_{22} 是服从多项分布的随机变量。

(3)两侧都不给定(纯随机),则 n_{11}、n_{12}、n_{21}、n_{22} 都是随机变量,通常假设它们服从 Poisson 分布。

(4)两侧都给定,则 n_{11}、n_{12}、n_{21}、n_{22} 中只有一个是随机变量,它服从超几何分布。

下面逐一介绍独立性检验和拟合优度检验问题中 χ^2 检验方法。

8.2.2　独立性检验

属性 A 和 B 的独立性检验问题有以下三种情况,如表 8.6 所示。

表 8.6　四格表检验问题的假设

类　别	H_0	H_1
无方向检验		$p_1 \neq p_2$ 属性 A 与 B 不相互独立
有方向检验	$p_1 = p_2$ 属性 A 与 B 相互独立	$p_1 > p_2$ 有属性 A 的个体中有属性 B 的比例高
		$p_1 < p_2$ 有属性 A 的个体中有属性 B 的比例低

其中，$p_1 = P(B|A)$ 表示在有属性 A 的个体中有属性 B 的条件概率，$p_1 = P(B|\bar{A})$ 表示在没有属性 A 的个体中有属性 B 的条件概率。这里我们通常假定单侧 n_{1+} 和 n_{2+} 给定，n_{11} 和 n_{21} 分别服从二项分布 $B(n_{1+}, p_1)$ 和 $B(n_{2+}, p_2)$。

独立性检验通常是指四格表的无方向检验。针对独立性检验问题，我们构造如下检验统计量：

$$\chi^2 = \frac{n(n_{11}n_{22} - n_{12}n_{21})^2}{n_{1+}n_{2+}n_{+1}n_{+2}} \overset{d}{\sim} \chi^2(1) \tag{8.2}$$

给定显著性水平 α，通过查表即可获得 χ^2 分布的临界值。进一步，通过比较 χ^2 值与临界值的大小，即可做出接受还是拒绝原假设的决策。此外，我们可以给出 p-值检验方法。相应 p-值的计算公式为

$$p\text{-值} = P(\chi^2(1) \geqslant \chi^2) \tag{8.3}$$

如果 p-值 $\leqslant \alpha$，则在显著性水平 α 下拒绝原假设 H_0；如果 p-值 $> \alpha$，则在显著性水平 α 下不能拒绝原假设 H_0。

上述独立性检验仅可作为判断属性 A 和 B 是否独立的方法，而不能判断出 A 和 B 之间是否存在正向或负向关系。要回答后者，则需要给出表 8.6 中有方向检验问题的检验方法[①]。

【例 8-4】 为了解吸烟习惯与患慢性气管炎症的关系，对 339 名 50 岁以上的人进行调查。具体数据见表 8.7。

表 8.7 吸烟习惯与患慢性气管炎病的关系调查表

类别	患慢性气管炎者	未患慢性气管炎者	合计	患病率/(%)
吸烟	43	162	205	21
不吸烟	13	121	134	9.7
合计	56	283	339	16.5

在显著性水平 $\alpha = 1\%$ 下，判断吸烟习惯是否与慢性气管炎的患病率有关。

解 令 A_1 与 A_2 分别表示吸烟和不吸烟；令 B_1 与 B_2 分别表示患与不患慢性气管炎症。设 $p_1 = P(B_1|A_1)$，$p_2 = P(B_1|A_2)$。于是，吸烟习惯是否与慢性气管炎的患病率有关可以转化为假设检验问题：

$$H_0: p_1 = p_2, \qquad H_1: p_1 \neq p_2$$

进一步，计算检验统计量：

$$\chi^2 = \frac{n(n_{11}n_{22} - n_{12}n_{21})^2}{n_{1+}n_{2+}n_{+1}n_{+2}} = \frac{339 \times (43 \times 121 - 162 \times 13)^2}{205 \times 134 \times 56 \times 283} = 7.4688$$

由于显著性水平 $\alpha = 1\%$，故 $\chi^2_{0.1}(1) = 6.635$。因为 $\chi^2 > \chi^2_{0.1}(1)$，所以在显著性水平 $\alpha = 1\%$ 下拒绝原假设，即认为慢性气管炎的患病率与吸烟相关。此外，$P(\chi^2(1) \geqslant 7.4688) = 0.0063 < \alpha$，则在显著性水平 α 下拒绝原假设 H_0。

---

① 具体可以参见王静龙和梁小筠编著的《定性数据分析》中第 3.1 节内容。

8.2.3 拟合优度检验

如果样本是从总体的不同类别中分别抽取的，研究目的就是对不同类别的目标量之间是否存在显著性差异进行检验，我们将其称之为拟合优度检验，亦称为一致性检验。它是 χ^2 检验方法的一种典型应用。下面以一个例子来演示拟合优度检验。

【例 8 - 5】 为了解不同收入群体对某种特定商品是否存在相同的购买习惯，市场工作人员调查了四个不同收入组的消费者共计 527 人。购买习惯分为经常购买、不购买、有时购买等三种。调查数据如表 8.8 所示。

表 8.8　购买习惯与不同收入群体的关系调查表

购买习惯	收 入 情 况			
	低收入	偏低收入	偏高收入	高收入
经常购买	25	40	47	46
不购买	69	51	74	57
有时购买	36	26	19	37

在显著性水平 $\alpha = 10\%$ 下，检验不同收入群体的购买习惯是否存在差异。

解　若不同收入群体的购买习惯不存在差异，则这些群体的购买习惯应该是一致的。于是，假设检验问题可以表示为

H_0：$P_1 = P_2 = P_3 = P_4$，H_1：P_1、P_2、P_3 和 P_4 不全相等

由式(8.1)得

$$\chi^2 = \sum \frac{(f_0 - f_e)^2}{f_e} = 17.673$$

容易计算，自由度 $f = (R-1)(C-1) = (3-1)(4-1) = 6$。由于显著性水平 $\alpha = 10\%$，故查表得 $\chi^2_{0.1}(6) = 10.645$。因为 $\chi^2 > \chi^2_\alpha$，所以在显著性水平 $\alpha = 10\%$ 下拒绝原假设，即认为不同收入群体的购买习惯是不一致的。

除了列联表之外，拟合优度检验还可以应用于以下领域：

(1) 检验假设分布的概率。假设某因素各种分类的频数分布为某一理论分布(如正态分布)，检验实际频数与理论频数之间是否存在显著差异。

(2) 连续变量分布的拟合优度检验。针对某连续随机变量的一组观察数据，检验该随机变量是否服从某一种连续型随机分布。

8.2　列联表中相关程度的测量

在上一节中，利用 χ^2 检验方法检验两个分类变量之间的相关性，如果检验结果拒绝原假设，即表示两个分类变量之间存在相关性。接下来我们自然就需要进一步分析分类变量之间的相关程度问题。为此，本节介绍了 φ 相关系数、列联相关系数、V 相关系数等三种方法来刻画分类变量之间的相关程度。

8.3.1 φ 相关系数

φ 相关系数是刻画四格表中两个分类变量之间相关程度最常用的一种方法。其计算公式如下：

$$\varphi=\sqrt{\frac{\chi^2}{n}} \qquad (8.4)$$

这里 χ^2 是由式(8.2)计算而得的，n 为样本容量。对于四格表而言，φ 相关系数取值范围在 $0\sim1$ 之间。

接下来我们以一个简化的四格表为例(见表8.9)，来进一步分析 φ 相关系数。

表 8.9 四 格 表

变量 Y	变量 X		合计
	X_1	X_2	
Y_1	a	b	$a+b$
Y_2	c	d	$c+d$
合计	$a+c$	$b+d$	n

表中 a、b、c、d 均为条件频数。当变量 X 和 Y 相互独立时，频数之间存在如下关系：

$$\frac{a}{a+c}=\frac{b}{b+d} \qquad (8.5)$$

即 $ad=bc$。由此可见，$ad-bc$ 这个差值可以刻画变量 X 和 Y 之间相关程度的强弱。差值越大，说明两个变量之间的相关程度越高。据此，结合式(8.4)，构造 φ 相关系数如下：

$$\varphi=\sqrt{\frac{\chi^2}{n}}=\frac{ad-bc}{\sqrt{(a+b)(c+d)(a+c)(b+d)}} \qquad (8.6)$$

当 $ad=bc$ 时，则 $\varphi=0$，表明变量 X 和 Y 相互独立。

当 $b=0$，$c=0$ 时，则 $\varphi=1$，这是变量 X 和 Y 完全相关的一种情况。同理，当 $a=0$，$d=0$ 时，则 $\varphi=-1$，这也是变量 X 和 Y 完全相关的一种情况。然而，由于在列联表中变量的位置可以任意变换，因此 φ 的符号在这里没有实际意义，只是通过 $|\varphi|=1$ 表明 X 和 Y 完全相关。此时，必有某个方向对角线上的值全为零，如表8.10和表8.11所示。

表 8.10 完全相关时的四格表

变量 Y	变量 X		合计
	X_1	X_2	
Y_1	a	0	a
Y_2	0	d	d
合计	a	d	$a+d$

表 8.11 完全相关时的另一种四格表

变量 Y	变量 X		合计
	X_1	X_2	
Y_1	0	b	b
Y_2	c	0	c
合计	c	b	$b+c$

列联表某个方向对角线上的值全为 0，其含义也非常清楚。例如，变量 X 表示性别（男，女），变量 Y 表示态度（赞成，反对）。$|\varphi|=1$ 说明男性全部赞成、女性全部反对，或男性全部反对、女性全部赞成。由于现实中这种情况不常见，所以 φ 系数的取值范围在 $0\sim1$ 之间，且绝对值越大，说明变量 X 和 Y 的相关程度越高。

当列联表中的行数 R 或列数 C 大于 2 时，φ 系数将随着 R 或 C 的增大而增大，且取值没有上限。此时，φ 系数定义存在局限性。于是，我们可以采用列联相关系数来测定两个变量之间的相关程度。

8.3.2 列联相关系数

列联相关系数又称列联系数，简称为 c 系数。其计算公式如下：

$$c=\sqrt{\frac{\chi^2}{\chi^2+n}} \tag{8.7}$$

当两个变量相互独立时，则 $c=0$。当两个变量不相互独立时，c 的取值范围在 $0\sim1$ 之间（严格小于 1），其可能的最大值取决于列联表的 R 和 C，随着 R 和 C 的增大而增大。例如，当两个变量完全相关时，对于四格表，$c=0.7071$；对于 3×3 列联表，$c=0.8165$；对于 4×4 列联表，$c=0.87$。不同行数、列数的列联表系数是不能进行比较的，这是列联表系数的局限性。但由于其计算简便，且对总体分布没有任何要求，所以列联相关系数仍不失为一种适应性较广的测度值。

8.3.3 V 相关系数

对于 φ 系数无上限，c 系数小于 1 的情况，Gramer 提出了 V 相关系数。其计算公式如下：

$$V=\sqrt{\frac{\chi^2}{n\times\min\{(R-1),(C-1)\}}} \tag{8.8}$$

V 的取值在 $0\sim1$ 之间。当两个变量相互独立时，$V=0$。当两个变量完全相关时，$V=1$。易见，当列联表的行数或列数为 2 时，$V=\varphi$。

【例 8-6】 在例 8-4 中，计算 φ、c、V 三种相关系数。

解 由表 8.7 可知，χ^2 值$=7.4688$，样本容量 $n=339$。进而，有 $\min[(R-1),(C-1)]=1$。于是

$$\varphi=\sqrt{\frac{\chi^2}{n}}=\sqrt{\frac{7.4688}{339}}=0.1484$$

$$c=\sqrt{\frac{\chi^2}{\chi^2+n}}=\sqrt{\frac{7.4688}{7.4688+339}}=0.1468$$

$$V=\sqrt{\frac{\chi^2}{n\times\min[(R-1),(C-1)]}}=\sqrt{\frac{7.4688}{339\times1}}=0.1484$$

所以，φ 系数、c 系数和 V 系数分别为 0.1484、0.1468 和 0.1484。

······ **本 章 小 结** ······

本章首先介绍了统计数据的类型，包括计量数据、计数数据、名义数据和顺序数据。其中，计量数据和计数数据属于定量数据，名义数据和顺序数据属于分类数据。其次，给出了列联表的定义，并通过 $2×2$ 列联表和 $3×3$ 列联表来介绍列联表的构造方式。再次，分别针对列联表中独立性检验和拟合优度检验问题，构造相应的 χ^2 检验方法。最后，探讨了列联表中分类变量之间的相关程度问题，给出了 φ 相关系数、列联相关系数、V 相关系数等三种测度方法。

通过本章内容学习，首先要理解列联表方法的主要研究对象为分类数据和分类变量，并掌握列联表的构造方式。其次，掌握 χ^2 检验方法的步骤及其在独立性检验和拟合优度检验问题中的应用。最后，针对两个分类变量之间相关性的测度方法，重点掌握 φ 相关系数、列联相关系数、V 相关系数等三种方法，并比较其优势与不足之处。

······ **思 考 与 练 习** ······

1. 简述列联表的构造与列联表的分布。

2. 简述什么是拟合优度检验。

3. 简述什么是独立性检验。

4. 简述 χ^2 检验的计算步骤。

5. 简述 φ 系数、c 系数、V 系数的各自特点。

6. 为考察不同性别的公民对某项政治提案的态度是否一致，将随机调查的公民按性别和态度两种指标分类得到如下结果，如表 8.12 所示。

表 8.12   不同性别的公民对某项政治提案的态度指标分类   （单位：人）

性　别	态　度		
	赞成	反对	弃权
男	1154	475	243
女	1083	442	362

试问不同性别的公民对这项政治提案的态度是否有显著差别（显著性水平 $\alpha=5\%$）？

7. 某校想了解其学生的阅读习惯是否与其专业相关，随机调查了 300 个学生，调查数据如表 8.13 所示。

表 8.13 学生的阅读习惯与专业情况 （单位：人）

阅读习惯	专 业			
	经济学	历史学	计算机	英语
早上阅读	9	15	16	19
中午阅读	15	18	10	12
晚上阅读	41	44	14	9
有空阅读	24	25	12	17

在显著性水平 $\alpha = 5\%$ 下，检验学生的阅读习惯是否与专业相关。

8. 某大学针对学生在宿舍上网，准备采取一项收费措施。为了解男女学生对这一措施的看法，分别抽取了 150 名男生和 120 名女生进行调查。调查数据如表 8.14 所示。

表 8.14 男、女学生对收费措施的看法 （单位：人）

态 度	性 别		
	男学生	女学生	合计
赞成	45	42	87
反对	105	78	183
合计	150	120	270

试求：

(1) 以 $\alpha = 5\%$ 的显著性水平检验男女生对这项措施看法是否一致；

(2) 计算 α 系数、c 系数和 V 系数。

9. 为了解男性与女性关于给谁买节日礼物最难的看法，向 100 个男性和 100 个女性做调查，调查结果如表 8.15 所示。

表 8.15 男性与女性关于给谁买节日礼物最难的看法情况 （单位：人）

性别	给谁买礼物最难					
	配偶	父母	子女	兄弟姐妹	姻亲	其他亲属
男性	25	31	19	3	10	12
女性	37	28	7	8	4	16

试问男性和女性关于给谁买节日礼物最难的看法上是否有显著差异（显著性水平 $\alpha = 5\%$）？

10. 有 401 974 人志愿参加疫苗是否有效的实验，经过随机分组，处理组中有 200 745 个志愿者，对照组中有 201 229 个志愿者，处理组的人接种疫苗，对照组的人接种不含疫苗的安慰剂，实验结果如表 8.16 所示。

表 8.16　实 验 结 果　　（单位：人）

组别	人数	病例数
处理组	200 745	57
对照组	201 229	142

试问该疫苗是否有效(显著性水平 $\alpha = 5\%$)?

11. 对 72 个可以患者用两种不同的方法进行检测,检测结果如表 8.17 所示。

表 8.17　检 测 结 果　　（单位：人）

方法 1	方法 2		
	阳性	阴性	合计
阳性	28	18	46
阴性	9	17	26
合计	37	35	72

试问检测方法 1 阳性和阴性的比例是否与检测方法 2 阳性与阴性的比例相同(显著性水平 $\alpha = 5\%$)?

12. 教学改革后学生有了更多的选课自由,但学院领导在安排课程上也面临新的问题。例如,MBA 研究生班的学生选课学年之间的变化很大,去年的学生很多人选会计课,而今年的学生很多人选市场营销课。为了解学生所选课程与其专业之间的关系,学院对学生本科所学专业和 MBA 三门课程的选修课程情况作了统计。具体结果如表 8.18 所示。

表 8.18　学生本科所学专业和 MBA 三门课程的选修情况统计　　（单位：人）

类别	MBA 所选课程		
	会计	统计	市场营销
专业一	31	13	16
专业二	8	16	7
专业三	12	10	17
其他专业	10	5	7

试问：(1) 以 5% 的显著性水平检验学生本科所学专业是否影响其读 MBA 期间所选课程?

(2) 计算检验 p 值。

13. 为了解男性和女性对三种类型的啤酒:淡啤酒、普通啤酒和黑啤酒的偏好有没有差异,分别调查了 1353 个男性饮酒者和 636 个女性饮酒者。调查结果如表 8.19 所示。

表 8.19　男性和女性对啤酒的偏好情况　　　　　　（单位：人）

性　别	啤 酒 偏 好			
	淡啤酒	普通啤酒	黑啤酒	合计
男性	352	284	717	1353
女性	293	133	210	636
合计	645	417	927	1989

试问：（1）以 5% 的显著性水平检验男性与女性对这三种啤酒的偏好是否有差异；

（2）计算检验 p-值。

14. 某研究机构为了解头发和眼睛的颜色是否相关，对 592 个人的头发和眼睛的颜色进行了调查。具体调查结果如表 8.20 所示。

表 8.20　头发和眼睛的颜色的调查情况　　　　　　（单位：人）

头　发	眼　睛				
	蓝色	棕色	绿色	绿棕色	合计
黑色	20	68	5	15	108
金黄色	94	7	16	10	127
棕色	84	119	29	54	286
红色	17	26	14	14	71
合计	215	220	64	93	592

试问以 5% 的显著性水平检验头发和眼睛的颜色是否相关？

15. 计算例 8-5 中的 φ 系数、c 系数和 V 系数。

拓展阅读

第9章　方差分析

　　方差分析(Analysis of Variance，ANOVA)，是 20 世纪 20 年代由英国统计学家费雪(Ronald Aylmer Fisher)首先提出的，最初主要应用于生物和农业田间试验，后来逐渐推广应用到心理学、工程、医药、社会等众多学科领域，目前它已经成为统计学中应用最为广泛的几个研究方向之一，也是人文社会科学与自然科学理论研究及实践运用中的重要工具。在研究一个或多个定性自变量与一个数值型变量之间的关系时，方差分析就是其中的主要方法之一。本章重点讲解方差分析的基本原理和统计思想，并对单因素方差分析和双因素方差分析方法做详细介绍。

9.1　方差分析概述

9.1.1　方差分析的概念

　　方差分析是检验多个总体均值是否相等的统计方法，相对于第 7 章介绍的假设检验方法，方差分析不仅可以提高检验的效率，减少工作量，而且由于它是将所有的样本信息结合在一起，还增加了检验的稳定性和可靠性。例如，设 4 个总体的均值分别为 μ_1，μ_2，μ_3，μ_4，用第 7 章的假设检验方法，如 t 检验，一次只能研究两个样本，要检验 4 个总体的均值是否相等，需要做 6 次检验：

　　检验 1：H_0：$\mu_1 = \mu_2$；检验 2：H_0：$\mu_1 = \mu_3$；检验 3：H_0：$\mu_1 = \mu_4$

　　检验 4：H_0：$\mu_2 = \mu_3$；检验 5：H_0：$\mu_2 = \mu_4$；检验 6：H_0：$\mu_3 = \mu_4$

　　显而易见，作这样的两两比较十分麻烦，共需进行 6 次不同的检验，如果显著性水平 $\alpha = 0.05$，每次检验犯第一类错误的概率都是 0.05，作多次检验会使犯第一类错误的概率相应增加，检验完成时，犯第一类错误的概率会大于 0.05，而置信水平则会降低。一般来说，随着假设检验次数的增加，偶然因素导致差异的可能性也会增加，此时并非均值真的存在差异。方差分析方法则是同时考虑所有的样本，因此不会累计错误概率，从而以较大概率避免真实的原假设被拒绝。

　　方差分析表面上是检验多个总体均值是否相等，但实际上研究的是定性自变量对数值型因变量的影响，自变量与因变量之间有没有关系，关系的强度如何等等。方差分析的实质就是通过检验各总体的均值是否相等来判断定性自变量对数值型因变量是否存在显著影响。

9.1.2　方差分析的常用术语及数据结构

　　为更好地理解方差分析的含义，先通过一个例子来说明方差分析的有关概念以及方差分析所要解决的问题。

　　【例 9 - 1】　为扩大产品销售量，某企业拟开展广告促销活动。为此，拟定了三种广告方式,即在当地报纸上刊登广告,在当地电视台播出广告和在网络上投放广告,并选择了三个人口规模和经济发展水平以及该企业产品过去的销售量都大体相当的地区,随机地将每种广告方式安排在其中一个地区进行投放,然后在三个地区各收集了五周产品销售量数据。各地区每周的销售量资料见表 9.1。

表 9.1 各种广告方式的销售量　　　　　　　　（单位:箱)

观测序号	因素(广告方式)A		
	甲地区 A_1(报纸广告)	乙地区 A_2(电视广告)	丙地区 A_3(网络广告)
1	53	61	50
2	52	46	40
3	66	55	45
4	62	49	55
5	60	58	40

要分析三个地区产品销售量是否有显著差异,实际上就是要判断不同广告方式对销售量是否有显著影响,因为其他因素都已经控制,各地区保持一致。因此,问题最终可以归结为检验三个地区平均每周销售量是否相等。如果这些均值相等,就意味着广告方式对销售量是没有影响的,也就是说,不同广告方式之间没有显著差异;如果均值不完全相等,则意味着广告方式对销售量有影响,不同广告方式之间有显著差异。

在方差分析中,所要研究的变量称为因素或因子,它可能对因变量产生影响。因素的不同表现称为水平或处理,影响观测变量的因素有许多,如果只就某一个因素进行观测,即在其他条件都保持不变的情况下,对某一个特定因子的各种不同水平的影响作用进行统计分析,就称为单因素方差分析。如果同时考察的因素有两个,称为双因素方差分析,如果同时考察的因素有三个,称为三因素方差分析,如此等等。两个和两个以上因素的方差分析,可统称为多因素方差分析。

一般地,设所考察的因素为 A,有 m 个不同的水平,它们是 A_1,A_2,…,A_m。对因素 A 的每个水平分别进行了 n 次独立观测(每个水平下的观测次数可以不相等),得到所研究变量的观测值为 X_{ij},其中下标 $i=1,2,…,m$ 表示因素 A 的各个水平,下标 $j=1,2,…,n$ 表示各次观测,共有 nm 个观测值。将所有的观测值列在一个表中,如表 9.2 所示。对不均衡试验,各水平中的样本容量可以是不同的,一般用 n_i 表示。

表 9.2 单因素方差分析数据结构

观察序号	因素 A 的水平			
	A_1	A_2	…	A_m
1	X_{11}	X_{21}	…	X_{m1}
2	X_{12}	X_{22}	…	X_{m2}
⋮	⋮	⋮		⋮
n	X_{1n}	X_{2n}	…	X_{mn}
合计	T_1	T_2	…	T_m
平均值	$\overline{X_1}$	$\overline{X_2}$	…	$\overline{X_m}$

表9.2最后两行中，一行是合计，一行是均值，分别用 T_i，$\overline{X_i}$ 表示，即：

$$T_i = \sum_{j=1}^{n} X_{ij} \tag{9.1}$$

$$\overline{X_i} = \frac{1}{n} \sum_{j=1}^{n} X_{ij} = \frac{T_i}{n} \tag{9.2}$$

总共进行了 $m \times n$ 次观测，令 $N = mn$，用 T 表示 N 个观测值的总和，即：

$$T = \sum_{i=1}^{m} T_i = \sum_{i=1}^{m} \sum_{j=1}^{n} X_{ij} \tag{9.3}$$

用 $\overline{X}$ 表示 N 个观测值的总平均数，即：

$$\overline{X} = \frac{1}{m} \sum_{i=1}^{m} \overline{X_i} = \frac{1}{mn} \sum_{i=1}^{m} \sum_{j=1}^{n} X_{ij} = \frac{T}{N} \tag{9.4}$$

对例 9-1 而言，各 n_j 都相等，即 $n=5$。计算结果见表9.3。

表 9.3　方差分析数据结构例表

观测序号	因素(广告方式)A 的状态		
	A_1(报纸广告)	A_2(电视广告)	A_3(网络广告)
1	53	61	50
2	52	46	40
3	66	55	45
4	62	49	55
5	60	58	40
合计	293	269	230
平均数	58.6	53.8	46.0

总共有 $5 \times 3 = 15$ 个观测数据，15 个数据的总平均数为

$$\overline{X} = \frac{293 + 269 + 230}{15} = \frac{58.6 + 53.8 + 46}{3} = 52.8$$

在例 9-1 中，要分析不同广告投放方式对销售量是否有影响，所以，销售量是因变量，而广告投放方式是可能影响销售量的因素，是所要检验的对象；报纸广告、电视广告、网络广告是广告投放方式这一因素的具体表现，称为水平或处理；在每种广告投放方式下得到的样本销售量数据称为观测值。因素的每一个水平可以看作是一个总体，这里，报纸广告、电视广告、网络广告可以看作是三个总体，表 9.1 中的数据可以看作是从这三个总体中抽取的样本数据。因为只有广告投放方式一个因素，所以是单因素方差分析。

表 9.2 中每列的各个观测值是在完全相同的条件下取得的，可以看作是来自同一总体的随机变量，故同列各观测值之间的差异，可视为随机误差。如果因素 A 的各水平对各列观测值的变异没有影响，各列观测值均可视为来自同一总体，则各列的平均数应基本相

等，若有差异也是随机误差。反之，如果因素 A 的各水平对各列观测值的变异有显著影响，就不能认为是由观测的随机因素作用的结果，而应该是系统性的，即由于因素 A 的变异而引起了观测结果的数量差异。因素 A 变动的影响就是显著的。

因此，如果将表 9.2 中的 m 个列分别代表从 m 个独立的总体中抽取出来的容量为 n 的随机样本，而且这 m 个独立的总体分别服从均值为 $\mu_i (i=1, 2, \cdots, m)$、方差为 σ^2 的正态分布，则可以提出下面的统计假设：

H_0：$\mu_1 = \mu_2 = \cdots = \mu_m = \mu$；

H_1：各 $\mu_i (i=1, 2, \cdots, m)$ 至少有两个不相等。

原假设 H_0 为各个样本所来自总体的均值 μ_i，其数值相等，并等于同一正态总体平均数 μ，实际上是假设各列的样本均来自同一正态总体。备择假设 H_1 为各样本并不都是来自同一总体。我们围绕着给定的显著性水平 α 来检验这个统计假设，以接受 H_0 或接受 H_1，展开方差分析，所以方差分析是检验两个或两个以上总体的均值间差异是否显著的统计方法。虽然方差分析通常用于均值比较，但是因为比较时采用两个方差估计量的比值进行分析，使用 F 统计量进行检验，所以称为方差分析是有道理的。

9.1.3　方差分析的基本原理

要看不同广告投放方式的效果，其实就归结为一个检验问题，设 μ_i 为第 i 种广告投放方式 $i (i=1, 2, 3)$ 的平均销售量，即检验原假设：

$$H_0：\mu_1 = \mu_2 = \mu_3$$

是否为真。从样本数据观察，三个均值都不相等，报纸广告投放方式下的销售量明显较大。然而，我们并不能简单地根据这种第一印象来否定原假设，而应该分析 μ_1、μ_2、μ_3 之间差异的原因。

从表 9.1 可以看到，15 个数据各不相同，这种差异可能是由两方面的原因引起的：一是广告投放方式的影响，不同的方式会使人们产生不同消费冲动和购买欲望，从而产生不同的购买行动。这种由不同水平造成的差异，我们称为系统性差异。二是随机因素的影响，同一种广告投放方式在不同的时间销量也会不同，因为来购买的人群数量不一，经济收入不一，当班服务员态度不一，这种由随机因素造成的差异，我们称为随机性差异。两个方面产生的差异用两个方差来计量：一是 μ_1、μ_2、μ_3 之间的总体差异，即水平之间的方差；二是水平内部的方差。前者既包括系统性差异，也包括随机性差异；后者仅包括随机性差异。如果不同的水平对结果没有影响，如广告投放方式对销售量不产生影响，那么在水平之间的方差中，也就仅仅有随机性差异，而没有系统性差异，它与水平内部方差就应该接近，两个方差的比值就会接近于 1；反之，如果不同的水平对结果产生影响，在水平之间的方差中就不仅包括随机性差异，也包括系统性差异。这时，该方差就会大于水平内方差，两个方差的比值就会比 1 大，当这个比值大到某个程度时，即达到某临界点，我们就可据以作出判断，不同的水平之间存在着显著性差异。因此，方差分析就是通过对水平之间的方差和水平内部的方差的比较，做出拒绝还是不拒绝原假设的判断。

9.1.4　方差分析的基本假定

在方差分析中通常要有以下假定：首先是各样本的独立性，即各组观察数据，是从相互独立的总体中抽取的，只有是独立的随机样本，才能保证变异的可加性；其次要求所有观察值都是从正态总体中抽取的，且方差相等。在实际应用中能够严格满足这些假定条件的客观现象是很少的，在社会经济现象中更是如此。但一般应近似地符合上述要求。

在上述假设条件成立的情况下，数理统计证明，水平之间的方差(也称为组间方差)与水平内部的方差(也称组内方差)之间的比值是一个服从 F 分布的统计量，我们可以通过对这个统计量的检验做出拒绝或不能拒绝原假设的决策。

$$F = \frac{水平间方差}{水平内方差} = \frac{组间方差}{组内方差} \tag{9.5}$$

9.2　单因素方差分析

9.2.1　单因素方差分析的程序和方法

1. 离差平方和的分解

在单因素方差分析中，离差平方和有三个：

(1) 总离差平方和(Sum of Squares for Total，SST)，计算公式为

$$SST = \sum_{i=1}^{m} \sum_{j=1}^{n} (X_{ij} - \bar{X})^2 \tag{9.6}$$

总离差平方和反映全部观察值的离散状况，是全部观察值与总平均值的离差平方和。

(2) 误差项离差平方和(Sum of Squares for Error，SSE)，计算公式为

$$SSE = \sum_{i=1}^{m} \sum_{j=1}^{n} (X_{ij} - \bar{X}_i)^2 \tag{9.7}$$

误差项离差平方和又称为组内离差平方和，它反映了水平内部观察值的离散情况，即随机因素产生的影响。

(3) 水平项离差平方和(Sum of Squares for Factor A，SSA)。计算公式为

$$SSA = n \sum_{i=1}^{m} (\bar{X}_i - \bar{X})^2 \tag{9.8}$$

水平项离差平方和又称组间离差平方和，是各组平均值与总平均值的离差平方和。它既包括随机误差，也包括系统误差。

由于各样本的独立性，使得变差具有可分解性，即总离差平方和等于误差项离差平方和加上水平项离差平方和，用公式表达为

$$SST = SSE + SSA \tag{9.9}$$

对例 9-1 而言，计算结果见表 9.4。

表 9.4 单因素方差分析数据计算表

序 号	方式一	方式二	方式三	
1	53	61	50	
2	52	46	40	
3	66	55	45	
4	62	49	55	
5	60	58	40	总均值
水平均值	58.6	53.8	46.0	52.8
				合计
总离差平方	311.4	159.8	401.2	872.4
误差项离差平方	143.2	154.8	170.0	468.0
水平项离差平方	168.2	5.0	231.2	404.4

2. 均方(Mean Square)

各离差平方和的大小与观察值的多少有关,为了消除观察值多少对离差平方和大小的影响,需要将其平均,这就是均方。计算方法是用离差平方和除以相应的自由度 df,如表 9.5 所示。该表一般称为方差分析表。

表 9.5 方差分析表

方差来源	离差平方和	df	均方 MS	F
组间	SSA	$m-1$	$\text{MSA}=\text{SSA}/(m-1)$	MSA/MSE
组内	SSE	$m(n-1)$	$\text{MSE}=\text{SSE}/m(n-1)$	
总方差	SST	$nm-1$		

3. 构造检验统计量 F

$$F=\frac{\text{组间方差}}{\text{组内方差}}=\frac{\text{MSA}}{\text{MSE}} \tag{9.10}$$

对例 9-1 而言,计算结果见表 9.6。

表 9.6 单因素方差分析表

方差来源	离差平方和	df	均方 MS	F
组间	404.4	2	202.2	5.18
组内	468.0	12	39.0	
总方差	872.4	14		

4. 判断与结论

在假设条件成立时，F 统计量服从第一自由度 df_1 为 $m-1$、第二自由度 df_2 为 $m(n-1)$ 的 F 分布。将统计量 F 与给定的显著性水平 α 的临界值 $F_\alpha(m-1, nm-m)$ 比较，可以作出拒绝或不能拒绝原假设 H_0 的决策，如图 9.1 所示。

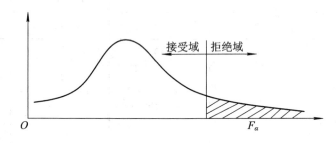

图 9.1　F 检验示意图

若 $F \geqslant F_\alpha$，则拒绝原假设 H_0，表明均值之间的差异显著，因素 A 对观察值有显著影响；

若 $F < F_\alpha$，则不能拒绝原假设 H_0，表明均值之间的差异不显著，因素 A 对观察值没有显著影响。

例 9.1 中，$F = 5.18$，若 α 取 0.05，则临界值 $F_{0.05}(2, 12) = 3.89$。由于 $F > F_\alpha$，故应拒绝原假设，广告投放方式对销售量有影响。

9.2.2　方差分析中的多重比较

方差分析可以对多个均值是否相等进行检验，这是其长处。当拒绝 H_0 时，表示各均值不全相等，但具体哪一个或哪几个均值与其他均值显著不同，或者哪几个均值仍然可能认为是相等的，方差分析就不能给我们答案了，如果要进一步分析，可以采用多重比较的方法。

多重比较是通过对总体均值之间的配对比较来进一步检验到底哪些均值之间存在差异。

多重比较方法有十几种，但以 Fisher 提出的最小显著差异方法(Least Significant Difference, LSD)使用最多，该方法可用于判断到底哪些均值之间有差异。

LSD 方法是对检验两个总体均值是否相等的 t 检验方法的应用，它来源于第 7 章公式：

$$t = \frac{(\bar{x}_1 - \bar{x}_2) - (\mu_1 - \mu_2)}{s_p \sqrt{\dfrac{1}{n_1} + \dfrac{1}{n_2}}}$$

多重比较的步骤：

1. 提出假设

$H_0: \mu_i = \mu_j$（第 i 个总体的均值等于第 j 个总体的均值）

$H_1: \mu_i \neq \mu_j$（第 i 个总体的均值不等于第 j 个总体的均值）

2. 计算检验统计量

公式中的 s_p 是根据两个总体的样本资料计算的，对这里的多个总体进行比较时需要

用 MSE。于是统计量改造为

$$t = \frac{(\bar{x}_i - \bar{x}_j) - (\mu_i - \mu_j)}{\sqrt{\mathrm{MSE}\left(\dfrac{1}{n_i} + \dfrac{1}{n_j}\right)}} \tag{9.11}$$

当 $\mu_i = \mu_j$ 时，t 服从 $t(nm - m)$。因此，采用 t 检验。

3. 做出判断

若 $|t| > t_{\frac{\alpha}{2}}$，拒绝 H_0；若 $|t| < t_{\frac{\alpha}{2}}$，不能拒绝 H_0。

对例 9.1 而言，若假定 α 为 0.05，查表得 $t_{0.025}(12) = 2.18$，可进行方差分析的多重比较如下：

第 1 步：提出假设，即

检验 1：H_0：$\mu_1 = \mu_2$

检验 2：H_0：$\mu_1 = \mu_3$

检验 3：H_0：$\mu_2 = \mu_3$

第 2 步：计算检验统计量。

根据之前计算结果，$\mathrm{MSE} = 39.0$，$n = 5$，故

$t_1 = 1.22$

$t_2 = 3.19$

$t_3 = 1.97$

第 3 步：做出决策。

$t_1 = 1.22 < t_{0.025}(12) = 2.18$，不拒绝原假设，不能认为报纸广告投放方式与电视广告投放方式的效果有显著差异；

$t_2 = 3.19 > t_{0.025}(12) = 2.18$，拒绝原假设，报纸广告投放方式与网络广告投放方式的效果有显著差异；

$t_3 = 1.97 < t_{0.025}(12) = 2.18$，不拒绝原假设，不能认为网络广告投放方式与电视广告投放方式的效果有显著差异。

9.3 双因素方差分析

9.3.1 双因素方差分析的种类

在现实中，常常会遇到两个因素同时影响结果的情况。这就需要检验究竟是一个因素起作用，还是两个因素都起作用，或者两个因素的影响都不显著。

双因素方差分析有两种类型：一种是无交互作用的双因素方差分析，它假定因素 A 和因素 B 的效应之间是相互独立的，不存在相互关系，也称为无重复双因素方差分析；另一种是有交互作用的方差分析，它假定 A、B 两个因素不是独立的，而是相互起作用的，两个因素同时起作用的结果不是两个因素分别作用的简单相加，两者的结合会产生一个新的效应。这种效应的最典型的例子是，耕地深度和施肥量都会影响产量，但同时深耕和适当的施肥可能使产量成倍增加，这时，耕地深度和施肥量就存在交互作用。两个因素结合后就会产生一个新的效应，属于有交互作用的方差分析问题，也称为可重复双因素方差分析。

9.3.2 无交互作用的双因素方差分析

1. 数据结构

设两个因素分别是 A 和 B。因素 A 共有 r 个水平，因素 B 共有 s 个水平，无交互作用的双因素方差分析的数据结构如表 9.7 所示。

表 9.7 无交互作用双因素方差分析的数据结构

i		j 因素 B				
		B_1	B_2	$\cdots$	B_s	均值
因素 A	A_1	x_{11}	x_{12}	$\cdots$	x_{1s}	$\bar{x}_1.$
	A_2	x_{21}	x_{22}	$\cdots$	x_{2s}	$\bar{x}_2.$
	$\vdots$	$\vdots$	$\vdots$	$\vdots$	$\vdots$	$\vdots$
	A_r	x_{r1}	x_{r2}	$\cdots$	x_{rs}	$\bar{x}_r.$
	均值	$\bar{x}._1$	$\bar{x}._2$	$\cdots$	$\bar{x}._s$	

2. 分析步骤

1）模型与建立假设

方差分析模型如下：

$$x_{ij} = \mu + \alpha_i + \beta_j + \varepsilon_{ij} \tag{9.12}$$

其中，x_{ij} 表示第 i 组的第 j 个观察值；μ 表示总体的平均水平；a_i 表示影响因素 A 在 i 水平下对应变量的附加效应，β_j 表示影响因素 B 在 j 水平下对应变量的附加效应，并满足：$\sum_{j=1}^{r} \alpha_j = 0$ 和 $\sum_{i=1}^{s} \beta_i = 0$；$\varepsilon_{ij}$ 为一个服从正态分布 $N(0, \sigma^2)$ 的随机变量，代表随机误差。我们检验因素 A 是否起作用实际上就是检验各个 a_j 是否均为 0，如都为 0，则因素 A 所对应的各组总体均数都相等，即因素 A 的作用不显著；对因素 B，也是这样。因此原假设有两个：

对因素 A：

$$H_{01}: \alpha_i = 0; \ H_{11}: \alpha_i \text{ 不全为零}$$

等价于

$$H_{01}: \mu_{1g} = \mu_{2g} = \cdots = \mu_{rg}; \ H_{11}: \mu_{1g}, \mu_{2g}, \cdots, \mu_{rg} \text{ 不全等}$$

对因素 B：

$$H_{02}: \beta_j = 0; \ H_{12}: \beta_j \text{ 不全为零}$$

等价于

$$H_{02}: \mu_{g1} = \mu_{g2} = \cdots = \mu_{gs}; \ H_{12}: \mu_{g1}, \mu_{g2}, \cdots, \mu_{gs} \text{ 不全等}$$

2）构造检验 F 统计量

（1）水平的均值：

$$\bar{x}_{ig} = \frac{\sum_{j=1}^{s} x_{ij}}{s} \tag{9.13}$$

$$\bar{x}_{gj} = \frac{\sum_{i=1}^{r} x_{ij}}{r} \tag{9.14}$$

（2）总均值：

$$\bar{\bar{x}} = \frac{\sum_{i=1}^{r} \sum_{j=1}^{s} x_{ij}}{rs} = \frac{\sum_{i=1}^{r} \bar{x}_{ig}}{r} = \frac{\sum_{j=1}^{s} \bar{x}_{gj}}{s} \tag{9.15}$$

（3）离差平方和的分解。双因素方差分析同样要对总离差平方和 SST 进行分解，SST 分解为三部分：SSA、SSB 和 SSE，以分别反映因素 A 的组间差异、因素 B 的组间差异和随机误差的离散状况。它们的计算公式分别为

$$SST = \sum_{i=1}^{r} \sum_{j=1}^{s} (x_{ij} - \bar{\bar{x}})^2 \tag{9.16}$$

$$SSA = \sum_{i=1}^{r} s\,(\bar{x}_{ig} - \bar{\bar{x}})^2 \tag{9.17}$$

$$SSB = \sum_{j=1}^{s} r\,(\bar{x}_{gj} - \bar{\bar{x}})^2 \tag{9.18}$$

$$SSE = SST - SSA - SSB \tag{9.19}$$

（4）构造检验统计量。由平方和与自由度可以计算出均方，从而计算出 F 检验值，如表 9.8 所示。

表 9.8　无交互作用的双方差分析表

方差来源	离差平方和	df	均方 MS	F
因素 A	SSA	$r-1$	$MSA = SSA/(r-1)$	MSA/MSE
因素 B	SSB	$s-1$	$MSB = SSE/(n-r)$	MSB/MSE
误差	SSE	$(r-1)(s-1)$	$MSE = SSE/(r-1)(s-1)$	
总方差	SST	$n-1$		

为检验因素 A 的影响是否显著，采用下面的统计量：

$$F_A = \frac{MSA}{MSE} : F_a(r-1,\ n-r-s+1) \tag{9.20}$$

为检验因素 B 的影响是否显著，采用下面的统计量：

$$F_B = \frac{MSB}{MSE} : F_a(s-1,\ n-r-s+1) \tag{9.21}$$

3）判断与结论

根据给定的显著性水平 α 在 F 分布表中查找相应的临界值 F_a，将统计量 F 与 F_a 进行比较，作出拒绝或不能拒绝原假设 H_0 的决策。

若 $F_A \geqslant F_a$，则拒绝原假设 H_{01}，表明均值之间有显著差异，即因素 A 对观察值有显著影响；

若 $F_A < F_a$，则不能拒绝原假设 H_{01}，表明均值之间的差异不显著，即因素 A 对观察值没有显著影响；

若 $F_B \geqslant F_a$，则拒绝原假设 H_{02}，表明均值之间有显著差异，即因素 B 对观察值有显著

影响。

若 $F_B < F_\alpha$，则不能拒绝原假设 H_{02}，表明均值之间的差异不显著，即因素 B 对观察值没有显著影响。

3. 实例

【例 9 - 2】 某公司想知道产品销售量与销售方式及销售地点是否有关，随机抽样得表 9.9 资料，以 0.05 的显著性水平进行检验。

表 9.9 某公司产品销售方式及销售地点所对应的销售量

类别	地点一	地点二	地点三	地点四	地点五
方式一	77	86	81	88	83
方式二	95	92	78	96	89
方式三	71	76	68	81	74
方式四	80	84	79	70	82

解 我们可以按上述的步骤完成检验，但计算工作量很大。这里利用 Excel 的分析工具。

首先针对问题，作原假设和备择假设：

对因素 A：

$$H_{01}: \mu_{1g} = \mu_{2g} = \cdots = \mu_{4g}, \quad H_{11}: \mu_{1g}, \mu_{2g}, \cdots, \mu_{4g} \text{不全等}$$

对因素 B：

$$H_{02}: \mu_{g1} = \mu_{g2} = \cdots = \mu_{g5}, \quad H_{12}: \mu_{g1}, \mu_{g2}, \cdots, \mu_{g5} \text{不全等}$$

Excel 解决方案

(1) 将数据输入工作表中；

(2) 选择菜单"工具"→"数据分析"，打开"数据分析"对话框；

(3) 选择其中的"方差分析：无重复双因素分析"，打开对话框，如图 9.2 所示。

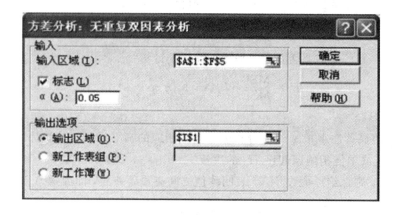

图 9.2 "方差分析：无重复双因素方差分析"分析工具对话框

(4) 正确填写相关信息后，点击"确定"，结果在 I1 到 O22 这个区域内显示，如图 9.3 所示。

	A	B	C	D	E	F	G	H	I	J	K	L	M	N	O
1		地点一	地点二	地点三	地点四	地点五	均值		方差分析：无重复双因素分析						
2	方式一	77	86	81	88	83	83.00								
3	方式二	95	92	78	96	89	90.00		SUMMARY	计数	求和	平均	方差		
4	方式三	71	76	68	81	74	74.00		方式一	5	415	83	18.5		
5	方式四	80	84	79	70	82	79.00		方式二	5	450	90	52.5		
6	均值	80.75	84.50	76.50	83.75	82.00	81.50		方式三	5	370	74	24.5		
7									方式四	5	395	79	29		
8															
9									地点一	4	323	80.75	104.25		
10									地点二	4	338	84.5	43.66667		
11									地点三	4	306	76.5	33.66667		
12									地点四	4	335	83.75	121.5833		
13									地点五	4	328	82	38		
14															
15															
16									方差分析						
17									差异源	SS	df	MS	F	P-value	F crit
18									行	685	3	228.3333	8.094535	0.003247	3.4903
19									列	159.5	4	39.875	1.413589	0.288144	3.25916
20									误差	338.5	12	28.20833			
21															
22									总计	1183	19				

图 9.3　"方差分析：无重复双因素方差分析"结果截图

结论：

(1) $F_A \geqslant F_\alpha$，因此拒绝原假设 H_{01}，即销售方式对销售量有影响；

(2) $F_B < F_\alpha$，因此不能拒绝原假设 H_{02}，即销售地点对销售量的影响不显著。

9.3.3　有交互作用的双因素方差分析

1. 数据结构

设两个因素分别是 A 和 B，因素 A 共有 r 个水平，因素 B 共有 s 个水平，为对两个因素的交互作用进行分析，每组试验条件的试验至少要进行两次，若对每个水平组合水平下 (A_j, B_i) 重复 t 次试验，每次试验的结果用 x_{ijk} 表示，那么有交互作用的双因素方差分析的数据结构如表 9.10 所示。

表 9.10　有交互作用双因素方差分析的数据结构

		i			
j		因素 B			
		B_1	$\cdots$	B_s	均值
因素 A	A_1	$x_{111}, x_{112}, \cdots, x_{11t}$	$\cdots$	$x_{1s1}, x_{1s2}, \cdots, x_{1st}$	$\overline{x}_1.$
	A_2	$x_{211}, x_{212}, \cdots, x_{21t}$	$\cdots$	$x_{2s1}, x_{2s2}, \cdots, x_{2st}$	$\overline{x}_2.$
	$\vdots$	$\vdots$	$\vdots$	$\vdots$	$\vdots$
	A_r	$x_{r11}, x_{rs12}, \cdots, x_{r1t}$	$\cdots$	$x_{rs1}, x_{rs2}, \cdots, x_{rst}$	$\overline{x}_r.$
	均值	$\overline{x}._1$	$\cdots$	$\overline{x}._s$	

2. 分析步骤

1) 模型与建立假设

方差分析模型如下：

$$x_{ijk} = \mu + \alpha_i + \beta_j + (\alpha\beta)_{ij} + \varepsilon_{ijk} \qquad (9.22)$$

其中，x_{ijk} 表示第 ij 组中的第 k 个观察值；μ 表示总体的平均水平；a_i 表示影响因素 A 在 i

水平下对应变量的附加效应，β_j 表示影响因素 B 在 j 水平下对应变量的附加效应，$(\alpha\beta)_{ij}$ 为两者的交互效应，并满足：$\sum\limits_{i=1}^{r} \alpha_i = 0$，$\sum\limits_{j=1}^{s} \beta_j = 0$ 和 $\sum\limits_{i=1}^{r} (\alpha\beta)_{ij} = 0$，$\sum\limits_{j=1}^{s} (\alpha\beta)_{ij} = 0$；$\varepsilon_{ijk}$ 为一个服从正态分布 $N(0，\sigma^2)$ 的随机变量。与前面的分析思路相同，检验因素 A、因素 B 以及两者的交互效应是否起作用实际上就是检验各个 a_j、β_i 以及 $(\alpha\beta)_{ij}$ 是否均为 0。故原假设有三个：

对因素 A：
$$H_{01}: \alpha_i = 0; \quad H_{11}: \alpha_i \text{ 不全为零}$$

对因素 B：
$$H_{02}: \beta_j = 0; \quad H_{12}: \beta_j \text{ 不全为零}$$

对因素 A 和 B 的交互效应：
$$H_{03}: (\alpha\beta)_{ij} = 0; \quad H_{13}: (\alpha\beta)_{ij} \text{ 不全为零}$$

2）构造检验 F 统计量

（1）水平的均值：

$$\bar{x}_{ij} = \frac{\sum\limits_{k=1}^{t} x_{ijk}}{t} \tag{9.23}$$

$$\bar{x}_{gi} = \frac{\sum\limits_{j=1}^{s} \sum\limits_{k=1}^{t} x_{ijk}}{st} \tag{9.24}$$

$$\bar{x}_{jg} = \frac{\sum\limits_{i=1}^{r} \sum\limits_{k=1}^{t} x_{ijk}}{rt} \tag{9.25}$$

（2）总均值：

$$\bar{\bar{x}} = \frac{\sum\limits_{i=1}^{r} \sum\limits_{j=1}^{s} \sum\limits_{k=1}^{t} x_{ijk}}{rst} = \frac{\sum\limits_{i=1}^{r} \bar{x}_{gr}}{r} = \frac{\sum\limits_{j=1}^{s} \bar{x}_{jg}}{s} \tag{9.26}$$

（3）离差平方和的分解。与无交互作用的双因素方差分析不同，总离差平方和 SST 将被分解为四个部分：SSA、SSB、SSAB 和 SSE，以分别反映因素 A 的组间差异、因素 B 的组间差异、因素 AB 的交互效应和随机误差的离散状况。

它们的计算公式分别为

$$\text{SST} = \sum\limits_{i=1}^{r} \sum\limits_{j=1}^{s} \sum\limits_{k=1}^{t} (x_{ijk} - \bar{\bar{x}})^2 \tag{9.27}$$

$$\text{SSA} = \sum\limits_{i=1}^{r} st \, (\bar{x}_{gi} - \bar{\bar{x}})^2 \tag{9.28}$$

$$\text{SSB} = \sum\limits_{j=1}^{s} rt \, (\bar{x}_{jg} - \bar{\bar{x}})^2 \tag{9.29}$$

$$\text{SSAB} = \sum\limits_{i=1}^{r} \sum\limits_{j=1}^{s} t \, (\bar{x}_{ij} - \bar{x}_{ig} - \bar{x}_{jg} + \bar{\bar{x}})^2 \tag{9.30}$$

$$\text{SSE} = \sum\limits_{i=1}^{r} \sum\limits_{j=1}^{s} \sum\limits_{k=1}^{t} (x_{ijk} - \bar{x}_{ij})^2 \tag{9.31}$$

（4）构造检验统计量。由平方和与自由度可以计算出均方，从而计算出 F 检验值，如

表 9.11 所示。

表 9.11 有交互作用的双方差分析表

方差来源	离差平方和	df	均方 MS	F
因素 A	SSA	$r-1$	$\text{MSA}=\text{SSA}/(r-1)$	MSA/MSE
因素 B	SSB	$s-1$	$\text{MSB}=\text{SSE}/(n-r)$	MSB/MSE
因素 $A\times B$	SSAB	$(r-1)(s-1)$	$\text{MSAB}=\text{SSAB}/(r-1)(s-1)$	MSAB/MSE
误差	SSE	$rs(t-1)$	$\text{MSE}=\text{SSE}/rs(t-1)$	—
总方差	SST	$n-1$	—	—

为检验因素 A 的影响是否显著，采用下面的统计量：

$$F_A=\frac{\text{MSA}}{\text{MSE}}\sim F_\alpha(r-1,\ n-rs) \tag{9.32}$$

为检验因素 B 的影响是否显著，采用下面的统计量：

$$F_B=\frac{\text{MSB}}{\text{MSE}}\sim F_\alpha(s-1,\ n-rs) \tag{9.33}$$

为检验因素 A、B 交互效应的影响是否显著，采用下面的统计量：

$$F_{AB}=\frac{\text{MSAB}}{\text{MSE}}\sim F_\alpha(n-r-s+1,\ n-rs) \tag{9.34}$$

（5）判断与结论。根据给定的显著性水平 α 在 F 分布表中查找相应的临界值 F_α，将统计量 F 与 F_α 进行比较，作出拒绝或不能拒绝原假设 H_0 的决策。

若 $F_A \geqslant F_\alpha(r-1,\ n-rs)$，则拒绝原假设 H_{01}，表明因素 A 对观察值有显著影响；

若 $F_B \geqslant F_\alpha(s-1,\ n-rs)$，则拒绝原假设 H_{02}，表明因素 B 对观察值有显著影响；

若 $F_{AB} \geqslant F_\alpha(n-r-s+1,\ n-rs)$，则拒绝原假设 H_{03}，表明因素 A、B 的交互效应对观察值有显著影响。

3. 实例

【例 9-3】 电池的板极材料与使用的环境温度对电池的输出电压均有影响。今材料类型与环境温度都取了三个水平，测得输出电压数据如表 9.12 所示，问不同材料、不同温度及它们的交互作用对输出电压有无显著影响（$\alpha=0.05$）。

表 9.12 材料与环境温度的输出电压影响的测试表

材料类型	环境温度					
	15℃		25℃		35℃	
1	130	155	34	40	20	70
	174	180	80	75	82	58
2	150	188	136	122	25	70
	159	126	106	115	58	45
3	138	110	174	120	96	104
	168	160	150	139	82	60

解 我们利用 Excel 的分析工具。

首先针对问题，作原假设和备择假设：

对因素 A：

$$H_{01}: \alpha_i = 0; \ H_{11}: \alpha_i \text{ 不全为零}$$

对因素 B：

$$H_{02}: \beta_j = 0; \ H_{12}: \beta_j \text{ 不全为零}$$

对因素 A 和 B 的交互效应：

$$H_{03}: (\alpha\beta)_{ij} = 0; \ H_{13}: (\alpha\beta)_{ij} \text{ 不全为零}(i, j = 1, 2, 3)$$

Excel 解决方案：

(1) 将数据输入工作表中。

(2) 选择菜单"工具"→"数据分析"，打开"数据分析"对话框。

(3) 选择其中的"方差分析：无重复双因素分析"，打开对话框，如图 9.4 所示。

图 9.4 "方差分析：可重复双因素方差分析"分析工具对话框

(4) 正确填写相关信息后，点击"确定"，结果在 F1 到 L36 这个区域内显示，如图 9.5 所示。

	A	B	C	D	E	F	G	H	I	J	K	L
1			环境温度				方差分析：可重复双因素分析					
2			15℃	25℃	35℃							
3	材料1	130	34	20		SUMMARY	15℃	25℃	35℃	总计		
4		155	40	70		材料1						
5		174	80	82		计数	4	4	4	12		
6		180	75	58		求和	639	229	230	1098		
7	材料2	150	136	25		平均	159.75	57.25	57.5	91.5		
8		188	122	70		方差	506.917	556.917	721	3027.55		
9		159	106	58								
10		126	115	43		材料2						
11	材料3	138	174	96		计数	4	4	4	12		
12		110	120	104		求和	623	479	198	1300		
13		168	150	82		平均	155.75	119.75	49.5	108.333		
14		160	139	60		方差	658.25	160.25	371	2447.52		
15												
16						材料3						
17						计数	4	4	4	12		
18						求和	576	583	342	1501		
19						平均	144	145.75	85.5	125.083		
20						方差	674.667	508.25	371.667	1279.17		
21												
22						总计						
23						计数	12	12	12			
24						求和	1838	1291	770			
25						平均	153.167	107.583	64.1667			
26						方差	549.97	1838.99	659.061			
27												
28												
29						方差分析						
30						差异源	SS	df	MS	F	P-value	F crit
31						样本	6767.06	2	3383.53	6.72682	0.00426	3.35413
32						列	47535.4	2	23767.7	47.2527	1.5E-09	3.35413
33						交互	13180.4	4	3295.11	6.55104	0.00081	2.72777
34						内部	13580.8	27	502.991			
35												
36						总计	81063.6	35				

图 9.5 "方差分析：可重复双因素方差分析"结果截图

结论：因为 $F_A=6.73$，$F_a=3.35$，$F_A>F_a$ 或 p -值＝0.0043＜0.05，所以拒绝原假设 H_{01}，即材料对输出电压的影响显著；

因为 $F_B=47.25$，$F_a=3.35$，$F_B>F_a$ 或 p -值＝0.0000＜0.05，所以拒绝原假设 H_{02}，即环境温度对输出电压的影响显著；

因为 $F_{AB}=6.55$，$F_a=2.72$，$F_{AB}>F_a$ 或 p -值＝0.0008＜0.05，所以拒绝原假设 H_{03}，即材料与温度的交互对输出电压的影响显著。

◆◆◆◆◆ 本 章 小 结 ◆◆◆◆◆

本章首先介绍了方差分析的概念、种类和基本原理，方差分析是检验多个总体均值是否相等的统计方法；其次介绍了单因素方差分析的原理和方法，研究的是一个分类自变量与一个数值型因变量之间的关系；最后介绍了双因素方差分析，包括无交互作用的双因素方差分析和有交互作用的双因素方差分析。

通过本章的学习，首先要理解和掌握方差分析的基本概念和原理；其次要掌握方差分析的应用条件，正确运用方差分析的方法和步骤处理和解决实际中的各种问题；最后要学会和掌握运用计算机软件进行方差分析的操作方法。

◆◆◆◆◆ 思 考 与 练 习 ◆◆◆◆◆

1. 简述方差分析的基本思想。
2. 根据方差分析表说明方差分析的步骤。
3. 要检验多个总体均值是否相等时，为什么不作两两比较，而用方差分析方法？
4. 方差分析包括哪些类型？它们有何区别？
5. 请解释因素和水平的概念。
6. 考虑方差分析中需要的主要指标，列示单因素和双因素方差分析的方差分析表。
7. 在方差分析中如何决定是否接受原假设？写出两种方法的判断式。
8. 方差分析中多重比较的作用是什么？
9. 如何应用双因素方差分析？试举例说明。
10. 双因素方差分析中无交互作用与有交互作用分析有什么区别？
11. 从三个总体中各抽取容量不同的样本数据，结果如表 9.13 所示。检验三个总体的均值之间是否有显著差异（$\alpha=0.01$）。

表 9.13　来自三个总体的样本数据

样本 1	样本 2	样本 3
158	153	169
148	142	158
161	156	180
154	149	—
169	—	—

12. 某 SARS 研究所对 31 名志愿者进行某项生理指标测试,结果如表 9.14 所示。

表 9.14　31 名志愿者某项生理指标测试结果

SARS 患者	1.8	1.4	1.5	2.1	1.9	1.7	1.8	1.9	1.8	1.8	2.0
疑似者	2.3	2.1	2.1	2.1	2.6	2.5	2.3	2.4	2.4	—	—
非患者	2.9	3.2	2.7	2.8	2.7	3.0	3.4	3.0	3.4	3.3	3.5

问:(1) 这三类人的该项生理指标有差别吗($\alpha = 0.05$)?

(2) 如果有差别,请进行多重比较分析($\alpha = 0.05$)。

13. 将 24 家生产产品大致相同的企业,按资金量大小分为三类,各公司的每百元销售收入的生产成本如表 9.15 所示。这些数据能否说明三类公司的生产成本有差异(假定生产成本服从正态分布,且方差相同)($\alpha = 0.05$)?

表 9.15　各公司每百元销售收入分生产成本

资金量/万元		20~30	30~50	50 以上
生产成本/元	1	69	75	77
	2	72	76	80
	3	70	72	75
	4	76	70	86
	5	72	80	74
	6	72	68	86
	7	66	80	80
	8	72	74	83

14. 为了解三种不同配比的饲料对仔猪影响的差异,对三种不同品种的猪各选三头进行试验,分别测得其三个月间体重增加量,如表 9.16 所示。假定其体重增加量服从正态分布,且方差相同。试分析不同饲料与不同品种对猪的生长有无显著差异($\alpha = 0.05$)。

表 9.16　三种不同品种的猪的三个月体重增加量　　　　（单位:kg）

体重增量		因素 B		
		B_1	B_2	B_3
因素 A	A_1	30	31	32
	A_2	31	36	32
	A_3	27	29	28

15. 比较 3 种化肥(A、B 两种新型化肥和传统化肥)施撒在三种类型(酸性、中性和碱性)的土地上对作物的产量情况有无差别,将每块土地分成 6 块小区,施用 A、B 两种新型

化肥和传统化肥。收割后，测量各组作物的产量，得到的数据如表 9.17 所示。化肥、土地类型及其它们的交互作用对作物产量有影响吗($\alpha=0.05$)？

表 9.17 施用不同化肥后各组作物的产量　　　　　（单位：kg）

化肥种类	土地		
	酸性	中性	碱性
A	30，35	31，32	32，30
B	31，32	36，35	32，30
传统	27，25	29，27	28，25

拓展阅读

第 10 章　相关与回归分析

在客观现象中，变量之间可能存在着完全确定的关系，也可能是不完全确定的关系。例如，圆半径将决定圆面积的大小，二者间就是确定的关系，即函数关系；而气体的压强与它的温度、体积有关；粮食产量与施肥量、降雨量有关，广告费支出与销售量有关等，这些变量间的关系就是不完全确定的，我们称之为相关关系。统计分析的目的在于如何根据统计数据确定变量间的关系形态及其关联的程度，并探索其内在的数量规律。因此，本章第一部分将重点对如何度量变量间的相关关系展开具体介绍，基于此，重点讲解如何用数学模型对变量间相互关系的性质和程度给予描述和测定。

10.1　变量间的相关关系

10.1.1　函数关系和相关关系

客观现象总是普遍联系、相互依存、相互制约的，当我们用变量来反映这些客观现象的数量特征时，便表现为变量之间的依存关系。通常来说，客观现象间的数量联系存在着两种关系：即函数关系和相关关系。

1. 函数关系

函数关系是指变量之间存在着严格确定的依存关系，在这种关系中，当一个或几个变量取一定的值时，另一变量有确定值与之相对应，并且这种关系可以用数学表达式来表示。也就是说，如果存在两个变量 X，Y 是函数关系，那么变量间是一一对应的确定关系，其中变量 Y 随变量 X 一起变化，并完全依赖于 X。如果用图形来表示的话，所有 (X, Y) 观测点均落在一条线上。例如，某种产品的总成本 C 与该产品的产量 Q 以及其单位成本 P 之间的关系可用 $C = PQ$ 表示，这就是一种函数关系。通常把作为影响因素的变量 X 称为自变量，把发生相应变化的变量 Y 称为因变量。在本例中，C 是因变量，P 与 Q 则是自变量。

2. 相关关系

相关关系是指变量之间存在一定的相依关系，但又不是确定的和严格依存的。当一个或几个相互联系的变量取一定数值时，与之相对应的变量就会有若干个数值与之相对应，从而表现出一定的波动性。也就是说，假设两个变量 X，Y，当变量 X 取某个值时，变量 Y 的取值可能有几个，二者间的关系并不能用函数关系精确表达。若用图形来表示的话，(X, Y) 观测点是分布在某条曲线(包括直线)周围的。现实中客观事物间存在着许多的相关关系，例如商品流转规模与流通费用的关系，家庭收入与消费支出的关系，收入水平与受教育程度的关系等都属于相关关系，在统计中所研究的就是这种相关关系。

函数关系和相关关系之间并不存在严格的界限。由于有测量误差等原因，函数关系在实际中往往通过相关关系表现出来；反之，当对现象之间的内在联系和规律性了解得更加清楚深刻的时候，相关关系也可能转化为函数关系。因此，相关关系经常可以用一定的函数形式给予近似的描述。

10.1.2　相关关系的种类

客观现象间的相关关系相当复杂，表现为各种形态，可以按不同的标准加以划分。

1. 按相关程度划分，可分为完全相关、不完全相关和完全不相关

当一种现象的数量变化完全由另一个现象的数量变化所确定时，这两种现象之间的关系为完全相关，例如，圆的周长由圆的半径决定，此时相关关系即为函数关系。当两个现象彼此互不影响，其数量变化各自独立时，这两个现象之间的关系为完全不相关或零相关。例如，学生考试成绩与其身高是完全不相关的。若两个现象之间的关系介于完全相关和完全不相关之间，就称为不完全相关，一般的相关现象都是指这种不完全相关。

2. 按相关形式划分，可以分为线性相关和非线性相关

当一个变量发生变动，另一个变量随之发生大致均等的变动（增加或减少），从图形上看，其观测点的分布近似表现为直线形式，即线性相关。例如人均收入水平和人均消费水平通常呈线性关系。而当一个变量发生变动，另一个变量随之发生并非均等的变动（增加或减少），从图形上看，其观察点的分布表现为各种不同的曲线形式，这种相关关系称为非线性相关。例如单位产品成本和产品产量就是一种非线性相关。

3. 按相关方向划分，可分为正相关和负相关

两个相关现象间，当一个变量的数值增加（或减少）时，另一个变量的数值也随之增加（或减少），这种相关关系称为正相关。例如，家庭消费水平随收入的增加而增加等。当一个变量的数值增加（或减少）时，而另一个变量的数值却呈减少（或增加）变化，这种相关称为负相关。例如劳动生产率愈高，单位产品成本愈低。

4. 按相关关系涉及的因素多少划分，分为单相关、复相关和偏相关

单相关又称一元相关，是指两个变量之间的相关关系，如居民储蓄与居民家庭收入两个变量间的关系。复相关又称多元相关，是指三个或三个以上变量之间的相关关系。例如商品的需求与收入水平和商品价格水平之间的关系便是一种复相关。当某一变量与多个变量相关时，假定其他变量不变，考察其中两个变量的相关关系称为偏相关。例如在假定收入水平不变的条件下，商品价格水平与商品需求的关系就是一种偏相关。

10.1.3　相关关系的判断与测度

相关分析是对两个变量间线性关系的描述与度量，常用相关表或相关图的形式，对现象之间存在的相关关系的方向、形式和密切程度做出直观的、大致的判断。如果二者之间是线性关系，则可以利用简单相关系数测度两个变量间的关系强度，并对相关系数进行显著性检验，判断两变量是否存在显著的相关性。本部分将围绕测度变量间相关关系常用的方法展开讨论。

1. 相关表

研究现象之间的依存关系，首先要通过实际调查取得一系列成对的数据，作为相关分析的原始资料。将某一变量按其数值的大小顺序排列，然后再将与其相关的另一变量的对应值平行排列，便可得到简单的相关表。

【例 10 - 1】　对某公司 10 年来广告费支出与销售收入间的关系进行分析，数据如表10.1 所示。

表 10.1　某公司 10 年广告费支出和销售收入原始资料

广告费支出/万元	40	33	56	30	65	58	35	80	72	90
销售收入/百万元	15	13	17	12	20	18	14	26	22	30

解　根据广告费支出按大小顺序排序，然后将对应的销售收入数值对应排列，得到相关表如表 10.2 所示。

表 10.2　广告费支出和销售收入相关表

广告费支出/万元	30	33	35	40	56	58	65	72	80	90
销售收入/百万元	12	13	14	15	17	18	20	22	26	30

从相关表中可以看出，随着广告费支出的增加，该公司销售收入随之增加，所以二者间关系是正相关关系。

2. 相关图

仅从相关表观察变量间的相关关系，不够直观、清晰，我们可以利用图形的方式观察变量间的相关关系，即相关图，也称为散点图或散布图，是以直角坐标系的横轴代表变量 X，纵轴代表变量 Y，将两变量相对应的成对数据用坐标点的形式描绘出来，用于反映两变量之间相关关系的图形。如果分析两个以上变量，可以绘制散点图矩阵。

【例 10 - 2】　延续例 10 - 1，对广告费支出和销售收入关系用相关图表示，如图 10.1 所示。

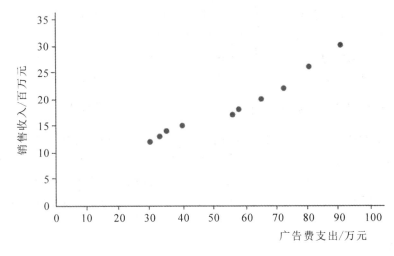

图 10.1　广告费支出和销售收入相关图

从图 10.1 可以看出，公司的销售收入和广告费之间呈现正的线性相关关系。

相关图是研究相关关系的直观工具，在定量分析之前，可以先利用相关图对现象间存在的相关关系的方向、形式和密切程度进行大致的判断。前述的相关关系的不同类别，如果用相关图来表示的话，则显得更加的明确。

例如，图 10.2(a)中两个变量同向变化，且近似于线性关系，故为正线性相关关系；图 10.2(b)中两个变量反向变化，近似于线性关系，故为负线性相关关系；图 10.2(c)中两个变量观测点均在一条直线上，则为完全线性相关关系；图 10.2(d)中两个变量观测点近似于曲线形式，则为非线性相关关系；图 10.2(e)中两变量间不存在相应的变化规律，故为完全不相关关系。

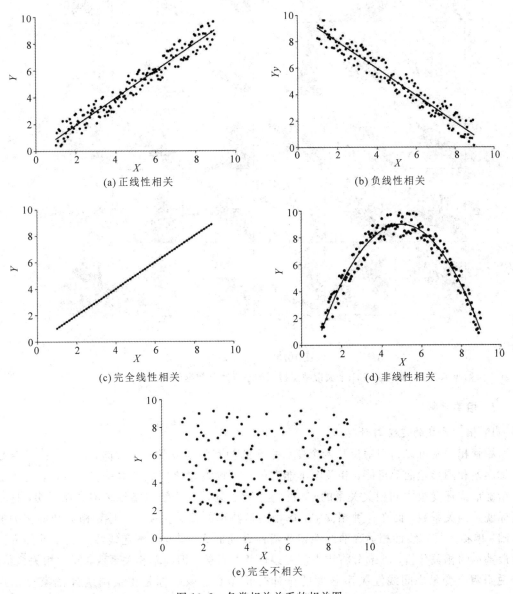

图 10.2　各类相关关系的相关图

如果要同时分析多个变量两两间的关系，则可以将多副散点图绘制成矩阵的样子，即散点图矩阵。如图10.3所示，在散点图矩阵中，位于对角线位置的直方图展示了每一个变量的分布，而对角线上下的散点图则展示了两两变量之间的关系。

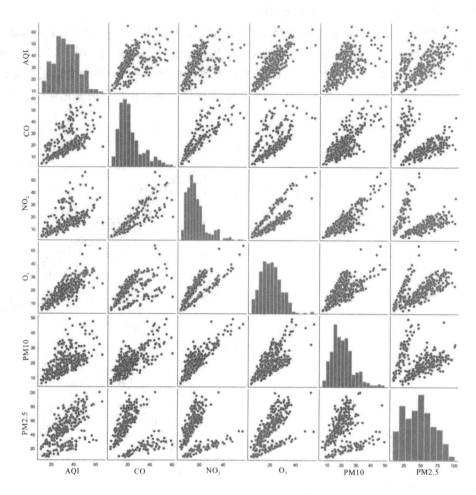

图10.3　散点图矩阵

数据来源：根据某日331个城市站点检测的空气质量数据绘制而成。

3. 相关系数

1) 相关系数的定义与计算

尽管相关图可以直观地反映两个变量之间的相互关系以及相关方向，但是，由于存在视觉误差和图形歪曲等可能，相关图不能准确地反映变量之间的关系强度。所以，为了更加精确地描述变量之间相关关系的密切程度，有必要用一个统计指标来刻画和说明，这个指标就是相关系数。而在各种相关中，单相关是基本的相关关系，它是复相关和偏相关的基础。单相关具有线性相关和非线性相关两种表现形式。其中，测定线性相关系数的方法是最基本的相关分析，本部分将重点研究线性相关系数，即简单相关系数，简称相关系数，即说明两个变量之间线性关系强度的统计分析指标。该指标是由英国统计学家皮尔逊（K. Pearson，1857—1936年）提出的，也称为皮尔逊相关系数。

若相关系数是根据总体全部数据计算的，则称为总体相关系数，用 ρ 表示，计算公式如下：

$$\rho = \frac{\mathrm{Cov}(X, Y)}{\sqrt{D(X)D(Y)}} \tag{10.1}$$

式中，$\mathrm{Cov}(X, Y)$ 是变量 X 和 Y 的协方差，$D(X)$ 和 $D(Y)$ 分别为变量 X 和 Y 的方差。总体相关系数是反映两变量之间线性相关程度的一种特征值，表现为一个常数。一般情况下，不可能对总体变量 X 和 Y 的全部数值都进行观测，所以总体相关系数一般是未知的。通常需要从总体中随机抽取一定数量的样本，通过样本数据计算的样本相关系数来估计总体相关系数。样本相关系数 r 的计算公式如下：

$$r = \frac{\sum_{i=1}^{n}(x_i - \bar{x})(y_i - \bar{y})}{\sqrt{\sum_{i=1}^{n}(x_i - \bar{x})^2}\sqrt{\sum_{i=1}^{n}(y_i - \bar{y})^2}} \tag{10.2}$$

式中，$\bar{x}$ 和 $\bar{y}$ 分别是 X 和 Y 的样本平均数。

对上式化简以后，相关系数的计算公式如下：

$$r = \frac{n\sum_{i=1}^{n}x_iy_i - \sum_{i=1}^{n}x_i\sum_{i=1}^{n}y_i}{\sqrt{n\sum_{i=1}^{n}x_i^2 - \left(\sum_{i=1}^{n}x_i\right)^2}\sqrt{n\sum_{i=1}^{n}y_i^2 - \left(\sum_{i=1}^{n}y_i\right)^2}} \tag{10.3}$$

容易证明，样本相关系数是总体相关系数的一致估计量。

【例 10-3】 已知 15 个地区某种食物年需求量和人口增加量的资料如表 10.3 所示，试计算相关系数。

表 10.3　15 个地区食物需求量和人口增长量资料与计算表

编号	人口增长量/千人 x	年需求量/10 t y	x^2	y^2	xy
1	274	162	75 076	26 244	44 388
2	180	120	32 400	14 400	21 600
3	375	223	140 625	49 729	83 625
4	205	131	42 025	17 161	26 855
5	86	67	7396	4489	5762
6	265	169	70 225	28 561	44 785
7	98	81	9604	6561	7938
8	330	192	108 900	36 864	63 360
9	195	116	38 025	13 456	22 620
10	53	55	2809	3025	2915

编号	人口增长量/千人 x	年需求量/10 t y	x^2	y^2	xy
11	430	252	184 900	63 504	108 360
12	372	234	138 384	54 756	87 048
13	236	144	55 696	20 736	33 984
14	157	103	24 649	10 609	16 171
15	370	212	136 900	44 944	78 440
合计	3626	2261	1 067 614	395 039	647 851

解　因为

$$n\sum xy - \sum x \sum y = 15 \times 647\,851 - 3626 \times 2261 = 1\,519\,379$$

$$\sqrt{n\sum x^2 - \left(\sum x\right)^2} = \sqrt{15 \times 1\,067\,614 - 3626^2} = \sqrt{2\,866\,334}$$

$$\sqrt{n\sum y^2 - (y)^2} = \sqrt{15 \times 395\,039 - 2261^2} = \sqrt{813\,464}$$

所以

$$r = \frac{1\,519\,379}{\sqrt{2\,866\,334 \times 813\,464}} = 0.9950$$

则实物需求量与人口增长量间的相关系数为 0.9950。

2）相关系数的特点

相关系数 r 有以下性质：

（1）r 的取值介于 -1 与 $+1$ 之间，即 $-1 \leqslant r \leqslant 1$。

（2）当 $r=0$ 时，说明 y 与 x 之间不存在线性相关关系。

（3）在大多数情况下，$0 < |r| < 1$，即 x 与 y 之间存在着一定的线性相关关系。当 $r>0$ 时，x 与 y 为正相关；当 $r<0$ 时，x 与 y 为负相关。

（4）如果 $|r|=1$，则表明 x 与 y 为完全线性相关。当 $r=1$ 时，称为完全正相关；而当 $r=-1$ 时，x 与 y 为完全负相关。

（5）r 具有对称性。y 与 x 之间的相关系数和 x 与 y 间的相关系数相等，即 $r_{yx} = r_{xy}$。

（6）r 是对变量之间线性关系的一个度量，它不能用于描述非线性关系。这表明，$r=0$ 只是表明两个变量之间不存在线性相关关系，但它并不意味着 X 与 Y 之间不存在其他类型的关系，比如它们之间可能存在非线性相关关系。因此，当 $r=0$ 或很小时，不能轻易得出两个变量之间不存在相关关系的结论，应结合相关图做出合理的解释。

（7）根据实际数据计算的相关系数 r，其取值一般在 $-1 < r < 1$ 之间，$|r|$ 的数值愈接近于 1，表示 x 与 y 的线性关系愈强；反之，$|r|$ 的数值愈接近于 0，表示 x 与 y 的线性关系愈弱。在用 r 来说明两个变量之间线性关系的密切程度时，可以根据经验将相关程度分为以下几种情况：当 $0.8 \leqslant |r| < 1$ 时，视为高度相关；当 $0.5 \leqslant |r| < 0.8$ 时，视为中度相关；当 $0.3 \leqslant |r| < 0.5$ 时，视为低度相关；当 $r < |0.3|$ 时，说明两个变量之间线性相关

程度微弱。当然，这种说明必须建立在对相关系数的显著性进行检验的基础上。

　　3）相关系数的显著性检验

　　一般情况下，我们往往是用样本相关系数 r 作为 ρ 的近似估计值。但是由于受抽样波动的影响，不同的样本计算得到的样本相关系数也会不同，因此，r 是一个随机变量。样本相关系数 r 对总体相关系数的代表性与样本容量有关，样本容量越小，可信程度就越小。而且对于不相关的两个变量，利用样本数据计算的相关系数 r 不一定等于 0，有时数值还比较大，这就会产生虚假相关或伪相关现象。所以为了判断样本相关系数 r 对总体相关系数 ρ 的代表性大小，需要对相关系数进行假设检验。关于相关系数的检验包括两方面：一是总体相关系数是否等于 0 的检验，二是总体相关系数是否等于某一给定不为 0 的数值的检验。这里我们只介绍总体相关系数是否等于零的检验问题。

　　检验总体相关系数 $\rho=0$ 的假设实际上是判断样本相关系数 r 是否抽自具有零相关的总体。数学上可以证明，当 X 与 Y 服从于正态分布时，在 $\rho=0$ 的条件下，可以采用 t 检验法，具体步骤如下：

　　第一步，建立假设。假设样本相关系数 r 是抽自具有零相关的总体，即：
$$H_0: \rho=0,\ H_1: \rho\neq0$$

　　第二步，计算样本相关系数 r。

　　第三步，计算检验统计量 t：
$$t=\frac{r\sqrt{n-2}}{\sqrt{1-r^2}} \tag{10.4}$$

　　第四步，确定显著性水平并做出决策。设显著性水平为 α，根据自由度 $n-2$ 查 t 分布表得到检验统计量的临界值 $t_{\alpha/2}$。若 $|t|<t_{\alpha/2}$，接受原假设，表明相关系数在统计上是不显著的，即变量 X 与 Y 之间的相关关系不显著；若 $|t|\geq t_{\alpha/2}$ 则拒绝原假设，表明相关系数在统计上是显著的，即变量 X 与 Y 之间的相关关系显著。

　　【例 10-4】　依据例 10-3 的资料，检验在 0.05 的显著性水平下，食物年需求量与人口增长量间是否存在显著的相关关系？

　　解　首先提出原假设和备择假设：
$$H_0: \rho=0,\ H_1: \rho\neq0$$
由例 10-3 知 $r=0.9950$，$n=15$，计算检验统计量：
$$t=\frac{0.9950\times\sqrt{15-2}}{\sqrt{1-0.9950^2}}\approx48.385$$

当 $\alpha=0.05$ 时，查表得 $t_{0.025}(13)=2.160$；由于 $t=48.385>t_{0.025}(13)=2.160$，拒绝 H_0，则表示食物需求量和人口增长量间存在显著的正线性相关关系。

10.2　一元线性回归分析

10.2.1　回归分析的概念和特点

　　相关分析的目的在于研究变量之间相关的方向和相关的程度，它所使用的测量工具就是相关系数。但是，相关分析不能指出变量间相互依存关系的具体形式，也无法根据一个变量来预测另一个变量的变化趋势。而这些可以运用另一种分析方法加以实现,即回归分析。所谓回归分析是根据相关关系的具体形态,选择一个合适的数学模型,近似表达变量间的平均变化关系。

相关分析和回归分析间存在着密切的联系。相关分析需要依靠回归分析表明现象数量相关的具体形式;而回归分析需要依靠相关分析来表明现象数量变化的相关程度,只有变量之间存在高度相关时,利用回归分析寻求其相关的具体形式才有意义。因此,相关分析是回归分析的基础和前提,而回归分析是相关分析的深入和继续,只有进行回归分析,拟合回归方程,才可能有更加深入的分析和回归预测,相关分析才有实际应用价值。

但是,相关分析和回归分析在研究目的和具体的研究方法上是有明显区别的,主要表现为:

(1)在相关分析中,只是测度变量之间的关系强度,无须确定自变量和因变量,也就是说相关分析中变量的关系是对等关系;而在回归分析中,变量关系不是对等的,必须事先确定哪个为自变量,哪个为因变量,而且只能从自变量去推测因变量,而不能用因变量去推断自变量。

(2)相关分析不能指出变量间相互关系的具体形式,也无法从一个变量的变化推测另一个变量的变化情况;而回归分析能确切地指出变量之间相互关系的具体形式,它可根据回归模型从已知量估计和预测未知量。

(3)相关分析中两两变量只能计算一个相关系数,但是回归分析中可以根据研究目的的不同分别建立不同的回归方程。

(4)相关分析所涉及的变量都是随机变量;而回归分析中因变量是随机的,自变量则是研究给定的非随机变量。

回归分析中,根据实际资料建立的回归模型有多种形式。若按照自变量的多少可分为一元回归模型和多元回归模型;按照变量之间的具体变动形式可以分为线性回归模型和非线性回归模型。若将这两种分类标准结合起来,就有一元线性回归模型与一元非线性回归模型和多元线性回归模型与多元非线性回归模型之分。其中,一元线性回归模型是最简单的也是最基本的一种回归模型。

10.2.2 标准的一元线性回归模型

1. 总体回归函数

一元线性回归模型又称为简单线性回归模型,该模型假定因变量 Y 只受自变量 X 的影响,它们之间存在近似的线性函数关系,具体形式如下:

$$Y_i = \beta_0 + \beta_1 X_i + u_i \tag{10.5}$$

上式称为总体回归函数。其中,β_0 和 β_1 称为模型的参数;Y_i 和 X_i 分别是 Y 和 X 第 i 个观测值;u_i 是随机误差项,也称为随机干扰项,反映未列入方程式的其他因素对 Y 造成的影响。

这里要说明的一点是,回归方程解释的是平均意义上 X 与 Y 间的关系。为了便于理解,以消费函数为例,

$$Y = \beta_0 + \beta_1 X \tag{10.6}$$

消费支出 Y 和可支配收入 X 间存在线性关系，消费函数说明可支配收入是决定消费支出的主要因素。如果以 X 为横轴，Y 为纵轴，则可用直线表示二者间的关系。当然这是西方经济学中的理论，也是要在一定假定条件下才成立的。现实中，不同的家庭，就算拥有相同的收入，他们的消费也不会相同。因为除了可支配收入决定消费支出以外，还有很多因素会对其造成影响，如价格、消费习惯等。所以，我们只能说，平均来看消费支出与可支配收入的关系能够用直线反映，数学形式为

$$E(Y) = \beta_0 + \beta_1 X \tag{10.7}$$

上式表明，在 X 给定值的条件下，Y 的期望值是 X 的严密的线性函数，该式所反映的直线称为总体回归线。Y 的实际观测值不一定位于直线上，只是围绕在该直线的周围。至于实际观测点与总体回归线垂直方向的间隔称为随机误差项，即

$$u_i = Y_i - E(Y_i) \tag{10.8}$$

因为随机误差项是无法直接观测的，所以它的概率分布存在需要满足以下假定条件，即

假定 1：误差项的期望值为 0，即对所有的 i 有

$$E(u_i) = 0 \tag{10.9}$$

假定 2：误差项的方差为常数，即对所有的 i 有

$$\mathrm{Var}(u_i) = E(u_i^2) = \sigma^2 \tag{10.10}$$

假定 3：误差项间不存在序列相关，其协方差为 0，即当 $i \neq s$ 时，有

$$\mathrm{Cov}(u_i, u_s) = 0 \tag{10.11}$$

假定 4：自变量 X 是给定变量，与随机误差项线性无关；

假定 5：随机误差项服从正态分布，即 $u_i \sim N(0, \sigma^2)$。

2. 样本回归函数

现实中，由于总体单位往往是很多的，因此，我们更多的是利用样本信息估计总体回归函数。

样本回归函数和总体回归函数应具有同样的形式，即

$$Y_i = \hat{\beta}_0 + \hat{\beta}_1 X_i + e_i \tag{10.12}$$

式中，$\hat{\beta}_0$ 是样本回归函数的截距，$\hat{\beta}_1$ 是样本回归函数的斜率，它们是总体参数 β_0 和 β_1 的估计；e_i 称为残差，在概念上与总体误差项 u_i 相互对应。

根据样本数据拟合的直线，称为样本回归线。那么，一元线性回归模型的样本回归线为

$$\hat{Y}_i = \hat{\beta}_0 + \hat{\beta}_1 X_i \tag{10.13}$$

式中，$\hat{Y}_i$ 是样本回归线上与 X_i 相对应的 Y 值，也是对 $E(Y_i)$ 的估计；$\hat{\beta}_0$ 表示直线的截距，$\hat{\beta}_1$ 表示直线的斜率，也称为回归系数，它表示自变量 X 每变动一个单位时因变量 Y 平均变动的数量。

公式中的 Y_i 是实际观测值，而 $\hat{Y}_i$ 是估计值，二者之间的差异即为残差，有 $e_i = Y_i - \hat{Y}_i$。

样本回归函数和总体回归函数间的联系是显而易见的，但是二者之间还存在一些区别：

（1）总体回归线是未知的，只有一条。样本回归线是根据样本数据拟合的，每抽取一组样本，便可以拟合一条样本回归线。

（2）总体回归函数中的 β_0 和 β_1 是未知的参数，且为常数。而样本回归函数中 $\hat{\beta}_0$ 和 $\hat{\beta}_1$ 是随机变量，其具体数值随所抽取的样本观测值不同而不同。

（3）总体回归函数中的 u_i 是 Y_i 与未知的总体回归线之间的纵向距离，它是不可直接观测的。而样本回归函数中的 e_i 是 Y_i 与样本回归线之间的纵向距离，当根据样本观测值拟合出样本回归线后，即可以得出 e_i 的具体数值。

综上所述，样本回归函数是对总体回归函数的近似反映，回归分析就是要运用适当方法利用样本信息使得样本回归函数尽可能接近于真实的总体回归函数。

10.2.3　一元线性回归模型的估计

1. 总体回归系数的估计

在配合回归直线时，一般总是希望 Y_i 的估计值从整体来看尽可能地接近其观测值。也就是说，残差 e_i 的总量越小越好。由于 e_i 有正负，$\sum e_i$ 会相互抵消等于 0，所以为了便于处理，采用残差平方和 $\sum e_i^2$ 作为衡量总偏差的尺度。而数学上又可以证明，残差平方和为最小，我们正是采用这种思路估计回归系数，这种思路也称为最小平方法（或最小二乘法），由它拟合出来的直线是最优直线。

$$Q(\hat{\beta}_0, \hat{\beta}_1) = \sum_{i=1}^{n} e_i^2 = \sum_{i=1}^{n} (Y_i - \hat{Y}_i)^2 = \sum (Y_i - \hat{\beta}_0 - \hat{\beta}_1 X_i)^2 \tag{10.14}$$

若要使 Q 达到最小，其必要条件是它对 $\hat{\beta}_0$ 和 $\hat{\beta}_1$ 的一阶偏导数等于零。

将 Q 对 $\hat{\beta}_0$ 和 $\hat{\beta}_1$ 求偏导数，并令其等于零，可得

$$\begin{cases} \dfrac{\partial Q}{\partial \hat{\beta}_0} = -2 \sum (Y_i - \hat{\beta}_0 - \hat{\beta}_1 X_i) = 0 \\[3mm] \dfrac{\partial Q}{\partial \hat{\beta}_1} = -2 \sum X_i (Y_i - \hat{\beta}_0 - \hat{\beta}_1 X_i) = 0 \end{cases}$$

进行整理得到

$$n\hat{\beta}_0 + \hat{\beta}_1 \sum X_i = \sum Y_i \tag{10.15}$$

$$\hat{\beta}_0 \sum X_i + \hat{\beta}_1 \sum X_i^2 = \sum X_i Y_i \tag{10.16}$$

解方程组得到

$$\begin{cases} \hat{\beta}_1 = \dfrac{n \sum_{i=1}^{n} X_i Y_i - \left(\sum_{i=1}^{n} X_i\right)\left(\sum_{i=1}^{n} Y_i\right)}{n \sum_{i=1}^{n} X_i^2 - \left(\sum_{i=1}^{n} X_i\right)} = \dfrac{\sum (X_i - \bar{X})(Y_i - \bar{Y})}{\sum (X_i - \bar{X})^2} \\[6mm] \hat{\beta}_0 = \dfrac{\sum_{i=1}^{n} Y_i}{n} - \hat{\beta}_1 \cdot \dfrac{\sum_{i=1}^{n} X_i}{n} = \bar{Y} - \hat{\beta}_1 \bar{X} \end{cases} \tag{10.17}$$

【**例 10 - 5**】　根据例 10 - 3 资料拟合回归方程。

解　由表 10.3 可知，因为

$$n\sum XY - \sum X\sum Y = 15 \times 647\ 851 - 3626 \times 2261 = 1\ 519\ 379$$

$$n\sum X^2 - (\sum X)^2 = 15 \times 1\ 067\ 614 - 3626^2 = 2\ 866\ 334$$

代入方程组，得到

$$\hat{\beta_1} = \frac{1\ 519\ 379}{2\ 866\ 334} \approx 0.5301$$

$$\hat{\beta_0} = \bar{Y} - \hat{\beta_1} \cdot \bar{X} = \frac{2261}{15} - 0.053\ 01 \times \frac{3626}{16} \approx 22.5905$$

则回归方程为

$$\hat{Y} = \hat{\beta_0} + \hat{\beta_1}X = 22.5905 + 0.5301X$$

回归方程中，$\hat{\beta_1}$ 称为回归系数，表示当 X 每变动一个计量单位时，Y 平均变动的数量。在此例中表示人口增加量每变动 1 千人，食物年需求量平均变动 5.301 吨。而且当 $\hat{\beta_1}$ 的符号为正时，表明 X 和 Y 按相同方向变动，是正相关关系；当 $\hat{\beta_1}$ 的符号为负时，表明自变量 X 和因变量 Y 按相反方向变动，是负相关关系。此处值得注意的一点是：回归系数 $\hat{\beta_1}$ 的符号和相关系数 r 的符号是保持一致的，即若相关系数 r 的符号为正，则 $\hat{\beta_1}$ 的符号也为正。该例中，相关系数 $r = 0.9950$ 是正数，$\hat{\beta_1} = 0.5301$ 也是正数。现实中，我们可以利用二者之间的关系互相检验估计中是否发生错误，并进行及时更正。

2. 总体方差的估计

除了回归系数的估计之外，一元回归模型还包括另一个未知参数，即总体随机误差项的方差 σ^2。它反映理论模型误差的大小，是检验模型时必需的一个参数。由于随机误差项本身是不可观测的，所以需要利用最小二乘法得到的残差代替随机误差项来估计 σ^2，则 $\hat{\sigma}^2$ 的无偏估计 $\hat{\sigma}^2$ 为

$$\hat{\sigma}^2 = \frac{\sum e_i^2}{n-2} \tag{10.18}$$

式中，分子是残差平方和，分母是自由度。其中分母是 $n-2$ 而不是 n，因为在一元线性回归模型中，残差需满足两个条件，即

$$\sum e_i = 0, \quad \sum e_i X_i = 0 \tag{10.19}$$

失去了两个自由度，因此自由度为 $n-2$。

$\hat{\sigma}^2$ 的平方根称为估计标准误差，公式为

$$\hat{\sigma} = \sqrt{\frac{\sum(Y_i - \hat{Y}_i)^2}{n-2}} \tag{10.20}$$

公式可以进一步简化为

$$\hat{\sigma} = \sqrt{\frac{\sum(Y_i - \hat{Y}_i)^2}{n-2}} = \sqrt{\frac{\sum Y_i^2 - \hat{\beta_0}\sum Y_i - \hat{\beta_1}\sum X_i Y_i}{n-2}} \tag{10.21}$$

估计标准误差从另一个侧面说明了各实际观测点在回归直线周围的散布状况，$\hat{\sigma}$ 越小表明实际观测点与所拟合直线的离差程度越小，从图上来看表现为观测点靠近直线，即回归直线具有较强的代表性；$\hat{\sigma}$ 越大表明实际观测点与所拟合直线的离差程度越大，图中表现为观测点远离直线，即回归直线具有较弱的代表性。

【例 10 - 6】 仍是依据例 10 - 3 的资料以及例 10 - 4 得出的回归方程，计算估计标准误差。

解 由前述例子，我们已经得到 $\sum Y = 2261$，$\sum XY = 647\ 851$，$\sum Y^2 = 395\ 039$，$\hat{\beta}_0 = 22.5905$，$\hat{\beta}_1 = 0.5301$，代入公式得到

$$\hat{\sigma} = \sqrt{\frac{\sum Y_i^2 - \hat{\beta}_0 \sum Y_i - \hat{\beta}_1 \sum X_i Y_i}{n-2}}$$

$$= \sqrt{\frac{395\ 039 - 22.5905 \times 2261 - 0.5301 \times 647\ 851}{15 - 2}} = 6.4215$$

10.2.4 一元线性回归模型的检验

1. 回归模型检验的种类

当回归模型中的参数估计出来后，还需要对其进行检验，回归模型的检验包括三种，分别是理论意义检验、一级检验和二级检验。

(1) 所谓理论意义检验是指参数估计值的结果不符合理论或实际，包括符号与实际相反，取值范围与理论或实际不符等，这些都说明估计出的模型不能很好地解释现实问题，需要进行调整。

(2) 所谓一级检验又称为统计学检验，是利用统计学抽样理论检验样本回归方程的可靠性，具体分为拟合优度评价和显著性检验。该检验是对所有现象进行回归分析时必须通过的检验。

(3) 二级检验称为计量经济学检验，它是对标准线性回归模型的假定条件能否得到满足进行的检验，具体包括序列相关检验、异方差检验、多重共线性检验等，关于二级检验的问题在计量经济学教科书中有详细介绍。本书只讨论一级检验的思想与方法。

2. 回归方程拟合优度的评价

回归直线 $\hat{Y}_i = \hat{\beta}_0 + \hat{\beta}_1 X_i$ 是根据实际观察资料建立起来的，在一定程度上描述了变量 X 和 Y 之间的内在规律，但是该方程能否真正地反映变量 X 和 Y 之间的线性依存关系，估计的精确度如何，这些都将取决于回归直线对观测数据的拟合程度。如果实际观测点都落在这条直线上，那么这条直线就是对数据的完全拟合，或者说这条直线充分代表了各个点，此时用 X 来估计 Y 就不会有误差。但实际情况是实际观测点并不一定都落在这条直线上，而是分布在直线的周围，这些散点越是紧密围绕直线，说明直线对观测数据的拟合程度越高，反之则越低。我们把回归直线与各散点的接近程度，称为直线对观测数据的拟合程度，即拟合优度。拟合优度反映了样本观测值聚集在样本回归线周围的紧密程度。判断回归模型拟合程度优劣最常用的评价指标是样本决定系数(又称判定系数)，它是建立在对

Y 的总离差平方和进行分解的基础之上的。

　　因变量 Y 的实际观测值与其样本平均数之间的离差 $(Y_i - \overline{Y})$ 可以分解为两部分：一部分是因变量的理论回归值与其样本均值的离差 $(\hat{Y}_i - \overline{Y})$，它可以看作是能够由回归直线解释的部分，称为可解释离差；另一部分是实际观测值与理论回归值的离差 $(Y_i - \hat{Y}_i)$，它是不能由回归直线解释的残差 e_i。那么，对任一实际观测值 Y_i 总有

$$(Y_i - \overline{Y}) = (\hat{Y}_i - \overline{Y}) + (Y_i - \hat{Y}_i) \tag{10.22}$$

　　对公式两边平方求和，得到

$$\sum_{i=1}^{n} (Y_i - \overline{Y})^2 = \sum_{i=1}^{n} (\hat{Y}_i - \overline{Y})^2 + \sum_{i=1}^{n} (Y_i - \hat{Y}_i)^2 + 2(\hat{Y}_i - \overline{Y})(Y_i - \hat{Y}_i)$$

　　利用残差定义和公式，可以证明：

$$\sum (\hat{Y}_i - \overline{Y})(Y_i - \hat{Y}_i) = 0$$

则有

$$\sum_{i=1}^{n} (Y_i - \overline{Y})^2 = \sum_{i=1}^{n} (\hat{Y}_i - \overline{Y})^2 + \sum_{i=1}^{n} (Y_i - \hat{Y}_i)^2$$

即

$$\text{SST} = \text{SSR} + \text{SSE} \tag{10.23}$$

式中，SST 称为总离差平方和；SSR 称为回归平方和，是可以由回归直线解释的那部分离差平方和；SSE 是残差平方和，是不能由回归直线解释的离差平方和。若将公式的两边同除以 SST，得到

$$1 = \frac{\text{SSR}}{\text{SST}} + \frac{\text{SSE}}{\text{SST}} \tag{10.24}$$

　　由上式可以看出，各样本观测点与样本回归直线靠得越近，SSR 在 SST 中占的比例就越大，我们将这一比例称为决定系数 R^2，即

$$R^2 = \frac{\text{SSR}}{\text{SST}} = 1 - \frac{\text{SSE}}{\text{SST}} \tag{10.25}$$

　　决定系数是对回归模型拟合程度的综合度量，决定系数越大，模型拟合程度越高。决定系数越小，则模型的拟合程度越差。

　　决定系数 R^2 具有如下特性：① 决定系数具有非负性。② 决定系数的取值范围是 $0 \leqslant R^2 \leqslant 1$。若所有观测值都落在回归直线上，残差平方和 SSE 等于零，则 $R^2 = 1$，表示回归直线与数据完全拟合；若实际观测值并不全部落在直线上，而是大致分布在其周围时，SSE >0，这时 $R^2 < 1$；若模型中因变量 Y 的变化与自变量 X 无关，Y 的总离差全部归于残差平方和，此时 $R^2 = 0$。③ 决定系数是样本观测值的函数，它是一个统计量。④ 一元线性回归模型中，决定系数是单相关系数 r 的平方，该特性是可以从数学上证明的。具体证明过程如下：

$$\text{SSR} = \sum (\hat{Y}_i - \overline{Y})^2 = \sum (\hat{\beta}_0 + \hat{\beta}_1 X_i - \hat{\beta}_0 - \hat{\beta}_1 \overline{X})^2 = \hat{\beta}_1^2 \sum (X_i - \overline{X})^2$$

$$= \hat{\beta}_1 \sum (X_i - \overline{X})(Y_i - \overline{Y})$$

所以有

$$R^2 = \frac{\sum (\hat{Y}_i - \overline{Y})^2}{\sum (Y_i - \overline{Y})^2} = \frac{\hat{\beta}_1^2 \sum (X_i - \overline{X})^2}{\sum (Y_i - \overline{Y})^2} = \frac{\hat{\beta}_1 \sum (X_i - \overline{X})(Y_i - \overline{Y})}{\sum (Y_i - \overline{Y})^2}$$

$$= \left[\frac{\displaystyle\sum_{i=1}^{n} (X_i - \overline{X})(Y_i - \overline{Y})}{\sqrt{\displaystyle\sum_{i=1}^{n} (X_i - \overline{X})^2} \sqrt{\displaystyle\sum_{i=1}^{n} (Y_i - \overline{Y})^2}} \right]^2 = (r)^2$$

可见在一元线性回归中,相关系数 r 实际上是样本决定系数 R^2 的平方根。这个结论使我们不仅可以直接利用相关系数 r 计算决定系数 R^2,还可以进一步理解相关系数的含义。

【例 10-7】 利用例 10-3 资料和例 10-4 的计算结果,计算样本决定系数。

解 $$\text{SST} = \sum (Y - \overline{Y})^2 = \sum Y^2 - \frac{1}{n} \left(\sum Y \right)^2$$

$$= 395\ 039 - \frac{2261^2}{15} = 54\ 230.933$$

$$\text{SSR} = \hat{\beta} \sum (X - \overline{X})(Y - \overline{Y}) = \hat{\beta} \left(\sum XY - \frac{1}{n} \sum X \sum Y \right) = 53\ 694.854$$

$$R^2 = \frac{\text{SSR}}{\text{SST}} = \frac{53\ 694.854}{54\ 230.933} \approx 0.99$$

或者利用相关系数可以得到

$$R^2 = (r)^2 = (0.9950)^2 = 0.99$$

说明在该食品年需求量变动中,有 99% 是由地区人口增加量所决定的。二者之间具有很强的线性关系。

3. 显著性检验

回归分析中的统计检验包括两方面的内容:一是对整个回归方程的显著性检验;二是对回归系数的显著性检验。

1)回归方程的显著性检验

在线性回归分析中,对回归方程的检验就是检验自变量和因变量之间的线性关系是否显著,它们之间能否用一个线性模型来表示。总体回归函数的线性关系是否显著,其实质就是判断回归平方和 SSR 与残差平方和 SSE 间比值的大小问题。由于回归平方和与残差平方和的数值会随观测值的样本容量和自变量个数的不同而变化,因此不宜直接比较,而是将其分别与各自的自由度相除以后再进行对比得到一个 F 统计量,然后应用 F 检验。其中,对于回归平方和 SSR,其自由度就是自变量个数;对于残差平方和 SSE,其自由度就是样本容量减变量总个数即自变量和因变量的数目。一元线性回归分析中回归方程的显著性检验的具体步骤如下:

第一步:提出假设。

H_0:回归方程中 X 与 Y 的线性关系不显著

第二步:根据总离差分解结果,计算检验的 F 统计量:

$$F = \frac{\text{SSR}/1}{\text{SSE}/(n-2)} = \frac{\sum (\hat{Y}_i - \overline{Y})^2}{\sum (Y_i - \hat{Y}_i)^2/(n-2)} \tag{10.26}$$

式中，分子中的 1 表示自变量个数，是 SSR 的自由度；分母中的 $n-2$ 表示样本容量减去变量总个数，是 SSE 的自由度，二者相比服从于 $F(1, n-2)$ 分布。

第三步：确定显著性水平 α（一般取 $\alpha=0.05$），并根据其自由度 $df_1=1$，$df_2=n-2$ 查 F 分布表，得到相应的临界值 F_α。

第四步：做出决策。若 $F>F_\alpha$，拒绝假设 H_0，说明回归方程中 X 与 Y 的线性关系是显著的；若 $F<F_\alpha$ 接受 H_0，说明回归方程中 X 与 Y 的线性关系不显著。

【例 10-8】　对例 10-4 建立的回归方程进行显著性检验。

解　提出假设。

$$H_0：回归方程中 X 与 Y 的线性关系不显著$$

根据前面有关计算结果和公式，得到

$$F = \frac{\text{SSR}/1}{\text{SSE}/(n-2)} = \frac{\sum(\hat{Y}_i - \overline{Y})^2}{\sum(Y_i - \hat{Y}_i)^2/(n-2)} = \frac{53\,694.854}{536.0644/(15-2)} = 1302.144$$

取显著性水平 $\alpha=0.05$，根据自由度 $df_1=1$，$df_2=13$ 查 F 分布表，得到相应的临界值 $F_{0.05}(1, 13)=4.67$，显然 $F=1302.144>F_{0.05}(1, 13)=4.67$，所以，拒绝原假设 H_0，说明食物年需求量和人口增长量之间的线性关系是显著的。

2）回归系数的显著性检验

在回归方程的显著性检验通过以后，对回归系数的显著性检验，就是要检验自变量对因变量的影响是否显著的问题。在一元线性回归分析中，如果总体回归系数 $\beta_1=0$，回归线就是一条水平线，表明自变量 X 的变化对因变量 Y 没有影响。因此，回归系数的显著性检验就是检验自变量的变化对因变量的影响程度与零是否有显著的差异。要注意的一点是，在一元线性回归模型中，由于只有一个解释变量 X，对回归系数 $\beta_1=0$ 的检验与对整个回归方程的显著性检验是等价的。一元线性回归分析中，回归系数 β_1 的显著性检验步骤如下。

第一步：提出假设。

$$H_0：\beta_1=0, \qquad H_1：\beta_1 \neq 0$$

第二步：根据回归分析结果，计算检验的统计量 t：

$$t = \frac{\hat{\beta}_1}{S_{\hat{\beta}_1}} \tag{10.27}$$

其中，$S_{\hat{\beta}_1}$ 是回归系数 $\hat{\beta}_1$ 的标准差，可以由下式求得：

$$S_{\hat{\beta}_1} = \frac{\sigma}{\sqrt{\sum(X_i - \overline{X})^2}} = \sqrt{\frac{\hat{\sigma}^2}{\sum(X_i - \overline{X})^2}} \tag{10.28}$$

$\hat{\sigma}$ 是估计标准误差。数学上可以证明，在随机误差项服从正态分布且原假设成立的条件下，t 服从自由度为 $n-2$ 的 t 分布，即 $t \sim t(n-2)$。

第三步：确定显著性水平 α（一般取 $\alpha=0.05$），并根据自由度 $n-2$ 查 t 分布表，得到相应的临界值 $t_{\alpha/2}$。

第四步：做出决策。若 $|t| \geq t_{\alpha/2}$，则拒绝原假设 H_0，说明 X 对 Y 的影响是显著的，变量 X 与 Y 存在线性关系；若 $|t| < t_{\alpha/2}$，接受原假设 H_0，表明 X 对 Y 的影响是不显著的，变量 X 与 Y 之间不存在显著的线性关系。

【例 10-9】 根据例 10-4 建立的回归方程，对回归系数进行显著性检验。

解 提出原假设和备择假设：

$$H_0: \beta_1 = 0, \quad H_1: \beta_1 \neq 0$$

根据前面表 10.3 与例 10-6 计算得到的结果，以及公式，得

$$\sum_{i=1}^{n}(X_i - \overline{X})^2 = \sum X_i^2 - \frac{(\sum X_i)^2}{n} = 1\ 067\ 614 - \frac{3626 \times 3626}{15} = 191\ 088.933$$

$$S_{\hat{\beta}_1} = \frac{\hat{\sigma}}{\sqrt{\sum(X_i - \overline{X})^2}} = \frac{6.4215}{\sqrt{191\ 088.933}} = \frac{6.4215}{437.137} = 0.015$$

再由公式(10.27)，得

$$t = \frac{\hat{\beta}_1}{S_{\hat{\beta}_1}} = \frac{0.5301}{0.015} = 35.34$$

取显著性水平 $\alpha = 0.05$，根据自由度 $n-2=13$，查 t 分布表得 $t_{0.025}(13) = 2.1604$。

由于 $t = 35.34 > t_{0.025}(13) = 2.1604$，拒绝原假设 H_0，即回归系数 β_1 显著地不等于零，X 与 Y 的线性关系在统计上是显著的，也就是说，人口增长量对食物年需求量的影响显著。

3) p-值检验

回归系数的显著性检验还可用 p 值检验。在 t 值算出后，不是与 t 分布的临界值进行比较，而是直接计算自由度为 $n-2$ 的 t 统计量大于或小于根据样本观测值计算的 $t_{\hat{\beta}_1}$ 的概率即 p 值，然后将该值与显著性水平 α 比较，若 p 值大于 α 则拒绝原假设，否则接受原假设。

10.2.5 一元线性回归模型的预测

建立回归模型的目的是为了应用，而预测是回归分析最重要的应用之一。如果所拟合的回归方程经过一级检验且显著，同时被认为具有现实意义，那么，就可以利用该方程来进行预测。

1. 点预测

点预测是指利用估计得到的回归方程，已知自变量 X 的一个特定值 X_0，得到因变量 Y 的一个预测值。点预测一般有两种形式，一种是平均值的点预测，另一种是个别值的点预测。本部分将只介绍对个别值的点预测方法。由此，一元线性回归预测的基本公式如下：

$$\hat{Y}_0 = \hat{\beta}_0 + \hat{\beta}_1 X_0 \tag{10.29}$$

式中，X_0 是给定的自变量 X 的具体数值，$\hat{Y}_0$ 是 X_0 给定时因变量 Y 的预测值。$\hat{\beta}_0$ 和 $\hat{\beta}_1$ 是已估计出的样本回归系数。回归预测是一种有条件的预测，在进行回归预测时，必须先给出自变量 X 的具体数值。当给出的 X_0 值在样本数据 X 的取值范围之内时，利用该式去计算 $\hat{Y}_0$ 称为内插检验或事后预测，而当给出的 X_0 值在样本数据 X 的取值范围之外时，利用该式去计算 $\hat{Y}_0$ 称为外推预测或事前预测。一般来说，内插预测的效果比外推预测好，特别是对于小样本，外推预测可能会产生很大的误差。

【例 10-10】 根据例 10-4 模型估计结果，当 $X_0 = 400$ 千人时，预测食物年需求量。

解 将 $X_0 = 400$ 代入估计方程，得到

$$\hat{Y}_0 = 22.5905 + 0.5301 \times 400 = 234.6305$$

即粮食年需求量为 2346.305 吨。

2. 预测误差

$\hat{Y}_0$ 是根据回归方程计算的,它是样本观测值的函数,因而也是一个随机变量。$\hat{Y}_0$ 与所要预测的 Y_0 的真值之间必然存在一定的误差。在实际的回归模型预测中,发生预测误差的原因可以概括为以下四个方面:

(1)由于模型本身存在的误差因素所造成的误差。回归方程并未将影响 Y 的所有因素都纳入模型,同时其具体的函数形式也只是实际变量之间数量关系的近似反映,因此必然存在误差。这一误差可以用总体随机误差项的方差来评价。

(2)由于回归系数的估计值同其真值不一致所造成的误差。回归系数是根据样本数据估计的,它与总体参数之间总是存在一定的误差。这一误差可以用回归系数的最小二乘估计量的方差来评价。

(3)由于自变量 X 的设定值同其实际值的偏离所造成的误差。当给出的 X_0 在样本数据 X 的取值范围之外时,其本身也需要利用某种方法去进行预测。如果 X_0 与未来时期 X 的实际值不符,将其代入公式求得的预测值当然也会与其实际值有所不同。

(4)由于未来时期回归系数发生变化所造成的误差。在研究客观现象的总体回归方程中,总体回归系数是一定时期内现象结构的数量特征,随着社会运行机制和结构的变化,它也会发生变动。此时,如果沿用根据样本期数据拟合的样本回归方程去预测,也会造成误差。

在以上造成预测误差的原因中,(3)和(4)两项不属于回归方程本身的问题,而且也难以事先予以估计和控制。一般假定只存在(1)和(2)两种误差。

3. 区间预测

公式给出了个别值 Y_0 的点预测或点估计,但是在许多场合,人们更关心的是对 Y_0 的区间预测或区间估计,也就是给出一个预测值的可能范围,而且得到一个预测值的可能范围比只给出单个 $\hat{Y}_0$ 值更加可信。区间预测就是对于给定的显著性水平 α,找一个置信区间 (T_1, T_2),使得对应于某特定的 X_0 的实际值 Y_0 以 $(1-\alpha)$ 的概率被区间 (T_1, T_2) 所包含,用式子表示就是:

$$P(T_1 \leqslant Y_0 \leqslant T_2) = 1 - \alpha \tag{10.30}$$

式中:T_1 称为置信下限,T_2 称为置信上限。在小样本情况下,通常用 t 分布建立置信区间 (T_1, T_2),Y_0 值在 $(1-\alpha)$ 的置信概率下的置信区间 (T_1, T_2) 的计算公式如下:

置信上限:

$$T_2 = \hat{Y}_0 + t_{\alpha/2}\hat{\sigma}\sqrt{1 + \frac{1}{n} + \frac{(X_0 - \overline{X})^2}{\sum(X_i - \overline{X})^2}} \tag{10.31}$$

置信下限:

$$T_1 = \hat{Y}_0 - t_{\alpha/2}\hat{\sigma}\sqrt{1 + \frac{1}{n} + \frac{(X_0 - \overline{X})^2}{\sum(X_i - \overline{X})^2}} \tag{10.32}$$

上式中的 $t_{\alpha/2}$ 是置信概率为 $(1-\alpha)$、自由度为 $n-2$ 的 t 分布的临界值，又称为概率度，$\hat{\sigma}$ 是回归直线的估计标准误差。

在样本容量 n 足够大的情况下，可以根据正态分布原理（即经验法则）建立 Y_0 值的置信区间，如：

$$P(\hat{Y}_0 - \hat{\sigma} \leqslant Y_0 \leqslant \hat{Y}_0 + \hat{\sigma}) = 68.27\%$$

$$P(\hat{Y}_0 - 2\hat{\sigma} \leqslant Y_0 \leqslant \hat{Y}_0 + 2\hat{\sigma}) = 95.45\%$$

$$P(\hat{Y}_0 - 3\hat{\sigma} \leqslant Y_0 \leqslant \hat{Y}_0 + 3\hat{\sigma}) = 99.73\%$$

10.3 多元线性回归分析

10.3.1 标准的多元线性回归模型

一元线性回归分析研究的是一个因变量与一个自变量之间的关系，但是客观现象之间的联系是相当复杂的，许多现象的变动常常受到多个变量间的影响，即影响因变量的自变量通常不是一个，而是多个。为了全面揭示这种复杂的多变量之间的依存关系，就需要建立多元回归模型，因此，有必要讨论多元线性回归分析的理论与方法。

在线性相关条件下，研究两个或两个以上自变量对一个因变量的数量影响关系，称为多元线性回归分析；而表现这一数量关系的数学公式，称为多元线性回归模型。多元线性回归模型是一元线性回归模型的扩展，基本原理与一元线性回归模型类似，只是计算麻烦一些。本节将对于多元线性回归分析中与一元线性回归分析相类似的内容，只给出结论，不做进一步的论证。

多元线性回归模型总体回归函数的一般形式如下：

$$Y_i = \beta_0 + \beta_1 X_{i1} + \beta_2 X_{i2} + \cdots + \beta_k X_{ik} + u_i \tag{10.33}$$

上式假定因变量 Y 与 k 个自变量间的回归关系可以用线性函数近似反映。其中，Y_i 是变量 Y 的第 i 个观测值；X_{ij} 是第 i 个自变量 X_i 的第 j 个观测值 $(i=1, 2, \cdots, n)$；u_i 是随机误差项；β_0，β_1，β_2，$\cdots$，β_k 是模型的参数。β_j 表示在其他自变量不变的情况下，自变量 X_j 变动一个单位所引起的因变量 Y 平均变动的数额，又称为偏回归系数。式中，总体回归系数未知，需要利用样本观测值进行估计。

假定已知 n 个观测值，$\hat{\beta}_0$ 是常数项，$\hat{\beta}_1$，$\hat{\beta}_2$，$\cdots$，$\hat{\beta}_k$ 称为偏回归系数，它们分别是总体参数 β_0，β_1，β_2，$\cdots$，β_k 的估计量，则多元线性回归模型的样本回归函数为

$$Y_i = \hat{\beta}_0 + \hat{\beta}_1 X_{i1} + \hat{\beta}_2 X_{i2} + \cdots + \hat{\beta}_k X_{ik} + e_i \tag{10.34}$$

其中，e_i 是残差，与一元线性回归模型类似，为了进行多元线性回归模型分析也需要满足一些假定条件。多元线性回归分析的假定除了一元线性回归模型中提出的关于随机误差项的假定之外，还要增加一条假定：即回归模型所包含的自变量之间不具有较强的线性关系，同时样本容量必须大于所要估计的回归系数的个数，即 $n > k$，这称为假定6。

对于多元线性回归模型，用矩阵形式表达将更为简便，记：

$$Y = \begin{bmatrix} Y_1 \\ Y_2 \\ \vdots \\ Y_n \end{bmatrix}, \quad X = \begin{bmatrix} 1 & X_{11} & \cdots & X_{1k} \\ 1 & X_{21} & \cdots & X_{2k} \\ \vdots & \vdots & & \vdots \\ 1 & X_{n2} & \cdots & X_{nk} \end{bmatrix}, \quad u = \begin{bmatrix} u_1 \\ u_2 \\ \vdots \\ u_n \end{bmatrix}$$

$$\beta = \begin{bmatrix} \beta_0 \\ \beta_1 \\ \vdots \\ \beta_k \end{bmatrix}, \quad \hat{Y} = \begin{bmatrix} \hat{Y}_1 \\ \hat{Y}_2 \\ \vdots \\ \hat{Y}_n \end{bmatrix}, \quad \hat{\beta} = \begin{bmatrix} \hat{\beta}_0 \\ \hat{\beta}_1 \\ \vdots \\ \hat{\beta}_k \end{bmatrix}, \quad e = \begin{bmatrix} e_1 \\ e_2 \\ \vdots \\ e_n \end{bmatrix}$$

其中，Y 是因变量样本观测值列向量；X 是自变量样本观测值矩阵；u 是随机误差项列向量；β 是总体回归系数列向量；$\hat{Y}$ 是回归函数因变量估计列向量；$\hat{\beta}$ 是回归系数估计值列向量；e 是残差列向量。

则总体回归函数可以写为

$$Y = X\beta + u \tag{10.35}$$

而样本回归函数可以写为

$$Y = \hat{X}\beta + e \tag{10.36}$$

10.3.2　多元线性回归模型的估计

1. 总体回归系数的估计

多元线性回归模型中对回归系数的估计同样可以采用最小二乘法的计算原理，设

$$Q = \sum e_i^2 = \sum (Y_i - \hat{Y}_i)^2$$
$$= \sum (Y_i - \hat{\beta}_0 - \hat{\beta}_1 X_{i1} - \hat{\beta}_2 X_{i2} - \cdots - \hat{\beta}_k X_{ik})^2 \tag{10.37}$$

欲使 Q 达到最小，其必要条件是它对 $\hat{\beta}_0$，$\hat{\beta}_1$，$\hat{\beta}_2$，$\cdots$，$\hat{\beta}_k$ 的偏导数等于零。整理后得到以下方程式：

$$\sum Y_i = n\hat{\beta}_0 + \hat{\beta}_1 \sum X_{i1} + \hat{\beta}_2 \sum X_{i2} + \cdots + \hat{\beta}_k \sum X_{ik}$$

$$\sum X_{i1} Y_i = \hat{\beta}_0 \sum X_{i1} + \hat{\beta}_1 \sum X_{i1}^2 + \hat{\beta}_2 \sum X_{i1} X_{i2} + \cdots + \hat{\beta}_k \sum X_{i1} X_{ik} \tag{10.38}$$

$$\sum X_{ik} Y_i = \hat{\beta}_0 \sum X_{ik} + \hat{\beta}_1 \sum X_{i1} X_{ik} + \hat{\beta}_2 \sum X_{i2} X_{ik} + \cdots + \hat{\beta}_k \sum X_{ik}^2$$

根据以上正规方程组，解 $k+1$ 个方程即可以得到 $\hat{\beta}_0$，$\hat{\beta}_1$，$\hat{\beta}_2$，$\cdots$，$\hat{\beta}_k$。

方程组的矩阵形式可以写为

$$\begin{bmatrix} n & \sum X_{i1} & \cdots & \sum X_{ik} \\ \sum X_{i1} & \sum X_{i1}^2 & \cdots & \sum X_{i1} X_{ik} \\ \vdots & \vdots & & \vdots \\ \sum X_{ik} & \sum X_{ik} X_{i1} & \cdots & \sum X_{ik}^2 \end{bmatrix} \begin{bmatrix} \hat{\beta}_0 \\ \hat{\beta}_1 \\ \vdots \\ \hat{\beta}_k \end{bmatrix} = \begin{bmatrix} 1 & 1 & \cdots & 1 \\ X_{11} & X_{21} & \cdots & X_{n1} \\ \vdots & \vdots & & \vdots \\ X_{1k} & X_{2k} & \cdots & X_{nk} \end{bmatrix} \begin{bmatrix} Y_1 \\ Y_2 \\ \vdots \\ Y_n \end{bmatrix}$$

即

$$(X'X)\hat{\beta}=X'Y \tag{10.39}$$

式中，X' 是 X 的转置矩阵，$(X'X)$ 是 $k \times k$ 对称矩阵，根据假定 6，$(k-1)$ 个自变量间不存在高度的线性相关，因此逆矩阵存在，在公式两边同时左乘 $(X'X)^{-1}$，得到：

$$\hat{\beta}=(X'X)^{-1}X'Y \tag{10.40}$$

上式即为多元线性回归模型中回归系数最小二乘估计的一般形式。

2. 总体方差的估计

除了回归系数以外，多元线性回归模型中还包含另一个未知参数，即随机误差项的方差 σ^2。与一元线性回归分析相类似，由于随机误差项本身是不可观测的，所以需要利用残差平方和除以自由度进行估计，由此得到 σ^2 的无偏估计 $\hat{\sigma}^2$ 为

$$\hat{\sigma}^2 = \frac{\sum e_i^2}{n-k-1} \tag{10.41}$$

式中，n 是样本观测值的个数，k 是多元线性回归方程回归系数的个数。在 k 元回归模型中，标准方程组有 $k+1$ 个方程式，残差需满足 $k+1$ 个约束条件，因此自由度为 $n-k-1$。其中，$\hat{\sigma}$ 称为估计标准误差；而残差平方和一般可以利用下面的公式进行计算：

$$\sum e_i^2 = e'e = Y'Y - \hat{\beta}'X'Y \tag{10.42}$$

10.3.3 多元线性回归模型的检验

1. 拟合优度检验

同一元线性回归模型一样，对于多元线性回归模型也需要测定其对数据的拟合好坏或拟合程度，仍然是基于总离差平方和的分解公式计算得到样本决定系数。

$$R^2 = 1 - \frac{\sum e_i^2}{\sum (Y_i - \bar{Y})^2} \tag{10.43}$$

由公式可知，R^2 的大小取决于残差平方和占总离差平方和的比重。在样本容量一定的条件下，总离差平方和与自变量个数无关，但是残差平方和会随着模型中自变量个数的增加而逐渐减少。所以这会给人一种错觉，即要使模型拟合的好，增加自变量即可。但是现实情况往往是由增加解释变量个数引起的 R^2 的增大与拟合好坏毫无关系，因此在多元回归模型间比较拟合优度，R^2 不是最为合适的指标，需要进行调整。

换个角度思考，在样本容量一定的情况下，增加解释变量会使得自由度减少，所以调整的思路是将残差平方和与总离差平方和分别除以各自的自由度，以保证剔除变量个数对拟合优度的影响。所以常用的评价拟合优度的指标是所谓的修订样本决定系数 $\bar{R}^2$，即：

$$\bar{R}^2 = 1 - \frac{\sum e_i^2/(n-k-1)}{\sum (Y_i - \bar{Y})^2/(n-1)} = 1 - \frac{(n-1)}{(n-k-1)}(1-R^2) \tag{10.44}$$

式中，n 是样本容量，k 是模型中回归系数的个数，$(n-1)$ 和 $(n-k-1)$ 分别是总离差平方和与残差平方和的自由度。

修订自由度的样本决定系数存在以下特点：

（1）$\bar{R}^2 \leqslant R^2$。对于给定的 R^2 和 n 值，k 值越大 $\bar{R}^2$ 越小。进行回归分析时，一般是希望以尽可能少的自变量去达到尽可能高的拟合优度。很明显，$\bar{R}^2$ 作为评价拟合优度指标要比 R^2 更为合适。

（2）$\bar{R}^2$ 小于 1，但未必都大于 0。在拟合极差的场合，$\bar{R}^2$ 有可能为负值。

2. 显著性检验

与一元线性回归分析的检验相类似，多元线性回归分析的检验也包括两个方面的内容：即对整个回归方程的显著性检验和对回归系数的显著性检验，其中，回归方程的显著性检验一般采用 F 检验，回归系数的显著性检验一般采用 t 检验。

1）回归方程的显著性检验

与一元线性回归方程的显著性检验原理类似，多元线性回归方程的显著性检验要基于总离差平方和的分解公式。检验总体回归函数的线性关系是否显著，实质是判断回归平方和与残差平方和之比值大小的问题，同样要借助于各自的自由度，通常采用 F 检验进行。具体步骤如下：

第一步，提出原假设：

$$H_0 : \beta_1 = \beta_2 = \cdots = \beta_k = 0$$
$$H_1 : \beta_j (j = 1, 2, \cdots, k) \text{不全为零}$$

第二步，构建检验统计量。为了构建对 H_0 进行检验的 F 统计量，需要利用总离差平方和 SST 的分解公式：

$$\sum_{i=1}^{n} (Y_i - \bar{Y})^2 = \sum_{i=1}^{n} (\hat{Y}_i - \bar{Y})^2 + \sum_{i=1}^{n} (Y_i - \hat{Y}_i)^2$$

即

$$\text{SST} = \text{SSR} + \text{SSE}$$

构造的 F 统计量如下：

$$F = \frac{\text{SSR}/k}{\text{SSE}/(n-k-1)} \tag{10.45}$$

在正态分布假设下，当原假设成立时，F 服从第一自由度为 k、第二自由度为 $(n-k-1)$ 的 F 分布，也就是 $F \sim F_a(k, n-k-1)$。

第三步，计算 F 统计量，并由给定的显著性水平 α，查 F 分布表，得临界值 $F_a(k, n-k-1)$。

第四步，当 $F > F_a(k, n-k-1)$ 时，拒绝原假设，认为在给定的显著性水平为 α 时，总体回归函数中自变量与因变量的线性回归关系显著；反之接受原假设，即回归方程不显著。

2）回归系数的显著性检验

在多元线性回归方程中，回归方程显著并不表示每个自变量对 Y 的影响都是显著的，现实中，我们总是想从回归方程中剔除那些次要的、可有可无的变量，建立更为简洁的回归方程。因此，在删除自变量之前，需要对每个自变量进行显著性检验。如果第 j 个自变量 $X_j (j = 1, 2, \cdots, k)$ 对 Y 的影响作用不显著，那么在回归模型中，它的系数 β_j 就应该取值为零。因此，回归系数的显著性检验就是检验下列假设：

$$H_0 : \beta_j = 0, \quad j = 1, 2, \cdots, k$$
$$H_1 : \beta_j \neq 0, \quad j = 1, 2, \cdots, k$$

与一元线性回归类似，多元线性回归模型中回归系数的显著性检验也是采用 t 检验和 p-值检验，其统计量 t 的计算公式是

$$t_{\hat{\beta}_j} = \frac{\hat{\beta}_j}{S_{\hat{\beta}_j}} = \frac{\hat{\beta}_j}{\sqrt{\psi_{jj}\dfrac{e'e}{n-k-1}}} \sim t(n-k-1) \tag{10.46}$$

上式中的 $\hat{\beta}_j$ 是对应于第 j 自变量 X_j 的回归系数，是参数 β_j 的最小二乘估计量；$S_{\hat{\beta}_j}$ 是回归系数 $\hat{\beta}_j$ 的标准差；ψ_{jj} 是矩阵 $(X'X)^{-1}$ 主对角线上的第 j 个元素。可以证明，在随机误差项服从正态分布且原假设成立的条件下，即 $t_j \sim t(n-k-1)$。对于给定的显著性水平 α，根据自由度 $(n-k-1)$ 查 t 分布表，得双侧检验的临界值 $t_{\alpha/2}$。当 $|t_{\hat{\beta}_j}| \geqslant t_{\alpha/2}$ 时，拒绝原假设 H_0，认为自变量 X_j 对因变量 Y 的线性效果显著。当 $|t_{\hat{\beta}_j}| < t_{\alpha/2}$ 时，则接受原假设，认为自变量 X_j 对因变量 Y 的线性效果不显著。

与一元线性回归方程的显著性检验不同，在多元回归分析中，回归系数的显著性检验与回归方程的显著性检验的意义是不等价的，F 检验显著，说明 Y 对自变量 $X_1, X_2, \cdots, X_k$ 整体的线性回归效果显著，但是不等于 Y 对每一个自变量 X_i 的回归效果都显著；反之，某个或某几个自变量的回归系数不显著，多元线性回归方程的显著性 F 检验仍有可能显著。

10.3.4 多元线性回归模型的预测

如果所拟合的多元线性回归方程通过统计检验，同时被认为具有实际意义和有较高的拟合程度，那么就可以用来进行预测。

$$\hat{Y}_f = \hat{\beta}_0 + \hat{\beta}_1 X_{f1} + \hat{\beta}_2 X_{f2} + \cdots + \hat{\beta}_k X_{fk} \tag{10.47}$$

式中，X_{fj} 是给定的 X_j 在预测期的具体数值，$\hat{\beta}_j$ 是估计出的样本回归系数，$\hat{Y}_f$ 是得到的因变量 Y 的预测值。

上述方程的矩阵形式为

$$\hat{Y}_f = X'_f \hat{\boldsymbol{\beta}} \tag{10.48}$$

式中，

$$X_f = \begin{bmatrix} 1 \\ X_{f1} \\ \vdots \\ X_{fk} \end{bmatrix}, \quad \hat{\boldsymbol{\beta}} = \begin{bmatrix} \hat{\beta}_0 \\ \hat{\beta}_1 \\ \vdots \\ \hat{\beta}_k \end{bmatrix}$$

多元线性回归模型 Y_f 的置信区间预测公式如下：

$$\hat{Y}_f \pm t_{\alpha/2} \times S_{ef} \tag{10.49}$$

其中，S_{ef} 为预测标准误差，计算公式为 $S_{ef} = \hat{\sigma}\sqrt{1 + X'_f(X'X)^{-1}X_f}$，$t_{\alpha/2}$ 为显著性水平 α 的 t 分布双侧临界值。

【例 10-11】 在一项某社区家庭对某种消费品的消费需求调查中，得到如表 10.4 所示的资料，请根据该资料做二元线性回归分析。

表 10.4 某社区家庭对某商品需求与月收入情况

序号	对某商品的消费支出 Y	商品单价 X_1	家庭月收入 X_2	序号	对某商品的消费支出 Y	商品单价 X_1	家庭月收入 X_2
1	591.9	23.56	7620	6	644.4	31.14	12 920
2	654.5	24.44	9120	7	680.0	35.30	14 340
3	623.6	32.07	10 670	8	724.0	38.70	15 960
4	647.0	32.46	11 160	9	757.1	39.63	18 000
5	674.0	31.15	11 900	10	706.8	46.68	19 300

要求：(1) 估计回归方程的参数及随机误差项的误差，计算 R^2 和 $\bar{R}^2$。

(2) 对方程进行 F 检验、对系数进行 t 检验。

(3) 如果商品单价是 35 元，则某一月收入为 20 000 元的家庭的消费支出估计值是多少? 并给出 95% 的预测区间。

解 (1) 本题有两个自变量，所以建立二元线性回归方程，以矩阵形式表达为

$$Y = X\hat{\beta} + e$$

参数估计值为

$$\hat{\beta} = (X'X)^{-1}X'Y$$

由于

$$(X'X)^{-1} = \begin{bmatrix} 5.325\,360\,28 & -0.363\,021\,10 & 0.000\,538\,17 \\ -0.363\,021\,10 & 0.033\,816\,04 & -0.000\,059\,58 \\ 0.000\,538\,17 & -0.000\,059\,58 & 0.000\,000\,11 \end{bmatrix}$$

$$X'Y = \begin{bmatrix} 6703.3 \\ 228\,956.63 \\ 892\,751\,78 \end{bmatrix}$$

所以

$$\hat{\beta} = (X'X)^{-1}X'Y = \begin{bmatrix} 626.509 \\ -9.790\,57 \\ 0.028\,62 \end{bmatrix}$$

随机误差项方差的估计为

$$\hat{\sigma}^2 = \frac{\sum e_i^2}{n-k-1} = \frac{e'e}{n-k-1}$$

$$\text{SSE} = e'e = (Y-\hat{Y})'(Y-\hat{Y}) = (Y-X\hat{\beta})'(Y-X\hat{\beta})$$

$$= Y'Y - Y'X\hat{\beta} - \hat{\beta}'X'Y + \hat{\beta}'X'X\hat{\beta}$$

$$= Y'Y - Y'X\hat{\beta} - \hat{\beta}'X'Y + \hat{\beta}'X'X(X'X)^{-1}X'Y$$

$$= Y'Y - Y'X\hat{\beta}$$

$$= 4\,515\,072 - 4\,512\,955 = 2116.85$$

所以

$$\hat{\sigma}^2 = \frac{e'e}{n-k-1} = \frac{2116.85}{10-2-1} = 302.41$$

又因为

$$SST = \sum (Y - \bar{Y})^2 = \sum (Y^2 - 2\bar{Y}Y + \bar{Y}^2)$$

$$= \sum Y^2 - n\bar{Y}^2 = Y'Y - n\bar{Y}^2$$

$$= 4\ 515\ 072 - 10 \times 449\ 342.3 = 21\ 648.74$$

所以

$$R^2 = 1 - \frac{SSE}{SST} = 1 - \frac{e'e}{Y'Y - n\bar{Y}^2}$$

$$= 1 - \frac{2116.85}{21\ 648.74} = 0.9022$$

$$\bar{R}^2 = 1 - \frac{n-1}{n-k-1}(1-R^2) = 0.8743$$

(2) 对回归方程的 F 检验:

$$F = \frac{SSR/k}{SSE/(n-k-1)} = \frac{(21\ 648.74 - 2116.85)/2}{2116.85/(10-2-1)} = 32.29$$

在 5% 的显著性水平下,查表自由度为(2,7)的 F 分布的临界值是 $F_{0.05}(2,7) = 4.74$,由于 32.29 > 4.74,所以方程的总体线性显著。

由于

$$S_{\hat{\beta}_0} = \sqrt{\hat{\sigma}^2 \psi_{00}} = \sqrt{302.41 \times 5.325\ 36} = \sqrt{1610.42} = 40.13$$

$$S_{\hat{\beta}_1} = \sqrt{\hat{\sigma}^2 \psi_{11}} = \sqrt{302.41 \times 0.033\ 816} = \sqrt{10.2262} = 3.1978$$

$$S_{\hat{\beta}_2} = \sqrt{\hat{\sigma}^2 \psi_{22}} = \sqrt{302.41 \times 0.000\ 000\ 11} = \sqrt{0.000\ 034\ 08} = 0.005\ 838$$

所以回归系数的估计值的 t 检验值分别是

$$t_{\hat{\beta}_0} = \frac{\hat{\beta}_0}{S_{\hat{\beta}_0}} = \frac{626.509}{40.13} = 15.612$$

$$t_{\hat{\beta}_1} = \frac{\hat{\beta}_1}{S_{\hat{\beta}_1}} = \frac{-9.790\ 57}{3.1978} = -3.062$$

$$t_{\hat{\beta}_2} = \frac{\hat{\beta}_2}{S_{\hat{\beta}_2}} = \frac{0.028\ 618}{0.005\ 838} = 4.902$$

在 5% 显著性水平下,查表的临界值为 $t_{0.025}(7) = 2.365$,由此可见,回归系数均显著地异于零。

(3) 将 $X_1 = 35$,$X_2 = 20\ 000$ 代入回归方程,可得到

$$Y = 626.51 - 9.7906 \times 35 + 0.0286 \times 20\ 000 = 856.20\ 元$$

由于

$$(\boldsymbol{X'X})^{-1} = \begin{bmatrix} 5.325\ 360\ 28 & -0.363\ 021\ 10 & 0.000\ 538\ 17 \\ -0.363\ 021\ 10 & 0.033\ 816\ 04 & -0.000\ 059\ 58 \\ 0.000\ 538\ 17 & -0.000\ 059\ 58 & 0.000\ 000\ 11 \end{bmatrix}$$

取 $\boldsymbol{X}_f = \begin{bmatrix} 1 \\ 35 \\ 20000 \end{bmatrix}$，$Y$ 个值的预测的标准差为

$$S_{ef} = \sqrt{\hat{\sigma}^2(1 + \boldsymbol{X}_f'(\boldsymbol{X'X})^{-1}\boldsymbol{X}_f)} = \sqrt{302.41 \times 1.2661} = \sqrt{1675.03} = 40.93$$

所以，Y 个值的 95% 的预测区间为

$$856.20 \pm 2.365 \times 40.93 \quad 或 \quad (759.41, 952.99)$$

上述计算过程是利用矩阵运算的，可以看出，运算过程比较烦琐，现实中，一般采用统计软件如 Eviews、SPSS 等进行计算将更为简便且快捷。

10.4　非线性回归分析

10.4.1　非线性函数形式的确定

当两个变量间的相关形式呈现为非线性形态时，就需要建立非线性回归方程来描述变量间的关系。非线性回归方程的形式和类型多种多样，需要对观测资料进行分析和比较，选择合适的方程来配合变量间的关系。

非线性回归分析的首要问题是如何确定非线性函数的具体形式。简单来说，可以采用画散点图的形式，通过把自变量和因变量观测点以散点的形式呈现在图上，如果表现为曲线，则要用非线性方程拟合。现实中对客观现象进行定量分析时，应遵循以下原则：

（1）方程形式应该与实质性科学的基本理论保持一致。例如生产函数运用幂函数的形式等。

（2）方程有较高的拟合优度。这样才能保证回归方程能够较好地反映现实经济的运行情况。

（3）方程的数学形式要尽可能简单。若多种形式均可以描述自变量和因变量的非线性关系，则应选择数学形式最为简单的一种。

本节简要介绍一些常用的非线性函数的特点。

1. 双曲线函数

假设 Y 随 X 的增加而增加（或减少），最初增加（减少）很快，随后逐渐放慢至趋于稳定，则可以用双曲线拟合。双曲线的方程式是：

$$Y = a + b(1/X) \tag{10.50}$$

2. 抛物线函数

若样本观测值的一阶、二阶差分近似于常数，则可以考虑用抛物线来拟合。

首先将样本观测值按 X 排序，然后分步计算 X 和 Y 的一阶差分、Y 的二阶差分，即

$$\Delta X_t = X_t - X_{t-1}; \ \Delta Y_t = Y_t - Y_{t-1} \tag{10.51}$$

$$\Delta Y_{2t} = \Delta Y_t - \Delta Y_{t-1} \tag{10.52}$$

如果 X 的一阶差分和 Y 的二阶差分的绝对值近似于常数，则可以用以下抛物线方程拟合：

$$Y = a + bX + cX^2 \tag{10.53}$$

3. 幂函数

幂函数的一般形式是

$$Y = a X_1^{b_1} X_2^{b_2} \cdots X_k^{b_k} \tag{10.54}$$

该类函数的优点是,方程中参数可以反映因变量对于某自变量的弹性,即其他变量不变的条件下,X_i 变动 1% 引起 Y 变动的百分比,用公式表示为

$$E_{Y, X_i} = \frac{\partial Y/Y}{\partial X_i/X_i} = \frac{\partial Y}{\partial X_i} \times \frac{X_i}{Y} \tag{10.55}$$

在现实问题中,道格拉斯生产函数分析和需求函数分析中均广泛运用幂函数。

4. 指数函数

指数曲线函数表示为

$$Y = ab^X \tag{10.56}$$

其中存在两个待定系数 a 和 b,当 $a>0$,$b>1$ 时,曲线随 X 值增加而弯曲上升,趋于 $+\infty$;当 $a>0$,$0<b<1$ 时,曲线随 X 值增加而弯曲下降趋于 0。

指数曲线多用于对客观现象变动趋势的描述,例如本利和与存期按一定比例增长,符合第一种曲线形式;单位成本和原材料消耗按一定比例降低,符合第二种曲线。

5. 对数函数

对数函数表达为

$$Y = a + b \ln X \tag{10.57}$$

式中,$\ln$ 表示取自然对数,对数函数的特点是随着 X 的增大,X 的单位变动对因变量 Y 的影响效果不断递减。

6. S 曲线函数

常用的 S 曲线是逻辑曲线。该曲线方程表示如下:

$$Y = \frac{L}{1 + a e^{-bX}} \quad (L, a, b > 0) \tag{10.58}$$

从公式可以看出,Y 是 X 的非减函数,先是随着 X 的增加,Y 的增长速度也逐渐加快,当 Y 达到一定水平后,其增长速度逐渐放缓,最后无论 X 如何增加,Y 只会趋近于 L,而不会超过 L。我们常用该曲线来表示耐用消费品普及率的变化趋势。

10.4.2 非线性回归模型的估计

若要对非线性回归模型进行估计,常用的做法是采用变量代换法将非线性模型线性化,再按线性模型的方法处理。

常用非线性函数的线性变换方法有以下几种:

1. 倒数变换

倒数变换指用新变量替换原模型中变量的倒数,使得原模型变成线性模型的一种方法。例如双曲线函数,令 $X' = 1/X$,代入原方程式,则 $Y = a + bX'$。

2. 半对数变换

半对数变换主要应用于对数函数的变换。令 $X' = \ln X$,则原模型变为 $Y = a + bX'$。

3. 双对数变换

该方法通过新变量替换原模型中变量的对数，使原模型变为线性模型。例如，对幂函数两边取对数，得到

$$\ln Y = \ln a + b_1 \ln X_1 + b_2 \ln X_2 + \cdots + b_k \ln X_k \tag{10.59}$$

令 $Y' = \ln Y$，$b_0 = \ln a$，$X_1' = \ln X_1$，$\cdots$，$X_k' = \ln X_k$，代入上式得到

$$Y' = b_0 + b_1 X_1' + b_2 X_2' + \cdots + b_k X_k' \tag{10.60}$$

除了上述变换方法之外，还有针对多项式方程的多项式变换方法，情况较为复杂，在此不再赘述。基于上述线性变换的方法，实际应用中需要注意以下几个问题：

一是对于较复杂的非线性函数，需要综合利用上述几种方法。

二是为了能够根据样本观测值，对变换后的线性回归方程进行估计，该方程中所有变量不允许包含未知参数。

三是上述变换方法不是万能的，也就是说并不是所有的非线性函数都可以转换为线性方程。如遇这种情况需要借助其他方法进行估计，本书不做进一步介绍。

【例 10 - 12】　表 10.5 列出了中国某年按行业分的全部制造业国有企业及规模以上制造业非国有企业的工业总产值 Y、资产合计 K 和职工人数 L。设定模型为 $Y = AK^{\alpha}L^{\beta}e^{u}$，利用上述资料进行回归分析。

表 10.5　中国某年按行业分制造业国有企业及规模以上制造业非国有企业概况

序号	工业总产值/亿元	资产合计/亿元	职工人数/万人	序号	工业总产值/亿元	资产合计/亿元	职工人数/万人
1	3722.70	3078.22	113	17	812.70	1118.81	43
2	1442.52	1684.43	67	18	1899.70	2052.16	61
3	1752.37	2742.77	84	19	3692.85	6113.11	240
4	1451.29	1973.82	27	20	4732.90	9228.25	222
5	5149.30	5917.01	327	21	2180.23	2866.65	80
6	2291.16	1758.77	120	22	2539.76	2545.63	96
7	1345.17	939.10	58	23	3046.95	4787.90	222
8	656.77	694.94	31	24	2192.63	3255.29	163
9	370.18	363.48	16	25	5364.83	8129.68	244
10	1590.36	2511.99	66	26	4834.68	5260.20	145
11	616.71	973.73	58	27	7549.58	7518.79	138
12	617.94	516.01	28	28	867.91	984.52	46
13	4429.19	3785.91	61	29	4611.39	18626.94	218
14	5749.02	8688.03	254	30	170.30	610.91	19
15	1781.37	2798.90	83	31	325.53	1523.19	45
16	1243.07	1808.44	33	—	—	—	—

解　分析函数 $Y = AK^{\alpha}L^{\beta}e^{\mu}$ 的形式是幂函数，要想估计此方程，首先将其转化为线性回归方程，若不考虑残差项，对方程两边取对数，得

$$\ln Y = \ln A + \alpha \ln K + \beta \ln L \qquad (10.61)$$

令 $Y' = \ln Y$，$b_0 = \ln A$，$K' = \ln K$，$L' = \ln L$，代入上式得

$$Y' = b_0 + \alpha K' + \beta L'$$

估计得到样本回归方程为

$$Y' = 1.154 + 0.609K' + 0.361L'$$

即

$$\ln Y = 1.154 + 0.609\ln K + 0.361\ln L$$

$$(1.59) \quad (3.45) \qquad (1.79)$$

$$R^2 = 0.8099, \quad \bar{R}^2 = 0.7963, \quad F = 59.66$$

其中，遵循生产函数的特性，即 $\alpha + \beta = 1$。

从拟合优度来看，$\bar{R}^2 = 0.7963$ 表明，工业总产值对数值的 79.6% 的变化是由资产合计的对数值和职工的对数值的变化来解释的，仍有 20.4% 的变化是由其他因素的变化影响的。

从方程和回归系数的显著性检验来看，若给定显著性水平 5%，自由度为 (2, 28) 的 F 分布的临界值是 $F_{0.05}(2, 28) = 3.34$，因此，$\ln K$ 和 $\ln L$ 联合起来对 $\ln Y$ 具有显著的线性影响。同样，在 5% 的显著性水平下，t 分布的临界值 $t_{0.025}(28) = 2.048$，$\ln K$ 通过了检验，但是 $\ln L$ 未通过检验。而在 10% 的显著性水平下，t 分布的临界值 $t_{0.05}(28) = 1.701$，此时 $\ln L$ 通过检验。

◆·······◆ 本 章 小 结 ◆·······◆

本章介绍的相关与回归分析，是统计分析中较为常用的方法之一。现实中，变量间的关系除了确定的函数关系之外，更多的是变量间的相关关系。本章主要内容包括相关关系的基本概念，衡量变量间相关关系的具体方法，如相关表、散点图和相关系数；在相关分析的基础上，介绍了如何构建回归方程来研究自变量对因变量的影响关系，其中，重点讲解一元线性回归分析方法和多元线性回归分析方法，内容涉及模型的建立、估计、显著性检验以及预测问题。

通过本章的学习，首先要理解相关关系与函数关系的区别，其次是掌握相关关系的类型和测定方法以及如何计算相关系数及其特征；在理解回归分析与相关分析的联系和区别的基础上，重点掌握线性回归模型的构建原理和估算方法，并了解非线性回归模型的常用形式与线性变换方法。

◆·······◆ 思考与练习 ◆·······◆

1. 什么是函数关系？什么是相关关系？举例说明二者间的区别与联系。

2. 相关关系有哪些分类？

3. 测度相关关系的方法有哪些？

4. 简述相关系数的取值及其意义。

5. 相关分析与回归分析的联系与区别有哪些？

6. 线性回归模型的基本假设是什么？在回归模型中引入随机误差项的意义是什么？

7. 简述最小二乘法的工作原理。

8. 回归模型的检验包含哪几种？其中一级检验主要指哪些检验？

9. 解释总离差平方和、回归平方和、残差平方和的含义，并说明它们之间的关系。

10. 什么是判定系数？判定系数与相关系数的关系是什么。

11. 多元线性回归分析中，为何要对样本决定系数进行修订？修订后的决定系数与修订前的决定系数间存在怎样的关系？

12. 在回归分析中，F 检验和 t 检验各有什么作用？

13. 研究结果表明受教育时间与个人的薪金之间呈正相关关系。研究人员搜集了不同行业在职人员的有关受教育年数和年薪的数据，具体如表 10.6 所示。

表 10.6　不同行业在职人员的有关受教育年限和年薪的数据

受教育年数 x	年薪 y/万元	受教育年数 x	年薪 y/万元
8	3.00	7	3.12
6	2.00	10	6.40
3	0.34	13	8.54
5	1.64	4	1.21
9	4.30	4	0.94
3	0.51	11	4.64

(1) 做散点图，并说明变量之间的关系；

(2) 估计回归方程的参数；

(3) 当受教育年数为 15 年时，试对其年薪进行点预测和置信度为 95% 的区间预测。

14. 根据某企业员工人均收入(百元)与商品销售额(万元)资料计算的有关数据如下(X 代表人均收入，Y 代表销售额)：

$$n = 9, \sum X = 546, \sum Y = 260, \sum X^2 = 34\,362, \sum XY = 16\,918$$

计算：(1) 建立以商品销售额为因变量的直线回归方程，并解释回归系数的含义；

(2) 若员工人均收入为 400(百元)，试推算该年商品销售额。

15. 为了调查某广告对销售收入的影响，某商店记录了 5 个月的销售收入 Y 和广告费用 X，数据见表 10.7。

表 10.7　某商店 5 个月的销售收入和广告费用

月份	1 月	2 月	3 月	4 月	5 月
广告费用/万元	2	3	4	5	7
销售收入/万元	10	11	20	20	45

要求：(1) 画散点图；

(2) 销售收入 Y 和广告费用 X 是否是线性关系？

(3) 用最小二乘法求出回归方程；

(4) 计算估计标准误差；

(5) 计算判定系数；

(6) 对相关系数进行统计检验；

(7) 对回归方程和回归系数 $\hat{\beta}$ 进行显著性检验；

(8) 求当广告费用为 6 万元时，销售收入将达到多少，并给出 95% 的置信区间。

16. 某农场通过实验取得早稻收获量与春季降雨量和春季温度的数据，如表 10.8 所示。

表 10.8　早稻收获量与春季降雨量和春季温度的数据

收获量/$(kg \cdot hm^{-2})$	降雨量/mm	温度/℃
2250	25	6
3450	33	8
4500	45	10
6750	105	13
7200	110	14
7500	115	16
8250	120	17

要求：(1) 试确定收获量对降雨量和温度的二元线性回归方程。

(2) 解释回归系数的实际意义。

17. 某地区有 10 家百货商店，它们的月销售额与流通费率的统计数据如表 10.9 所示。

表 10.9　百货商店的月销售额与流通费率

商店编号	1	2		4	5	6	7	8	9	10
流通费率/(%)	6.4	4.5	2.7	2.1	1.8	1.5	1.4	1.3	1.3	1.2
销售额/万元	7	15	21	29	34	43	55	64	69	78

要求：(1) 试用散点图观察销售额与流通费率的相关形式；

(2) 拟合双曲线回归模型；

(3) 检验模型的显著性，并预测销售额为 80 万元时的流通费率。

拓展阅读

第 11 章　时间数列分析

世上万事万物都处于不断的运动和发展变化中，为了探索现象发展变化的规律性，我们需要观察现象随时间变化的数量特征。时间数列分析方法就是一种主要用于描述和探索现象随时间发展变化数量规律性的统计方法。本章基于传统的时间数列分析方法，对事物发展变化的水平指标、速度指标进行讲解，并对时间数列的分解分析做介绍。

11.1　时间数列的概念和编制

11.1.1　时间数列的概念

时间数列，也称为动态数列或时间序列，就是将反映某一现象的同一指标在不同时间上的取值，按时间先后顺序排列所形成的数列。表 11.1 就是浙江省近年年末总人口数、全省生产总值等指标的时间数列。

表 11.1　浙江省 2013—2020 年的主要指标

年份	年末总人口 /万人	全省生产总值 /亿元	第三产业增加值 /亿元	第三产业占比 /(%)	人均生产总值 /元
2013 年	4826.89	37 334.64	17 453.12	46.7	65 105
2014 年	4859.18	40 023.48	18 716.19	46.8	68 569
2015 年	4873.34	43 507.72	21 129.81	48.6	73 276
2016 年	4910.85	47 254.04	23 792.36	50.3	78 384
2017 年	4957.63	52 403.13	27 222.48	51.9	85 612
2018 年	4999.84	58 002.84	30 718.83	53.0	93 230
2019 年	5038.91	62 462.00	34 075.77	54.6	98 770
2020 年	5069.00	64 613.34	36 031.16	55.8	100 620

资料来源：浙江省统计局网站。

任何时间数列都是由两个要素构成的，缺一不可。一是现象所属的时间。时间可长可短，可以是年份、季度、月份，也可以是日或其他任何时间形式。二是统计指标在一定时间条件下所表现出的数值。

11.1.2　时间数列的种类

时间数列的分类在时间数列分析中具有重要的意义。在很多情况下，时间数列的种类不同,其分析方法也会有所不同。因此,为了保证对研究现象进行正确的分析,首先必须对时间数列的类型做出正确的判断。

由于时间数列是由统计指标和时间两个要素所构成,因此时间数列的分类实际上和统计指标的分类是一致的。按照统计指标的性质不同,可将时间数列分为绝对数时间数列、相对数时间数列和平均数时间数列。如表11.1中年末总人口数、全省生产总值、第三产业增加值时间数列都是绝对数时间数列,第三产业增加值所占比重的时间数列是相对数时间数列,人均生产总值时间数列是平均数时间数列。正确区分时间数列的类型对序时平均数的计算尤其具有重要的意义。

1. 绝对数时间数列

绝对数时间数列又称为总量指标时间数列,是指由一系列同类的总量指标数值所构成的时间数列。它是时间数列最基本的形式,反映事物在不同时间上的规模、水平等总量特征。绝对数时间数列又可以分为时期数列和时点数列两种类型。

1) 时期数列

时期数列是指由反映某种社会经济现象在一段时期内发展变化的累计总量的总量指标值所构成的绝对数时间数列。时期数列具有以下特点:

(1) 时期数列中各项指标数值都是反映现象在一段时期内发展变化过程的累计总量。

(2) 时期数列中各项指标数值随着现象的发展进程进行连续登记,因而各项指标数值可以相加,相加后的数值反映现象在更长时期内发展变化过程的累计总量。

(3) 时期数列中每项指标数值的大小与其所包括的时期长短有直接关系。一般来说,时期越长则指标数值越大,时期越短则指标数值越小,因此时期数列中各指标数值的时期长短应该相等。

2) 时点数列

时点数列是指由反映某种现象在不同时点上数量状况的总量指标值所构成的绝对数时间数列。时点数列具有以下特点:

(1) 时点数列中各项指标数值都是反映现象在一定时点上的数量状况的。

(2) 时点数列中各项指标数值只能按时点所表示的瞬间进行不连续登记,相加无实际经济意义,因而各项指标值不能直接相加,不具有可加性。

(3) 时点数列中各项指标数值的大小,与其时点间间隔的长短没有直接关联。

2. 相对数时间数列

相对数时间数列是指由一系列同类的相对指标数值按时间先后顺序排列所构成的时间数列,用以反映现象间数量对比关系或相互数量联系的发展过程。相对数时间数列是由绝对数时间数列派生出来的时间数列。它包括:

(1) 由两个时期数列相对应项对比所形成的相对数时间数列。

(2) 由两个时点数列相对应项对比所形成的相对数时间数列。

(3) 由一个时期数列和一个时点数列相对应项对比所形成的相对数时间数列。

相对数时间数列反映事物数量关系的发展变化动态,由于各期相对数的对比基数不同,故其各项指标数值不能直接相加。

3. 平均数时间数列

平均数时间数列是指由一系列同类的平均指标数值按时间先后顺序排列所构成的时间

数列，用以反映社会经济现象一般水平的发展变化过程。平均数时间数列也是由绝对数时间数列派生出来的时间数列。

平均数时间数列可以揭示研究现象一般水平的发展趋势和发展规律。平均数时间数列中各项指标数值也不能直接加总。

11.1.3　时间数列的编制

编制时间数列的目的，在于通过数列中各项指标值对比，说明社会经济现象发展变化的过程、趋势及规律性。因此，为了保证同一时间数列中各指标值之间的可比性，即数列中前后各项指标值可以相互比较，编制时间数列应遵循以下基本原则：

1. 时间方面的可比性

时期数列中指标数值的大小与时期长短有直接关系。时期越长指标值越大；反之则越小。因此，时期数列中各项指标值所属的时期长短应该前后一致，才能对比，如果时期长短不同，则应进行必要的调整。时点数列指标值的大小与时点间间隔的长短没有直接关系，其时点间隔虽然可以不一致，但是为了清晰地反映现象发展变化的规律性，时点间隔也应力求一致。

2. 空间的可比性

空间的可比性要求总体范围大小应该一致。总体范围是指时间数列指标值所包括的空间范围、隶属关系范围等。在进行时间数列分析时，要明确各指标值的总体范围是否前后一致。只有总体范围一致才能对比，否则也需进行必要调整。

3. 指标口径的可比性

指标口径是统计实践中的一种说法，是指指标所包括内容的多少。一般来说，只有同质的现象才能进行动态对比，才能表明现象发展变化的过程及趋势。在经济分析中，经常存在着这样一种情况，即有些指标从指标名称上看，在不同时间上它并没有什么变化，但随着时间的推移，其内容却发生了很大的变化（例如工资的含义）。因此，在进行统计分析之前，应该明确各指标值的口径范围，使之保持一致，否则必须进行调整。

4. 指标的计算方法和计量单位方面的可比性

时间数列中各指标的计算方法和计量单位也应该一致。各指标的计算方法如果不一致，不便于动态对比。指标数值的计量单位也应该一致，否则也不可比。

11.2　时间数列的水平指标

时间数列的水平指标描述现象在某一段时间或某个时间点上发展变化的水平高低及其增长变化的数量多少，包括发展水平、平均发展水平、增长量、平均增长量等四类指标。

11.2.1　发展水平

时间序列中的每一项指标数值，都称为发展水平，它说明了现象所达到的规模、水平和取得的成果，一般用 a_0，a_1，a_2，$\cdots$，a_n 表示。因为时间序列可以分为绝对数时间序列、相对数时间序列和平均数时间序列，所以发展水平可以表现为总量指标、相对指标与平均指标的指标数值，表 11.1 中的指标数值都可称为发展水平。

在统计分析中规定，时间序列中第一个指标值 a_0 称为最初水平，最后一个指标值 a_n 称为最末水平，其余指标值称为中间水平。

在做动态对比时，将作为对比基准的时期称为基期，其指标值也相应地称为基期发展水平；将所要分析研究的时期称为报告期，其指标值称为报告期发展水平。发展水平的这些不同内容，随着研究目的的不同而改变。

11.2.2　平均发展水平

平均发展水平是将不同时间上的发展水平加以平均而得到的平均数，由于它是不同时间的、动态上的平均，故又称为序时平均数或动态平均数。

平均发展水平与一般平均数都反映现象的一般水平，但两者之间却有明显的区别：一般平均数是根据同一时期总体标志总量与总体单位总量对比求得的，是根据变量数列计算的，从静态上说明总体某个数量标志的一般水平；序时平均数则是将时间数列中不同时间的指标值按照合适的方法加以平均而求得的，是根据时间数列计算的，说明某一现象数值在不同时间上的一般水平。

在动态分析中，利用序时平均数分析社会经济现象的动态变化有重要的作用：

（1）可以反映社会经济现象在一段时间内所达到的一般水平，并对其作出概括的说明。

（2）利用它可以消除现象在短期内波动的影响，以利于观察现象的发展趋势和规律。

（3）运用它还可以对不同单位、不同地区在同一段时间内同类事物的一般水平进行比较。

序时平均数是根据各种时间数列进行计算的，由于时间数列中指标的性质不同，计算序时平均数的方法也各有不同，其基本思路是：首先判断时间数列的类型；其次，根据时间数列的类型选择相应的计算公式。

下面分别介绍各种不同类别时间数列序时平均数的计算方法：

1. 根据绝对数时间数列计算序时平均数

绝对数时间数列有时期数列和时点数列之分，其计算方法明显不同。设时间数列各项指标值分别为 a_0，a_1，a_2，$\cdots$，a_n。

1）时期数列序时平均数的计算

时期数列的序时平均数在各指标值对应的时期长短相同时，可采用简单算术平均法计算，其公式为

$$\bar{a} = \frac{a_0 + a_1 + a_2 + \cdots + a_n}{n+1} = \frac{\sum\limits_{i=0}^{n} a_i}{n+1} \tag{11.1}$$

【例 11 - 1】 某公司今年各月产品销售数量的时间数列资料如表 11.2 所示，试据以计算平均每月销售量。

表 11.2　某公司今年各月产品销售数量

月　份	1月	2月	3月	4月	5月	6月	7月	8月	9月	10月	11月	12月
销售量	50	52	53	53	55	56	58	59	60	61	61	62

解 代入公式(11.1)：

$$\bar{a} = \frac{a_0 + a_1 + a_2 + \cdots + a_n}{n+1} = \frac{\sum\limits_{i=0}^{n} a_i}{n+1}$$

$$= \frac{50 + 52 + 53 + 53 + 55 + 56 + 58 + 59 + 60 + 61 + 61 + 62}{12}$$

$$= 56.67$$

2) 时点数列序时平均数的计算

时点数列序时平均数的计算方法因掌握资料的情况不同而有所不同。时点数列一般以"天"作为最小的时间单位，若掌握的是以天为间隔的时间数列，则称为连续时点数列。以其他时间单位为间隔的时点数列则称为间断时点数列，如以星期、月、季、年等为时间间隔的时点数列就是间断时点数列。

连续时点数列又可分为两种情况：

(1) 若掌握的资料是连续每天的时间数列数据，则称之为间隔相等的连续时点数列，此时可以采用简单算术平均法计算平均发展水平。其计算公式为

$$\bar{a} = \frac{a_0 + a_1 + a_2 + \cdots + a_n}{n+1} = \frac{\sum\limits_{i=0}^{n} a_i}{n+1} \tag{11.2}$$

【**例 11-2**】 某企业 4 月份前 10 天每天在册职工人数分别是 100、98、101、105、108、106、106、104、103、105(单位：人)，求该企业 4 月份前 10 天平均每天在册职工人数。

解 这是一个间隔相等的连续时点数列，共有 10 项数据，根据公式(11.2)计算可得该企业 4 月份前 10 天平均每天在册职工人数为

$$\bar{a} = \frac{\sum a}{n+1} = \frac{100 + 98 + 101 + \cdots + 105}{10} = 103.6 \text{（人）}$$

(2) 若掌握的资料是间隔不等的连续时点数列，即现象发生变动才进行登记，不发生变动不做记录。此时要以各时点间的间隔长度为权数，用加权算术平均的方法计算序时平均数。其计算公式为

$$\bar{a} = \frac{a_0 f_0 + a_1 f_1 + a_2 f_2 + \cdots + a_n f_n}{f_0 + f_1 + f_2 + \cdots + f_n} = \frac{\sum af}{\sum f} \tag{11.3}$$

【**例 11-3**】 某商店某种商品库存数量变动登记如下：3 月 1 日库存 120 件，3 月 11 日出库 10 件，3 月 16 日入库 6 件，3 月 25 日入库 8 件，至月底库存未发生变化。求 3 月份该商店平均库存量。

解 依题意，3 月份库存量列表，如表 11.3 所示。

表 11.3 某商店 3 月份某商品库存数量变动表

日 期	1～10	11～15	16～24	25～31
库存量/件	120	110	116	124

根据公式(11.3)可计算 3 月份该商品平均每天库存量为

$$\bar{a} = \frac{\sum af}{\sum f} = \frac{120 \times 10 + 110 \times 5 + 116 \times 9 + 124 \times 7}{10 + 5 + 9 + 7} = 118.13 \text{（件）}$$

间断时点数列也可分为两种情况：

（1）若掌握的资料是间隔相等的间断时点数列，则需先计算各相邻时点发展水平的平均数，然后将这些平均数进行简单算术平均求得所需序时平均数。其公式为

$$\bar{a} = \frac{\dfrac{a_0 + a_1}{2} + \dfrac{a_1 + a_2}{2} + \cdots + \dfrac{a_{n-1} + a_n}{2}}{(n+1) - 1} = \frac{\dfrac{a_0}{2} + a_1 + a_2 + \cdots + a_{n-1} + \dfrac{a_n}{2}}{n} \tag{11.4}$$

式(11.4)是直接将原时间数列的首末两项折半加上中间各项之和，除以项数减 1 来计算的，因此该方法也称为首末折半法。

由于现象经常不断发生变化，随时登记其变动情况有困难，往往是每隔一定时间登记一次，通常假定所研究现象在两个相邻时点间的变动是均匀的，用 $\dfrac{a_i + a_{i+1}}{2}$ 表示现象在两个时点间隔期内的平均数，再对各间隔期内的平均数求平均，就可得到反映一定时间内发展水平的序时平均数。

【例 11 - 4】 已知某企业 2022 年第一季度职工人数资料，如表 11.4 所示。

表 11.4　某企业第一季度职工人数表

日　期	职工人数/人
1 月 1 日	160
2 月 1 日	176
3 月 1 日	180
4 月 1 日	190

试据以计算该企业第一季度平均职工人数。

解　可以看出，该时点数列共有 4 项数据，相邻时点间间隔均为 1 个月，故为间隔相等的间断时点数列，计算序时平均数适用首末折半法。将数据代入公式(11.4)可得到该企业第一季度平均职工人数为

$$\bar{a} = \frac{\dfrac{a_0}{2} + a_1 + a_2 + \cdots + a_{n-1} + \dfrac{a_n}{2}}{(n+1) - 1} = \frac{\dfrac{160}{2} + 176 + 180 + \dfrac{190}{2}}{4 - 1} = 177 \text{（人）}$$

根据间隔相等的间断时点数列计算序时平均数的方法，是假定现象在各相邻时点之间的变动是均匀的，但实际情况往往并不完全如此，所以据以计算得到的序时平均数只能是近似值。一般来说，间隔愈短，计算结果误差愈小，因此，为使序时平均数能基本反映实际情况，时点间的间隔不宜过长。

（2）若掌握的资料是间隔不等的间断时点数列，则同样先计算各相邻时点间的平均数，再以各时点间间隔长度作为权数，用加权算术平均法计算序时平均数。其公式为

$$\bar{a}=\frac{\frac{1}{2}(a_0+a_1)f_0+\frac{1}{2}(a_1+a_2)f_1+\cdots+\frac{1}{2}(a_{n-1}+a_n)f_{n-1}}{f_0+f_1+\cdots+f_{n-1}} \tag{11.5}$$

【例 11 - 5】　某公司去年职工人员的时点资料如表 11.5 所示。

表 11.5　某钢铁公司钢材库存量表

日　期	1 月 1 日	3 月 31 日	5 月 1 日	11 月 1 日	12 月 31 日
人数/人	3020	3260	2950	3200	3270

试据以计算该公司去年全年职工平均人数。

解　该时点数列由 5 项数据构成，相邻时点间间隔时间长度分别是 3 个月、1 个月、6 个月和 2 个月，不完全相等，所以属于间隔不等的间断时点数列，适用公式(11.5)来计算序时平均数。代入数据，可得该公司去年全年职工平均人数为

$$\bar{a}=\frac{\frac{1}{2}(a_0+a_1)f_0+\frac{1}{2}(a_1+a_2)f_1+\cdots+\frac{1}{2}(a_{n-1}+a_n)f_{n-1}}{f_0+f_1+\cdots+f_{n-1}}$$

$$=\frac{\frac{1}{2}\times(3020+3260)\times3+\frac{1}{2}\times(3260+2950)\times1+\frac{1}{2}\times(2950+3200)\times6+\frac{1}{2}\times(3200+3270)\times2}{3+1+6+2}$$

$$=\frac{40\,680}{12}$$

$$=3390$$

2. 根据相对数时间数列计算序时平均数

相对数时间数列是绝对数时间数列的派生数列，是由两个相互联系的绝对数时间数列对比形成的，同时，由于各相对指标数值不能直接相加，因此在计算序时平均数时不能直接进行平均求解，而应该先分别计算分子、分母两个时间数列的序时平均数，然后再将两个序时平均数进行对比以求得相对数时间数列的序时平均数，基本计算公式为

$$\bar{c}=\frac{\bar{a}}{\bar{b}} \tag{11.6}$$

式中，$\bar{c}$ 表示所求相对数时间数列的序时平均数，$\bar{a}$、$\bar{b}$ 分别为根据分子、分母时间数列计算出的序时平均数。

在具体计算时，根据相对数时间数列形成的方式不同，所采用的方法也有所差异。

1）由两个时期数列对比所形成的相对数时间数列序时平均数的计算

【例 11 - 6】　某企业第一季度各月份产量计划完成情况如表 11.6 所示。

表 11.6　某企业第一季度各月份产量计划完成情况表

月　份	1 月	2 月	3 月	第一季度
a 实际产量/万件	500	612	832	1944
b 计划产量/万件	500	600	800	1900
c 计划完成/(%)	100	102	104	102.32

试据以计算该企业第一季度平均每月产量计划完成程度。

解　先计算分子(实际产量)数列的序时平均数：

$$\bar{a}=\frac{500+612+832}{3}=648\text{（万件）}$$

再计算分母(计划产量)数列的序时平均数：

$$\bar{b}=\frac{500+600+800}{3}=633.33\text{（万件）}$$

最后计算该企业第一季度平均每月产量计划完成程度为

$$\bar{c}=\frac{\bar{a}}{\bar{b}}=\frac{648}{633.33}=102.32\%$$

2) 由两个时点数列对比所形成的相对数时间数列序时平均数的计算

时点数列又可分为 4 种类型，因此这里也有 4 种类型，但实际中最常见的情况是根据间隔相等的间断时点数列对比所得到的相对数时间数列计算序时平均数，下面以这种情况为例进行介绍。

【例 11-7】　某企业第三季度生产工人与职工总数资料如表 11.7 所示。

表 11.7　某企业第三季度生产工人与职工总数资料表

第三季度	6 月 30 日	7 月 31 日	8 月 31 日	9 月 30 日
a 生产工人数/人	645	670	695	710
b 职工总人数/人	805	826	830	854
c 生产工人占比/(%)	80.1	81.1	83.7	83.1

试据以计算第三季度生产工人数占职工总人数的平均比例。

解　先计算第三季度生产工人数的平均数：

$$\bar{a}=\frac{\dfrac{a_0}{2}+a_1+a_2+\cdots+a_{n-1}+\dfrac{a_n}{2}}{(n+1)-1}=\frac{\dfrac{645}{2}+670+695+\dfrac{710}{2}}{4-1}=680.83\text{（人）}$$

再计算第三季度职工总人数的平均数：

$$\bar{b}=\frac{\dfrac{b_0}{2}+b_1+b_2+\cdots+b_{n-1}+\dfrac{b_n}{2}}{(n+1)-1}=\frac{\dfrac{805}{2}+826+830+\dfrac{854}{2}}{4-1}=828.5\text{（人）}$$

最后计算第三季度生产工人数占职工总人数的平均比例为

$$\bar{c}=\frac{\bar{a}}{\bar{b}}=\frac{680.83}{828.5}=82.18\%$$

3) 由两个性质不同的时间数列对比所形成的相对数时间数列序时平均数的计算

对于这种情况，仍然可以按照一般方法，分别计算出分子、分母时间数列的序时平均数，然后对比得到所需的序时平均数。计算时需要注意分子和分母在时间上的一致性。

【例 11-8】　某商业企业第一季度各月份商品销售额与商品库存额资料如表 11.8 所示。

表 11.8　某商业企业第一季度商品销售额与商品库存额资料表

月　份	1 月	2 月	3 月
a 商品销售额/万元	80	150	240
b 月初商品库存额/万元	35	45	55
c 商品流转次数/次	2	3	4

另知 4 月初商品库存额为 65 万元，求该企业第一季度月平均商品流转次数。

解　先求分子(商品销售额)数列序时平均数：

$$\bar{a} = \frac{\sum a}{n} = \frac{80 + 150 + 240}{3} = 156.67 \text{（万元）}$$

再求分母(月初商品库存额)数列序时平均数：

$$\bar{b} = \frac{\dfrac{b_0 + b_1 + b_2 + \cdots + b_{n-1} + \dfrac{b_n}{2}}{2}}{(n+1)-1} = \frac{\dfrac{35}{2} + 45 + 55 + \dfrac{65}{2}}{4-1} = 50 \text{（万元）}$$

最后计算该企业第一季度月平均商品流转次数为

$$\bar{c} = \frac{\bar{a}}{\bar{b}} = \frac{156.67}{50} = 3.13 \text{（次）}$$

3. 根据平均数时间数列计算序时平均数

平均数时间数列有静态平均数时间数列和动态平均数时间数列两种。

由静态平均数时间数列求序时平均数的方法，可参照上述第三种计算相对数时间数列求序时平均数的方法，即先分别求出分子、分母数列的序时平均数，然后将两个序时平均数进行对比，就可得到静态平均数时间数列的序时平均数。

由动态平均数时间数列求序时平均数，若该时间数列的间隔期长度相等，可直接采用简单算术平均法计算；若间隔期长度不等，则以间隔期长度为权数，进行加权平均计算。

11.2.3　增 长 量

增长量是时间序列中不同时期发展水平之差，用来反映现象在观察期内增加或减少的绝对数量。其计算公式为

$$\text{增长量} = \text{报告期发展水平} - \text{基期发展水平} \tag{11.7}$$

根据基期的不同选择，增长量有逐期增长量和累计增长量之分。逐期增长量是报告期与报告期前一期发展水平之差，累计增长量是报告期与某一固定时期的发展水平之差。计算公式分别为

$$\text{逐期增长量} = \text{报告期发展水平} - \text{前一期发展水平} \tag{11.8}$$

$$\text{累计增长量} = \text{报告期发展水平} - \text{固定时期发展水平} \tag{11.9}$$

增长量为正数，表明增加；为负数，表明减少。容易验证：若基期发展水平固定在最初水平 a_0，则各逐期增长量之和等于相应的累计增长量，相邻的累计增长量之差等于相应时期的逐期增长量。

【例 11 - 9】　某公司今年各月产品销售量的时间数列资料如表 11.9 所示，试据以计算逐期增长量和累计增长量。

解　根据逐期增长量和累计增长量公式分别计算列于表 11.9 中。

表 11.9　某公司今年各月产品销售量的逐期增长量和累计增长量

月份	1月	2月	3月	4月	5月	6月	7月	8月	9月	10月	11月	12月
销售量	50	52	53	53	55	56	58	59	60	61	61	62
逐期增长量	—	2	1	0	2	1	2	1	1	1	0	1
累计增长量	—	2	3	3	5	6	8	10	11	11	12

　　另外，对于受季节变动影响较明显的社会经济指标，为了表明它们增长变化的绝对数量，还可计算同比增长量。它等于报告年某月(或某季)水平与去年同月(或同季)水平之差。

11.2.4　平均增长量

　　平均增长量有水平法平均增长量和累计法平均增长量两种。

　　水平法平均增长量是逐期增长量时间数列的序时平均数，表明现象在一定时期内平均增长的数量。其计算公式为

$$平均增长量 = \frac{逐期增长量之和}{逐期增长量个数} = \frac{累计增长量}{时间数列项数 - 1}$$

　　用符号表示为

$$\bar{\Delta} = \frac{\sum_{i=0}^{n-1}(a_{i+1} - a_i)}{(n+1)-1} = \frac{a_n - a_0}{n} \tag{11.10}$$

式中，$\bar{\Delta}$ 为水平法平均增长量。

　　水平法平均增长量指标设计原理是从最初水平出发，每期按照平均增长量增长，n 期之后达到末期发展水平，即 $a_n = a_0 + n\bar{\Delta}$。

　　实际中，还有一种平均增长量，叫作累计法平均增长量，其指标设计原理是从最初水平出发，每期按照平均增长量增长，经过 n 期之后，各期发展水平之和正好等于各期实际水平之和，即：

$$a_0 + (a_0 + \bar{\Delta}) + (a_0 + 2\bar{\Delta}) + \cdots + (a_0 + n\bar{\Delta}) = a_0 + a_1 + a_2 + \cdots + a_n$$

$$\bar{\Delta} = \frac{2\sum_{i=0}^{n}(a_i - a_0)}{n(n+1)} \tag{11.11}$$

式中，$\bar{\Delta}$ 为累计法平均增长量。

　　【例 11 - 10】　根据表 11.9，求该公司今年各月产品销售量的月平均增长量。

　　解　根据公式(11.10)计算，可得该公司今年各月产品销售量的水平法月平均增长量为

$$\bar{\Delta} = \frac{a_n - a_0}{(n+1)-1} = \frac{62-50}{12-1} = 1.09$$

　　根据公式(11.11)计算，可得该公司今年各月产品销售量的累计法月平均增长量为

$$\bar{\Delta} = \frac{2\sum_{i=0}^{n}(a_i - a_0)}{n(n+1)} = \frac{2 \times 80}{11 \times 12} = 1.21$$

　　可见，同样的资料，由于两种平均增长量设计原理的不同，其计算结果也是不同的。

11.3　时间数列的速度指标

时间数列的速度指标描述现象在一段时间内发展变化的快慢程度，包括发展速度、增长速度、平均发展速度和平均增长速度等指标。

11.3.1　发展速度

时间序列中两个不同时期的发展水平之比称为发展速度，是反映现象发展程度的动态相对指标，一般用百分数表示。其计算公式为

$$发展速度 = \frac{报告期水平}{基期水平} \times 100\% \tag{11.12}$$

根据基期的不同选择，发展速度可分为定基发展速度与环比发展速度。

定基发展速度是报告期水平与某一固定时期发展水平之比，说明现象在较长时期内总的发展变动程度，若以最初水平为固定基期水平，则定基发展速度可用符号表示为

$$\frac{a_1}{a_0}, \frac{a_2}{a_0}, \cdots, \frac{a_n}{a_0}$$

环比发展速度是指报告期水平与其前一期水平之比，表明现象逐期发展变化的程度，用符号表示为

$$\frac{a_1}{a_0}, \frac{a_2}{a_1}, \cdots, \frac{a_n}{a_{n-1}}$$

可以验证各环比发展速度相乘等于相应时期的定基发展速度，相邻两个时期的定基发展速度相除等于相应时期的环比发展速度。

与计算同比增长量类似，为了消除季节变动的影响，我们也可以计算同比发展速度或称为年距发展速度。其计算公式为

$$年距发展速度 = \frac{报告期水平}{上年同期水平} \times 100\% \tag{11.13}$$

11.3.2　增长速度

增长速度即增长率，是报告期增长量与基期水平相比得到的相对数，它是反映现象增长变化程度的动态相对指标，一般用百分数表示。其计算公式为

$$增长速度 = \frac{增长量}{基期水平} = \frac{报告期水平 - 基期水平}{基期水平} = 发展速率 - 1 \tag{11.14}$$

同发展速度类似，根据基期的不同选择，增长速度也可分为环比增长速度和定基增长速度两种。其计算公式为

$$环比增长速度 = 环比发展速度 - 1 \tag{11.15}$$

$$定基增长速度 = 定基发展速度 - 1 \tag{11.16}$$

同样，为消除季节变动影响，可计算同比增长速度或称年距增长速度，其计算公式为

$$同比增长速度 = \frac{同比增长量}{上年同期水平} = 同比发展速度 - 1 \tag{11.17}$$

【例 11 - 11】 根据表 11.10 数据计算某省生产总值的发展速度和增长速度。

解 根据发展速度和增长速度的公式计算完成表 11.10。

表 11.10　发展速度与增长速度计算表

年份	全省生产总值 /亿元	发展速度/(%)		增长速度/(%)	
		环比	定基	环比	定基
2011 年	1909.5	—	100	—	—
2012 年	2666.9	139.66	139.66	39.66	39.66
2013 年	3524.8	132.17	184.59	32.17	84.59
2014 年	4146.1	117.63	217.13	17.63	117.13
2015 年	4638.2	111.89	242.90	11.89	142.90
2016 年	4987.5	107.53	261.19	7.53	161.19
2017 年	5364.9	107.57	280.96	7.57	180.96
2018 年	6036.3	112.51	316.12	12.51	216.12
2019 年	6748.2	111.79	353.40	11.79	253.40
2020 年	7796.0	115.53	408.27	15.53	308.27
2021 年	9395.0	120.51	492.01	20.51	392.01
2022 年	11 243.0	119.67	588.79	19.67	488.79

增长速度是相对数,它抽象了现象数量对比的绝对差异,同样增长 1% 所代表的绝对量由于对比基数不同可能会相差悬殊。因此,运用增长速度进行动态分析,通常要与绝对增长量结合起来,计算增长 1% 的绝对值指标,表明每增长一个百分点而增加的绝对数量。其计算公式为

$$增长 1\% 的绝对值 = \frac{逐期增长量}{环比增长速度 \times 100}$$

$$= \frac{逐期增长量}{\dfrac{逐期增长量}{上期水平} \times 100} = \frac{上期水平}{100} \tag{11.18}$$

【例 11 - 12】 计算某省地区生产总值的增长 1% 的绝对值。

解 根据公式(11.18)得表 11.11。

表 11.11　增长 1% 的绝对值计算表　　　　　　　　(单位:亿元)

年份	2013 年	2014 年	2015 年	2016 年	2017 年	2018 年	2019 年	2020 年	2021 年	2022 年
GDP	3524.8	4146.1	4638.2	4987.5	5364.9	6036.3	6748.2	7796	9395	11243
增长 1% 的绝对值	—	35.248	41.461	46.382	49.875	82.068	89.468	67.482	77.96	93.95

11.3.3　平均速度

平均速度可以分为平均发展速度和平均增长速度两种。

平均发展速度是环比发展速度时间数列的序时平均数，用于描述现象在一定时期内平均发展变化的程度。平均发展速度的计算方法，根据所掌握的资料、现象的特点和统计分析目的的不同，有水平法和累计法两种常用方法。

1. 水平法

水平法又称几何平均法，当我们仅仅掌握到最初水平及最末水平时，或当我们仅仅关心现象在最后一期所应达到的水平时，适宜采用该方法。水平法的基本思想是：设最初水平为 a_0，经过 n 年的发展，平均发展变化的程度为 $\bar{x}$（未知数），达到最末水平 a_n，则 $a_0 \times \bar{x}^n = a_n$，所以平均发展速度的计算公式为

$$\bar{x} = \sqrt[n]{\frac{a_n}{a_0}} \tag{11.19}$$

式中，$\dfrac{a_n}{a_0}$ 表示现象在一定时期内发展变化的总速度，又等于各环比发展速度的连乘积，故上式又可表达为

$$\bar{x} = \sqrt[n]{\frac{a_1}{a_0} \times \frac{a_2}{a_1} \times \cdots \times \frac{a_n}{a_{n-1}}} = \sqrt[n]{\prod_{i=1}^{n} \frac{a_i}{a_{i-1}}} \tag{11.20}$$

用水平法计算的平均发展速度只与最初水平、最末水平有关，与中间水平无关。

【例 11 - 13】 根据表 11.10 资料计算 2011—2022 年某省 GDP 年平均发展速度。

解　将数据代入公式(11.19)或式(11.20)计算可得

$$\bar{x} = \sqrt[11]{\begin{array}{l} 1.3966 \times 1.3217 \times 1.1763 \times 1.1189 \times 1.0753 \times 1.0757 \times \\ 1.1251 \times 1.1179 \times 1.1553 \times 1.2051 \times 1.1967 \end{array}}$$

$$= \sqrt[11]{5.8879} = \sqrt[11]{\frac{11\ 243}{1909.5}} = 1.1749$$

经计算，可知该省 2011—2022 年年均 GDP 发展速度为 117.49%。

2. 累计法

累计法又称高次方程法，当我们需要考虑每个时期的发展水平或侧重考察现象在一定时期的累计发展总量时，适宜采用该方法。累计法的基本思想是：设最初水平为 a_0，经过 n 年的发展，平均发展变化的程度为 $\bar{x}$（未知数），按此推算出的各期发展水平之和等于各期实际发展水平之和，即

$$a_0 + a_0\bar{x} + a_0\bar{x}^2 + \cdots + a_0\bar{x}^n = a_0 + a_1 + a_2 + \cdots + a_n \tag{11.21}$$

解高次方程(11.21)，其正根就是所求的平均发展速度。

由于高次方程法的求解过程比较麻烦，过去常常借助于事先编制好的平均增长速度查对表来求解，但过程烦琐。计算机普及后，高次方程可利用事先编制好的程序来求解，很容易实现。

平均增长速度是用来描述现象在一定时期内平均每期增长变化的程度。它与平均发展速度有着密切关系，两者仅相差一个基数 1，即

$$\text{平均增长速度} = \text{平均发展速度} - 1 \tag{11.22}$$

因此,掌握了平均发展速度的计算方法,就可以很方便地求出平均增长速度。

11.4　时间数列分解分析

11.4.1　时间数列的构成要素与模型

1. 时间数列的构成要素

事物的发展受多种因素的影响,时间序列的形成也是多种因素共同作用的结果。在一个时间序列中,有长期起决定性作用的因素,也有短期的起非决定性作用的因素;有可以预知和控制的因素,也有不可预知和不可控制的因素,这些因素相互作用和影响,从而使时间序列变化趋势呈现出不同的特点。影响时间序列的因素大致可分为四种:长期趋势、季节变动、循环变动及不规则变动。

1）长期趋势

长期趋势(Long-term Trend)是指现象在相当长的一段时期内,受某种长期的、决定性的因素影响而呈现出的持续上升或持续下降的趋势,通常以 T 表示。如我国改革开放以来国内生产总值持续上升。

2）季节变动

季节变动(Seasonal Variation)是指现象在一年内,由于受到自然条件或社会条件的影响而形成的以一定时期为周期(通常指一个月或季)的有规则的重复变动,通常以 S 表示。如时令商品的产量与销售量,旅行社的旅游收入等都会受到季节变换的影响。应注意的是,在这里提到的"季节"并非通常意义上的"四季",季节变动中所提及的主要指广义的概念,可以理解为一年中的某个时间段,如一个月,一个季度,或任何一个周期。

3）循环变动

循环变动(Cyclical Variation)是指现象持续若干年的周期变动,通常以 C 表示。循环变动的周期长短不一,规律性不强,而且通常周期较长,不像季节变动有明显的变动周期(小于一年)。循环变动不是单一方向的持续变动,而是涨落相间的交替波动,如经济周期。

4）不规则变动

不规则变动(Irregular Movements)是指现象由于受偶然性因素而引起的无规律、不规则的变动,如受到自然灾害等不可抗力的影响,通常以 I 表示,这种变动一般无法作出解释。

2. 时间数列因素分解的模型

时间序列各影响因素之间的关系用一定的数学关系式表示出来,就构成时间序列的分解模型,我们可以从时间序列的分解模型中将各因素分离出来并进行测定,了解各因素的具体作用如何。

通常我们采用加法模型和乘法模型来描述时间序列的构成。加法模型的表达式为 $Y = T + S + C + I$,式中 Y 表示时间序列的指标数值,T、S、C、I 分别表示长期趋势、季节变动、循环变动、不规则变动,使用加法模型的基本假设是各个影响因素对时间序列的影响是可加的,并且是相互独立的。而乘法模型的表达式为 $Y = T \times S \times C \times I$,使用乘法模型的基本假设是各影响因素对时间序列的影响是相互不独立的。

在实际应用中,加法模型和乘法模型都可以采用,还可以将加法与乘法混合使用。但相对而言,乘法模型的假定与大多数现象变动的性质更加吻合,在数学处理和预测中也更为方便,因此实际中较多运用乘法模型。

11.4.2　长期趋势分析

长期趋势是时间序列中主要的构成因素,它是指现象在一段时期内持续上升或下降的发展趋势。研究长期趋势的意义主要体现在三方面:

(1) 有利于认识现象随时间变化的趋势,掌握现象活动的规律;

(2) 有利于对现象未来的发展作出预测;

(3) 有利于从时间序列中剔除它的影响,进而更好地分析其他因素的影响。

时间序列的长期趋势可表现为线性趋势和非线性趋势,非线性趋势可以理解为无数线性趋势的组合,在研究方法上基于线性趋势分析方法。因此本部分我们仅研究最简单、最基础的线性趋势。测定长期趋势最简单的方法是时距扩大法,最常用的有移动平均法和趋势模型法。

1. 时距扩大法

时距扩大法是将原时间数列中若干项数据合并,得到由较长时间上的数据形成的新数列。在数据合并过程中,原时间数列各项数据所包含的不规则变动在一定程度上被相互抵消了;对于包含季节变动的数据,若将数据的时期扩大到一个季节周期,比如将月度或季度数据合并为年度数据,就可使季节变动也相互抵消,因此新时间数列能够更清晰地显示出现象发展的长期趋势。

【例 11－14】　某企业历年的产品销售量数据如表 11.12 所示,试用时距扩大法反映其长期趋势。

表 11.12　某企业产品历年销售量　　　　（单位:万件）

年份	2010 年	2011 年	2012 年	2013 年	2014 年	2015 年	2016 年	2017 年	2018 年	2019 年	2020 年	2021 年
销售量	54	50	52	67	82	70	89	88	84	98	91	106

解　总的来说,该企业产品销售量在 2010—2021 年间呈现上升趋势,但也包含不规则变动,使得销售量上升过程中有较大起伏波动。现采用时距扩大法,依次将每三年的销售量进行合并,得到新的销售量数列如表 11.13 所示。

表 11.13　某企业产品历年销售量　　　　（单位:万件）

年份	2010—2012 年	2013—2015 年	2016—2018 年	2019—2021 年
销售量	156	219	261	295

表 11.13 更加清楚地反映出了该企业产品销售量不断增长的长期趋势。

时距扩大法的计算非常简单直观,但其应用具有极大的局限性。它最主要的缺点是新数列的项数较之原数列大大减少,丢失了原时间数列所包含的大量信息,不能详尽反映现象的变化过程,不利于进一步地深入分析。对时距扩大法进行改进,产生了移动平均法。

2. 移动平均法

移动平均法是通过逐期移动时间数列,并计算一系列序时平均数,最终形成一个新时间序列以反映现象发展变化长期趋势的方法。由于序时平均数有抽象现象数量差异的作用，所以经过移动平均后得到的新数列相比原时间数列来说，由其他因素而引起的变动影响被削弱了，对原数列起到了修匀的作用，从而更清晰地呈现出现象的变动趋势。通过移动平均法的定义易见其核心是计算序时平均数，因此有必要更进一步认识移动平均项数的选取及新数列的形成问题。

（1）移动平均项数的选取应根据现象的特点和资料的情况来决定。

一般来说，如果现象发展的资料呈现出一定的周期性，应以周期的长度作为移动平均项数；如果是季节资料，应采用 4 项移动平均；如果是月份资料，应采用 12 项移动平均，只有这样才能削弱周期或季节的影响。

（2）新数列中每一数值应有与之对应的时间。

如果进行的是奇数项移动平均，计算的序时平均数应放在中间时期所对应的位置上，边移动边平均，每一项序时平均数都有与之对应的时间；如果进行是偶数项移动平均（如 4 项或 12 项），序时平均数同样也应放在中间时期所对应的位置上，但由于时间间隔为偶数，序时平均数所对应的时期正好介于两个时间之间，不能构成时间序列，所以我们需要对相邻的序时平均数再进行一次 2 项的移动平均。移动平均后得到的时间序列值又称趋势值。

【例 11 - 15】　某公司某年各月产品销售额时间数列如表 11.14 所示，对其进行 3、4、5 项的移动平均。

解

表 11.14　移动平均数计算表　　　　　　　（单位：万元）

月份	实际销售额	3 项移动平均	4 项移动平均 一次平均	4 项移动平均 二次平均	5 项移动平均
1	28	—	—	—	—
2	30	31	32.50	—	—
3	35	34	36.00	34.25	34.4
4	37	38	39.50	37.75	37.6
5	42	41	43.00	41.25	41.4
6	44	45	45.75	44.38	44.0
7	49	47	47.75	46.75	46.6
8	48	49	49.75	48.75	48.6
9	50	50	53.25	51.50	52.4
10	52	55	60.50	56.88	58.0
11	63	64	—	—	—
12	77	—	—	—	—

通过以上例题，我们可以发现：

（1）移动平均项数越多，平均的结果越平滑；

（2）新数列的项数比原数列要少。如果进行 3 项移动平均，则首尾各少 1 项；如果进行 4 项移动平均，则首尾各少 2 项；移动平均项数越多，比原数列少的项目就越多。

3. 趋势模型法

假定有一个多年数据的时间序列，为了算出逐年的趋势值，可以考虑对原始数据拟合一条数学曲线。假如趋势是线性的，就可以用最小平方方法拟合直线方程；如果趋势是指数曲线型的，则可考虑拟合指数曲线方程。在用数学曲线拟合法测定趋势值时首先要解决的问题是曲线方程的选择。选择曲线方程有 2 个途径：一是在以时间 t 为横轴，变量 y 为纵轴的直角坐标图上作时间数列数值的散点图，根据散点的分布形状来确定应拟合的曲线方程；二是对时间数列的数值作一些分析，根据分析的结果来确定应选择的曲线方程。选择合适的方程，是评估人员在分析预测时应特别注意的问题。下面我们结合一些典型和常用的趋势曲线来讨论曲线方程的选择和拟合。

1）直线趋势线的拟合

直线趋势模型法是选择合适的趋势直线，并利用最小平方方法建立趋势方程来拟合时间数列的方法。线性趋势方程的一般公式为

$$\hat{y} = a + bt \tag{11.23}$$

式中：$\hat{y}$ 表示时间序列 y 的长期趋势值；t 为时间标号；a、b 为待定参数。两个待定参数可以通过最小平方方法求出。根据最小平方方法原理，对时间数列配合一条趋势线，使之满足：$\sum (y - \hat{y})^2 = \min$。由此条件，我们可以推导出 a、b 的计算公式：

$$\sum (y - \hat{y})^2 = \min$$

$$\sum (y - \hat{y})^2 = \sum (y - a - bt)^2$$

$$\frac{\partial \sum (y - a - bt)^2}{\partial a} = -2 \sum (y - a - bt) = 0$$

$$\frac{\partial \sum (y - a - bt)^2}{\partial b} = -2 \sum (y - a - bt) t = 0$$

$$\sum y = na + b \sum t$$

$$\sum ty = a \sum t + b \sum t^2$$

解得

$$b = \frac{n \sum ty - \sum t \sum y}{n \sum t^2 - \left(\sum t \right)^2} \tag{11.24}$$

$$a = \bar{y} - b\bar{t} \tag{11.25}$$

【例 11 - 16】 某自行车生产企业近年自行车产量数据如表 11.15 所示，试据以建立直线趋势方程，并预测 2022 年产量。

表 11.15　某企业自行车产量数据　　　　　　（单位：万辆）

年份	2017 年	2018 年	2019 年	2020 年	2021 年
产量	20	22	24	27	30

解　根据最小平方法列表计算如下（见表11.16）：

表 11.16　直线趋势方程计算表

年份	时间序号 t	产量（万辆）y	t^2	ty	趋势值 $\hat{y}$
2017 年	0	20	0	0	19.6
2018 年	1	22	1	22	22.1
2019 年	2	24	4	48	24.6
2020 年	3	27	9	81	27.1
2021 年	4	30	16	120	29.6
总计	10	123	30	271	123

$$b = \frac{n\sum ty - \sum t \sum y}{n\sum t^2 - (\sum t)^2} = \frac{5 \times 271 - 10 \times 123}{5 \times 30 - 10^2} = 2.5$$

$$a = \bar{y} - b\bar{t} = \frac{123}{5} - 2.5 \times \frac{10}{5} = 19.6$$

故所求直线趋势方程为

$$\hat{y} = 19.6 + 2.5t$$

将 $t = 0，1，2，3，4$ 分别代入趋势方程，可得各年产量的趋势值：

$$\hat{y}_{2017} = 19.6 + 2.5 \times 0 = 19.6$$

$$\hat{y}_{2018} = 19.6 + 2.5 \times 1 = 22.1$$

$$\hat{y}_{2019} = 19.6 + 2.5 \times 2 = 24.6$$

$$\hat{y}_{2020} = 19.6 + 2.5 \times 3 = 27.1$$

$$\hat{y}_{2021} = 19.6 + 2.5 \times 4 = 29.6$$

根据设定，2022 年的时间序号为 5，将 $t = 5$ 代入趋势方程，可预测 2022 年产量为

$$\hat{y}_{2022} = 19.6 + 2.5t = 19.6 + 2.5 \times 5 = 32.1（万辆）$$

时间序号 t 的设定比较灵活，可以顺序设为 1，2，…；也可设定为使时间数列的中间时期为原点，使 $\sum t = 0$，从而方便计算，在使用这种方法时需注意：当时间数列项数为奇数时，t 的取值为…，-3，-2，-1，0，1，2，3，…，当时间数列项数为偶数时，t 的取值为…，-5，-3，-1，1，3，5，…。

根据线性函数的特性：

$$\Delta y_t = y_{t+1} - y_t = a + b(t+1) - a - bt = b$$

如果一个多年数据的时间序列，其相邻两年数据的一阶差分近似为常数，就可以配合直线趋势方程：$\hat{y}_t = a + bt$，然后，用最小平方法来求解参数 a、b。

特别要注意的是，这里的直线方程 $\hat{y}_t = a + bt$，不涉及变量 t 与变量 y 之间的任何因果关系，也没有考虑误差的任何性质，因此它仅仅是一个直线拟合公式，并不是什么回归模型。还需要指出的是，作为较长期的一种趋势，利用所拟合的数学方程式进行预测时，必须假定趋势变化的因素到预测年份仍然起作用。注意，由于例题只是为了说明分析计算的

方法，所以为简便起见，一般选用的数据都比较少，实际应用时，数据应丰富些才能更好地反映长期趋势。

2）指数趋势线的拟合

由于指数曲线具有如下特性：

$$y = y_t = ab^t, \qquad y_{t+1} = ab^{t+1}, \qquad \frac{y_{t+1}}{y_t} = \frac{ab^{t+1}}{ab^t} = b$$

所以，当时间序列的各期数值大致按某一相同比率增长时，可以考虑配合指数趋势方程。联系常用的复利公式：$P_n = P_0(1+r)^n$，令：$y_t = P_t$，$a = P_0$，$b = 1+r$，$n = t$，则复利公式与指数方程完全一致，可见，指数曲线是一种常用的典型趋势线。

【例 11-17】　现有某企业 2016—2021 年的销售量依次为 53，72，96，129，171，232 万件，试求该企业销售量的长期趋势。

解　由于这个时间序列的环比序列为

$$\frac{y_2}{y_1} = \frac{72}{53} = 1.358, \qquad \frac{y_3}{y_2} = \frac{96}{72} = 1.333$$

$$\frac{y_4}{y_3} = \frac{129}{96} = 1.344, \qquad \frac{y_5}{y_4} = \frac{171}{129} = 1.326$$

$$\frac{y_6}{y_5} = \frac{232}{171} = 1.357$$

即各年产量几乎按同一速度增长，所以，可以考虑拟合指数曲线：

$$y = ae^{bt}$$

首先将上式转换为直线方程，取对数 $\ln y = \ln a + bt$，令 $y' = \ln y$，$a' = \ln a$，然后利用最小平方法求解参数。具体计算见表 11.17。

表 11.17　指数趋势函数计算表

年份	序号 t	t^2	y	$y' = \ln y$	ty	趋势值 y_t
2016 年	1	1	53	3.97	3.97	53.79
2017 年	2	4	72	4.28	8.55	71.89
2018 年	3	9	96	4.56	13.69	96.07
2019 年	4	16	129	4.86	19.44	128.39
2020 年	5	25	171	5.14	25.71	171.59
2021 年	6	36	232	5.45	32.68	229.32
合计	21	91	—	28.26	104.04	—

根据上面的结果，有

$$b = \frac{n \sum ty' - \sum t \sum y'}{n \sum t^2 - (\sum t)^2} = 0.29$$

$$a' = \overline{y}' - b\,\overline{t} = 3.695$$

$$a = e^{a'} = 40.25$$

因此得到产量的长期趋势方程为 $y = 40.25e^{0.29t}$。将 t 代入方程即得，2016—2021 年销售量的趋势值，见表 11.17。若要预测 2022 年产量，则有

$$y_{2022} = 40.25e^{0.29 \times 7} = 306.47 \text{（万件）}$$

3）修正指数曲线的拟合

在指数方程右边增加一个常数 k，即可得到修正指数方程：

$$y = k + ab^t$$

取 $a < 0$，$0 < b < 1$ 时，随着 t 的增加，y 趋于 k，若 k 大于零，该曲线可描述一种常见的成长现象。如某种产品投入市场，初期迅速增长，随后增长率逐渐降低，最后接近最高限 k。该曲线图形如图 11.1 所示。

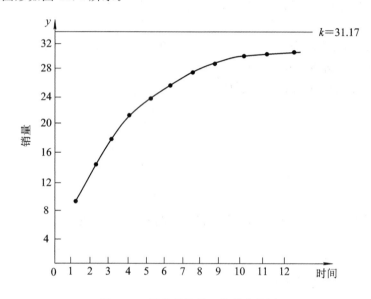

图 11.1　销售量的修正指数曲线图

根据修正指数曲线的性质，若时间序列中相邻两个时期的数值的一阶差之比（Δ_t / Δ_{t-1}）接近于一常数，则可对其拟合修正的指数曲线。

由于修正指数曲线不易转变为线性形式，所以不能用最小平均方法估计参数。可以考虑用下述方法：

首先，将时间序列分成 3 个相等的部分，每部分包括 n 个数据。

第二步，求出每部分的和，得到 S_1，S_2，S_3：

$$S_1 = \sum_{t=1}^{m} y_t, \ S_2 = \sum_{m+1}^{2m} y_t, \ S_3 = \sum_{2m+1}^{3m} y_t$$

第三步，根据 S_1，S_2，S_3 的 3 个等式，就可以联立求出 3 个未知数 k，a 和 b。

$$\begin{cases} b = \left(\dfrac{S_3 - S_2}{S_2 - S_1} \right)^{\frac{1}{m}} \\[2mm] a = (S_2 - S_1) \dfrac{b-1}{(b^m - 1)^2} \\[2mm] k = \dfrac{1}{m} \left(S_1 - a \dfrac{b^m - 1}{b - 1} \right) \end{cases} \tag{11.26}$$

需要指出，这种方法是基于趋势值的 3 个局部总数分别等于原资料的 3 个局部总数而得到的。

【例 11-18】 表 11.18 中数据是某大型机械企业某种型号的机械产品 2011—2022 年销售量,试据此资料拟合趋势线。

表 11.18 某企业产品销售量 （单位：百台）

年份	2011 年	2012 年	2013 年	2014 年	2015 年	2016 年	2017 年	2018 年	2019 年	2020 年	2021 年	2022 年
销量	9.0	15.0	17.0	20.0	22.0	23.5	24.0	26.8	27.6	27.0	29.0	28.4

解 根据对表中数据的分析,其一阶差之比大致相似,可以考虑拟合修正的指数曲线。设所求趋势方程为

$$\hat{y}_t = k + ab^t$$

原始数据共 12 项,可以分成 3 段,每段为 4 年。

有关计算过程见表 11.19。

表 11.19 某企业产品销售量修正曲线计算表

年 份	T	销售量 y_t	趋势值 $\hat{y}_t$
2011 年	1	9.0	10.16
2012 年	2	15.0	14.21
2013 年	3	17.0	17.15
2014 年	4	20.0	19.71
S_1	—	61.0	61.23
2015 年	5	22.0	21.81
2016 年	6	23.5	23.52
2017 年	7	24.0	24.92
2018 年	8	26.8	26.07
S_2	—	96.3	96.32
2019 年	9	27.6	27.0
2020 年	10	27.0	27.76
2021 年	11	29.0	28.39
2022 年	12	28.4	28.90
S_3		112.0	112.05

故有

$$b = \left(\frac{S_3 - S_2}{S_2 - S_1}\right)^{\frac{1}{4}} = \left(\frac{112.0 - 96.3}{96.3 - 61.0}\right)^{\frac{1}{4}} = 0.817$$

$$a = (S_2 - S_1)\frac{b-1}{(b^4-1)^2} = (96.3 - 61.0)\frac{0.817-1}{(0.817^4-1)^2}$$

$$= -21.01$$

$$k = \frac{1}{4}\left(S_1 - a\frac{b^4-1}{b-1}\right) = \frac{1}{4}\left[61 - (-21.01)\frac{0.817^4-1}{0.817-1}\right] = 31.17$$

于是得到趋势方程为

$$\hat{y}_t = 31.17 - 21.01 \times (0.817)^t$$

将 t 代入方程即得各年该企业产品销售量的趋势值,见表 11.19。将 $t=14$ 代入方程,得 2024 年该企业产品销售量为

$$\hat{y}_{2024} = 31.17 - 21.01 \times (0.817)^{14} = 29.93 \text{(百台)}$$

这一方程也说明,从 2011—2022 年这一时期的统计数据来看,该企业产品销售量最终将以 31.17(百台)作为极限。

4)龚柏兹曲线的拟合

龚柏兹曲线是美国统计学家和数学家龚柏兹首先提出用作控制人口增长率的一种数学模型。它的模型为

$$\hat{y}_t = k \cdot a^{b^t}$$

式中,k、a、b 为参数;t 为时间。

它的图形是一条 S 形曲线。这条曲线反映了某些经济变量由开始增长缓慢,随后增长加快,达到一定程度后,增长率逐渐减慢,最后达到饱和状态的过程。因此,对于具有这种发展趋势的预测目标,可考虑用龚柏兹曲线来描述。

为了确定模型中的参数,通常把模型改写为对数形式:

$$\lg \hat{y}_t = \lg k + (\lg a)b^t$$

若令 $\hat{y}_t = \lg \hat{y}_t$,$K = \lg k$,$A = \lg a$,则上式变为

$$\hat{y}_t = K + A b^t$$

这正是修正指数曲线模型。依照修正指数曲线估计参数的方法,可得 b、$\lg a$ 和 $\lg k$ 的计算公式:

$$\hat{b} = \sqrt[n]{\frac{\sum_3 \lg y_t - \sum_2 \lg y_t}{\sum_2 \lg y_t - \sum_1 \lg y_t}}$$

$$\lg \hat{a} = \left(\sum_2 \lg y_t - \sum_1 \lg y_t\right) \frac{\hat{b} - 1}{(\hat{b}^n - 1)^2}$$

$$\lg \hat{k} = \frac{1}{n}\left[\sum_1 \lg y_t - \left(\frac{\hat{b}^n - 1}{\hat{b} - 1}\right)\lg \hat{a}\right] \tag{11.27}$$

这里 n 为总数据的 $1/3$。$\sum_1 \lg y_t$、$\sum_2 \lg y_t$ 和 $\sum_3 \lg y_t$ 分别为总数据三等分后的各部分和。

由于龚柏兹曲线的对数形式为修正指数曲线,因而根据修正指数曲线模型的特点,可知龚柏兹曲线模型的特点是,其对数一阶差分的环比为一常数。因此,当时间序列 $\{y_t\}$ 的对数一阶差分的环比近似一常数时,可配合龚柏兹曲线模型来预测。

【例 11-19】 某一新建产品生产线工程项目于 2013 年底正式投产,构成一个独立的企业(运行 9 年的有关财务资料见表 11.20)。以净现金流量作为收益值(净现金流量=利润总额+折旧-税金-每年增加投资),拟合曲线模型。

表 11.20　新建产品线财务资料　　　　（单位：万元）

t	年　份	利 润 总 额	折 旧	税 款	每年增加投资	净现金流量 y_t
1	2014 年	89.05	17.81	26.7	22.25	57.89
2	2015 年	91.02	22.75	27.31	20.93	65.53
3	2016 年	90.58	20.83	27.17	23.53	60.71
4	2017 年	110.04	31.40	33.01	26.40	82.03
5	2018 年	112.06	26.88	33.62	24.64	80.68
6	2019 年	105.73	27.48	31.72	22.19	79.30
7	2020 年	113.07	28.25	33.92	25.96	81.44
8	2021 年	107.05	31.59	25.12	29.25	84.27
9	2022 年	119.05	32.13	35.73	28.52	86.93
合计		937.6	239.12	274.32	223.67	678.78

解　（1）将净现金流量实际值 y 的对数分为三组，并分别求出：

$$\sum_1 \lg y_t = \lg y_1 + \lg y_2 + \lg y_3 = 5.3623$$

$$\sum_2 \lg y_t = \lg y_4 + \lg y_5 + \lg y_6 = 5.7201$$

$$\sum_3 \lg y_t = \lg y_7 + \lg y_8 + \lg y_9 = 5.7757$$

（2）将计算出的三组对数和代入 $\hat{b}$ 计算公式，求 $\hat{b}$ 值：

$$\hat{b} = \sqrt[3]{\frac{5.7757 - 5.7201}{5.7201 - 5.3623}} = 0.537\,62$$

（3）计算参数 a。首先根据公式计算 $\lg \hat{a}$，然后求反对数即参数 a 的值。

$$\lg \hat{a} = \left(\sum_2 \lg y_t - \sum_1 \lg y_t \right) \cdot \frac{\hat{b} - 1}{(\hat{b}^n - 1)^2} = -0.231\,92$$

$$\hat{a} = 0.586\,25$$

（4）利用上述对数、反对数理论，根据 $\lg \hat{k}$ 的公式计算参数 k：

$$\lg \hat{k} = \frac{1}{n} \left[\sum_1 \lg y_t - \left(\frac{\hat{b}^n - 1}{\hat{b} - 1} \right) \lg \hat{a} \right] = 1.928\,65$$

$$k = 84.85$$

因此，龚柏兹曲线模型为

$$\hat{y}_t = 84.85 \times 0.586\,25^{0.537\,62^t}$$

11.4.3　季节变动分析

季节变动是指现象在一定时期内形成的有规律的周期性变动，这种变动各年强度大体相同且重复出现。测定季节变动的目的在于了解现象季节变动的规律，进行预测。

季节变动的测定主要是计算一系列季节指数，又称季节比率，其设计思想是：以总平均水平为对照，用各季节的平均数与之比较，来反映季节变动高低程度。季节指数是各季(月)平均数与全时期总平均数的比率，它由一系列数值组成，其个数由资料的时间单位决定，且季节指数之和也与所掌握资料有关。如掌握资料为月份资料，则有 12 个季节指数，季节指数之和为 1200%；如为季度资料，则有 4 个季节指数，季节指数之和为 400%。

下面从时间数列是否包含长期趋势方面来介绍测定季节变动的方法。

1. 不包含长期趋势的时间数列——按月(季)平均法

若时间数列中不包含长期趋势和循环变动，则直接利用原数列进行同期平均和总平均，消除不规则变动，计算出季节指数，常用按月(季)平均法。基本步骤如下：

(1) 计算同月(或同季)的平均数；

(2) 计算全部数据的总月(季)平均数；

(3) 计算季节指数(S)。

【例 11 - 20】 某公司产品 2014—2021 年月度销售量资料如表 11.21 所示。

表 11.21　按月(季)平均法计算表

月　份	1月	2月	3月	4月	5月	6月	7月	8月	9月	10月	11月	12月	合计
2014 年	16.1	14.4	14.2	15.1	15.5	14.3	13.8	14.7	17.2	18.4	20.2	19.9	193.8
2015 年	16.2	15.0	15.1	14.2	13.4	13.7	14.5	15.6	17.5	17.9	18.7	19.0	190.8
2016 年	16.7	16.3	15.3	14.5	14.5	13.9	14.6	15.8	18.0	19.3	21.4	20.3	200.6
2017 年	17.0	17.8	16.7	16.3	15.6	15.2	15.9	17.1	18.4	20.0	21.6	19.6	211.2
2018 年	17.1	17.3	16.5	16.4	15.6	15.7	16.2	17.4	18.8	20.3	21.9	19.8	213.0
2019 年	17.4	16.1	15.2	15.4	15.0	14.3	13.2	12.8	14.2	16.3	17.8	17.5	185.2
2020 年	14.8	15.0	15.1	14.9	14.6	15.3	14.9	15.5	16.2	17.0	17.8	17.8	188.8
2021 年	13.6	13.2	12.7	13.1	13.6	13.0	14.2	14.7	15.6	17.2	18.1		177.2
合计	128.9	125.1	120.8	119.8	117.8	115.4	117.3	123.6	135.9	146.4	157.6	152.0	1560.6
同月平均数	16.11	15.64	15.1	14.98	14.73	14.43	14.66	15.45	16.99	18.3	19.7	19	16.26
季节指数 /(%)	99.1	96.2	92.9	92.1	90.6	88.8	90.1	95	104.5	112.6	121.2	116.9	1200

解　(1) 计算同月的平均数，计算结果见表 11.21"同月平均数"一栏。

(2) 计算全部数据的总月平均数，即

$$\frac{1560.6}{8 \times 12} = 16.26$$

(3) 计算季节指数(S)，即

$$季节指数 = \frac{各月平均数}{总平均数}$$

计算结果见表 11.21"季节指数"一栏。

从季节指数上可以判断，该彩电在 9—12 月份是销售旺季，尤其在后三个月，季节指数数值远远高于 100%，而 6 月份季节指数数值较低，是销售淡季。

需要注意的是，如果季节指数之和不等于 400% 或 1200%，就需要调整，调整的方法是首先计算调整系数，然后用调整系数分别乘以各月（季）季节指数，即得调整后的季节指数。调整系数的公式为

$$调整系数=\frac{1200}{各月季节指数之和} \tag{11.28}$$

或

$$调整系数=\frac{400}{各季季节指数之和}$$

2. 包含长期趋势的时间序列——趋势剔除法

当时间序列包含长期趋势和循环变动时，用按季平均法计算季节指数就不够准确了，应采用趋势剔除法。假定时间序列各影响因素以乘法模型形式存在，趋势剔除法的基本步骤如下：

（1）用移动平均法、趋势模型法等方法消除季节变动（S）和不规则（I）变动，计算出长期趋势和循环变动值（$T\times C$）；

（2）再从乘法模型中剔除（$T\times C$），从而得到不存在长期趋势的（$S\times I$），即

$$S\times I=\frac{Y}{T\times C}$$

（3）再用按月（季）平均法消除 I，得到季节指数。

【例 11-21】 我国某地区 2017—2022 年各季度的农业生产资料零售额（单位：万元）资料如表 11.22 所示，试用趋势剔除法求季节指数。

表 11.22 趋势剔除法求季节指数计算表

时　间	农业生产资料零售额 Y	趋势值 T	Y/T
2017.1	82.40	—	—
2017.2	108.00	—	—
2017.3	99.90	94.34	105.90
2017.4	83.00	94.95	87.41
2018.1	90.50	95.75	94.52
2018.2	104.80	97.65	107.32
2018.3	109.50	99.01	110.59
2018.4	88.60	102.83	86.17
2019.1	95.80	106.96	89.56
2019.2	130.00	107.90	120.48
2019.3	117.40	107.86	108.84
2019.4	88.20	107.38	82.14

时　间	农业生产资料零售额 Y	趋势值 T	Y/T
2020.1	95.90	106.75	89.84
2020.2	126.00	106.94	117.83
2020.3	116.40	108.41	107.37
2020.4	90.70	111.34	81.46
2021.1	105.20	114.71	91.71
2021.2	140.10	117.30	119.44
2021.3	129.30	118.41	109.19
2021.4	98.50	120.31	81.87
2022.1	106.30	122.94	86.47
2022.2	154.20	125.28	123.09
2022.3	136.20	—	—
2022.4	110.30	—	—

解　首先利用 4 项移动平均法求得该数列的长期趋势值 T，并将长期趋势从时间数列中剔除，求得 Y/T，计算结果见表 11.22；其次将表中 Y/T 重新排列，利用按季平均法求得季节指数，如表 11.23 所示。

表 11.23　趋势剔除法求季节指数计算表

年　份	一	二	三	四	合　计
2017 年	—	—	105.90	87.41	193.31
2018 年	94.52	107.32	110.59	86.17	398.6
2019 年	89.56	120.48	108.84	82.14	401.02
2020 年	89.84	117.83	107.37	81.46	396.5
2021 年	91.71	119.44	109.19	81.87	402.21
2022 年	86.47	123.09	—	—	209.56
合　计	452.1	588.16	541.89	419.05	2001.2
同季平均数	90.42	117.632	108.378	83.81	100.06
季节指数/(%)	90.37	117.56	108.31	83.76	400

从季节指数上判断该地区每年二季度、三季度零售额高于一、四季度。

上述两种方法的差别不在于结果获得的精确度，而在于它们的应用条件。如果资料没有长期趋势，就应该用第一种方法；如果有长期趋势，就应该用第二种方法。一组数据只能有一种适用方法，需要根据具体情况作出判断。

本 章 小 结

本章首先介绍了时间数列的概念和分类，编制时间数列的基本原则；其次介绍了时间数列的 4 种水平指标：发展水平、增长水平、平均发展水平和平均增长水平；然后介绍了时间数列的 4 种速度指标：发展速度、增长速度、平均发展速度和平均增长速度；最后介绍了时间数列分解分析的方法和原理。

通过本章学习，首先要理解和掌握时间数列的概念和编制原则；其次要掌握时间数列水平指标的计算方法，特别是序时平均数的计算方法；然后需要掌握时间数列速度指标的计算方法；理解并学会运用增长 1% 的绝对值指标，这是水平分析与速度分析的结合运用；最后要理解时间数列分解分析的原理和方法。

思 考 与 练 习

1. 简述时间数列的概念和构成要素。编制时间数列要遵循哪些原则？
2. 时间数列有哪几种？各有什么特点？
3. 时期数列和时点数列有什么区别？
4. 什么是发展水平、增长量、平均增长量、发展速度和增长速度？
5. 什么是逐期增长量和累计增长量？它们之间的关系如何？
6. 什么是平均发展水平？它的计算可以分成几种情况？
7. 定基发展速度和环比发展速度、发展速度与增长速度的关系如何？
8. 序时平均数与一般平均数有何异同？
9. 时间序列可以分解为哪几种因素？各种因素的基本概念是什么？
10. 研究长期趋势的意义是什么？揭示现象发展长期趋势有哪些主要方法？
11. 什么是季节变动？如何测定？
12. 某种股票 2022 年各统计时点的收盘价如表 11.24 所示。

表 11.24　某股票 2022 年各统计时点的收盘价

统计时点	1 月 1 日	3 月 1 日	7 月 1 日	10 月 1 日	12 月 31 日
收盘价/元	15.2	14.2	17.6	16.3	15.8

试计算该股票 2022 年的年平均价格。

13. 某企业 9—12 月月末职工人数资料如表 11.25 所示。

表 11.25　某企业 9—12 月月末职工人数资料

日　期	9 月 30 日	10 月 31 日	11 月 30 日	12 月 31 日
月末人数/人	1400	1510	1460	1420

试计算该企业第四季度的平均职工人数。

14. 2017—2022 年各年年底某企业职工人数和工程技术人员数资料如表 11.26 所示。

表 11.26　2017—2022 年各年年底某企业人数资料

年　份	2017 年	2018 年	2019 年	2020 年	2021 年	2022 年
职工人数/人	1000	1020	1085	1120	1218	1425
工程技术人员/人	250	250	252	260	278	282

试计算工程技术人员占全部职工人数的平均比例。

15. 某机械厂某年第四季度各月产值和职工人数资料如表 11.27 所示。

表 11.27　某厂第四季度各月产值和职工人数资料

月　份	10 月	11 月	12 月
产值/千元	400	462	494.5
平均职工人数/人	400	420	430
月平均劳动生产率/元	1000	1100	1150

试计算该季度平均劳动生产率。

16. 某化工企业近年的化肥产量资料如表 11.28 所示。

表 11.28　某化工企业近年化肥产量资料

年　份	2018 年	2019 年	2020 年	2021 年	2022 年
化肥产量/万吨	400			484	
环比增长速度/(%)	—	5			12.5
定基发展速度/(%)	—		111.3		

试利用指标间关系填充表中所缺数字。

17. 某公司 2017—2022 年各年利润额(万元)资料如表 11.29 所示。

表 11.29　某公司 2017—2022 年各年利润额

年　份	2017 年	2018 年	2019 年	2020 年	2021 年	2022 年
利润额/万元	650	748	795	810	860	910

试计算：(1) 逐期增长量和累计增长量；

(2) 环比发展速度和定基发展速度；

(3) 环比增长速度和定基增长速度；

(4) 增长 1%的绝对值指标；

(5) 平均发展水平和平均增长量；

(6) 平均发展速度和平均增长速度。

18. 某地区粮食总产量如表 11.30 所示。

表 11.30　某地区粮食总产量

年　份	2013 年	2014 年	2015 年	2016 年	2017 年	2018 年	2019 年	2020 年	2021 年	2022 年
产量/万吨	230	236	241	246	252	257	262	276	281	286

要求:

(1) 试检查该地区粮食生产发展趋势是否接近于直线型。

(2) 如果是直线型,用最小平方法拟合直线趋势方程。

(3) 预测 2023 年的粮食产量。

19. 某企业 2018—2022 年各月产品销售情况如表 11.31 所示(单位:千元),计算各月的季节比率。

表 11.31　某企业 2018—2022 年各月产品销售资料　　(单位:千元)

月　份	2018 年	2019 年	2020 年	2021 年	2022 年
1 月	1875	1274	1277	1508	1596
2 月	1180	2009	3874	1580	2194
3 月	15 470	16 337	15 338	14 035	18 493
4 月	36 643	30 307	26 773	36 490	33 787
5 月	107 340	94 374	82 899	80 106	58 400
6 月	79 211	77 949	79 660	81 151	74 733
7 月	91 185	74 723	85 034	68 282	67 026
8 月	36 624	34 538	39 475	26 630	28 737
9 月	11 724	9630	14 577	9933	9494
10 月	3077	2951	3951	3413	4465
11 月	1030	1240	1651	1552	1587
12 月	745	1267	1366	1508	1475

20. 某产品专卖店 2020—2022 年各季度销售额资料如表 11.32 所示。

表 11.32　某产品专卖店 2020—2022 年各季度销售额资料　　(单位:万元)

年　份	1 季度	2 季度	3 季度	4 季度
2020 年	51	75	87	54
2021 年	65	67	82	62
2022 年	76	77	89	73

要求:

(1) 采用按季平均法和移动平均趋势剔除法计算季节指数;

(2) 计算 2023 年无季节变动情况下的销售额。

拓展阅读

第12章　统　计　指　数

统计指数产生于18世纪欧洲资本主义迅速发展时期，为了测定物价的变动，一些经济学家开始尝试编制物价指数。此后200多年，统计指数的理论和实践不断发展，并逐步扩展到了工业生产、进出口贸易、铁路运输、工资、成本、生活费用、股票证券等各个领域。现在，统计指数不仅是分析社会经济和景气预测的重要工具，而且还被广泛应用于经济效益、生活质量、综合国力、社会发展水平的综合评价研究，已经成为社会经济生活的一个重要组成部分。

12.1　指数的概念和分类

12.1.1　指数的概念和作用

在经济管理和科学研究中，经常需要对所考察事物的某种数量在不同时间和不同空间上的相对比率进行测定，以便进行比较分析，反映事物的相对变动。对这些相对比率测定方法的研究，就形成了统计指数的理论和方法。

统计指数也可简称指数，它是一种重要且常用的统计指标和统计分析方法。与数学上"指数函数"的概念完全不同，统计指数是通过两个数值对比而形成的相对数，有广义指数和狭义指数之分。从广义上讲，任何两个数值对比而形成的相对数都可以称为指数。从对比的性质来看，指数通常是不同时间上的现象数值的对比，即反映现象动态变化的相对数。此外，也可以是不同空间(如不同国家、地区、部门、企业等)的现象数值的对比，或者现象的实际水平与计划目标的对比。因此，广义上说，动态相对数、比较相对数、计划完成相对数都可以称为指数。

狭义的指数是一种特殊的相对数，它反映的是由数量上不能直接加总的多个个体或多个项目组成的复杂现象总体的综合变动程度。例如，各种产品使用价值和计量单位都不尽相同，它们的产量是不能直接加总的，要综合反映全部产品产量这一总体的变动程度，就必须借助于狭义的指数这种专门工具，计算多种产品的产量指数。又如，居民消费包括食品、衣着、家庭设备用品及服务、居住等多个项目，这些商品和服务项目的数量是不能直接加总的，它们的价格也是不能直接加总的，若要反映居民消费数量及居民消费价格的变动程度，就要运用狭义指数的编制方法来计算居民消费量指数和居民消费价格指数。狭义的指数是指数理论和方法真正要研究的对象，即指数分析的真正意义在于对多个个体组成的复杂总体的数量变动进行综合测定和分析。

运用指数可以描述和分析很多社会经济问题。例如，通过编制生产指数来反映经济增长的实际水平，通过编制股票价格指数来显示股市行情，通过编制物价指数来说明市场价格的动态及其对居民生活的影响，通过编制购买力平价指数来进行经济水平的国际对比。

经济分析的各个领域,指数方法都得到了广泛的应用,所以,统计指数也被称为"经济指数"。我们可以将指数的作用归纳为下列四个方面:

第一,反映复杂社会经济现象总体的综合变动方向与程度。如果你想了解消费价格的总体变化情况,显然没有必要也不可能对每一项消费品和服务的价格都进行观察和对比,只要编制消费价格指数就可以了。同样,投资者要了解证券市场股票价格的整体走势,关注股票价格指数是最简单有效的方法。

第二,分析社会经济现象总变动中各个因素的影响方向、大小和程度。即根据现象之间的联系,利用有关指数测定某一现象变动中各个构成因素的影响效应,对现象变动进行因素分析。例如,产品总成本可以分解为产量和单位成本两个影响因素,利用产量指数和成本指数不仅可以分别反映这两个因素综合变动的方向和程度,还可以分析它们对总成本变动的影响方向、程度和大小。

第三,利用指数进行有关的推算,或把相互联系的指数数列进行比较,观察现象之间的变动关系和趋势。例如,根据物价指数和名义收入水平可以推算实际收入水平;根据销售额指数和销售量指数可以推算销售价格指数;比较工业品零售价格指数与农产品收购价格指数这两个指数数列,可以说明工农业产品综合比价的变化趋势等。

第四,对多指标复杂社会经济现象进行综合测评。许多现象都需要用多指标构成的指标体系进行系统的描述和多角度的分析,为了在数量上对多个指标的变动程度或差异程度进行综合的测定和评判,也常常运用指数,如综合经济效益指数、综合国力指数、数字化生产指数、数字化金融指数等。

12.1.2　指数的种类

为了满足理论研究和实际应用的需要,有必要区分指数的不同类别。指数的种类可以从不同的角度加以划分。

1. 按指数所反映对象的范围不同,分为个体指数和总指数

个体指数是反映单个个体或单个项目数量变动的相对数,如企业某一种产品的产量指数(该产品的报告期产量与基期产量之比即为该产品的产量个体指数),一种产品的单位成本指数(报告期单位产品成本与基期单位产品成本之比)和一种产品的出厂价格指数(报告期出厂价格与基期出厂价格之比)都是个体指数。个体指数属于广义的指数。总指数是反映由多个个体或多个项目构成的复杂总体数量综合变动的相对数,如反映某企业多种产品单位成本变动的成本总指数,反映多种产品销售量变动的销售量总指数,反映多种商品价格变动的价格总指数。

个体指数和总指数的划分具有重要意义。从方法论的角度看,个体指数的计算可用一般相对数的方法解决,而总指数的计算,则需要专门的方法。因此,总指数的编制和应用是指数理论的核心内容。

在总体容量很大、包含个体数目很多的情况下,有时候还需要对总体进行分类(组),并编制各类(组)的指数。反映某一类(组)现象综合变动程度的相对数称为类(组)指数。由于一类(组)中往往也包含多个个体,所以类(组)指数实质上也属于总指数的范畴,其计算方法与总指数的计算方法相同。但当我们根据类(组)指数来计算总指数或大类指数时,类(组)指数又往往被当作是个体指数来处理。

有些总体中各不同项目的数量是可以直接加总的,要反映总体的数量变动,可以把各项目的数量加总后直接对比,如多种商品的销售额指数、产值指数、生产费用指数等总值指数都属于这种情况。从考察的范围来看,这类指数属于总指数,但从计算方法来看,则属于广义指数的范畴,可视同个体指数。

2. 按指数所表明经济指标的性质不同,分为数量指标指数和质量指标指数

数量指标指数是根据数量指标计算的反映总体单位数、规模等数量指标变动的相对数,如产量指数、销售量指数、职工人数指数等都是数量指标指数。质量指标指数是根据质量指标计算的,是反映总体的单位水平、工作质量等质量指标变动的相对数,如价格指数、单位成本指数、劳动生产率指数等都是质量指标指数。

3. 按指数所反映的时间状况不同,分为动态指数和静态指数

动态指数也称为时间指数,是同类现象在两个不同时间上的数量对比的结果,用于反映现象随时间变化而变动的方向和程度。社会经济统计中,许多重要的指数都属于动态指数,而且许多重要指数通常是按月、按季或按年连续编制,形成指数数列。根据所选择的基期不同,动态指数又可分为环比指数和定基指数。在指数数列中,各期指数都以其上期为对比基期,则称之为环比指数;各期指数都以某一固定时期为对比基期,则称之为定基指数。

最初的指数都是指动态指数。随着指数理论和方法的不断发展,研究范围和应用领域逐步扩大,才产生了静态指数。静态指数主要包括空间指数和计划完成情况指数两种。空间指数是同一时间不同空间的同类现象数量对比的相对数,反映同类现象在不同空间或不同区域的差异程度。如将两个城市的同期物价水平或居民消费数量进行对比,所得指数就属于空间指数。计划完成情况指数是利用总指数的方法,将多项计划任务的实际数与计划数对比,综合反映计划完成情况,如为了综合反映多种商品销售量的计划完成情况而计算的销售量计划完成情况指数。静态指数是动态指数应用上的拓展,所以其计算原理和分析方法都与动态指数基本相同。

4. 按指数计算方法和计算公式的表现形式不同,可分为综合指数、平均指数和平均指标指数

由于所掌握的数据资料不同,总指数的计算方法有综合法和加权平均法两种。综合指数就是应用综合法由两个总量指标对比而得到的指数。平均指数是对个体指数进行加权平均而得到的指数,它又可以分为加权算术平均指数、加权调和平均指数和加权几何平均指数等三种。平均指标指数是两个同类平均指标在不同时间上对比的动态相对数,也就是平均指标的发展速度。但是平均指标指数研究的重点是放在对加权算术平均指标的因素分析上。

12.1.3　指数的特性

狭义的指数具有以下几个特性:

1. 相对性

指数是现象在不同时间或不同空间上对比形成的相对数,表示总体数量的相对变动程度。也就是说,指数的计算结果是相对于某个比较基准而言的。比较基准不同,指数的数值和它所表示的具体意义也就不同。例如，2021 年浙江省国民经济和社会发展统计公报称，2021 年浙江省居民消费价格总水平比上年上涨 1.5%，比较基准是 2020 年，即居民消费价格指数 101.5%，反映的是 2021 年居民消费价格总水平与 2020 年对比的相对变动程度。

2. 综合性

狭义的指数不是反映单一现象的数量变动，而是综合反映多个个体构成的复杂现象总体的总的数量变动，所以它是一种综合性的指标数值。如居民消费价格指数不是只说明某一种消费品或服务项目的价格变动，而是概括地反映居民所有生活消费项目的价格水平的整体变动程度。

3. 平均性

由于各个个体的数量变动程度是参差不齐的，狭义指数所反映的只能是一种平均意义上的变动程度，即指数是代表总体中各个体变化程度一般水平的一个代表性数值。2021 年浙江省居民消费价格指数 101.5%，表示从所有消费项目（包括食品、衣着、居住、医疗保健、交通和通信、家庭设备用品及服务、娱乐教育文化用品等）平均来看，价格比上年上涨了 1.5%，但其中有的项目上涨幅度高于 1.5%，如交通和通信类的价格上涨了 4.1%，教育文化和娱乐价格上涨了 3.5%，有的项目上涨幅度低于 1.5%，如衣着类商品价格上涨了 1.0%，医疗保健用品的价格上涨了 0.8%，也有的项目价格下跌了，如食品类价格下降了 0.2%，其他用品和服务价格下降了 2.9%。

12.2 综合指数的编制方法

指数方法论主要是研究总指数的计算编制问题。总指数的编制方法，其基本形式有两种：一种是综合指数，一种是平均指数。两种指数有一定的联系，但又各有特点。本节介绍综合指数的编制原理和具体方法，下一节将介绍平均指数。

12.2.1 综合指数的概念和编制方法

在指数发展史上，最初的综合指数是把多个个体的数量简单加总后对比。例如，假设每千克大米的基期价格是 2.0 元，报告期价格是 2.3 元；每立方米自来水基期价格是 1.5 元，报告期价格是 1.85 元。若采用简单综合法，则这两种商品的价格总指数为 $(2.3+1.85)/(2+1.5)=118.57\%$。后来，人们逐渐认识到了这种方法有很明显的缺陷：第一、没有加权，忽视了各种商品重要性的差别；第二、不同商品的价格不能直接相加，因为它们的计量单位不同，简单综合的结果受计量单位变化的影响。比如将大米价格改为以吨计算，问题的实质未变，但两种商品的价格总指数却变成了 $(2300+1.85)/(2000+1.5)=115.01\%$。可见，简单综合法往往不能真实反映现象总体的变动程度。

如前面所述，总指数要综合反映多个个体构成的现象总体的数量变动，这些个体的具体内容和度量单位不同，它们的数量不能直接加总，统计上称之为不同度量现象。如不同的商品的价格和销售量都不能或不可以直接相加和汇总，它们都是不同度量现象。综合指数首先必须解决加总或综合的问题，即必须找到一种媒介因素使各个个体的数量能够综合起来。

　　例如，在编制销售量总指数时，由于各种商品的销售量不能直接加总，须找一个因素将不同度量的销售量转化为同度量的、可加总的数值。对于销售量而言，这个起着同度量作用的因素就是各种商品的销售价格。因为通过价格可以将销售量转化为销售额，而不同商品的销售额都是可以加总的。价格在加总过程中客观上还起到了权数的作用，即价格高的商品，其销售量的变动对销售量总变动的影响较大；反之，价格低的商品其销售量变动对销售量总变动的影响较小。引入价格后各种商品的销售额加总得到销售总额，但是销售总额的变动反映的是销售量和价格共同变动的结果。为了测定销售量的变动程度，还必须设法让价格固定不变，即在计算基期销售总额和报告期销售总额时，都应该采用同一时间上的价格。

　　同样，在编制商品的价格总指数时，各种商品的价格也是不同度量的，不能直接加总对比。表面上看，价格的计量单位都是货币单位，但实际上价格总是指单位商品的价格，因此其计量单位总是随着商品的计量单位不同而不同的，如大米的价格是"元/千克"，自来水的价格是"元/立方米"。所以，对于不同使用价值、不同计量单位的商品，其价格也不能直接加总对比。只有与它们各自的销售量相乘，转化为销售额才能相加，得到同度量的数值。另外，各种商品价格变动对价格总水平变动的重要程度究竟是多少，应该用它们的销售量来衡量。销售量大的商品，其价格变化对价格总指数的影响应该大一些；反之，销售量小的商品，其价格变化对价格总指数的影响则应该小一些。所以，计算价格总指数时，引入销售量既解决了加总的问题，也起到了权数的作用。当然，为了测定价格的变动，也必须使销售量固定不变，即在计算基期销售总额和报告期销售总额时，均采用同一时间上的销售量。

　　归纳起来，综合指数的基本编制原理有两个要点：一是为了解决复杂现象总体在指数化指标上不能直接加总的问题，必须引入一个能够使全部个体的数量得以综合起来的媒介因素。在指数理论中，这个能够使全部个体的数量得以综合起来的媒介因素称为"同度量因素"，因为它起着同度量化的作用，能够把不同使用价值或不同内容的数值转化为同度量的数值。同时，由于它具有权衡各个个体重要性的作用，所以也被称为综合指数的权数。二是为了在综合过程中单纯反映价格或销售量等指数化指标的变动，还必须将所引入媒介因素的水平固定起来，即固定同度量因素。其目的在于使在两个不同时间（或空间）上的综合总量对比的结果，只反映指数化指标的变动，而不受同度量因素（权数）变动的影响。

　　因此，综合指数是两个总量指标对比形成的指数，在总量指标中包括两个或两个以上的因素，将其中被研究因素以外的因素固定下来，仅观察被研究因素的变动，这样编制的指数，称为综合指数，它的特点是"先综合，后对比"。

12.2.2　同度量因素的确定及综合指数的基本公式

　　以上分析说明在综合指数的构造过程中，同度量因素的引入起到了关键性的作用。那么，怎样确定同度量因素呢？主要应从下述几个方面来考虑。

1. 根据现象之间的内在联系来选择作为同度量因素的指标

　　指数的计算要有实际经济意义，同度量因素就必须要与所测定的研究指标有内在联系，即两者相乘要有实际经济意义，而且不同个体的这种乘积是同度量的、可加总的数值；

作为权数，同度量因素要恰如其分地反映各个个体的重要性，也要求它能够反映指数化指标变动给有关现象所带来的实际影响。

例如，许多社会经济现象都可以分解为两个因素的乘积，其中一个因素是数量指标 q，另一个因素是质量指标 p，数量指标 q 和质量指标 p 相乘可以得到一个能够直接加总的综合指标。如：

商品销售额$(qp)=$ 销售量$(q)\times$销售价格(p)

产品总产值$(qp)=$ 产量$(q)\times$出厂价格(p)

产品总成本$(qp)=$ 产量$(q)\times$单位产品成本(p)

根据指标之间的这种内在联系，一般而言，当我们编制数量指标指数时，同度量因素是一个与之对应的质量指标；而在编制质量指标指数时，同度量因素是一个与之对应的数量指标。可见，数量指标 q 和相应的质量指标 p 互为同度量因素，两者的乘积(qp)常常是一个价值量指标，也可以是其他形式的指标，但对所考察的总体而言必须同度量、可加总。

2. 根据指数分析的目的来确定同度量因素

确定同度量因素要考虑指数分析的目的。例如，计算产品产量综合指数时，通常根据"总产值＝产量×出厂价格"这一关系，选择产品的出厂价格作为同度量因素。另外，根据"总成本＝产量×单位成本"这一关系，也可以选择产品的单位成本作为同度量因素。虽然两者都可以作为同度量因素，但两种计算结果的意义却存在很大的差别。以出厂价格为同度量因素，除了用于反映产品产量的变动程度之外，还可以分析各种产品产量变动对总产值的影响；而以单位成本为同度量因素则除了反映产品产量的变动程度之外，还可以反映各种产品产量变动对总成本的影响。又如，编制股票价格指数时，同度量因素可以采用股票发行量，也可以采用股票流通量或其他指标。总之，当同度量因素不止一个时，到底选择哪一个，应视具体分析目的而定。

3. 同度量因素所属时间的确定

从理论上讲，只要同度量因素均采用同一时间上的水平（无论是基期的、报告期的还是其他时间的），基期和报告期两个时间上综合总量对比的结果就都能反映指数化指标的变动程度。但实际上，由于不同时间上同度量因素的数值是不同的，有的差别很大，所以，对同度量因素所属时间的选择不同，结果也会不一样。不仅所计算的数值有差异，而且指数所表示的经济意义也有不同。总的来说，同度量因素固定在什么时间，应该视研究目的、指标的性质以及有关指数之间的平衡关系等要求而定。

若以 I 表示综合指数，以 q、p 分别代表数量指标和质量指标，下标 0 和 1 分别代表基期和报告期，下标 n 表示同度量因素所属的时间（$n=0$，1 或其他）。I_q 和 I_p 分别表示数量指标综合指数和质量指标综合指数，则综合指数的基本公式可写为（为了简便，公式中省略了表示各个个体的下标）：

$$I_q = \frac{\sum q_1 p_n}{\sum q_0 p_n} \tag{12.1}$$

$$I_p = \frac{\sum q_n p_1}{\sum q_n p_0} \tag{12.2}$$

因为对同度量因素所属时间的选择有不同的观点,所以由综合指数的基本公式(12.1)和(12.2)派生出了多个不同的指数计算公式,其中最主要和最常用的是拉氏指数和帕氏指数。

12.2.3　拉氏指数

德国经济统计学家拉斯贝尔斯(E. Laspeyres)于1864年提出了把销售量固定在基期的价格指数,该方法后来被推广到其他各种综合指数的计算,习惯上把将同度量因素固定在基期水平上所编制的综合指数统称为拉氏指数,又称为基期加权综合指数。拉氏数量指标综合指数 I_q 和拉氏质量指标综合指数 I_p 的计算公式分别为

$$I_q = \frac{\sum q_1 p_0}{\sum q_0 p_0} \tag{12.3}$$

$$I_p = \frac{\sum q_0 p_1}{\sum q_0 p_0} \tag{12.4}$$

【例12-1】　自来水、电、煤气是城市居民家庭常用的消费品。某城市一居民家庭的自来水、电、煤气在报告期和基期的消费数量和价格资料如表12.1所示,试计算这三种商品的拉氏消费量指数和拉氏价格指数。

表12.1　一居民家庭用自来水、电、煤气数据

商品名称	计量单位	消费数量		价格/元		实际消费金额/元		假定消费金额/元	
		基期 q_0	报告期 q_1	基期 p_0	报告期 p_1	基期 $q_0 p_0$	报告期 $q_1 p_1$	$q_1 p_0$	$q_0 p_1$
自来水	t	30	28	1.5	1.85	45	51.8	42	55.5
电	kW·h	350	390	0.53	0.6	185.5	234	206.7	210
煤气	m³	60	63	1.1	1.3	66	81.9	69.3	78
合计	—	—	—	—	—	296.5	367.7	318	343.5

解　(1) 由公式(12.3)得到拉氏消费量指数 I_q:

$$I_q = \frac{\sum q_1 p_0}{\sum q_0 p_0} = \frac{28 \times 1.5 + 390 \times 0.53 + 63 \times 1.1}{30 \times 1.5 + 350 \times 0.53 + 60 \times 1.1} = \frac{318}{296.5} = 107.25\%$$

即消费量总指数 I_q 等于107.25%,表明报告期与基期相比,该居民家庭自来水、电、煤气三种商品的消费量平均增长7.25%。

在上述计算公式中的分母是基期实际消费金额,而分子是一个假定的消费总额(即假定报告期消费的商品按基期价格水平计算所得的消费总额)。表面上看,107.25%是两个消费总额对比的结果,但由于各种商品的价格都固定在基期水平上,所以它实质上反映的只是各种商品消费量的综合变动程度。同时也可以反映消费量变动对消费总额的影响,即

若按基期价格来计算，由于消费量变动使消费支出总额报告期比基期相对增加 7.25%；由于消费量变动而使消费支出总额报告期比基期增加的绝对数额为

$$\sum q_1 p_0 - \sum q_0 p_0 = 318 - 296.5 = 21.5 \text{（元）}$$

（2）由公式（12.4）得到拉氏价格指数 I_p：

$$I_p = \frac{\sum q_0 p_1}{\sum q_0 p_0} = \frac{30 \times 1.85 + 350 \times 0.6 + 60 \times 1.3}{30 \times 1.5 + 350 \times 0.53 + 60 \times 1.1} = \frac{343.5}{296.5} = 115.85\%$$

即价格指数 I_p 等于 115.85%，表明报告期与基期相比，该居民家庭消费的自来水、电、煤气三种商品的价格平均上涨了 15.85%。

上述计算公式中的分母是基期实际消费金额，但分子是假定的消费总额（即假定基期销售的商品按报告期价格水平计算所得的消费金额）。由于各种商品的销售量都固定在基期水平上，所以上述两个消费总额的差异程度也就等于各种商品价格的综合变动程度。同时，这一结果也反映了价格变动对消费总额的影响，即按基期销售量来计算，由于价格变动使消费支出总额报告期比基期相对增加 15.85%；由于价格变动而使销售总额报告期比基期增加的绝对数额为

$$\sum q_1 p_0 - \sum q_0 p_0 = 343.5 - 296.5 = 47 \text{（元）}$$

12.2.4 帕氏指数

1874 年，来自德国的另一位经济统计学家帕舍（H. Paasche）提出了以报告期物量加权来计算物价指数的方法。这种方法后来也被推广到各种质量指标和数量指标综合指数的计算。统计上把将同度量因素固定在报告期所计算的综合指数都称为帕氏指数，又称为报告期加权综合指数。帕氏数量指标综合指数 I_q 和帕氏质量指标综合指数 I_p 的计算公式分别为

$$I_q = \frac{\sum q_1 p_1}{\sum q_0 p_1} \tag{12.5}$$

$$I_p = \frac{\sum q_1 p_1}{\sum q_1 p_0} \tag{12.6}$$

【例 12 - 2】 根据表 12.1 的数据资料，计算这三种商品的帕氏消费量指数和帕氏价格指数。

解 （1）由公式（12.5）得到帕氏消费量指数 I_q：

$$I_q = \frac{\sum q_1 p_1}{\sum q_0 p_1} = \frac{28 \times 1.85 + 390 \times 0.6 + 63 \times 1.3}{30 \times 1.85 + 350 \times 0.6 + 60 \times 1.3} = \frac{367.7}{343.5} = 107.05\%$$

帕氏消费量指数 I_q 等于 107.05%，说明报告期与基期相比，该居民家庭自来水、电、煤气三种商品的消费量平均增长 7.05%。按报告期价格来计算，由于消费数量增加使消费总支出相对增加 7.05%；由于消费数量增加而使消费总支出增加的绝对数额为

$$\sum q_1 p_1 - \sum q_0 p_1 = 367.7 - 343.5 = 24.2 \text{（元）}$$

（2）由公式（12.6）得到帕氏价格指数 I_p：

$$I_p = \frac{\sum q_1 p_1}{\sum q_1 p_0} = 115.63\%$$

帕氏价格指数 I_p 等于 115.63%，说明报告期与基期相比，自来水、电、煤气三种商品的价格平均上涨了 15.63%。按报告期销售量来计算，由于价格变动使消费这三种商品的总支出相对增加 15.63%；由于价格变动而使消费这三种商品的总支出增加的绝对数额为

$$\sum q_1 p_1 - \sum q_1 p_0 = 367.7 - 318 = 49.7 （元）$$

12.2.5　拉氏指数和帕氏指数的比较

将上面根据表 12.1 的数据资料计算的拉氏指数结果和帕氏指数结果进行比较，可以看出两种计算方法得到的不同结果，无论是相对数还是绝对数都存在差异。那么，这种差异应该怎样解释？如何理解拉氏指数和帕氏指数的意义？在对拉氏指数和帕氏指数进行比较以后，可以加深对这些问题的理解。

首先，拉氏指数将同度量因素固定在基期水平上，即以基期数值为权数，在连续计算的定基指数数列中，各期指数不受权数结构变动影响，因而可比性更强。帕氏指数将同度量因素固定在报告期水平上，即以报告期数值为权数，无论是在定基指数数列中还是在环比指数数列中，权数结构都会随报告期的改变而改变，因而会使各期指数的可比性受到影响。

其次，虽然两种方法的计算结果都可表示研究指标的综合变动程度，但两者的具体经济意义还是有一定差别的。以价格指数为例，从前面的分析可以看到，拉氏价格指数是在基期销售数量和结构的基础上来考察价格的变化及其对消费总额变动的影响，从消费者的角度可以说明，为了维持基期消费水平或购买基期那么多的商品，由于价格变化将会使消费支出增减多少。帕氏价格指数则是在报告期消费数量和结构的基础上来考察价格的变化及其对消费总额变动的影响，它可以说明由于价格变化而使消费者报告期所消费或者购买的商品实际上增减了多少消费支出，或反映由于价格变化而使销售者报告期所出售的商品增减了多少销售收入。所以，两者都有实际经济意义，但相比之下，帕氏指数立足于报告期，其分析具有更强的现实性。

最后，由于权数不同，依据同一资料计算的拉氏指数和帕氏指数的计算结果通常会存在差异，除非所有个体的变动程度相同(此时总指数的计算也就失去了意义)或权数结构不变(所有个体的同度量因素都按相同比例变化)。一般情况下，拉氏指数大于帕氏指数。这一结论成立的条件是所考察的数量指标个体指数与质量指标个体指数之间存在负相关关系，这包括以下两种情况：① 两者的绝对水平呈反方向变化关系；② 两者的绝对水平虽然是同向变化的，但它们的变化速率呈现反方向变化关系，亦即其中一个指标上升(或下降)速率加快时，另一个指标的上升(或下降)速率却减缓。在现实世界中，许多数量指标的变化与相应质量指标的变化之间都存在着负相关关系(上述两种情况之一)，例如，商品购买量与价格的变化关系，产品产量与单位成本的变化关系等，所以，拉氏指数一般大于帕氏指数。

在指数的实际编制和应用中，数量指标指数的计算较多采用拉氏指数公式，而质量指标指数的计算较多采用帕氏指数公式。

12.3 平均指数的编制方法

12.3.1 平均指数的概念和编制方法

平均指数是计算总指数的另一种形式，它是在个体指数的基础上计算总指数。在解决复杂总体各组成要素不能直接加总与综合问题上，平均指数提出了另外一种思路。由于总指数具有平均的性质，即总指数实质上反映的是全部个体项目变化程度的平均水平，同时直接利用综合指数的公式计算总指数经常受到统计资料不足的限制，因此，先计算出个体指数，然后将个体指数加以平均求得总指数的方法在指数编制实践中得到了广泛使用，这种方法计算的总指数就称为平均指数。在指数发展的初期，曾经采用过简单平均的方法计算平均指数，但是由于各个个体指数的重要性不同，或者说组成总体的各个要素在总体中的重要性不同，采用简单平均法是不科学的。必须给个体指数赋予适当的权数进行加权平均才是合理的。由此可知，平均指数的编制特点为"先对比，后平均"。

编制平均指数要解决两大问题：

第一、采用哪种平均法，是算术平均法还是调和平均法或几何平均法？从实用的角度看，算术平均法计算较为简便，也比较直观，所以在计算总指数时，算术平均法的应用较为普遍，其次是调和平均法；几何平均法计算较为复杂，也不太直观，应用较少。本书将介绍根据算术平均法计算的算术平均指数和根据调和平均法计算的调和平均指数。

第二、加权平均时的权数如何确定？总的要求是，权数要能够评价复杂总体各个要素在总体中的地位，也就是能够比较好地表明个体指数的重要性。平均指数的权数在形式上比较灵活，既可以以某一总量指标为权数，采用绝对权数形式，也可以以某种比重指标为权数，采用相对权数形式；既可以是实际数据资料，也可以是估计和推算资料，或者是实际与推算相互结合的资料；既可以是客观指标，也可以是主观指标（如根据专家经验的主观评价指标），同时也要考虑指数分析的实际经济意义和权数资料获取的可行性和简便性。常用的权数主要有基期总值（$q_0 p_0$）、报告期总值（$q_1 p_1$）和固定权数（w）等三种。

12.3.2 算术平均指数

算术平均指数是将个体指数 $\left(\dfrac{q_1}{q_0} 或 \dfrac{p_1}{p_0}\right)$ 进行加权算术平均求得的总指数，其权数一般采用基期总值（$p_0 q_0$）及其相对数 $\dfrac{p_0 q_0}{\sum p_0 q_0}$ 表示。以基期总值（$p_0 q_0$）和相对数 $\dfrac{p_0 q_0}{\sum p_0 q_0}$ 为权数的数量指标算术平均指数 I_q 和质量指标算术平均指数 I_p 的计算公式如下：

$$I_q = \frac{\sum \dfrac{q_1}{q_0}(q_0 p_0)}{\sum (q_0 p_0)} = \sum \frac{q_1}{q_0} w_0 \qquad (12.7)$$

$$I_p = \frac{\sum \dfrac{p_1}{p_0}(q_0 p_0)}{\sum (q_0 p_0)} = \sum \frac{p_1}{p_0} w_0 \qquad (12.8)$$

式中: $w_0 = \dfrac{q_0 p_0}{\sum q_0 p_0}$, 而且 $\sum w_0 = 1$。

【例 12-3】 根据表 12.1 的数据资料, 利用算术平均指数的公式计算三种商品的消费量总指数和消费价格总指数。

解 首先根据表 12.1 的数据资料计算三种商品的消费量个体指数:

自来水消费量个体指数 $= \dfrac{q_1}{q_0} = \dfrac{28}{30} = 93.33\%$

电消费量个体指数 $= \dfrac{q_1}{q_0} = \dfrac{390}{350} = 111.43\%$

煤气消费量个体指数 $= \dfrac{q_1}{q_0} = \dfrac{63}{60} = 105\%$

由公式(12.7), 采用基期消费金额($p_0 q_0$)加权计算的消费量总指数为

$$I_q = \frac{\sum \dfrac{q_1}{q_0}(q_0 p_0)}{\sum (p_0 q_0)} = \frac{93.33\% \times 45 + 111.43\% \times 185.5 + 105\% \times 66}{45 + 185.5 + 66}$$

$$= \frac{318}{296.5} = 107.25\%$$

同理, 根据表 12.1 的数据资料计算三种商品的消费价格个体指数:

自来水消费价格个体指数 $= \dfrac{p_1}{p_0} = \dfrac{1.85}{1.5} = 123.33\%$

电消费价格个体指数 $= \dfrac{p_1}{p_0} = \dfrac{0.6}{0.53} = 113.21\%$

煤气消费价格个体指数 $= \dfrac{p_1}{p_0} = \dfrac{1.3}{1.1} = 118.18\%$

由公式(12.8), 采用基期消费金额($p_0 q_0$)加权计算的消费价格总指数为

$$I_p = \frac{\sum \dfrac{p_1}{p_0}(p_0 q_0)}{\sum (p_0 q_0)} = \frac{123.33\% \times 45 + 113.21\% \times 185.5 + 118.18\% \times 66}{45 + 185.5 + 66}$$

$$= \frac{343.5}{296.5} = 115.85\%$$

不难发现, 上述结果与前面由拉氏指数公式得到的计算结果相同。实质上, 当个体指数与其对应权数两者的计算范围都完全一致时, 基期总值加权的算术平均指数就是拉氏综合指数的变形, 两者只是计算形式不同, 而计算结果和经济意义都完全相同。

12.3.3　调和平均指数

调和平均指数是将个体指数$\left(\dfrac{q_1}{q_0} 或 \dfrac{p_1}{p_0}\right)$进行加权调和平均来求得的总指数, 最常见的是采用报告期总值($p_1 q_1$)加权计算的调和平均指数。采用报告期总值($p_1 q_1$)加权计算的数量指标调和平均指数 I_q 和质量指标调和平均指数 I_p 的计算公式为

$$I_q = \frac{\sum (q_1 p_1)}{\sum \dfrac{1}{q_1/q_0}(q_1 p_1)} = \frac{\sum (q_1 p_1)}{\sum \dfrac{q_0}{q_1}(q_1 p_1)} \tag{12.9}$$

$$I_p = \frac{\sum (q_1 p_1)}{\sum \dfrac{1}{p_1/p_0}(q_1 p_1)} = \sum \frac{\sum (q_1 p_1)}{\sum \dfrac{p_0}{p_1}(q_1 p_1)} \tag{12.10}$$

【例 12－4】　根据表 12.1 的数据资料，利用调和平均指数的公式计算三种商品的消费量总指数和消费价格总指数。

解　三种商品的消费量个体指数和消费价格个体指数在例 12－3 已经计算得到，由公式(12.9)和(12.10)，用报告期总值($p_1 q_1$)加权计算的消费量调和平均指数 I_q 和消费价格调和平均指数 I_p 如下：

$$I_q = \frac{\sum (q_1 p_1)}{\sum \dfrac{1}{q_1/q_0}(q_1 p_1)} = \frac{51.8 + 234 + 81.9}{\dfrac{51.8}{93.33\%} + \dfrac{234}{111.43\%} + \dfrac{81.9}{105\%}} = \frac{367.7}{343.5} = 107.05\%$$

$$I_p = \frac{\sum (q_1 p_1)}{\sum \dfrac{1}{p_1/p_0}(q_1 p_1)} = \frac{51.8 + 234 + 81.9}{\dfrac{51.8}{123.33\%} + \dfrac{234}{113.21\%} + \dfrac{81.9}{118.18\%}} = \frac{367.7}{318} = 115.63\%$$

上述结果与由帕氏指数公式计算的结果相同。不难证明，当个体指数与其对应权数两者的计算范围都完全一致时，报告期总值加权的调和平均指数是帕氏综合指数的变形，两者只是计算形式不同，而计算结果和经济意义都完全相同。

12.3.4　固定权数的平均指数

编制平均指数时，权数的选择和确定是一个重要问题。在国内外的指数实践中，固定权数的平均指数已经得到了广泛的应用。我国的居民消费价格指数、商品零售价格指数、工业品出厂价格指数以及西方国家的工业生产指数、消费品价格指数等都是采用固定权数的平均指数形式编制的。固定权数的平均指数形式应用起来比较方便，一经取得权数资料，便可以在相对较长时间保持不变，这就大大减少了工作量。同时，在不同时期内采用相同的权数，排除了权数变动对总指数的影响，指数的可比性强，有利于指数数列的分析，还可以很方便地进行环比指数与定基指数之间的推算。固定权数的资料可以根据有关的普查或抽样调查或全面统计报表数据调整计算确定。固定权数的表现形式多采用相对数权数或比重权数，在平均的形式上以算术平均法为主。

我们仍然用 I_q 来表示固定权数的数量指标平均指数，用 I_p 来表示固定权数的质量指标平均指数，用 w 表示固定权数，固定权数的算术平均指数计算公式如下：

$$I_q = \frac{\sum \dfrac{q_1}{q_0}w}{\sum w} \quad , \quad I_p = \frac{\sum \dfrac{p_1}{p_0}w}{\sum w} \tag{12.11}$$

一般情况下，为便于计算总是设法使 $\sum w = 100\%$，所以，以上公式可以写成：

$$I_q = \sum \frac{q_1}{q_0}w \quad , \quad I_p = \sum \frac{p_1}{p_0}w \quad (其中 \sum w = 100\%)$$

統 计 学(第二版)

12.4 指数体系与因素分析

12.4.1 指数体系的概念与作用

在综合指数的基础上，产生了一种重要的统计分析方法，即指数因素分析法。其方法论基础是指数体系，因此，首先需要明确指数体系的概念。

指数体系的概念有广义和狭义两种理解。广义的指数体系是一种指标体系，泛指若干个在内容上相互联系的指数所构成的整体。例如，国民经济的生产、流通和使用各再生产环节中，各种总值指数(如国内生产总值指数、进出口总额指数等)，物量指数(如工业生产指数、存货指数、商品出口量指数等)和价格指数(如固定资产投资价格指数、商品零售价格指数、工业品出厂价格指数、出口商品价格指数等)，构成了国民经济核算指数体系。又如，股价指数、债券价格指数和证券投资基金价格指数等共同构成了证券市场价格指数体系。

从狭义上说，指数体系是指那些不仅在经济内容上相互联系，而且具有一定数量依存关系的三个或三个以上指数所组成的整体。例如：

销售额指数＝销售量指数×销售价格指数

产品价值量指数＝产品产量指数×产品价格指数

总成本指数＝产量指数×单位成本指数

原材料消耗总额指数＝产量指数×单耗量指数×原材料价格指数

具有上述四组指数间数量依存关系的相应指数，形成一个指数体系，这个指数体系就是狭义的。因素分析的基础是狭义的指数体系，因此，本节所讲的指数体系指的是狭义的指数体系。

从上面的例子可以看到，指数体系要能够形成类似上述的数量依存关系，至少要由三个指数构成。实际上，指数体系中的各指数间数量依存关系的依据是社会经济现象客观上存在的密切联系，这种联系表现为统计指标间的数量依存关系。例如，上述四个指数体系的依据是如下四组指标间的关系式：

销售额＝销售量×销售价格

产品价值量＝产品产量×产品价格

总成本＝产量×单位成本

原材料消耗总额＝产量×单位产品原材料消耗量×原材料价格

如果我们把上述四个等式中等号左边的指标称为对象指标，把等号右边的具有乘积关系的多个指标称为因素指标，则我们可以把指数体系的客观依据，从指标间关系角度概括为：对象指标等于各因素指标的连乘积。与此相适应，根据对上述指数体系客观依据的分析，我们可以进一步把指数体系中各指数的联系具体表述为：对象指数等于各因素指数的连乘积。指数体系也就是利用指数间存在的数量依存关系，来反映对象指标与因素指标在变动中的联系，并进行因素分析。

指数体系在指数方法论中占有一定的地位，其基本作用表现在进行因素分析方面。因素分析是根据指数体系，从数量方面研究现象的综合变动中各个因素变动对其影响的方向、相对程度和绝对效果。

指数体系对综合指数的编制也有指导意义。在应用综合指数编制总指数时，确定同度量因素的时期，应该考虑指数体系的要求。例如，从实际经济意义出发，编制质量指标指数时，选择以报告期数量指标为同度量因素；那么，在编制数量指标综合指数时，考虑到指数体系的要求，则应该选择基期质量指标为同度量因素。

指数体系还可以应用于指数之间的推算，即根据指数体系，利用已知指数推算未知指数。例如，某地区本期与去年同期相比，居民消费价格水平上涨 3%，居民消费总额增加了 10%，则根据指数体系：消费总额指数等于消费价格指数乘消费数量指数，得到居民消费数量指数为 110%÷103%＝106.8%，即剔除价格上涨因素后，居民消费实际增加了 6.8%。

12.4.2　指数因素分析法的意义和种类

指数因素分析法是利用指数体系，对现象的综合变动从数量上分析其受各因素影响的一种分析方法。这种方法被简称为因素分析法。

社会经济现象存在着普遍联系和相互作用，一种现象的变动往往会引起其他一些现象的变动，而它本身的变动，却又可能是另外一些现象变动的结果。现象这种普遍联系和相互作用的关系是因素分析的客观基础。因素分析法就是要从数量上分析各影响因素是如何影响被研究对象的，以及这种影响的方向和程度。在经济研究和经济管理活动中，这种分析对揭露现象发展变化中的矛盾和问题，挖掘发展潜力，分析现象发展变化的特点及规律等都具有重要意义。例如，我们知道投入生产要素（劳动、资本、技术）数量的增加和要素生产效率的提高都可以使总产出增加，但是，投入生产要素和生产效率是两类不同性质的因素，对总产出的影响有不同的意义。依靠投入生产要素的增加来使总产出增长是一种外延型发展，依靠生产要素效率提高来使总产出增长是一种内涵型发展。现实是这两类因素变动的影响情况复杂，在变动方向上可能相同也可能不同；在变动程度和影响程度上可能比较接近也可能相差很大。那么，实际总产出的增加（或增长）到底是什么原因引起的？两类因素各自的影响方向如何？影响程度有多大？借助因素分析法就能够解决这类问题。

指数因素分析法可以从不同角度分类。按照分析的特点不同，可以分为简单现象因素分析和复杂现象因素分析；按照影响因素的多少不同，可以分为两因素分析和多因素分析；按照分析指标的表现形式不同，可以分为总量指标变动因素分析和平均指标、相对指标变动因素分析。其中总量指标变动的因素分析是因素分析的基本内容。

进行因素分析的基本步骤包括：

（1）在定性分析的基础上，确定要分析的对象及影响的因素。

（2）根据指标间的数量依存关系和分析要求，确定分析所采用的对象指标和因素指标，并列出其关系式。分析对象和影响因素都可以有多种指标表现形式，选择指标的要求是：对象指标必须等于各因素指标的连乘积。

（3）根据指标关系式建立分析指数体系及相应的绝对增减量关系式。指数体系中因素指数的个数与因素指标的个数相对应，因素指数按照综合指数选择同度量因素时期的一般原则编制；绝对量关系式是根据指数体系中对应的各指数的分子、分母之差建立的。

（4）根据指数体系及绝对量关系式，依次分析每一个因素变动对研究对象变动影响的相对程度和绝对数量。

12.4.3　指数因素分析法的应用

由于分析对象、分析目的和分析任务的多样性，指数因素分析法的应用形式也是多样的。本书以总量指标为例，介绍指数因素分析法的应用。

1. 总量指标变动的两因素分析

这里的总量变动指绝对数的变动，包括个体现象的绝对数变动和总体现象的绝对数变动。因素分析的对象可以是个体现象（或简单现象），也可以是总体现象（或复杂现象）。但无论是个体现象（或简单现象）还是总体现象（或复杂现象），总量指标变动的两因素分析都是从数量因素和质量因素两个方面对分析对象指标进行分解，然后构建指数体系进行分析的。在个体现象（或简单现象）情况下，分析对象指数和各因素指数不需要先综合，可以直接对比，相对简单。我们用 T 表示总量指标，用 q 表示数量因素指标，用 p 表示质量因素指标，下标 1、0 分别表示报告期和基期，那么，对于个体现象（或简单现象），其总量指标变动的两因素分析指数体系及绝对量关系公式如下：

因为 $T=q \times p$，所以有

$$\frac{T_1}{T_0}=\frac{q_1}{q_0} \times \frac{p_1}{p_0}=\frac{q_1 p_1}{q_0 p_0} \quad 或 \quad \frac{q_1 p_1}{q_0 p_0}=\frac{q_1 p_0}{q_0 p_0} \times \frac{q_1 p_1}{q_1 p_0} \qquad (12.12)$$

$$T_1-T_0=q_1 p_1-q_0 p_0=(q_1 p_0-q_0 p_0)+(q_1 p_1-q_1 p_0)$$
$$=(q_1-q_0)p_0+(p_1-p_0)q_1 \qquad (12.13)$$

公式(12.12)称为因素分析中的相对数体系，公式(12.13)称为因素分析中的绝对数体系。$\frac{q_1}{q_0}$ 和 $\frac{p_1}{p_0}$ 是个体指数。

【例 12-5】 根据表 12.1 的数据资料，对该居民家庭电费支出变动进行因素分析。

解　建立关系式：电费支出＝电消费量×电价格

根据表 12.1 的数据资料计算的该居民家庭电费支出、电消费量、电价格个体指数分别是 126.15%、111.43%、113.21%，有

$$111.43\% \times 113.21\%=\frac{390}{350} \times \frac{0.6}{0.53}=\frac{234}{185.5}=126.15\%$$

上面的关系式表明，电消费量增长 11.43%，电价格上涨 13.21%，两者共同作用的结果使得该居民家庭电费支出金额增长了 26.15%。

根据(12.13)，有

$$234-185.5=48.5=390 \times 0.6-350 \times 0.53$$
$$=(390 \times 0.53-350 \times 0.53)+(390 \times 0.6-390 \times 0.53)$$
$$=(390-350) \times 0.53+(0.6-0.53) \times 390$$
$$=21.2+27.3 （元）$$

上述计算结果表明，该居民家庭电费支出报告期比基期增加 48.5 元，其中由于消费量增长使得电费支出增加 21.2 元，由于电价格上涨使得电费支出增加 27.3 元。

指数体系关系如下：

$$126.15\%=111.43\% \times 113.21\%$$
$$48.5=21.2+27.3（元）$$

同理，可以根据表 12.1 的数据资料分别对该居民家庭的自来水、煤气支出变动进行因素分析。

对于总体现象（或复杂现象）的总量进行因素分析，可以参照对个体现象的因素分析方法来做。但是，由于总体现象（或复杂现象）不能直接加总，所以，总指数一般不能像个体指数那样直接建立指数体系，必须借助于综合指数的形式。同时，为了满足相对数分析和绝对数分析的需要，一般将研究对象总指数分解为拉氏数量指标指数和帕氏质量指标指数的乘积，或者说在建立指数体系时，当数量指标指数采用拉氏指数公式编制时，质量指标指数就要采用帕氏指数公式编制。用 q 表示数量因素指标，用 p 表示质量因素指标，下标 1、0 分别表示报告期和基期，总体现象（或复杂现象）总量指标变动的两因素分析关系式如下：

$$\frac{\sum q_1 p_1}{\sum q_0 p_0} = \frac{\sum q_1 p_0}{\sum q_0 p_0} \times \frac{\sum q_1 p_1}{\sum q_1 p_0} \tag{12.14}$$

$$\sum q_1 p_1 - \sum q_0 p_0 = \left(\sum q_1 p_0 - \sum q_0 p_0 \right) + \left(\sum q_1 p_1 - \sum q_1 p_0 \right) \tag{12.15}$$

【例 12-6】 对表 12.1 的全部三种商品进行消费支出变动的因素分析，我们有以下的基本分析数据：

$$\frac{367.7}{296.5} = \frac{318}{296.5} \times \frac{367.7}{318}$$

进一步计算，就得到下列结果：

$$124.01\% = 107.25\% \times 115.63\%$$
$$71.2 = 21.5 + 49.7 （元）$$

结果表明，由于自来水、电、煤气等 3 种商品的消费量增长 7.25% 使消费总支出增加了 21.5 元，而由于三种商品的价格上涨 15.63% 又使得消费总支出增加了 49.7 元，两者共同影响的结果使该居民家庭的自来水、电、煤气等三种商品消费总支出报告期比基期增长 24.01%，增加支出金额 71.2 元。

2. 总量指标变动的多因素分析

在实际分析中，有些现象总量不仅可以分解为两个因素，还可以分解为三个或三个以上的多因素。多因素分析的主要问题是在对现象总量按多因素分解后排列顺序时，要注意两个相邻因素的乘积的实际意义，同时要注意各因素指标在确定其为数量指标或质量指标时的相对性。例如，产品产量、单位产品原材料消耗量、原材料价格这三个指标中，单位产品原材料消耗量表明生产单位产品消耗的某种原材料的数量，因此，相对于产品产量是质量指标，但相对于原材料价格，则是数量指标。多因素分解后按照先数量因素指标后质量因素指标的顺序排列，编制指数时，除了观测的因素指标作为指数化指标外，其余因素指标一律作为同度量因素固定，同时遵照数量因素指标指数采用拉氏指数公式编制，质量因素指标指数采用帕氏指数公式编制的原则。下面通过一个例子来说明。

【例 12-7】 假设一个企业生产的三种产品和消耗的原材料数据如表 12.2 所示。试利用表 12.2 资料进行多因素分析。

表 12.2　产品和消耗的原材料数据

产品种类	计量单位	产品产量		单位产品原材料消耗量		原材料单价/元	
		基期 q_0	报告期 q_1	基期 m_0	报告期 m_1	基期 p_0	报告期 p_1
甲	吨	200	200	10	9	100	110
乙	件	500	600	2	1.8	20	24
丙	套	300	400	5	6	50	45

解　根据关系式:

原材料消耗总额=产量(q)×单位产品原材料消耗量(m)×原材料价格(p)

有

原材料消耗总额指数=产量指数×单耗指数×原材料价格指数

指数因素分析体系公式如下:

$$\frac{\sum q_1 m_1 p_1}{\sum q_0 m_0 p_0} = \frac{\sum q_1 m_0 p_0}{\sum q_0 m_0 p_0} \times \frac{\sum q_1 m_1 p_0}{\sum q_1 m_0 p_0} \times \frac{\sum q_1 m_1 p_1}{\sum q_1 m_1 p_0}$$

$$\sum q_1 m_1 p_1 - \sum q_0 m_0 p_0$$

$$= \left(\sum q_1 m_0 p_0 - \sum q_0 m_0 p_0\right) + \left(\sum q_1 m_1 p_0 - \sum q_1 m_0 p_0\right) + \left(\sum q_1 m_1 p_1 - \sum q_1 m_1 p_0\right)$$

原材料消耗总额变动:

$$原材料消耗总额指数 = \frac{\sum q_1 m_1 p_1}{\sum q_0 m_0 p_0} = \frac{331\,920}{295\,000} = 112.52\%$$

$$原材料消耗总额增长量 = \sum q_1 m_1 p_1 - \sum q_0 m_0 p_0$$
$$= 331\,920 - 295\,000$$
$$= 36\,920(元)$$

其中:(1) 产品产量变动的影响:

$$产品产量指数 = \frac{\sum q_1 m_0 p_0}{\sum q_0 m_0 p_0} = \frac{324\,000}{295\,000} = 109.83\%$$

产品产量变动使原材料消耗总额增加数:

$$324\,000 - 295\,000 = 29\,000(元)$$

(2) 单位产品原材料消耗量变动的影响:

$$单耗指数 = \frac{\sum q_1 m_1 p_0}{\sum q_1 m_0 p_0} = \frac{321\,600}{324\,000} = 99.26\%$$

单位产品原材料消耗量变动使原材料消耗总额减少数:

$$321\,600 - 324\,000 = -2400(元)$$

(3) 原材料价格变动的影响:

$$原材料价格指数 = \frac{\sum q_1 m_1 p_1}{\sum q_1 m_1 p_0} = \frac{331\ 920}{321\ 600} = 103.21\%$$

原材料价格变动使原材料消耗总额增加数：

$$331\ 920 - 321\ 600 = 10\ 320（元）$$

（4）综合变动指数体系如下：

$$112.52\% = 109.83\% \times 99.26\% \times 103.21\%$$

$$36\ 920 = 29\ 000 - 2400 + 10\ 320（元）$$

从上述计算结果可知，由于产品产量增长 9.83%，使得原材料消耗总额增加 29 000 元；由于单位产品原材料消耗量下降了 0.74%，使得原材料消耗总额减少 2400 元；由于原材料价格上涨 3.21%，使得原材料消耗总额增加 10 320 元。三者综合起来，使原材料消耗总额增长 12.52%，原材料消耗总额增加 36 920 元。

3. 平均指标变动的因素分析

在资料分组条件下，总平均指标的变动受两个因素的影响，一是受各组平均指标变动的影响，二是受各组单位数在总体中所占比重变动的影响。这样，我们可以运用指数因素分析方法来分析这两个因素变动对总平均指标变动的影响方向和影响程度，即进行平均指标的两因素分析。

根据指数因素分析方法的要求，对于平均指标变动进行两因素分析，首先必须建立一个平均指标指数体系。其通用公式为

$$可变构成指数 = 固定构成指数 \times 结构影响指数 \tag{12.16}$$

上式用符号可以表示为

$$\frac{\sum x_1 f_1}{\sum f_1} \div \frac{\sum x_0 f_0}{\sum f_0} = \left(\frac{\sum x_1 f_1}{\sum f_1} \div \frac{\sum x_0 f_1}{\sum f_1} \right) \times \left(\frac{\sum x_0 f_1}{\sum f_1} \div \frac{\sum x_0 f_0}{\sum f_0} \right) \tag{12.17}$$

而因素影响差额之间的关系为

$$\frac{\sum x_1 f_1}{\sum f_1} - \frac{\sum x_0 f_0}{\sum f_0} = \left(\frac{\sum x_1 f_1}{\sum f_1} - \frac{\sum x_0 f_1}{\sum f_1} \right) + \left(\frac{\sum x_0 f_1}{\sum f_1} - \frac{\sum x_0 f_0}{\sum f_0} \right) \tag{12.18}$$

上述各项指数的具体含义为

1）可变构成指数

统计上把在分组条件下包含各组平均水平及其相应的单位数结构这两个因素变动的总平均指标指数，称为可变构成指数。其计算公式为

$$I_{xf} = \frac{\bar{x}_1}{\bar{x}_0} = \frac{\sum x_1 f_1}{\sum f_1} \div \frac{\sum x_0 f_0}{\sum f_0} \tag{12.19}$$

式中，$\bar{x}$ 代表总平均指标，x 为各组标志值即平均水平，f 为各组单位数。

2）固定构成指数

为反映各组变量值变动的影响，就需要消除总体中各组单位数所占比重变化的影响，即需要将总体内部结构固定起来计算平均指标指数，这样的指数叫固定构成指数。它只反映各组平均水平对总平均指标变动的影响。其计算公式可表示为

$$I_x = \frac{\sum x_1 f_1}{\sum f_1} \div \frac{\sum x_0 f_1}{\sum f_1} \tag{12.20}$$

3）结构影响指数

为反映总体结构变动的影响，就需要把各组变量值固定起来，这样计算的平均指标指数叫结构影响指数。它只反映总体结构变动对总平均指标变动的影响。其计算公式为

$$I_f = \frac{\sum x_0 f_1}{\sum f_1} \div \frac{\sum x_0 f_0}{\sum f_0} \tag{12.21}$$

【例 12-8】 设有某公司员工人数和月平均工资的分组资料如表 12.3 所示。试对该公司员工总平均工资的变动进行因素分析。

表 12.3　某公司员工工资情况表

工资等级	月 工 资/元		员 工 数/人		工 资 额		
	基期	报告期	基期	报告期	$x_0 f_0$	$x_0 f_1$	$x_1 f_1$
1	800	850	50	40	40 000	32 000	34 000
2	1000	1050	100	85	100 000	85 000	89 250
3	1200	1300	200	170	240 000	204 000	221 000
4	1500	1600	70	125	105 000	187 500	200 000
5	2000	2150	50	55	100 000	110 000	118 250
6	2500	2650	30	25	75 000	62 500	66 250
合计	—	—	500	500	660 000	681 000	728 750

根据表 12.3 资料，具体分析步骤如下：

（1）计算总平均工资的总变动。

基期平均工资：

$$\bar{x}_0 = \frac{\sum x_0 f_0}{\sum f_0} = \frac{660\ 000}{500} = 1320$$

报告期平均工资：

$$\bar{x}_1 = \frac{\sum x_1 f_1}{\sum f_1} = \frac{728\ 750}{500} = 1457.5$$

可变构成指数：

$$I_{xf} = \frac{\bar{x}_1}{\bar{x}_0} = \frac{1457.5}{1320} = 110.42\%$$

月平均工资增加额：

$$\bar{x}_1 - \bar{x}_0 = 1457.5 - 1320 = 137.5\ (元)$$

表明该公司员工总平均工资报告期比基期提高了 10.42%，平均每人增加月工资 137.5 元。

（2）进一步分析总平均工资变动的具体原因。这需要利用平均工资指数体系，分离出各组平均工资和员工人数结构变动对总平均工资的影响程度和绝对数量。采用平均指标指数体系分析如下：

① 各组平均工资(变量值)变动影响。

固定构成指数：

$$I_x = \frac{\sum x_1 f_1}{\sum f_1} \div \frac{\sum x_0 f_1}{\sum f_1} = 1457.5 \div \frac{681\,000}{500} = 1457.5 \div 1362 = 107.01\%$$

对总平均工资的绝对影响数值：

$$\frac{\sum x_1 f_1}{\sum f_1} - \frac{\sum x_0 f_1}{\sum f_1} = 1457.5 - 1362 = 95.5\,(元)$$

② 总体结构变动影响。

结构影响指数：

$$I_f = \frac{\sum x_0 f_1}{\sum f_1} \div \frac{\sum x_0 f_0}{\sum f_0} = \frac{1362}{1320} = 103.18\%$$

对总平均工资的绝对影响数值：

$$\frac{\sum x_0 f_1}{\sum f_1} - \frac{\sum x_0 f_0}{\sum f_0} = 1362 - 1320 = 42\,(元)$$

上述三个指数之间的关系，可表示如下：

$$110.42\% = 107.01\% \times 103.18\%$$

各因素影响的绝对数之间的关系为

$$137.5\,元 = 95.5\,元 + 42\,元$$

计算结果表明，由于各等级工资水平的变化，使平均工资提高 7.01%，即增加了 95.5 元；由于各等级员工人数结构的变化，使平均工资提高 3.18%，即增加了 42 元；两者共同影响，使得全公司员工的总平均工资提高 10.42%，即增加了 137.5 元。

12.5　几种常见指数简介

统计指数理论的研究起源于经济领域中对市场物价变动的测量，目前指数的应用也主要集中在经济领域，不过已经不局限于对市场商品价格变动的测量，而是扩展到了创新、全球化、人类发展、经济发展新动能等内容的测定，下面介绍几种常见的指数。

12.5.1　经济发展新动能指数

2015 年以来，国家陆续出台加快实施《促进大数据发展行动纲要》《关于积极推进"互联网＋"行动的指导意见》《国家创新驱动发展战略纲要》等重大政策措施，激发创新活力，加快培育经济发展新动能，主动适应和引领经济发展新常态，实现我国经济提质增效和转型升级。创新驱动，培育新动能，发展壮大新产业、新业态、新商业模式(简称"三新")，是新常态下经济发展的空间和潜力，也是推动新旧动能转换的动力源泉。

1. 基本概念

经济发展新动能指数是指以新产业、新业态、新商业模式为主要内容的统计指标体系，利用"三新"调查基础数据，采用线性加权的综合评价方法构建而成的复合指数，用来反映经济新动能发展趋势和进程。

2. 主要作用

党的十八大以来，我国经济发展进入新常态，党中央、国务院加快实施创新驱动发展战略，大力倡导大众创业、万众创新，积极推进"互联网＋"行动计划，深化供给侧结构性改革，新产业、新业态、新商业模式如雨后春笋般快速发展，新动能不断集聚并加快成长，成为引领经济新发展、推动经济转型升级的动力源泉。党的十九大报告进一步提出，要建立现代化经济体系，培育新增长点，形成新动能。为更好地服务国家发展战略和宏观决策，有必要研究制定经济发展新动能统计指标体系，测算新动能指数，定量监测和度量以"三新"为代表的新动能发展趋势和进程。

3. 指标体系

经济发展新动能统计指标体系分为两个层次：第一层次为经济发展新动能的 6 个构成要素，即知识能力、经济活力、创新驱动、网络经济、转型升级和发展成效；第二层次为在每个一级指标下设置若干个二级指标，共 40 个指标。

4. 编制方法

采用简单线性加权的方法，对每个具体指标的标准化数据进行加权，得出各个分类指数，然后对各个分类指数加权计算总指数。在权重方面，该指标体系中的一级指标权重为均等赋权，二级指标权重则为非均等赋权。对具体指标的赋权，主要依据各类指标之间的相对重要性以及专家打分法确定。

12.5.2　中国创新指数

党的十八大提出了实施创新驱动发展战略，党的十九大进一步明确指出"创新是引领发展的第一动力，是建设现代化经济体系的战略支撑"。中国创新指数的编制，既是贯彻落实党中央、国务院决策部署，反映新形势下我国创新发展情况的需要，也是监测国家科技发展规划纲要和创新型国家建设进程的需要。

1. 基本概念

中国创新指数（China Innovation Index，简称 CII），是由国家统计局研究编制，旨在反映我国科技创新总体水平和发展状况的综合性指数。国家统计局于 2013 年 4 月首次发布 2005—2011 年中国创新指数，之后每年第 4 季度发布上一年的指数，截至 2020 年 10 月已连续发布 9 年。从数据结果看，中国创新指数一直保持着稳步增长的态势。

2. 编制方法

中国创新指数的编制分三个步骤：

1) 构建中国创新评价指标体系

将反映科技创新情况的多项指标组合，形成一个有机整体。该指标体系本着科学性、导向性、可操作性和开放性原则进行设计，分为三个层次。一级指标是总指数，反映我国创新发展总体情况；二级指标是分领域指数，反映我国创新环境、创新投入、创新产出和创新成效 4 方面情况；三级指标是评价指标指数，通过上述 4 个领域选取的 21 项具体指标反映我国创新各个方面具体发展情况。

2）确定指数测算方法

通过一系列指标赋权、无量纲化、计算合成等加工方法，把指标数据构造成指数。测算方法分三步进行：第一步是确定指标权重，包括分领域的权数和评价指标的权数；第二步是计算指标增速，以基期年份指标值为基础，计算指标相邻年份增长速度；第三步是合成分领域指数和总指数，在计算各领域评价指标加权增速的基础上，计算各领域分指数，最后计算总指数。

3）测算指数实际结果

使用各个指标实际数据进行测算，得到年度总指数和分指数各项数据。实际测算主要有三项工作。首先对评价指标体系中各项指标的原始数据进行采集和整理；其次根据上述测算方法加工计算出指数结果；最后按照数据结果撰写监测报告，发布指数结果并进行解读。

3．注意事项

首先，中国创新指数主要针对科技创新。其次，中国创新指数旨在反映我国创新发展进程，与其他一些旨在对不同国家和地区创新情况进行横向对比的创新指数，如全球创新指数、国家创新指数等相比，在评价目的、评价内容和评价方法上都有所不同，不具有可比性。第三，不同地区在测算本地的相关指数时，需要考虑数据来源、指标权重等因素差异，不宜简单照搬同一套方法。

12.5.3　全球化指数

随着第三次科技革命以及现代通信技术的飞速发展，各国在经济、社会和政治等方面的联系日益加强，国与国之间的关系更加紧密，催生了不断发展壮大的全球化浪潮，加快了世界经济一体化进程。基于全球化发展的大背景，瑞士的知名经济智库 KOF 自 2006 年起每年对外公布全球化指数。

1．基本概念

全球化指数由经济、社会和政治三个方面构成。其中，经济全球化是指商品、劳务、资本以及伴随着市场交换所产生的信息和观念的远距离流动；社会全球化是指思想、信息以及人员的流动；政治全球化是指政府政策在世界范围的交流扩散。

2．主要作用

全球化指数反映世界各国在经济、社会和政治发展方面对全球化的参与程度，即某一国家与世界其他国家在经济、社会和政治方面的联系程度。

3．计算方法

全球化指数是 43 个具体指标标准化后的加权平均值。先用主成分分析法确定指标权重，再按确定的权重层层加权得到各级分指数和总指数。指数范围在 $1 \sim 100$ 之间，1 为最小值，100 为最大值，指数越大代表全球化程度越高。

12.5.4　人类发展指数

通常人们用人均 GDP 来界定一个国家是否属于发达国家。但单独用人均 GDP 显然存在很多缺点，首先是人均 GDP 很不稳定，受汇率、物价等影响而波动很大，其次人均 GDP 也只代表了经济水平，而不能代表一个国家的全面发展水平。为此，联合国开发计划署编制了人类发展指数（Human Development Index，HDI），用以取代单一的人均 GDP 衡量体系，来界定一个国家是否属于发达国家。

1. 基本概念

人类发展指数由联合国开发计划署于 1990 年起在《人类发展报告》中每年公布，用于衡量各个国家人类发展水平。

人类发展指数由健康长寿、知识的获取和生活水平三部分内容构成。

健康长寿：用出生时预期寿命来衡量，反映健康长寿生活的能力。

知识的获取：用平均受教育年限（一个大于或等于 25 岁的人在学校接受教育的年数）和预期受教育年限（一个 5 岁的儿童一生将要接受教育的年数）共同衡量。

生活水平：用购买力平价法计算的人均国民总收入（人均 GNI）来衡量。

2. 主要作用

人类发展指数涵盖了经济和社会方面的指标，它取代了单一的人均 GDP 衡量体系，能更全面、科学地反映一个国家的发展水平。

3. 计算方法

人类发展指数是预期寿命指数、教育指数和 GNI 指数的几何平均值。人类发展指数在 0～1 之间，越接近 1，反映人类发展水平越高。具体分组如下：小于 0.550 为低人类发展水平；介于 0.550～0.699 之间为中等人类发展水平；介于 0.700～0.799 之间为高人类发展水平；大于等于 0.800 为极高人类发展水平。

4. 中国状况

随着经济持续稳定增长，人民生活水平和社会发展水平大幅提高，中国人类发展指数呈现持续上升的态势，居世界的位次不断提高。

中国人类发展指数从 2000 年的 0.59 提升至 2018 年的 0.76，由 2000 年的 108 位上升至 2018 年的 85 位，从中等人类发展水平跨入高人类发展水平。

12.5.5　服务业生产指数

十八大以来，我国经济迈向以服务经济为主导的时代，服务业成为推动国民经济增长的主引擎。2019 年，服务业增加值占国内生产总值比例为 53.9%，对国民经济增长的贡献率达 59.4%。但与服务业发展的新形势新要求相比，我国缺少能够及时监测服务业短期运行态势的综合性指标。为此，国家统计局自 2013 年开始研究试算服务业生产指数，并于 2017 年 3 月起正式按月对外发布，受到国内外及社会各界广泛关注。

1. 基本概念

服务业生产指数（Index of Service Production，ISP）是指剔除价格因素后，服务业报告期相对于基期的产出变化，主要反映服务业的短期变动情况：以基期为 100，如果指数大于 100，表明服务业生产总体在增长；小于 100，表明服务业生产总体在下降。

根据服务提供机构的特点，可将服务活动划分为市场性服务活动和非市场性服务活动。因此，服务业生产指数可划分为反映市场性活动的服务业生产指数及涵盖非市场性活动的服务业生产指数。

综合考虑月度数据的可获得性以及生产指数与经济周期的关联性，目前我国服务业生产指数为反映市场性活动的服务业生产指数。具体范围包括《国民经济行业分类》(GB/T 4754—2017)中从批发和零售门类到文化、体育和娱乐业门类共 13 个行业门类中的 40 个行业大类的市场性活动，不包括公共管理、社会保障和社会组织，国际组织等 2 个行业门类，以及科学研究和技术服务业、教育、卫生和社会工作等 3 个行业门类中的非企业法人。同时，受基础数据所限，暂时也不包括农、林、牧、渔专业及辅助性活动，开采专业及辅助性活动，金属制品、机械和设备修理业等 3 个行业大类。

目前，我国服务业生产指数于月后 15 日左右在国家统计局国民经济运行情况新闻发布会发布，一般发布服务业生产总指数和部分门类行业指数。

2. 主要作用

编制服务业生产指数对于科学、全面、及时地监测我国服务业生产总体状况、量化服务业发展水平、分析服务业发展结构等有着非常重要的现实意义。既是及时反映服务业短期运行态势的重要指标，又是季度服务业增加值核算的重要补充，还是服务业经济活动短期变动国际比较的重要工具。

3. 计算方法

我国服务业生产指数计算选用拉式指数公式(用基期数量作权数)，基本方法是：首先分行业大类(房地产业为行业中类)计算分行业大类代表性指标不变价增速(以上年为基期)，当代表性指标为现价指标时需价格缩减后再计算增速；然后使用换算系数对分行业大类的代表性指标增速进行换算，得到分行业大类的生产指数，使用换算系数目的是通过换算把代表性指标增速转换为所代表行业的产出增速；最后按照每个行业大类在所属门类的增加值占比作为权重加权合成分行业门类生产指数，再根据各行业门类在服务业增加值中占比作为权重加权计算服务业生产总指数。

12.5.6 GDP 缩减指数

GDP 是衡量一国(或地区)生产的所有最终货物和服务的价值，GDP 缩减指数反映的是这些货物和服务的总体价格变动幅度，主要用于分析价格总水平的变化，是最宏观、最综合的价格指数指标。

1. 基本概念

GDP 缩减指数又称 GDP 平减指数，是指未剔除价格变动的 GDP 与剔除价格变动的 GDP 之比，即现价 GDP(或称为名义 GDP)与不变价 GDP(或称为实际 GDP)之比，公式为

$$\text{GDP 缩减指数} = \text{现价 GDP} \div \text{不变价 GDP} \times 100$$

GDP 缩减指数本质上是一种价格指数，能够全面反映一般物价水平走向，是对价格水平的宏观测度。不同于 CPI、PPI 等常见的通过抽样调查编制出来的价格指数，GDP 缩减指数不是一个直接编制的价格指数，而是通过计算得出的。

2. 计算方法

GDP 缩减指数可以根据公布的现价 GDP 和不变价 GDP 计算出来。一般来说，GDP 缩减指数的计算分为三步：首先，计算现价 GDP，就生产核算来说，通过计算国民经济分行业现价增加值，加总得到现价 GDP；其次，通过计算国民经济分行业不变价增加值，加

总得到剔除价格变化影响的不变价 GDP；最后，将得到的现价 GDP 和不变价 GDP 相除，计算出 GDP 缩减指数。GDP 缩减指数取决于各行业增加值比重和价格指数，因此它相当于各行业价格指数的加权平均值。

3. 主要作用

GDP 缩减指数最主要的作用是可以综合反映一个国家(或地区)物价变动的总水平。由于 GDP 衡量的是一个国家(或地区)所生产的所有最终货物和服务的价值，因此，GDP 缩减指数反映的是这些货物和服务的总体价格变动，是该国家(或地区)生产的所有最终货物和服务的价格总指数，是最综合的价格指标。

本 章 小 结

本章首先介绍了广义和狭义统计指数的概念和种类，然后重点介绍了总指数的两种主要形式：综合指数和平均指数的编制原理和方法，以及两者之间的联系；其次介绍了统计指数体系及在其基础上形成的因素分析方法；最后介绍了几种常见指数。

通过本章学习，首先要理解和掌握指数的概念及其作用，其次要掌握综合指数与平均指数的编制方法和原理，能够根据已有数据的不同形式选择合适的方法编制和计算指数；然后要学会运用指数体系进行分析；最后要了解常见指数的基本概念、主要作用和编制方法。

思 考 与 练 习

1. 什么是指数？在社会经济统计中，指数有哪些作用？

2. 什么是复杂现象总体？统计指数主要研究什么总体？

3. 什么是总指数？什么是数量指标指数和质量指标指数？

4. 什么是综合指数？编制综合指数时怎样确定同度量因素？拉氏指数和帕氏指数比较有什么区别？二者计算结果为什么不相同？二者计算结果在什么情况下是相同的？

5. 什么是平均指数？它和综合指数比较有什么特点？

6. 平均指数在什么条件下才能成为综合指数的变形？试列式证明两者之间的关系。

7. 什么是指数体系？指数体系和因素分析有什么联系？

8. 在进行因素分析时需要注意哪些问题？

9. 如何正确运用平均指标指数？

10. 举一个例子说明现实生活中指数的应用。

11. 某企业只生产甲、乙两种产品，有关的产量和出厂价格资料如表 12.4 所示。

表 12.4　甲、乙两种产品有关的产量和出厂价格资料

产品	计量单位	产　量		出厂价格/元	
		基期	报告期	基期	报告期
甲	件	400	500	500	450
乙	套	1000	1100	800	960

要求：分别用拉氏指数、帕氏指数的公式计算该企业的产量总指数和出厂价格总指数，并比较两种计算结果的差异。

12. 某地区农产品的收购额及价格变动情况如表 12.5 所示。

表 12.5 某地区农产品的收购额及价格变动情况

农产品	收购金额/万元		收购价格上涨率/（%）
	基　期	报告期	
A	160	185	10
B	120	110	−5
C	20	22	2

试计算该地区的农产品收购价格总指数，并据此分析农产品收购价格变化对农民收入的影响。

13. 某投资者的投资组合由四种股票组成，其有关资料如表 12.6 所示。

表 12.6 四种股票的有关资料

股票	每股买入价/元	现价/元	股票数量
A	15.50	17.00	500
B	18.50	20.25	200
C	26.75	26.00	500
D	42.25	45.50	300

试计算该股票投资组合的价格指数，并解释这个指数的经济意义。

14. 某厂生产的三种产品的有关资料如表 12.7 所示。

表 12.7 三种产品的有关资料

产品名称	产　量		单位产品成本	
	基期	报告期	基期	报告期
甲	1000	1200	10	8.0
乙	5000	5000	4	4.5
丙	1500	2000	8	7.0

试计算三种产品的产量总指数和单位产品成本总指数。

15. 某企业生产两种产品，其产量和成本资料如表 12.8 所示。

表 12.8 两种产品的产量和成本资料

产品	计量单位	产　量		单位成本/元	
		基期	报告期	基期	报告期
A	只	1000	1250	12	10
B	件	2200	2300	150	152

试从相对数和绝对数两个方面对该企业总成本变动进行因素分析。

16. 某企业生产两种设备,其产量及其消耗原材料的有关资料如表 12.9 所示。

表 12.9 两种设备的产量及其消耗原材料的资料

产品	产量/台		原材料单耗/(千克·台⁻¹)		原材料价格/(元·千克⁻¹)	
	基期	报告期	基期	报告期	基期	报告期
甲	1000	1200	300	270	25	28
乙	500	800	250	220	31	20

要求:根据表中数据分析各种因素对这两种产品的原材料消耗总额的变动的影响。

17. 某企业基期和报告期工人基本工资如表 12.10 所示。

表 12.10 某企业基期和报告期工人基本工资资料

按技术级别分组	基 期		报 告 期	
	工人数/人	平均工资/元	工人数/人	平均工资/元
5 级以上	45	6000	50	6800
3~4 级	120	5000	180	5400
1~2 级	40	3000	135	3700

试从相对数和绝对数两方面分析该企业工人工资水平变动情况。

拓展阅读

附录　常用统计表

附表 1　标准正态分布表

$$\Phi(x) = \int_{-\infty}^{x} \frac{1}{\sqrt{2\pi}} e^{-\frac{t^2}{2}} dt = P(X \leqslant x)$$

x	0	1	2	3	4	5	6	7	8	9
0.0	0.5000	0.5040	0.5080	0.5120	0.5160	0.5199	0.5239	0.5279	0.5319	0.5359
0.1	0.5398	0.5438	0.5478	0.5517	0.5557	0.5596	0.5636	0.5675	0.5714	0.5753
0.2	0.5793	0.5832	0.5871	0.5910	0.5848	0.5987	0.6026	0.6064	0.6103	0.6141
0.3	0.6179	0.6217	0.6255	0.6293	0.6331	0.6368	0.6406	0.6443	0.6480	0.6517
0.4	0.6554	0.6591	0.6628	0.6664	0.6700	0.6736	0.6772	0.6808	0.6844	0.6879
0.5	0.6915	0.6950	0.6985	0.7019	0.7054	0.7088	0.7123	0.7157	0.7190	0.7224
0.6	0.7257	0.7219	0.7324	0.7357	0.7389	0.7422	0.7454	0.7486	0.7571	0.7549
0.7	0.7580	0.7611	0.7642	0.7673	0.7703	0.7734	0.7764	0.7794	0.7823	0.7852
0.8	0.7881	0.7910	0.7939	0.7967	0.7995	0.8023	0.8051	0.8087	0.8106	0.8133
0.9	0.8159	0.8186	0.8212	0.8283	0.8264	0.8289	0.8315	0.8340	0.8365	0.8389
1.0	0.8413	0.8438	0.8461	0.8485	0.8508	0.8531	0.8554	0.8577	0.8599	0.8621
1.1	0.8643	0.8665	0.8686	0.8708	0.8729	0.8749	0.8770	0.8790	0.8810	0.8830
1.2	0.8849	0.8869	0.8888	0.8907	0.8925	0.8944	0.8962	0.8980	0.8997	0.9015
1.3	0.9023	0.9049	0.9066	0.9082	0.9099	0.9115	0.9131	0.9147	0.9162	0.9177
1.4	0.9192	0.9207	0.9222	0.9236	0.9251	0.9265	0.9278	0.9292	0.9306	0.9319
1.5	0.9332	0.9345	0.9357	0.9370	0.9382	0.9394	0.9406	0.9418	0.9430	0.9441
1.6	0.9452	0.9463	0.9474	0.9484	0.9495	0.9505	0.9515	0.9525	0.9535	0.9545
1.7	0.9554	0.9564	0.9573	0.9582	0.9591	0.9599	0.9608	0.9616	0.9625	0.9633
1.8	0.9641	0.9648	0.9656	0.9664	0.9671	0.9678	0.9686	0.9693	0.9700	0.9706
1.9	0.9713	0.9719	0.9726	0.9732	0.9738	0.9744	0.9750	0.9756	0.9762	0.9767
2.0	0.9772	0.9778	0.9783	0.9788	0.9793	0.9798	0.9803	0.9808	0.9812	0.9817
2.1	0.9821	0.9826	0.9830	0.9834	0.9838	0.9842	0.9846	0.9850	0.9854	0.9857
2.2	0.9861	0.9864	0.9868	0.9871	0.9874	0.9878	0.9881	0.9884	0.9887	0.9890
2.3	0.9893	0.9896	0.9898	0.9901	0.9904	0.9906	0.9909	0.9911	0.9913	0.9916
2.4	0.9918	0.9920	0.9922	0.9925	0.9927	0.9929	0.9931	0.9932	0.9934	0.9936
2.5	0.9938	0.9940	0.9941	0.9943	0.9945	0.9946	0.9948	0.9949	0.9951	0.9952
2.6	0.9953	0.9955	0.9956	0.9957	0.9959	0.9960	0.9961	0.9962	0.9963	0.9964
2.7	0.9965	0.9966	0.9967	0.9968	0.9969	0.9970	0.9971	0.9972	0.9973	0.9974
2.8	0.9974	0.9975	0.9976	0.9977	0.9977	0.9978	0.9979	0.9979	0.9980	0.9981
2.9	0.9981	0.9982	0.9982	0.9983	0.9984	0.9984	0.9985	0.9985	0.9986	0.9986
3.0	0.9987	0.9990	0.9993	0.9995	0.9997	0.9998	0.9998	0.9999	0.9999	1.0000

附表2 t 分 布 表

$$P\{t(n)>t_a(n)\}=\alpha$$

n	$\alpha=0.25$	0.10	0.05	0.025	0.01	0.005
1	1.0000	3.0777	6.3138	12.7062	31.8207	63.6574
2	0.8165	1.8856	2.9200	4.3037	6.9646	9.9248
3	0.7649	1.6377	2.3534	3.1824	2.5407	5.8409
4	0.7407	1.5332	2.1318	2.7764	3.7469	4.6014
5	0.7267	1.4759	2.0150	2.5706	3.3649	4.0322
6	0.7176	1.4398	1.9432	2.4469	3.1427	3.7074
7	0.7111	1.4149	1.8946	2.3634	2.9980	3.4995
8	0.7064	1.3968	1.8595	2.3060	2.8965	3.3554
9	0.7027	1.3830	1.8331	2.2622	2.8214	3.2498
10	0.6998	1.3722	1.8125	2.2281	2.7638	3.1693
11	0.6974	1.3634	1.7959	2.2010	2.7181	3.1058
12	0.6955	1.3562	1.7823	2.1788	2.6810	3.0545
13	0.6938	1.3502	1.7709	2.1604	2.6503	3.0123
14	0.6924	1.3450	1.7613	2.1448	2.6245	2.9768
15	0.6912	1.3406	1.7531	2.1315	2.6205	2.9467
16	0.6901	1.3368	1.7459	2.1199	2..5835	2.9208
17	0.6892	1.3334	1.7396	2.1098	2.5669	2.8982
18	0.6884	1.3304	1.7341	2.1009	2.5524	2.8784
19	0.6876	1.3277	1.7291	2.0930	2.5395	2.8609
20	0.9870	1.3253	1.7247	2.0860	2.5280	2.8453
21	0.6864	1.3232	1.7207	2.0796	2.5177	2.8314
22	0.6858	1.3212	1.7171	2.0739	2.5083	2.8188
23	0.6853	1.3195	1.7139	2.0687	2.4999	2.8073
24	0.6848	1.3178	1.7109	2.0639	2.4922	2.7969
25	0.6844	1.3163	1.7108	2.0595	2.4851	2.7874
26	0.6840	1.3150	1.7056	2.0555	2.4786	2.7787
27	0.6837	1.3137	1.7033	2.0518	2.4727	2.7707
28	0.6834	1.3125	1.7011	2.0484	2.4671	2.7664
29	0.6830	1.3114	1.6991	2.0452	2.4620	2.7564
30	0.6828	1.304	1.6973	2.0423	2.4573	2.7500
31	0.6825	1.3095	1.6599	2.0395	2.4528	2.7440
32	0.6822	1.3086	1.6939	2.0369	2.4487	2.7385
33	0.6820	1.3077	1.6924	2.0345	2.4448	2.7333
34	0.6818	1.3070	1.6909	2.0322	2.4411	2.7384
35	0.6816	1.3062	1.6896	2.0301	2.4377	2.7238
36	0.6814	1.3055	1.6883	2.0281	2.4345	2.7195
37	0.6812	1.3049	1.6871	2.0262	2.4314	2.7154
38	0.6810	1.3042	1.6860	2.0244	2.4286	2.7116
39	0.6808	1.3036	1.6849	2.0227	2.4258	2.7079
40	0.6807	1.3031	1.6839	2.0211	2.4223	2.7045
41	0.6805	1.3025	1.6829	2.0195	2.4208	2.7012
42	1.6804	1.3020	1.6820	2.0181	2.4185	2.6981
43	1.6802	1.3016	1.6811	2.0167	2.4163	2.6951
44	1.6801	1.3011	1.6802	2.0154	2.4141	2.6923
45	0.6800	1.3006	1.6794	2.0141	2.4121	2.6896

附表 3 F 分 布 表

$$P\{F(n_1, n_2) > F_\alpha(n_1, n_2)\} = \alpha$$

$\alpha = 0.10$

n_2	n_1								
	1	2	3	4	5	6	7	8	9
1	39.86	49.50	53.59	55.33	57.24	58.20	58.91	59.44	59.86
2	8.53	9.00	9.16	9.24	6.29	9.33	9.35	9.37	9.38
3	5.54	5.46	5.39	5.34	5.31	5.28	5.27	5.25	5.24
4	4.54	4.32	4.19	4.11	4.05	4.01	3.98	3.95	3.94
5	4.06	3.78	3.62	3.52	3.45	3.40	3.37	3.34	3.32
6	3.78	3.46	3.29	3.18	3.11	3.05	3.01	2.98	2.96
7	3.59	3.26	3.07	2.96	2.88	2.83	2.78	2.75	2.72
8	3.46	3.11	2.92	2.81	2.73	2.67	2.62	2.59	2.56
9	3.36	3.01	2.81	2.69	2.61	2.55	2.51	2.47	2.44
10	3.20	2.92	2.73	2.61	2.52	2.46	2.41	2.38	2.35
11	3.22	2.86	2.66	2.54	2.45	2.39	2.34	2.30	2.27
12	3.18	2.81	2.61	2.48	2.39	2.33	2.28	2.24	2.21
13	3.14	2.76	2.56	2.43	2.35	2.28	2.23	2.20	2.16
14	3.10	2.73	2.52	2.39	2.31	2.24	2.19	2.15	2.12
15	3.07	2.70	2.49	2.36	2.27	2.21	2.16	2.12	2.09
16	3.05	2.67	2.46	2.33	2.24	2.18	2.13	2.09	2.06
17	3.03	2.64	2.44	2.31	2.22	2.15	2.10	2.06	2.03
18	3.01	2.62	2.42	2.29	2.20	2.13	2.08	2.04	2.00
19	2.99	2.61	2.40	2.27	2.18	2.11	2.06	2.02	1.98
20	2.97	2.50	2.38	2.25	2.16	2.09	2.04	2.00	1.96
21	2.96	2.57	2.36	2.23	2.14	2.08	2.02	1.98	1.95
22	2.95	2.56	2.35	2.22	2.13	2.06	2.01	1.97	1.93
23	2.94	2.55	2.34	2.21	2.11	2.05	1.99	1.95	1.92
24	2.93	2.54	2.33	2.19	2.10	2.04	1.98	1.94	1.91
25	2.92	2.53	2.32	2.18	2.09	2.02	1.97	1.93	1.89
26	2.91	2.52	2.31	2.17	2.08	2.01	1.96	1.92	1.88
27	2.90	2.51	2.30	2.17	2.07	2.00	1.95	1.91	1.87
28	2.89	2.50	2.98	2.16	2.06	2.00	1.93	1.90	1.87
29	2.89	2.50	2.88	2.15	2.06	1.99	1.93	1.89	1.86
30	2.88	2.49	2.22	2.14	2.05	1.98	1.93	1.88	1.85
40	2.84	2.41	2.23	2.00	2.00	1.93	1.87	1.83	1.79
60	2.79	2.39	2.18	2.04	1.95	1.87	1.82	1.77	1.74
120	2.75	2.35	2.13	1.99	1.90	1.82	1.77	1.72	1.68
∞	2.71	2.30	2.08	1.94	1.85	1.77	1.72	1.67	1.63

$\alpha=0.10$

n_2	n_1									
	10	12	15	20	24	30	40	60	120	∞
1	60.19	60.71	61.22	61.74	62.06	62.26	62.53	62.79	63.06	63.33
2	9.39	9.41	9.42	9.44	9.45	9.46	9.47	9.47	9.48	9.49
3	5.23	5.22	5.20	5.18	5.18	5.17	5.16	5.15	5.14	5.13
4	3.92	3.90	3.87	3.84	3.83	3.82	3.80	3.79	3.78	3.76
5	3.30	3.27	3.24	3.21	3.19	3.17	3.16	3.14	3.12	3.10
6	2.94	2.90	2.87	2.84	2.82	2.80	2.78	2.76	2.74	2.72
7	2.70	2.67	2.63	2.59	2.58	2.56	2.54	2.51	2.49	2.47
8	2.54	2.50	2.46	2.42	2.40	2.38	2.36	2.34	2.32	2.29
9	2.42	2.38	2.34	2.30	2.28	2.25	2.23	2.21	2.18	2.16
10	2.32	2.28	2.24	2.20	2.18	2.16	2.13	2.11	2.08	2.06
11	2.25	2.21	2.17	2.12	2.10	2.08	2.05	2.03	2.00	1.97
12	2.19	2.15	2.10	2.06	2.04	2.01	1.99	1.96	1.93	1.90
13	2.14	2.10	2.05	2.01	1.98	1.96	1.93	1.90	1.88	1.85
14	2.10	2.05	2.01	1.96	1.94	1.91	1.89	1.82	1.83	1.80
15	2.06	2.02	1.97	1.92	1.90	1.87	1.85	1.82	1.79	1.76
16	2.03	1.99	1.94	1.89	1.87	1.84	1.81	1.78	1.75	1.72
17	2.00	1.96	1.91	1.86	1.84	1.81	1.78	1.75	1.72	1.69
18	1.98	1.93	1.89	1.84	1.81	1.78	1.75	1.72	1.69	1.66
19	1.96	1.91	1.86	1.81	1.79	1.76	1.73	1.70	1.67	1.63
20	1.94	1.89	1.84	1.79	1.77	1.74	1.71	1.68	1.64	1.61
21	1.92	1.87	1.83	1.78	1.75	1.72	1.69	1.66	1.62	1.59
22	1.90	1.86	1.81	1.76	1.73	1.70	1.69	1.64	1.60	1.57
23	1.89	1.84	1.80	1.74	1.72	1.69	1.66	1.62	1.59	1.55
24	1.88	1.83	1.78	1.73	1.70	1.67	1.64	1.60	1.57	1.53
25	1.87	1.82	1.77	1.72	1.69	1.66	1.63	1.59	1.56	1.52
26	1.86	1.81	1.76	1.71	1.68	1.65	1.61	1.58	1.54	1.50
27	1.85	1.80	1.75	1.70	1.67	1.64	1.60	1.57	1.53	1.49
28	1.84	1.79	1.74	1.69	1.66	1.63	1.59	1.56	1.52	1.48
29	1.83	1.78	1.73	1.68	1.65	1.62	1.58	1.55	1.51	1.47
30	1.82	1.77	1.72	1.67	1.64	1.61	1.57	1.54	1.50	1.46
40	1.76	1.71	1.71	1.61	1.57	1.54	1.51	1.47	1.42	1.38
60	1.71	1.66	1.66	1.54	1.51	1.48	1.44	1.40	1.35	1.29
120	1.65	1.60	1.60	1.48	1.45	1.41	1.37	1.32	1.36	1.19
∞	1.60	1.55	1.55	1.42	1.38	1.34	1.30	1.24	1.17	1.00

$\alpha = 0.05$

n_2	n_1								
	1	2	3	4	5	6	7	8	9
1	161.4	199.5	215.7	224.6	230.2	234.0	236.8	238.9	240.5
2	18.51	19.00	19.25	19.25	19.30	19.33	19.35	19.37	19.38
3	10.13	9.55	9.12	9.12	9.90	8.94	8.89	8.85	8.81
4	7.71	6.94	6.39	6.39	6.26	6.16	6.09	6.04	6.00
5	6.61	5.79	5.41	5.19	5.05	4.95	4.88	4.82	4.77
6	5.99	5.14	4.76	4.53	4.39	4.28	4.21	1.15	4.10
7	5.59	4.74	4.35	4.12	3.97	3.87	3.79	3.73	3.68
8	5.32	4.46	4.07	3.84	3.69	3.58	3.50	3.44	3.69
9	5.12	4.26	3.86	3.63	3.48	3.37	3.29	3.23	3.18
10	4.96	4.10	3.71	3.48	3.33	3.22	3.14	3.07	3.02
11	4.84	3.98	3.59	3.36	3.20	3.09	3.01	2.95	2.90
12	4.75	3.89	3.49	3.26	3.11	3.00	2.91	2.85	2.80
13	4.67	3.81	3.41	3.18	3.03	2.92	2.83	2.77	2.71
14	4.60	3.74	3.34	3.11	2.96	2.85	2.76	2.70	2.65
15	4.54	3.68	3.29	3.06	2.90	2.79	2.71	2.64	2.59
16	4.49	3.63	3.24	3.01	2.85	2.74	2.66	2.59	2.54
17	4.45	3.59	3.20	2.96	2.81	2.70	2.61	2.55	2.49
18	4.41	3.55	3.16	2.93	2.77	2.66	2.58	2.51	2.46
19	4.38	3.52	3.13	2.90	2.74	2.63	2.54	2.48	2.42
20	4.35	3.49	3.10	2.87	2.71	2.60	2.51	2.45	2.39
21	4.32	3.47	3.07	2.84	2.68	2.57	2.49	2.42	2.37
22	4.30	3.44	3.05	2.82	2.66	2.55	2.46	2.40	2.34
23	4.28	3.42	3.03	2.80	2.64	2.53	2.44	2.37	2.32
24	4.26	3.40	3.01	2.78	2.62	2.51	2.42	2.36	2.30
25	4.24	3.39	2.99	2.76	2.60	2.49	2.40	2.34	2.28
26	4.23	3.37	2.98	2.74	2.59	2.47	2.39	2.32	2.27
27	4.21	3.35	2.96	2.73	2.57	2.46	2.37	2.31	2.25
28	4.20	3.34	2.95	2.71	2.56	2.45	2.36	2.29	2.24
29	4.18	3.33	2.93	2.70	2.55	2.43	2.35	2.28	2.22
30	4.17	3.32	2.92	2.69	2.53	2.42	2.33	2.27	2.21
40	4.08	3.23	2.84	2.61	2.45	2.34	2.25	2.18	2.12
60	4.00	3.15	2.76	2.53	2.37	2.25	2.17	2.10	2.04
120	3.92	3.07	2.68	2.45	2.29	2.17	2.09	2.02	2.96
∞	3.84	3.00	2.60	2.37	2.21	2.10	2.01	1.94	1.88

续表三

$\alpha=0.05$

n_2	n_1									
	10	12	15	20	24	30	40	60	120	∞
1	241.9	243.9	245.9	248.0	249.1	250.1	251.1	252.2	253.3	254.3
2	19.40	19.41	19.43	19.45	19.45	19.46	19.47	19.48	19.49	19.50
3	8.79	8.74	8.70	8.66	8.64	8.62	8.59	8.57	8.55	8.53
4	5.96	5.91	5.86	5.80	5.77	5.75	5.72	5.69	5.66	5.63
5	4.74	4.68	4.62	4.56	4.53	4.50	4.46	4.43	4.40	4.36
6	4.06	4.00	3.94	3.87	3.84	3.81	3.77	3.74	3.70	3.67
7	3.64	3.57	3.51	3.44	3.41	3.38	3.34	3.30	3.27	3.23
8	3.35	3.28	3.22	3.15	3.12	3.08	3.04	3.01	2.97	2.93
9	3.14	3.07	3.01	2.94	2.90	2.86	2.83	2.79	2.95	2.71
10	2.98	2.91	2.85	2.77	2.74	2.70	2.66	2.62	2.58	2.54
11	2.85	2.79	2.72	2.65	2.61	2.57	2.53	2.49	2.45	2.40
12	2.75	2.69	2.62	2.54	2.51	2.47	2.43	2.38	2.34	2.30
13	2.67	2.60	2.53	2.46	2.42	2.38	2.34	2.30	2.25	2.21
14	2.60	2.53	2.46	2.39	2.35	2.31	2.27	2.22	2.18	2.13
15	2.54	2.48	2.40	2.33	2.29	2.25	2.20	2.16	2.11	2.07
16	2.49	2.42	2.35	2.28	2.24	2.19	2.15	2.11	2.06	2.01
17	2.45	2.38	2.31	2.23	2.19	2.15	2.10	2.06	2.01	1.96
18	2.41	2.34	2.27	2.19	2.15	2.11	2.06	2.02	1.97	1.92
19	2.38	2.31	2.23	2.16	2.11	2.07	2.03	1.98	1.93	1.88
20	2.35	2.28	2.20	2.12	2.08	2.04	1.99	1.95	1.90	1.84
21	2.32	2.25	2.18	2.10	2.05	2.01	1.96	1.92	1.87	1.81
22	2.30	2.23	2.15	2.07	2.03	1.98	1.94	1.89	1.84	1.78
23	2.27	2.20	2.13	2.05	2.01	1.96	1.91	1.86	1.81	1.76
24	2.25	2.18	2.11	2.03	1.98	1.94	1.89	1.84	1.79	1.73
25	2.24	2.16	2.09	2.01	1.96	1.92	1.87	1.82	1.77	1.71
26	2.22	2.15	1.07	1.99	1.95	1.90	1.85	1.80	1.75	1.69
27	2.20	2.13	1.06	1.97	1.93	1.88	1.84	1.79	1.73	1.67
28	2.19	2.12	1.04	1.96	1.91	1.87	1.82	1.77	1.71	1.65
29	2.18	2.10	1.03	1.94	1.90	1.85	1.81	1.75	1.70	1.64
30	2.16	2.09	2.01	1.93	1.89	1.84	1.79	1.74	1.68	1.62
40	2.08	2.00	1.92	1.84	1.79	1.74	1.69	1.64	1.58	1.51
60	1.99	1.92	1.84	1.75	1.70	1.65	1.59	1.53	1.47	1.39
120	1.91	1.83	1.75	1.66	1.61	1.55	1.50	1.43	1.35	1.25
∞	1.83	1.75	1.67	1.57	1.52	1.46	1.39	1.32	1.22	1.00

续表四

$\alpha=0.01$

n_2	n_1								
	1	2	3	4	5	6	7	8	9
1	4052	4999.5	5403	5626	5764	5859	5928	5982	6062
2	98.50	99.00	99.17	99.25	99.30	99.33	99.36	99.37	99.39
3	34.12	30.82	29.46	28.71	28.24	27.91	27.67	27.49	27.35
4	21.20	18.00	16.69	15.98	15.52	15.21	14.98	14.80	14.66
5	16.26	13.27	12.06	11.39	10.97	10.67	10.46	10.29	10.16
6	13.75	10.92	9.78	9.15	8.75	8.47	8.46	8.10	7.98
7	12.25	9.55	8.45	7.85	7.46	7.19	6.99	6.84	6.72
8	11.26	8.65	7.59	7.01	6.63	6.37	6.18	6.03	5.91
9	10.56	8.02	6.99	6.42	6.06	5.80	5.61	5.47	5.35
10	10.04	7.56	6.55	5.99	5.64	5.39	5.20	5.06	4.94
11	9.65	7.21	6.22	5.67	5.32	5.07	4.49	4.74	4.63
12	9.33	6.93	5.95	5.41	5.06	4.82	4.64	4.50	4.39
13	9.07	6.70	5.74	5.21	4.86	4.62	4.44	4.30	4.19
14	8.86	6.51	5.56	5.04	4.69	4.46	4.28	4.14	4.03
15	8.68	6.36	5.42	4.89	4.56	4.32	4.14	4.00	3.89
16	8.53	6.23	5.29	4.77	4.44	4.20	4.03	3.39	3.78
17	8.40	6.11	5.18	4.67	4.34	4.10	3.93	3.79	3.68
18	8.29	6.01	5.09	4.58	4.25	4.01	3.84	3.71	3.60
19	8.18	5.93	5.01	4.50	4.17	3.94	3.77	3.63	3.52
20	8.10	5.85	4.94	4.43	4.10	3.87	3.70	3.56	3.46
21	8.02	5.78	4.87	4.37	4.04	3.81	3.64	3.51	3.40
22	7.95	5.72	4.82	4.31	3.99	3.76	3.59	3.45	3.35
23	7.88	5.66	4.76	4.26	3.94	3.71	3.54	3.41	3.30
24	7.82	5.61	4.72	4.22	3.90	3.67	3.50	3.36	3.26
25	7.77	5.57	4.68	4.18	3.85	3.63	3.46	3.32	3.22
26	7.72	5.53	4.64	4.14	3.82	3.59	3.42	3.29	3.18
27	7.68	5.49	4.60	4.11	3.78	3.56	3.39	3.26	3.15
28	7.64	5.45	4.57	4.07	3.75	3.53	3.36	3.23	3.12
29	7.60	5.42	4.54	4.04	3.73	3.50	3.33	3.20	3.09
30	7.56	5.39	4.51	4.02	3.70	3.47	3.31	3.17	3.07
40	7.31	5.18	4.31	3.83	3.51	3.29	3.12	2.99	2.89
60	7.08	4.98	4.13	3.65	3.34	3.12	3.95	2.82	2.72
120	6.85	4.79	3.95	3.48	3.17	2.96	2.79	2.96	2.56
∞	6.63	4.61	3.78	3.32	3.02	2.80	2.64	2.51	2.41

续表五

$\alpha=0.01$

n_2	n_1									
	10	12	15	20	24	30	40	60	120	∞
1	6056	6106	6157	6209	6235	6261	6287	6313	6339	6366
2	99.40	99.42	99.43	99.45	99.46	99.47	99.47	99.48	99.49	99.50
3	27.33	27.05	26.87	26.69	26.60	26.50	26.41	26.32	26.22	26.13
4	14.55	14.37	14.20	14.02	13.93	13.84	13.75	13.65	13.56	13.46
5	10.05	9.29	9.72	9.55	9.47	9.38	9.29	9.20	9.11	9.02
6	7.87	7.72	7.56	7.40	7.31	7.23	7.14.01	7.06	6.97	6.88
7	6.62	6.47	6.31	6.16	6.07	5.99	5.91	5.82	5.74	5.65
8	5.81	5.67	5.52	5.36	5.28	5.20	5.12	5.03	4.95	4.86
9	5.26	5.11	4.96	4.81	4.73	4.65	4.57	4.48	4.40	4.31
10	4.85	4.71	4.56	4.41	4.33	4.25	4.17	4.08	4.00	3.91
11	4.54	4.40	4.25	4.10	4.02	3.95	3.86	3.78	3.69	3.60
12	4.30	4.16	4.01	3.86	3.78	3.70	3.62	3.54	3.45	3.36
13	4.10	3.96	3.82	3.66	3.59	3.51	3.43	3.34	3.25	3.17
14	3.94	3.80	3.66	3.51	3.43	3.35	4.27	3.18	3.09	3.00
15	3.80	3.67	3.52	3.37	3.29	3.21	3.13	3.05	2.96	2.87
16	3.69	3.55	3.41	3.26	3.18	3.10	3.02	2.93	2.84	2.74
17	3.59	3.46	3.31	3.16	308	3.00	2.92	2.83	2.75	2.65
18	3.51	3.37	3.23	3.08	3.00	2.92	2.84	2.75	2.66	2.57
19	3.34	3.30	3.15	3.00	2.92	2.84	2.76	2.67	2.58	2.49
20	3.37	3.23	3.09	2.94	2.86	2.78	2.69	2.61	2.52	2.42
21	3.31	3.17	3.03	2.88	2.80	2.72	2.64	2.55	2.46	2.36
22	3.26	3.12	2.98	2.83	2.75	2.67	2.58	2.50	2.40	2.31
23	3.21	3.07	2.93	2.78	2.70	2.62	2.54	2.45	2.35	2.26
24	3.17	3.03	2.89	2.74	2.66	2.58	2.49	2.40	2.31	2.21
25	3.13	2.99	2.85	2.70	2.62	2.54	2.45	2.36	2.27	2.17
26	3.09	2.96	2.81	2.66	2.58	2.50	2.42	2.33	2.23	2.13
27	3.06	2.93	2.78	2.63	2.55	2.47	2.38	2.29	2.20	2.10
28	3.03	2.90	2.75	2.60	2.52	2.44	2.35	2.26	2.17	2.06
29	3.00	2.87	2.73	2.57	2.49	2.41	2.33	2.23	2.14	2.03
30	2.98	2.84	2.70	2.55	2.47	2.39	2.30	2.21	2.11	2.01
40	2.80	2.66	2.52	2.37	2.29	2.20	2.11	2.02	1.92	1.80
60	2.63	2.50	2.35	2.20	2.12	2.03	1.94	1.84	1.78	1.60
120	2.47	2.34	2.19	2.03	1.95	1.86	1.76	1.66	1.53	1.38
∞	2.32	2.18	2.04	1.88	1.79	1.70	1.59	1.47	1.32	1.00

附表 4 χ^2 分布表

$$P\{\chi^2(n) > \chi_a^2(n)\} = \alpha$$

n	P					
	0.995	0.99	0.975	0.95	0.90	0.75
1	0.0000	0.0002	0.0010	0.0039	0.0158	0.1015
2	0.0100	0.0201	0.0506	0.1026	0.2107	0.5754
3	0.0717	0.1148	0.2158	0.3518	0.5844	1.2125
4	0.2070	0.2971	0.4844	0.7107	1.0636	1.9226
5	0.4117	0.5543	0.8312	1.1455	1.6103	2.6746
6	0.6757	0.8721	1.2373	1.6354	2.2041	3.4546
7	0.9893	1.2390	1.6899	2.1673	2.8331	4.2549
8	1.3444	1.6465	2.1797	2.7326	3.4895	5.0706
9	1.7349	2.0879	2.7004	3.3251	4.1682	5.8988
10	2.1559	2.5582	3.2470	3.9403	4.8652	6.7372
11	2.6032	3.0535	3.8157	4.5748	5.5778	7.5841
12	3.0738	3.5706	4.4038	5.2260	6.3038	8.4384
13	3.5650	4.1069	5.0088	5.8919	7.0415	9.2991
14	4.0747	4.6604	5.6287	6.5706	7.7895	10.1653
15	4.6009	5.2293	6.2621	7.2609	8.5468	11.0365
16	5.1422	5.8122	6.9077	7.9616	9.3122	11.9122
17	5.6972	6.4078	7.5642	8.6718	10.0852	12.7919
18	6.2648	7.0149	8.2307	9.3905	10.8649	13.6753
19	6.8440	7.6327	8.9065	10.1170	11.6509	14.5620
20	7.4338	8.2604	9.5908	10.8508	12.4426	15.4518
21	8.0337	8.8972	10.2829	11.5913	13.2396	16.3444
22	8.6427	9.5425	10.9823	12.3380	14.0415	17.2396
23	9.2604	10.1957	11.6886	13.0905	14.8480	18.1373
24	9.8862	10.8564	12.4012	13.8484	15.6587	19.0373
25	10.5197	11.5240	13.1197	14.6114	16.4734	19.9393
26	11.1602	12.1981	13.8439	15.3792	17.2919	20.8434
27	11.8076	12.8785	14.5734	16.1514	18.1139	21.7494
28	12.4613	13.5647	15.3079	16.9279	18.9392	22.6572
29	13.1211	14.2565	16.0471	17.7084	19.7677	23.5666
30	13.7867	14.9535	16.7908	18.4927	20.5992	24.4776
31	14.4578	15.6555	17.5387	19.2806	21.4336	25.3901
32	15.1340	16.3622	18.2908	20.0719	22.2706	26.3041
33	15.8153	17.0735	19.0467	20.8665	23.1102	27.2194
34	16.5013	17.7891	19.8063	21.6643	23.9523	28.1361
35	17.1918	18.5089	20.5694	22.4650	24.7967	29.0540
36	17.8867	19.2327	21.3359	23.2686	25.6433	29.9730
37	18.5858	19.9602	22.1056	24.0749	26.4921	30.8933
38	19.2889	20.6914	22.8785	24.8839	27.3430	31.8146
39	19.9959	21.4262	23.6543	25.6954	28.1958	32.7369
40	20.7065	22.1643	24.4330	26.5093	29.0505	33.6603
41	21.4208	22.9056	25.2145	27.3256	29.9071	34.5846
42	22.1385	23.6501	25.9987	28.1440	30.7654	35.5099
43	22.8595	24.3976	26.7854	28.9647	31.6255	36.4361
44	23.5837	25.1480	27.5746	29.7875	32.4871	37.3631
45	24.3110	25.9013	28.3662	30.6123	33.3504	38.2910

续表

n	P					
	0.25	0.10	0.05	0.025	0.01	0.005
1	1.2957	2.7055	3.8415	5.0239	6.6349	7.8794
2	2.7330	4.6052	5.9915	7.3778	9.2103	10.5966
3	4.0605	6.2514	7.8147	9.3484	11.3449	12.8382
4	5.3309	7.7794	9.4877	11.1433	13.2767	14.8603
5	6.5656	9.2364	11.0705	12.8325	15.0863	16.7496
6	7.7757	10.6446	12.5916	14.4494	16.8119	18.5476
7	8.9675	12.0170	14.0671	16.0128	18.4753	20.2777
8	10.1449	13.3616	15.5073	17.5345	20.0902	21.9550
9	11.3109	14.6837	16.9190	19.0228	21.6660	23.5894
10	12.4673	15.9872	18.3070	20.4832	23.2093	25.1882
11	13.6156	17.2750	19.6751	21.9200	24.7250	26.7568
12	14.7569	18.5493	21.0261	23.3367	26.2170	28.2995
13	15.8922	19.8119	22.3620	24.7356	27.6882	29.8195
14	17.0221	21.0641	23.6848	26.1189	29.1412	31.3193
15	18.1473	22.3071	24.9958	27.4884	30.5779	32.8013
16	19.2682	23.5418	26.2962	28.8454	31.9999	34.2672
17	20.3853	24.7690	27.5871	30.1910	33.4087	35.7185
18	21.4988	25.9894	28.8693	31.5264	34.8053	37.1565
19	22.6091	27.2036	30.1435	32.8523	36.1909	38.5823
20	23.7164	28.4120	31.4104	34.1696	37.5662	39.9968
21	24.8210	29.6151	32.6706	35.4789	38.9322	41.4011
22	25.9231	30.8133	33.9244	36.7807	40.2894	42.7957
23	27.0228	32.0069	35.1725	38.0756	41.6384	44.1813
24	28.1203	33.1962	36.4150	39.3641	42.9798	45.5585
25	29.2157	34.3816	37.6525	40.6465	44.3141	46.9279
26	30.3092	35.5632	38.8851	41.9232	45.6417	48.2899
27	31.4009	36.7412	40.1133	43.1945	46.9629	49.6449
28	32.4908	37.9159	41.3371	44.4608	48.2782	50.9934
29	33.5791	39.0875	42.5570	45.7223	49.5879	52.3356
30	34.6659	40.2560	43.7730	46.9792	50.8922	53.6720
31	35.7512	41.4217	44.9853	48.2319	52.1914	55.0027
32	36.8351	42.5847	46.1943	49.4804	53.4858	56.3281
33	37.9177	43.7452	47.3999	50.7251	54.7755	57.6484
34	38.9990	44.9032	48.6024	51.9660	56.0609	58.9639
35	40.0791	46.0588	49.8018	53.2033	57.3421	60.2748
36	41.1581	47.2122	50.9985	54.4373	58.6192	61.5812
37	42.2359	48.3634	52.1923	55.6680	59.8925	62.8833
38	43.3127	49.5126	53.3835	56.8955	61.1621	64.1814
39	44.3885	50.6598	54.5722	58.1201	62.4281	65.4756
40	45.4632	51.8051	55.7585	59.3417	63.6907	66.7660
41	46.5371	52.9485	56.9424	60.5606	64.9501	68.0527
42	47.6100	54.0902	58.1240	61.7768	66.2062	69.3360
43	48.6820	55.2302	59.3035	62.9904	67.4593	70.6159
44	49.7532	56.3685	60.4809	64.2015	68.7095	71.8926
45	50.8236	57.5053	61.6562	65.4102	69.9568	73.1661

参 考 文 献

[1]　王松桂，张忠占，程维虎，等．概率论与数理统计[M]．北京：科学出版社，2006．

[2]　熊俊顺，王娟，刘干．统计学教程[M]．浙江：浙江大学出版社，2007．

[3]　贾俊平，何晓群，金勇进．统计学[M]．4版．北京：中国人民大学出版社，2009．

[4]　曾五一．统计学[M]．2版．北京：中国金融出版社，2011．

[5]　郑珍远．统计学[M]．北京：机械工业出版社，2007．

[6]　金勇进．统计学[M]．北京：中国人民大学出版社，2010．

[7]　黄良文，曾五一．统计学原理[M]．北京：中国统计出版社，2000．

[8]　徐国祥．统计学[M]．上海：格致出版社，2007．

[9]　袁卫，庞浩，曾五一，等．统计学[M]．3版．北京：高等教育出版社，2009．

[10]　盛骤，谢式千，潘承毅．概率与数理统计[M]．4版．北京：高等教育出版社，2008．

[11]　李金昌，苏为华．统计学[M]．4版．北京：机械工业出版社，2014．

[12]　李时．应用统计学[M]．北京：清华大学出版社，2005．

[13]　王静龙，梁小筠．定性数据分析[M]．上海：华东师范大学出版社，2005．

[14]　吴喜之．统计学：从数据到结论[M]．3版．北京：中国统计出版社，2009．

[15]　陈珍珍，罗乐勤．统计学[M]．4版．厦门：厦门大学出版社，2011．

[16]　曾五一，朱平辉．统计学[M]．北京：北京大学出版社，2006．

[17]　周恒彤，统计学[M]．大连：东北财经大学出版社，2007．

[18]　李洁明，祁新娥．统计学原理[M]．3版．上海：复旦大学出版社，2003．

[19]　蒋萍．市场调查[M]．上海：格致出版社，2013．

[20]　董金良，周银香．统计学概论[M]．浙江：浙江人民出版社，2008．

[21]　管于华．统计学[M]．北京：高等教育出版社，2005．

[22]　黄良文，朱建平．统计学[M]．北京：中国统计出版社，2008．

[23]　黄良文，杨灿．统计学[M]．四川：四川人民出版社，2006．

[24]　曾五一，朱建平．统计学[M]．上海：上海财经大学出版社，2012．

[25]　李子奈，潘文卿．计量经济学[M]．3版．北京：高等教育出版社，2012．

[26]　潘文卿，李子奈．计量经济学学习指南与练习[M]．北京：高等教育出版社，2012．

[27]　国家统计局统计科学研究所，对外经济贸易大学．统计科学的新发展与前沿动态：
　　　国际统计学会第63届世界统计大会概述[J]．调研世界，2022(5)：81-88．

[28]　方匡南．数据科学[M]．北京：电子工业出版社，2018．

[29]　薛洁．非统计专业学生统计实践能力培养模式探讨：基于经管类学生的问卷调查[J]．
　　　统计与咨询，2013(1)：34-35．

[30]　谢邦昌，朱建平，刘晓葳．大数据概论[M]．厦门：厦门大学出版社，2016．

[31]　维克托·迈尔·舍恩伯格，库克耶．大数据时代：生活、工作与思维的大变革[M]．
　　　周涛，译．浙江：浙江人民出版社，2012．

[32] 薛洁. 我国物联网产业统计指标体系基本框架研究[J]. 科技管理研究，2015(23)：50-53.

[33] 中国标准化研究院.《特色小镇发展水平评价指标体系》国家标准. 中国标准化研究院，2020-10-15.

[34] 浙江省数字经济发展领导小组办公室，浙江省经济和信息化厅，浙江省统计局. 2021浙江省数字经济发展综合评价报告，2021-12-16.

[35] 国家统计局衢州调查队. 统计调查工作中数据可视化的创新探索. http://zjzd. stats. gov. cn/qz/dcfx/202010/t20201027_98167. shtml，2020-10-27.

[36] 薛洁，赵志飞. 物联网产业的统计界定及其分类研究[J]. 统计研究，2012，29(4)：16-19.

[37] 王汉生. 数据思维：从数据分析到商业价值[M]. 北京：中国人民大学出版社，2017.

[38] 贾俊平. 统计学：Python实现[M]. 北京：高等教育出版社，2021.

[39] 瓦尔特·克莱默. 统计数据的真相[M]. 隋学礼，译. 北京：机械工业出版社，2008：47-48.

[40] 风笑天. 现代社会调查方法[M]. 湖北：华中科技大学出版社，2009.

[41] 曾五一. 统计学学习指导[M]. 北京：中国金融出版社，2006.

[42] 徐国祥.《统计学》学习指导与习题[M]. 上海：上海人民出版社，2007.

[43] S.伯恩斯坦，R.伯恩斯坦. 统计学原理(上、下册)[M]. 史道济，译. 北京：科学出版社，2002.

[44] 胡良平. 现代统计学与SAS应用[M]. 北京：军事医学科学出版社，2000.

[45] 茆诗松. 概率论与数理统计教程[M]. 2版. 北京：高等教育出版社，2011.

[46] 宋廷山，王坚，姜爱萍. 应用统计学：以EXCEL为分析工具[M]. 北京：清华大学出版社，2012.

[47] 姚孟臣. 概率论与数理统计(基础篇)[M]. 北京：北京大学出版社，2004.

[48] 郑忠国，童行伟，赵慧. 高等统计学[M]. 北京：北京大学出版社，2012.

[49] 彼得·欧佛森. 生活中的概率趣事[M]. 赵莹，译. 北京：机械工业出版社，2014.

[50] 戴维·萨尔斯伯格. 女士品茶[M]. 刘清山，译. 江西：江西人民出版社，2016.

[51] 叶仁道，徐立军. 基于蒙特卡洛模拟的四格表独立性检验研究[J]. 杭州电子科技大学学报(社会科学版)，2017，13(2)：20-24.

[52] LARSON R，FARBER B. Elementary Statistics：Picturing the World[M]. 2版. 北京：清华大学出版社，2016.

[53] LIND D A，MARCHAL W G，WATHEN S A. Statistical Techniques in Business and Economics：with Global Data Sets[M]. 13th ed. 北京：机械工业出版社，2009.

[54] 查尔斯·惠伦. 赤裸裸的统计学[M]. 曹槟，译. 北京：中信出版社，2013：217-239.

[55] 魏振军. 漫游数据王国[M]. 北京：中国统计出版社，2010.

[56] 钟秉盛. 社会调查与统计知识[M]. 4版. 北京：中国财政经济出版社，2018.

[57] 向蓉美，王青华，马丹. 统计学[M]. 北京：机械工业出版社，2015.

[58] 冯国双. 白话统计[M]. 北京：电子工业出版社，2018.

[59] 汤旦林，柯惠新. 统计使人更聪明[M]. 北京：中国统计出版社，2011.